정말, 나만 몰랐던 거야?
모르면 손해 보는

생활 속 법률 상식

모르면 손해 보는 생활 속 법률 상식

초판 1쇄 인쇄 2025년 1월 10일
초판 1쇄 발행 2025년 1월 15일

지은이 이준연
펴낸이 金泰奉
펴낸곳 한솜미디어
등 록 제5-213호

편 집 김태일
마케팅 김명준

주 소 (우 05044) 서울시 광진구 아차산로 413(구의동 243-22)
전 화 (02)454-0492(代), 454-0542
팩 스 (02)454-0493
이메일 hansom@hansom.co.kr
홈페이지 www.hansom.co.kr

ISBN 978-89-5959-591 4 (13360)

*값 25,000원

*잘못 만들어진 책은 구입하신 서점에서 바꿔드립니다.

법을 몰랐다는 말은 통하지 않는다

최신판

정말, 나만 몰랐던 거야?
모르면 손해 보는

생활 속 법률 상식

이준연 지음

· 부부재산약정등기는 언제 어떻게 하는 것일까
· 미성년자도 단독으로 근로계약 체결이 가능할까
· 조의금과 축의금은 어떻게 나눠야 하는 것일까
· 유언장은 어떻게 작성해야 효력을 인정받을 수 있을까
· 아파트 입주자대표회의를 상대로 손해배상청구가 가능할까
· 동거의무를 위반한 배우자에 대해 강제집행이 가능할까

한솜미디어

누구나 한 번쯤 겪을 수 있는 생활법률 사례
오늘을 살아가는 우리들의 이야기입니다.
페이지를 열면 당신의 일상과 관련된
궁금증이 풀립니다.

P·r·o·l·o·g·u·e

A와 B는 동호회 모임에서 만나 해외여행을 함께 다니는 등 행복한 시간을 보내다 서로 사이가 나빠져 2년 만에 결별하게 되었다. 그런데 헤어지고 몇 개월이 지나서 법원으로부터 "피고(B)는 원고(A)에게 돈1,000만 원을 지급하라"는 대여금 청구 소장을 송달받았다.

신앙심이 깊었던 A는 목회자(B)가 급전이 필요해 돈을 빌려 달라고 하자, 부탁을 거절하지 못하고 배우자 몰래 금융기관으로부터 돈3,000만 원을 대출받아 차용증 없이 1년 후 변제받는 조건으로 빌려주었다. 이후 원금에 대한 변제를 요청하였으나 B는 빌린 돈이 아니라 헌금으로 받은 돈이었기 때문에 돌려줄 수 없다고 한다.

위 사안에서 "원고(A)가 피고(B)를 상대로 청구한 돈1,000만 원은 피고의 생일 때 핸드백을 사라고 원고가 계좌이체해 준 돈이었을 뿐, 대여금이 아니었다." "원고(A)가 피고(B)에게 건네준 돈3,000만 원은 헌금이 아니라 분명히 대여금이었다"라고 주장한다면, 과연 두 사람의 주장사실은 객관적 진실로 인정받을 수 있을까? 실체적 진실에 부합하는 주장이라 할지라도, 처분문서의 증거 없이 의사표시의 존재 및 그 내용에 대한 진정 성립을 재판에서 인정받기란 쉽지 않다. 물론 선의적인 타협을 통해 원만하게 해결될 수 있다면 그나마 다행이라 생각되지만 현실은 자신들이 생각한 것처럼 그렇게 호의적이지 않다.

서로의 약속을 증거로 남겨놓지 않아 증거자료를 제출할 수 없거나 증인마저 없는 경우에는 억울하게 소송에서 패소하는 경우가 대부분이다. 소송 당사자가 자신에게 유리한 부분은 강조하고 불리한 부분은 숨기는 것이 인지상정이기 때문에 법을 몰랐다는 말은 더더욱 통하지 않는다. 결국 법정에서 천연스럽게 거짓말을 하는 당사자나 선서를 한 증인까지 사실과 다른 증언을 하는 사람이 늘어나면서 그에 따른 분노와 원망을 이겨내지 못하고 극단적인 선택을 하는 당사자도 있다. 이러한 불가피한 현실 속에서 법원이 면밀한 증거검토와 고민 끝에 당사자간 실체적 진실을 가려주기 위해 노력하지만 법적 분쟁을 가리는 민사소송에서 만큼은 자신의 생각에 반하는 판결이 상당수 나오기 마련이다.

얼마 전 필자가 아는 의뢰인 역시 증거가 충분하다고 판단하여 손해배상 소장을 직접 작성하여 재판을 진행했지만, 본인의 예상과 달리 1심에서 패소했다가 항소심에서 법률전문가의 도움을 받아 승소했다. 그렇다면 의뢰인이 1심에서 패소한 이유는 뭘까? 아마도 증거자료의 선별과 분류를 통해 핵심 쟁점이 재판부에 잘 드러날 수 있도록 논리적이고 설득력 있는 주장을 전개해 나가야 하는데 그러지 못했기 때문으로 보인다. 재판과정에서는 명백한 부분 못지않게 사안이 애매하거나 복잡하여 판단이 어려운 경우도 있고 관련 규정이 미흡한 경우가 많기 때문에 여러 가지 해석과 견해에 따른 논리적 다툼이 많고 이런 부분이 사건 실체에 결정적인 영향을 미칠 수 있다.

같은 사실에 대하여 철저히 사실을 분석하여 정확한 법리의 전개와 첨예하게 대립하는 논리적 다툼을 유기적으로 잘 설명해서 어떻게 실체적 진실을 드러내느냐에 따라 재판부의 시각이 바뀌게 되기 때문에 주장사실이 팽팽한 사건에서는 미묘하게 승패가 갈리는 사건도 적지 않다. 그렇기 때문에 사건을 원만하게 해결하기 위해서는 양보와 타협이 필요한 경우도 있고 더 나아가 화해하는 것이 본안재판의 후유증을 줄이는 가장 좋은 방안이 되기도 한다. 한쪽의 양보가 다른 쪽의 양보를 유도해 나가듯, 조금씩 양보하면 합의로 끝날 분쟁이 서로의 욕심과 감정싸움으로 끝이 안 보이는 소송을 낳으면서 서로에게 상처만 남기는 승리가 대부분을 차지하고 있기 때문이다.

하지만 그 양보와 타협 역시 법과 권리를 제대로 알고 하느냐, 알지 못하고 하느냐에 따라 차이가 날 수밖에 없다. 분쟁이 생겼을 때는 모두 분쟁 당사자들의 책임일 뿐이다. 소송에서라도 이겨 억울함을 풀고 싶은 당사자들 심정은 당연히 이해가 가지만, 의도하지 않은 사소한 침해에 대해서는 이해하고 참는 모습도 필요하고 어쩔 수 없이 일어나는 갈등, 분쟁에 대해서는 법적 조치 이전에 전문가의 도움을 받아 대화와 타협을 시도해 보는 게 좋겠다. 당사자 역시 법에 대한 기본적인 개념, 필수적인 생활법률을 열심히 찾아보고 자신의 생각을 정리할 수 있는 힘을 키워나가야 양보와 타협의 가능성이 높아진다. 이 책을 집필하게 된 이유 중의 하나이다.

인간관계의 질이 과거와는 확연히 달라지고 파편화 되어진 현대사회에서 심정(心情) 교류는 부정적인 측면이 더해져 간다. 세상이 과거와 많이 달라지면서 서로의 정을 의심해야 하는 순간도 있고, 서로 신뢰하지 못하고 신경 써야 할 부분도 늘어났지만 아무쪼록 이 책을 통해 변화하는 현실 사이에서 지혜로운 접점이 발견되길 간절히 바라며, 모두에게 따뜻한 법으로 다가왔으면 좋겠다.

이 준 연

■ 해당 사례의 내용들은 상담 과정에서 법률적 해석 관점과 판례를 참고하여 작성된 글이며, 법적 효력을 갖는 유권해석(결정, 판단)의 근거가 되지 않고, 각종 신고, 불복청구 등의 증거자료로서의 효력은 없으며, 본서에 수록된 참조조문은 국가법령정보센터에서 제공하는 법령을 발췌하여 수록하였음을 알려드립니다.

■ 소송이나 법률적 대응이 필요한 경우, 본문의 내용이 독자의 견해와 같다고 할지라도 구체적 사실관계에 따라 관점이 달라질 수 있으며, 헌법재판소의 결정, 판례의 변경이나 법률개정으로 인하여 답변 내용이 달라질 수 있으므로 반드시 법률전문가의 조언이나 상담을 받으시기 바랍니다.

C·o·n·t·e·n·t·s

Prologue/ 5
이 책을 펼쳐보기 전/ 15

PART 1 재산법 - 총칙, 채권, 물권 관련

〚 1 〛 친구가 돈을 빌려 달라고 하는데/ 19
〚 2 〛 지급명령은 어떤 때 할 수 있으며, 일반 민사 소제기와 어떻게 다른지/ 27
〚 3 〛 지급명령도 공시송달신청이 가능한지/ 32
〚 4 〛 확정된 지급명령에 대한 불복방법은 어떻게 되는지/ 34
〚 5 〛 제소전 화해제도란 무엇이며, 곧바로 강제집행이 가능한지/ 36
〚 6 〛 제소전 화해가 불성립된 경우에도 곧바로 제소신청이 가능한지/ 39
〚 7 〛 민법에 따른 소멸시효 기간은 어떻게 되는지/ 41
〚 8 〛 세무사의 직무에 관한 채권 소멸시효 기간은 어떻게 되는지/ 46
〚 9 〛 시중은행 대출금에 대한 보증채무의 소멸시효 기간은 어떻게 되는지/ 49
〚 10 〛 10년 전에 차용증을 받고 빌려준 대여금의 효력은 어떻게 되는지/ 51
〚 11 〛 물품을 계속적으로 외상 판매·공급한 소매상을 상대로 3년 전 외상대금을 반환받을 수 있는지/ 53
〚 12 〛 소멸시효 기간이 경과된 약속어음 공정증서의 효력/ 56
〚 13 〛 소멸시효 완성 전에 채무의 일부를 변제받은 경우 시효중단의 효력/ 59
〚 14 〛 소멸시효 기간이 경과된 후 받은 대여금에 대한 지불각서의 효력/ 61
〚 15 〛 전소 판결로 확정된 채권의 소멸시효를 중단시키기 위한 소제기 방법 / 63
〚 16 〛 형사고소나 형사재판도 소멸시효 중단사유가 될 수 있는지/ 65
〚 17 〛 소송제기 없이 가압류만 해두어도 채권이 소멸되는 일은 없는지/ 68
〚 18 〛 가압류집행 후 채권자가 아무런 절차를 취하지 않고 있는 경우/ 70
〚 19 〛 가압류가 인가된 뒤, 사정변경으로 인한 가압류 취소 신청/ 72
〚 20 〛 채권자가 본안판결 패소 후, 채무자가 가압류를 말소하는 방법/ 74

[21] 가압류 후 3년 3개월이 경과된 부동산을 채무자가 매도해도 되는지/ 76
[22] 피담보채권의 소멸로 인해 근저당권설정등기가 말소될 수 있는지/ 78
[23] 내용증명 발송 사실만으로도 시효중단의 법적효력을 인정받을 수 있는지/ 80
[24] 내용증명을 보내 독촉하면 어떤 법적효과를 인정받을 수 있는지/ 82
[25] 몰래 녹음한 통화내용을 민사소송의 증거로 사용할 수 있는지/ 84
[26] 부동산에 저당권이 설정되어 있어 집행의 실익이 없게 된 경우, 채권자취소소송/ 86
[27] 10년이 경과된 판결을 가지고 소유권이전등기신청이 가능한지/ 88
[28] 예금통장 사본도 대여금청구소송의 증거로 인정받을 수 있는지/ 90
[29] 배달원이 교통사고를 냈을 때 고용주의 손해배상 책임/ 93
[30] 반려동물로 인한 교통사고 발생 시 손해배상 책임/ 95
[31] 세탁소의 세탁물 훼손에 대한 손해배상 책임/ 99
[32] 어린아이들 놀이 중 사고와 친권자의 손해배상 책임/ 102
[33] 17세 미성년자의 폭행으로 인한 친권자의 손해배상 책임/ 104
[34] 신원보증인의 손해배상 책임/ 108
[35] 미성년자가 고가의 물품을 할부구입한 때 계약의 취소와 철회/ 112
[36] 미성년자가 단독으로 근로계약을 체결할 수 있는지/ 116
[37] 미성년자가 단독으로 임금청구 소송을 할 수 있는지/ 119
[38] 기한을 정해 빌린 돈을 미리 갚으려고 하는데 남은 기간 동안의 이자도 함께 지급해 주어야 하는지/ 121
[39] 다음 날 계약을 해제하고 가계약금을 돌려받을 수 있는지/ 123
[40] 회원 수에 관한 착오를 이유로 스포츠센터 인수계약의 취소가 가능한지 .... / 125
[41] 부부관계에 있는 대리인과 부동산 매매나 임대차 계약 체결 시 주의사항 .... / 128
[42] 대리인과 부동산 매매계약을 체결 후 매도인이 계약사실을 부인하고 있을 때, 소유권이전등기청구권 행사가 가능한지/ 131
[43] 주택 매수인이 매매잔금지급을 미뤄오다 계약해제를 요구하는 경우/ 134
[44] 계약금을 일부만 지급한 상태에서 계약을 해제하고 싶을 때 이미 지급한 계약금만 포기하면 되는지/ 136

[45] 주택 매수인이 잔금을 치르기 전 내부 인테리어 공사를 하게 해달라고 요청하는 경우/ 138
[46] 매수인이 매도인에게 중도금을 미리 지급하면 일방적인 계약해제가 불가능한지/ 140
[47] 매매예약을 원인으로 하는 소유권이전청구권가등기도 담보가등기가 될 수 있는지/ 142
[48] 부동산에 대한 경매에서 가등기담보권자의 지위/ 145
[49] 등기필증(등기필정보 및 소유권이전등기완료통지서)을 분실한 경우/ 147
[50] 아파트를 매수한 이후 누수가 발생한 경우 매도인의 하자담보책임/ 149
[51] 아파트 위층의 배관파열로 물이 샐 경우, 위층 임차인도 손해배상 책임이 있는지/ 151
[52] 아파트 입주자대표회의의 당사자 능력/ 154
[53] 아파트 입주자대표회의의 손해배상 책임/ 156
[54] 지갑을 습득한 자의 유실물 처리방법과 보상청구권/ 158
[55] 재산관계명시신청은 어느 때 할 수 있는지/ 161
[56] 공정증서에 의해 재산관계명시신청이 가능한지/ 165
[57] 공정증서에 의한 강제집행과 청구이의의 소/ 167
[58] 유체동산 압류에 의한 강제집행과 제3자이의의 소/ 170
[59] 형사소송과 마찬가지로 민사소송에서도 항소이유서 제출기한이 있는지/ 173
[60] 일반 자전거와 전동 킥보드 운전자에 대해서도 음주운전 처벌과 손해배상청구가 가능한지/ 176
[61] 조의금과 축의금은 어떻게 나눠야 하는지/ 180
[62] 부부재산약정등기란 무엇이며, 그 절차는 어떻게 되는지/ 182

PART 2 재산법 - 임대차 관련

[63] 임차권의 대항력과 확정일자 임차인의 우선변제권/ 187
[64] 주택을 임차하는데 있어 확정일자와 전세권설정등기의 차이/ 190
[65] 임차인이 보증금을 분리하여 임대차계약체결이 가능한지(소액임차인의 최우선변제권)/ 194

[66] 주거용건물의 일부를 다른 용도로 사용하고 있을 경우, 주택임대차보호법의 적용 여부/ 198
[67] 동거가족만 주민등록 전입한 임차인도 주택임대차보호법의 적용을 받을 수 있는지/ 202
[68] 동거가족을 남겨두고 세대주만 일시 전출한 경우 대항력 상실 여부/ 205
[69] 전입신고 하루 전 근저당권이 먼저 설정된 경우 임차인의 지위/ 207
[70] 다가구주택의 호수를 잘못 기재하여 전입신고 한 경우 임차보증금의 보호/ 209
[71] 불법 증축된 옥탑방에 살고 있는 세입자의 주택임대차보호법 보호/ 212
[72] 전대차 후 주민등록을 이전하지 않은 전대인의 임대차보증금반환청구/ 214
[73] 임차보증금 증액 후 확정일자는 어떻게 받아야 하며, 증액 부분에 대한 우선변제 순위/ 217
[74] 확정일자부 주택임대차계약서를 분실한 경우/ 219
[75] 식당의 화재로 주변 가게 3채가 전소된 경우, 임차인의 배상책임/ 221
[76] 월세를 연체하여 상가임대차계약을 해지했는데, 상가 인도를 거부하는 경우/ 222
[77] 점유이전금지가처분 결정이 되어 있는 상가를 제3자가 점유하고 있을 경우/ 225
[78] 임차한 상가건물을 중도해지하는 경우, 보증금의 반환여부/ 228
[79] 행방불명된 외국인(임차인)에 대한 임대차 해지와 명도/ 231
[80] 상가임차인이 문을 닫고 잠적한 경우 강제집행 방법/ 233
[81] 교회도 상가건물임대차보호법의 적용을 받을 수 있는지/ 236
[82] 공유부동산을 공유자 1인이 나머지 공유자의 동의 없이 단독으로 임대한 경우/ 238
[83] 임차아파트 경매로 인해 전세금의 일부를 반환받지 못한 경우, 공동소유자(임대인)의 전세금 반환의무/ 242
[84] 경매로 아파트 공유지분 1/2을 매수한 공유물에 대한 구체적인 사용·수익의 방법〈공유물분할청구소송〉/ 244
[85] 임차계약 종료 시 전 임차인이 시설한 부분에 대한 원상회복의무/ 247
[86] 임차주택 손상의 수선의무와 임차인의 필요비 상환청구권/ 250
[87] 임대인이 매수인의 실거주를 이유로 계약갱신을 거절하고 있을 때 임대

차갱신 여부/ 252
[88] 임차인(채무자)의 임대차보증금에 채권압류 및 전부명령이 송달된 경우/ 256
[89] 층간소음이 있다는 트집을 잡아, 벽과 천장을 두드리며 불안과 공포심을 유발하는 경우/ 259

PART 3　가족법 - 유언·상속 관련

[90] 태아도 유언에 따라 재산을 증여받거나 상속인으로서 유류분을 받을 권리가 있는지/ 265
[91] 사실혼관계에서 임신 중에 있는 태아를 잃게 된 경우, 태아의 재산상속권과 손해배상청구권/ 268
[92] 사실혼관계에 있는 배우자도 공무원유족연금 지급신청이 가능한지/ 270
[93] 재산상속에 있어서 법정상속인의 상속순위/ 273
[94] 재산을 상속받을 시, 세대를 건너뛰는 세대생략 상속등기가 가능한지/ 277
[95] 민법 개정에 따른 연도별 법정상속 관계 법령은 어떻게 되는지/ 280
[96] 수십 년 전에 돌아가신 아버지 명의 임야에 대한 법정상속 지분/ 282
[97] 피상속인 재산의 유지 또는 증가에 관하여 기여한 상속인의 기여분/ 284
[98] 상속재산의 분할에 관하여 공동상속인들과 협의가 성립되지 아니하거나 협의할 수 없는 경우/ 287
[99] 재산분할협의로 이미 상속등기를 마친 상태인데, 다시 협의분할을 통해 상속지분을 바꿀 수 있는지/ 290
[100] 일부 법정상속인의 상속지분만 분할협의하여 등기신청이 가능한지/ 294
[101] 사실혼 관계 중에 상속인이 없는 남편이 사망 시(상속인이 없는 상태에서 사망), 남편 명의의 상속재산과 배상금을 상속 받을 수 있는지/ 298
[102] 양자로 입양된 자도 생부모와 양부모로부터 재산을 상속받을 수 있는지/ 301
[103] 미혼인 아들과 남편이 동시 사망한 경우 남편재산을 시부모와 함께 상속받아야 하는지/ 303
[104] 피상속인이 과다한 채무를 남겨놓고 돌아가셨을 때, 상속인들에게 피해가 가지 않는 가장 최선의 상속처리 방법/ 305

[105] 상속포기 신청을 준비 중에 있는 상황에서 망인이 소유하고 있던 토지를 매매하거나 예금인출을 해도 되는지/ 308

[106] 1년 전에 아버지가 돌아가셨는데, 새로운 채권자가 나타나 피상속인의 빚을 대신 갚으라고 독촉하는 경우/ 310

[107] 상속한정승인을 받게 되었는데 생명보험금도 상속재산에 포함되는지 .... / 313

[108] 선순위 상속인들의 상속포기 후, 차순위 상속인에 해당하는 동생이 피상속인(형님)의 채무를 대신 갚아주어야 하는지/ 315

[109] 상속포기 후 10년이 지나서 상속채무 소송이 제기된 경우/ 318

[110] 상속한정승인을 받은 후, 부동산 강제경매신청을 당한 경우/ 320

[111] 저를 돌봐주고 있는 자녀에게 부동산을 상속해 주고 싶은데, 유언에 의한 방법이나 유언공증 외에 다른 방법이 없는지〈유언대용신탁〉/ 323

[112] 새어머니가 상속권자 없이 돌아가신 경우 계모자관계에 있는 자식이 상속받을 수 있는지/ 327

[113] 상속을 위해 가족관계등록부를 발급받았는데 모르는 사람이 형제로 기재되어 있는 경우/ 329

[114] 유언장(자필증서에 의한 유언)은 어떻게 작성해야 유언의 효력을 인정받을 수 있는지/ 331

[115] 제한능력자(미성년자, 피한정후견인, 피성년후견인)도 유언이 가능하며, 성년후견제도란 무엇인지/ 337

[116] 가족관계에 관한 사항도 유언으로 법적 인정을 받을 수 있는지/ 341

[117] 유류분 제도와 유류분 권리자의 범위, 유류분의 비율/ 344

[118] 유류분 산정방법과 관련해 산입될 증여의 범위/ 348

[119] 비용의 일부를 부담한 주택을 동생의 소유로 한다는 유언장의 효력 .... / 350

PART 4 가족법 – 혼인·부모와 자 관련

[120] 미성년 자녀의 부동산 담보제공과 특별대리인 선임/ 355

[121] 미성년 자녀의 상속재산분할협의와 특별대리인 선임/ 357

[122] 노모의 부양의무자와 부양료 청구/ 359

[123] 남편의 귀책사유로 별거중인 아내의 부양료 청구/ 362
[124] 위자료 지급의무와 이행명령/ 365
[125] 이행명령신청은 어떤 경우에 할 수 있는지/ 368
[126] 아내와 사별 후 처제와 결혼이 가능한지/ 371
[127] 이혼하기로 사전에 합의한 사항이 재판상 이혼사유가 되는지/ 373
[128] 이혼청구권에도 권리의 소멸(제척기간)을 주장할 수 있는지/ 375
[129] 동거남의 지속적 폭력으로 사실혼관계가 깨진 경우 위자료청구/ 378
[130] 사실혼관계에 있는 처의 유체동산에 대해서도 강제집행이 가능한지 .... / 382
[131] 법률혼 배우자가 동거의무를 위반했을 때, 강제집행이 가능한지/ 385
[132] 양육비부담조서는 무엇이고 양육비를 주지 않을 경우 별도의 판결 없이 법적 강제가 가능한지/ 388
[133] 이혼 당시 판결받은 양육비가 부족한 경우 법원에 추가 신청이 가능한지/ 392
[134] 이혼한 전 남편을 상대로 성인이 된 자녀의 양육비 청구가 가능한지 .... / 395
[135] 종전 양육비의 분담이 과다한 경우, 감액청구가 가능한지/ 398
[136] 사실혼이 파기될 경우 재산분할청구가 가능한지/ 400
[137] 혼인취소의 경우에도 위자료와 재산분할청구가 가능한지/ 403
[138] 이혼 당사자 일방의 고유재산도 재산분할청구 대상에 포함되는지/ 406
[139] 협의이혼을 전제로 재산분할의 약정을 한 후, 재판상 이혼이 이루어진 경우 재산분할약정서의 효력/ 408
[140] 이혼 후 현 남편을 친아빠처럼 따르는 아이를 위한 친양자 입양제도/ 410
[141] 친아버지의 성·본을 따르고 있는데, 어머니와 재혼하신 분의 성·본으로 변경이 가능한지/ 414
[142] 잠정적으로 협의이혼을 했는데 남편이 다른 여자와 혼인신고를 한 경우, 이혼의 무효와 취소/ 417
[143] 스마트폰을 통해 협박성 비난문자 등에 계속해서 시달리고 있는 경우 .... / 420

이 책을 펼쳐보기 전

민법의 기본원리와 구성체계 이해하기

우리가 알고자하는 생활 속 법률상식은 수많은 법률 중 민법과 관련되어 있다. 민법은 '민사에 관하여 법률에 규정이 없으면 관습법에 의하고 관습법이 없으면 조리(條理)에 의한다'고 규정〈민법 제1조〉하여, 민법의 법원(法源)으로서 성문의 특별법, 민법전에 수록된 성문법전, 관습민법, 조리를 들고 있다. 이 서열을 무시한 재판은 위법이다. 민법은 조문이 많은 최대 용량의 법으로서 이보다 방대한 법은 없으며, 특별법과 밀접하게 연관되어 있다는 것은 그만큼 민법이 개인 간의 사회생활 관계를 규율하는 법으로서 가장 중요하고 기본적인 법률이라는 것을 뜻한다. 따라서 민법이 어떤 내용을 포함하고 있는 법인가를 알기 위해서는 먼저 민법이 어떤 기본원리와 구성체계를 가지고 있는가를 살펴보아야 한다.

민법은 공법(公法)이 아닌 사법(私法)이다.
민법이 규율, 즉 적용하고자 하는 대상은 개인의 사회적 생활 관계이다. 돈을 빌려줄 때 돈을 꿔준 사람과 빌린 사람의 권리와 의무는 무엇인가 등 개인의 사회생활 관계를 주된 적용대상으로 삼고 있다고 해서 사법(私法)이라고 하며, 상하질서의 원리에 의하여 규율되거나 국가·공공단체의 내부 및 국가·공공단체와 국민과의 관계를 대상으로 하는 공법(公法)과 대비된다.

민법은 특별법이 아닌 일반법이다.
적용대상이 특정한 사람이 아닌 모든 사람, 장소, 모든 사항에 대해 보편적으로 적용되기 때문에 일반법이라고 하며, 특별법과 나누어 생각하는 실익은 특별법이 있으면 이 특별법이 먼저 적용되어야하기 때문이다. 가령 민법에도 임대차에 관한 규정이 있지만 별도로 주택임대차보호법이 제정되어 있어서 주택임대차에 대해서는 주택임대차보호법을 먼저 적용하게 된다. 이를 특별법 우선의 원칙이라 한다.

민법은 절차법이 아닌 실체법이다.

민법은 개인 상호간의 사회 생활관계에서 핵심적인 권리와 의무의 내용을 정해주고 있다고 해서 실체법이라고 하며, 이에 비해서 권리를 어떻게 실행하고 의무의 이행을 어떻게 구할 것인가를 정하는 법을 절차법이라고 하는데 민사소송법이 전형적인 절차법에 해당된다.

민법전(民法典)은 어떻게 구성되어 있는가?

총 1118개조에 달하는 민법은 5편으로 구성되어 있으며, 각 편에는 다음과 같이 민법 전반에 걸쳐 적용되는 중요한 기본적 원리를 담고 있으며, 제2편 물권, 제3편 채권을 한 묶음으로 해서 '재산법'이라고 하고, 제4편 친족, 제5편 상속을 한 묶음으로 해서 '가족법'이라고 강학상(講學上) 일컬어지고 있다. 가족법은 가족 및 친족의 공동생활과 공동생활에 기초한 재산의 승계관계를 규율하는 법으로서, 친족·상속법이라는 용어를 사용하기도 한다.

제1편 총칙(제1조~제184조)은 인〈人〉, 법인, 물건, 법률행위, 기간, 소멸시효 등 민법 전반에 걸쳐 적용되는 중요한 기본적 원리를,

제2편 물권(제185조~제372조)은 점유권, 소유권, 지상권, 지역권, 전세권, 유치권, 질권, 저당권 등에 대한 규정을,

제3편 채권(제373조~제766조)은 계약, 사무관리, 부당이득, 불법행위 등에 대한 규정을,

제4편 친족(제767조~제996조)은 가족의 범위와 자의 성과 본, 혼인, 부모와 자, 후견, 부양 등 혼인과 가정의 질서에 대한 규정을,

제5편 상속(제997조~제1118조)은 상속, 유언, 유류분 등 재산상속에 대한 규정을 담고 있다.

PART 1

재산법

총칙, 채권, 물권 관련

Life
and Law

Q [1] 친구가 돈을 빌려달라고 하는데

: 아주 가깝게 지내는 친구 A가 적지 않은 금액을 빌려 달라고 하면서 제가 원하는 방법으로 서류를 작성해주거나 아파트 담보가 필요하면 A 소유 아파트에 근저당을 해주겠다고 하는데 어떻게 해야 할 지 고민이 많습니다. 사람들이 말하는 여러 방법들이 어떻게 다르고 어떤 효력이 있는지 알고 싶습니다.

A 사회생활을 하면서 빈번하게 발생하는 금전거래는 누구나 피할 수 없을 것입니다. 만약, 채무자가 정해진 날짜에 빌려간 돈을 갚지 못하면 채권자는 돈을 받기 위해 법원에 소송을 제기하여 판결을 받아 강제집행을 실시해야 하는데, 많은 시간과 비용이 들어갈 뿐만 아니라 이러한 절차를 밟고도 돈을 반환받지 못하는 경우가 종종 발생하고 있습니다. 특히 가까운 이웃이나 친구에게 돈을 빌려주는 경우, 여러 가지 복잡한 사정으로 인간관계가 단절되거나 멀어지게 되므로 가까운 사이에 있는 사람과의 돈거래는 더욱 신중한 결단과 판단을 요하게 됩니다. 이후 채권자는 어떤 방법을 활용해서 돈을 빌려주느냐에 따라 채권 추심절차가 확연히 달라지기 때문에 아래 채권확보방법을 참고하여 쓸데없는 분쟁을 미리 막아두는 것이 좋을 것으로 보입니다.

■ 돈을 빌려주는 경우에 있어서 채권확보방법

• 차용증을 받아 두는 방법 • 공정증서를 작성해 두는 방법 • 채무자의 부동산에 저당권을 설정하는 방법 • 채무자의 동산이나 부동산에 양도담보를 설정하는 방법 • 채무의 변제가 되지 않을 경우에 대비하여 채무자의 부동산에 재산권의 이전을 미리 합의하여 두는 대물변제의 예약 방법 등이 있습니다. 위 방법들 중에서 저당권설정, 부동산 양도담보, 대물변제예약의 경우에는 당사

자 사이에 설정계약을 한 후 등기를 하여야 하고, 공정증서의 경우에는 공증인 사무소에 공증의뢰를 하여야 합니다. 이하, 위와 같은 방법 중에서 제일 많이 이용되고 있는 차용증을 받아 두는 방법과 공정증서를 작성하는 방법, 부동산에 저당권을 설정하는 방법에 대해 자세한 설명을 드리도록 하겠습니다.

▣ 차용증만 받아 둘 경우

단순히 차용증만 받아 둘 경우입니다. 차용증은 명칭 여하에 불구하고 돈을 빌린 사실을 증명하는 문서를 말하며 다툼의 원인에는 주로 차용증 작성이 없기 때문인 경우가 많습니다. 가까운 사람일수록 그 사정을 외면하기 어렵고, 서로가 믿은 나머지 차용증을 써달라고 하기도 어색하여 구두로 약속하고 돈을 빌려주는 경우가 많은데, 이러한 경우 시간이 지나면 기억이 흐려지고 여러 가지 복잡한 사정이 생겨 금전거래관계가 불명확해지게 되는 문제가 발생합니다. 그러므로 어쩔 수 없이 돈을 빌려주는 경우라 할지라도 반드시 차용증을 작성하여 돈 거래관계를 확실히 해두는 게 필요합니다.

□ **차용증서에는 특별한 형식이 있는 것이 아니지만** ●채권자와 채무자의 이름, 주소, 주민등록번호 ●차용금액 ●이자 계산할 이율 혹은 지급할 이자 금액과 지급일 ●원금변제일 ●기한의 이익 상실에 대한 조건〈예시 : 채무자가 다음 각호의 어느 하나에 해당하는 때에는 채권자로부터 달리 통지 또는 최고가 없더라도 당연히 위 차용금액에 대한 기간의 이익을 상실하고 즉시 나머지 채무금 전부를 변제하여야 한다〉을 기재하고, 양 당사자가 사인(sign)을 하거나 도장을 날인 받으면 됩니다〈**차용증을 받을 때는 주민등록증이나 운전면허증을 통해 채무자의 주소지와 주민등록번호, 연락처 등을 반드시 정확하게 기재해두어야 후일 강제집행 시 동일인 소명 때문에 집행을 하지 못하는 경우가 발생하지 않게 됨**〉.

□ **연대보증인이 있다면** 채권자는 주된 채무자가 빚을 갚지 않을 경우 바로

연대보증인에 대하여 채무 전액을 갚을 것을 직접 청구할 수 있으므로 연대보증인에 대해서도 차용증에 기입해주어야 하며, 주식회사의 대표이사에게 돈을 빌려줄 때는 차용증을 회사 명의로 받느냐 또는 대표자 개인 명의로 받느냐에 따라 나중에 누구에게 청구할 수 있는가가 정해지므로 신중을 기해서 받아야 합니다. 참고로 금전청구 소송에서 주채무자와 연대보증인이 있는 경우 가급적 둘 다 피고로 하여 소송을 진행하는 게 채권자가 불이익을 당할 염려가 없습니다. 주채무자가 자력이 없음을 이유로 연대보증인만을 피고로 하여 소를 제기하여 판결을 얻은 경우, 주채무자에 대한 채무가 소멸시효완성으로 소멸하게 되면 연대보증채무는 부종성으로 인해 역시 소멸하기에 연대보증인에 대한 판결의 효력이 실효될 수 있기 때문입니다.

▢ **원금에 대한 이자율**은 이자제한법에서 이자율의 최고한도를 제한하고 있으며, 「이자제한법」 제2조제1항에 따른 금전대차에 관한 계약상의 최고이자율은 연 20%로 정해져 있습니다. 그러므로 위 이자제한법상의 제한이율인 연 20%를 초과하는 부분은 무효로 되어, 비록 당사자 사이에서 그 이상의 이자를 지급하기로 약정하였더라도 돈을 빌린 사람은 연 20% 이상의 이자를 지급할 의무가 없게 되는 것입니다〈이자제한법 제2조제1항의 최고이자율에 관한 규정〉.

▢ **채무자가 빚을 갚은 후**에는 채무자는 채권자가 가지고 있는 채권증서를 반환받을 수 있는 반환청구권〈민법 제475조〉과 돈을 변제받을 자에게 영수증 교부를 청구할 수 있는 영수증청구권〈민법 제474조〉이 있음을 참고하여 채권자로부터 차용증을 반환받거나 영수증을 교부 받으시기 바랍니다〈**채무자가 변제를 마쳤는데도 채권자가 차용증이나 일부 변제 영수증을 여전히 보관하고 있는 경우, 그것을 증거로 삼아 돈을 다시 변제하라고 요구하거나 일부 밖에 변제받지 못했다고 주장하는 사례가 발생할 수 있음**〉.

하지만 위와 같은 내용을 모두 정확히 기재했다고 하더라도 돈을 빌려간 사람이 약속한 대로 갚지 않으면, 차용증만으로 채무자의 재산에 압류나 경매 등 강제집행을 할 수는 없습니다. 채무자가 변제기한까지 변제하지 않을 경우, 채권자는 우선 법원에 대여금반환청구 소송을 제기하여 '지급명령'이나 '판결' 등을 받아야 하고, 이때의 승소판결문 등을 '집행권원'이라 하는데, 이 집행권원이 있어야만 채무자의 예금이나 카드매출 채권, 임대차보증금, 유체동산, 부동산 등에 강제집행을 할 수 있습니다. 이와 같이 차용증만 받아 둘 경우에는 판결 등을 받는데 수개월의 시간이 소요되는 단점이 있어 채권회수에 많은 어려움이 있습니다.

■ **공정증서를 받아 둘 경우**

다음은 공증인 사무소에서 **공정증서를 받아두는 경우**입니다. 일반적으로 공증서류는 민사재판이나 형사재판에서 강력한 증거력〈형사소송법 제315조 제1호〉을 갖게 되어 분쟁예방은 물론 분쟁해결에 도움을 주게 되며, 강제집행인낙이 있는 공정증서를 작성하면 민사집행법에 따른 집행권원이 되어 민사소송을 거치지 않더라도 채무자의 재산에 대해 강제집행이 가능합니다〈민사집행법 제56조 제4호〉. 채무자가 돈을 갚지 않았을 때 소송을 거치지 않고 바로 강제집행을 할 수 있다는 것은 채무자가 재산을 빼돌릴 시간을 주지 않고 빠르게 집행력을 행사할 수 있다는 것을 의미합니다.

□ **금전과 관련되어 이용되는 공정증서의 종류**에는 ● 약속어음 공정증서 ● 금전소비대차계약 공정증서 ● 채무변제(준소비대차)계약 공정증서 ● 양도담보부 금전소비대차계약 공정증서 ● 양도담보부 채무변제(준소비대차)계약 공정증서 등이 있으나, 실무상 약속어음 공증이나 금전소비대차계약 공증을 많이 이용하고 있습니다. 금전소비대차계약 공정증서란 당사자 사이에 금전소비대차계약이 체결되면 위 계약을 근거로 공증사무소에서 채무자가 채무불이행시에는 즉시 강제집행을 당하여도 이의가 없다는 강제집행인낙 문구를 넣어서 작성된 공정증서를 말합니다.

□ **강제집행인낙이란** 만약 채무자가 약속한 대로 원금이나 이자를 갚지 않으면 즉시 기한의 이익을 상실하고 채권자가 바로 채무자의 재산에 대해 강제집행을 해도 이의를 하지 않겠다는 뜻입니다〈강제집행인낙 문구예시 : 채무자 및 연대보증인이 이 계약에 의한 금전채무를 이행하지 아니할 때에는 즉시 강제집행을 당하여도 이의가 없음을 인낙하였다〉. 이렇게 채권자가 차용증을 공증 받으면서 강제집행인낙의 의사표시를 미리 받아두면 나중에 채무자가 약속을 지키지 않으면 바로 공정증서를 집행권원으로 해서 채무자의 재산에 대해 곧바로 강제집행을 할 수 있게 되어 법원에 소송을 제기해 판결 등을 얻는 시간과 비용을 절약할 수 있습니다.

□ **채무자가 공증 내용대로 이행하지 않을 때**에는 채권자는 공정증서원본을 지참하여 공증사무소에서 집행문을 교부받아 법원에 법적인 조치를 신청하거나 채권추심회사에 의뢰하여 일처리를 진행할 수도 있습니다. 공증을 받을 수 있는 곳은 모든 변호사 사무실에서 할 수 있는 게 아니고, 법무법인 중 일정한 요건을 갖춰 법무부로부터 인가를 받은 공증사무소에서만 할 수 있습니다.

◼ 채무자의 부동산에 근저당권을 설정할 경우

채무자의 부동산에 설정계약을 한 후, **근저당권을 설정해두는 경우**입니다. 근저당권설정은 채권자가 채무자에 대하여 가지는 모든 채권을 담보하며, 채무자가 빚을 변제하지 않을 때 채권자는 언제든 근저당권을 실행하여 해당 부동산에 임의 경매를 개시하여 배당 순서에 따라 채권최고액의 한도 내에서 배당을 받을 수 있습니다. 법원에 채권자와 채무자의 등기신청 방법을 통해 근저당권설정등기를 해두어야 합니다. 근저당권 설정의 방법을 택하신다면 상대가 담보로 제공하려는 부동산의 가치와 선순위 담보권자의 유무 등을 잘 살펴보고, 근저당권을 설정해 두시기 바랍니다.

따라서 귀하의 사안에서 단순히 차용증만 받아두는 것보다는 친구의 친밀도와 신용도를 고려하여 선택하시기 바라며, 근저당을 설정해 두거나, 공증사무소에서 금전소비대차계약을 체결하여 공정증서를 받아두는 것이 추후 채권 추심에 더 유리할 것으로 보입니다. 다만, 공증의 방법이나 근저당권설정의 방법을 이용할 시에는 공증비용과 설정비용에 대한 부담이 있으므로 채무자와 사전에 비용부담을 누가 부담할 것인지에 대해 의견을 교환하시기 바랍니다. 빚을 무섭게 생각하지 않고 남의 돈을 자기 돈 같이 생각하지 않은 사람은 절대 부자가 될 수 없습니다.

관련 법 조항

민법 제598조, 605조, 제356조, 제357조, 제466조, 제474조, 제475조, 민사집행법 제56조 제4호, 형사소송법 제315조 제1호, 이자제한법 제2조 제1항 각 참조

〈민법〉

제598조(소비대차의 의의)
소비대차는 당사자 일방이 금전 기타 대체물의 소유권을 상대방에게 이전할 것을 약정하고 상대방은 그와 같은 종류, 품질 및 수량으로 반환할 것을 약정함으로써 그 효력이 생긴다.

제605조(준소비대차)
당사자 쌍방이 소비대차에 의하지 아니하고 금전 기타의 대체물을 지급할 의무가 있는 경우에 당사자가 그 목적물을 소비대차의 목적으로 할 것을 약정한 때에는 소비대차의 효력이 생긴다.

제356조(저당권의 내용)
저당권자는 채무자 또는 제삼자가 점유를 이전하지 아니하고 채무의 담보로 제공한 부동산에 대하여 다른 채권자보다 자기채권의 우선변제를 받을 권리가 있다.

제357조(근저당)

① 저당권은 그 담보할 채무의 최고액만을 정하고 채무의 확정을 장래에 보류하여 이를 설정할 수 있다. 이 경우에는 그 확정될 때까지의 채무의 소멸 또는 이전은 저당권에 영향을 미치지 아니한다.

② 전항의 경우에는 채무의 이자는 최고액 중에 산입한 것으로 본다.

제466조(대물변제)

채무자가 채권자의 승낙을 얻어 본래의 채무이행에 갈음하여 다른 급여를 한 때에는 변제와 같은 효력이 있다.

제474조(영수증청구권)

변제자는 변제를 받는 자에게 영수증을 청구할 수 있다.

제475조(채권증서반환청구권)

채권증서가 있는 경우에 변제자가 채무전부를 변제한 때에는 채권증서의 반환을 청구할 수 있다. 채권이 변제 이외의 사유로 전부 소멸한 때에도 같다.

〈이자제한법〉

제2조(이자의 최고한도)

① 금전대차에 관한 계약상의 최고이자율은 연 25퍼센트를 초과하지 아니하는 범위 안에서 대통령령으로 정한다.

② 제1항에 따른 최고이자율은 약정한 때의 이자율을 말한다.

③ 계약상의 이자로서 제1항에서 정한 최고이자율을 초과하는 부분은 무효로 한다.

④ 채무자가 최고이자율을 초과하는 이자를 임의로 지급한 경우에는 초과 지급된 이자 상당금액은 원본에 충당되고, 원본이 소멸한 때에는 그 반환을 청구할 수 있다.

⑤ 대차원금이 10만 원 미만인 대차의 이자에 관하여는 제1항을 적용하지 아니한다.

〈이자제한법 제2조제1항의 최고이자율에 관한 규정〉

「이자제한법」 제2조제1항에 따른 금전대차에 관한 계약상의 최고이자율은 연 20퍼센트로 한다.

〈민사집행법〉

제56조(그 밖의 집행권원)

강제집행은 다음 가운데 어느 하나에 기초하여서도 실시할 수 있다.
1. 항고로만 불복할 수 있는 재판
2. 가집행의 선고가 내려진 재판
3. 확정된 지급명령
4. 공증인이 일정한 금액의 지급이나 대체물 또는 유가증권의 일정한 수량의 급여를 목적으로 하는 청구에 관하여 작성한 공정증서로서 채무자가 강제집행을 승낙한 취지가 적혀 있는 것
5. 소송상 화해, 청구의 인낙(認諾) 등 그 밖에 확정판결과 같은 효력을 가지는 것

〈형사소송법〉

제315조(당연히 증거능력이 있는 서류)

다음에 게기한 서류는 증거로 할 수 있다.
1. 가족관계기록사항에 관한 증명서, 공정증서등본 기타 공무원 또는 외국공무원의 직무상 증명할 수 있는 사항에 관하여 작성한 문서
2. 상업장부, 항해일지 기타 업무상 필요로 작성한 통상문서
3. 기타 특히 신용할 만한 정황에 의하여 작성된 문서

Life
and Law

Q〔2〕지급명령은 어떤 때 할 수 있으며, 일반 민사 소 제기와 어떻게 다른지

: 저는 식품도매상을 하면서 물품대금에 관한 민사소송을 자주 이용하는 편인데 주변에서 지급명령을 법원에 신청하면 소송비용도 덜 들어가고 간편하게 해결할 수 있다고 하는데, 지급명령 신청과 일반 민사소송으로 소장을 제기하는 것과 무엇이 다르며 그 차이점은 어떻게 되는지 정확히 알고 싶습니다.

A 지급명령 절차는 채무자가 주로 대여금, 물품대금, 임대료 등 금전 지급 채무를 변제하지 않는 경우에, 채권자의 지급명령 신청에 의하여 이루어지는 약식의 분쟁해결절차를 말하며 독촉절차라고도 합니다〈민사소송법 제462조〉. 지급명령 절차는 법원이 분쟁당사자를 심문함이 없이 당사자가 제출한 서류만을 심사하고 지급명령을 발하므로 채권자는 통상의 소송절차처럼 법원의 법정에 출석할 필요가 없고, 그 결과 소송에 소요되는 시간과 노력을 절약할 수 있습니다. 채권자는 지급명령을 신청할 때에 소송의 10분의 1에 해당하는 수수료(인지)와 당사자 1인당 6회분의 송달료만 납부하면 되므로, 일반 소송절차에 비하여 소요되는 각종 비용이 저렴합니다〈민사소송등인지법 제7조 제2항〉.

■ 채무자가 이의신청을 하지 않을 경우

채무자가 지급명령 정본을 송달받고 2주 이내에 이의신청을 하지 않으면 지급명령이 확정됩니다〈민사소송법 제470조〉. 확정된 지급명령은 확정판결과 같은 효력은 있지만 기판력은 없으며, 확정된 지급명령에 기한 강제집행은 민사집행법 제58조 단서조항에 규정된 경우(1호, 2호, 3호)를 제외하고는 집행문을 부여받을 필요 없이 지급명령 정본에 의하여 행하므로〈민사집행법 제58조 제1항〉, 채권자는 별도로 지급명령의 송달증명 및 확정증명을 받을 필요 없이 채무자의 부동산에 강제경매, 동산압류, 채권(예금, 임차보증금 등)압류 등 강제집행을 신청할 수 있습니다.

위와 같이 일단 지급명령이 확정되면 이는 승소판결이 확정된 것과 효력이 있으므로 돈 받을 것이 있는 채권자의 입장에서는 적은 비용으로 법원에 직접 출석하여 소송을 진행하는 등의 번거로움 없이 간편하게 집행권원을 얻을 수 있는 장점이 있습니다. 또한 법원의 이름으로 지급명령이 송달되면 채무자는 상당한 심리적 압박감을 느낄 수 있으므로 채무자가 스스로 변제하는 것을 유도해 내는 수단이 될 수도 있습니다.

▣ 채무자가 이의신청을 할 경우

그러나 만약 채무자가 지급명령에 대해 이의신청을 하게 되면 채권자는 소장에 붙여야 할 인지액에서 해당 신청서에 붙인 인지액을 뺀 금액에 해당하는 인지를 보정(補正)하여〈민사소송등인지법 제7조 제3항〉, 결국 일반 민사소송이 개시되므로 처음부터 소장을 제출하여 일반 민사소송을 개시하느니만 못한 결과를 가져올 수도 있습니다.

따라서 금액이 소액이면서 채무자의 주소가 일정하고, 채무자가 자신에게 지급의무가 있다는 사실 자체가 명백하여 이를 다투지 아니할 것으로 보이는 상황이라면 지급명령은 유용한 제도가 될 수 있으니 소송에 참고 하시기 바랍니다.

관련 법 조항
민사소송법 제462조, 제466조, 제470조, 민사집행법 제58조, 민사소송등인지법 제2조, 제7조 각 참조

〈민사소송법〉

제462조(적용의 요건)

금전, 그 밖에 대체물(代替物)이나 유가증권의 일정한 수량의 지급을 목적으로 하는 청구에 대하여 법원은 채권자의 신청에 따라 지급명령을 할 수 있다. 다만, 대한민국에서 공시송달 외의 방법으로 송달할 수 있는 경우에 한한다.

제466조(지급명령을 하지 아니하는 경우)

① 채권자는 법원으로부터 채무자의 주소를 보정하라는 명령을 받은 경우에 소제기신청을 할 수 있다.

② 지급명령을 공시송달에 의하지 아니하고는 송달할 수 없거나 외국으로 송달하여야 할 때에는 법원은 직권에 의한 결정으로 사건을 소송절차에 부칠 수 있다.

③ 제2항의 결정에 대하여는 불복할 수 없다.

제470조(이의신청의 효력)

① 채무자가 지급명령을 송달받은 날부터 2주 이내에 이의신청을 한 때에는 지급명령은 그 범위 안에서 효력을 잃는다.

② 제1항의 기간은 불변기간으로 한다.

제472조(소송으로의 이행)

① 채권자가 제466조 제1항의 규정에 따라 소제기신청을 한 경우, 또는 법원이 제466조 제2항의 규정에 따라 지급명령신청사건을 소송절차에 부치는 결정을 한 경우에는 지급명령을 신청한 때에 소가 제기된 것으로 본다.

② 채무자가 지급명령에 대하여 적법한 이의신청을 한 경우에는 지급명령을 신청한 때에 이의신청된 청구목적의 값에 관하여 소가 제기된 것으로 본다.

〈민사소송등인지법〉

제2조(소장)

① 소장[반소장(反訴狀) 및 대법원에 제출하는 소장은 제외한다]에는 소송목적의 값에 따라 다음 각 호의 금액에 해당하는 인지를 붙여야 한다.
1. 소송목적의 값이 1천만 원 미만인 경우에는 그 값에 1만분의 50을 곱한 금액
2. 소송목적의 값이 1천만 원 이상 1억 원 미만인 경우에는 그 값에 1만분의 45를 곱한 금액에 5천 원을 더한 금액
3. 소송목적의 값이 1억 원 이상 10억 원 미만인 경우에는 그 값에 1만분의 40을 곱한 금액에 5만5천 원을 더한 금액
4. 소송목적의 값이 10억 원 이상인 경우에는 그 값에 1만분의 35를 곱한 금액에 55만5천 원을 더한 금액

② 제1항에 따라 계산한 인지액이 1천 원 미만이면 그 인지액은 1천원으로 하고, 1천 원 이상이면 100원 미만은 계산하지 아니한다.

③ 소송목적의 값은 「민사소송법」 제26조제1항 및 제27조에 따라 산정(算定)하되, 대법원규칙으로 소송목적의 값을 산정하는 기준을 정할 수 있다.

④ 재산권에 관한 소(訴)로서 그 소송목적의 값을 계산할 수 없는 것과 비(非)재산권을 목적으로 하는 소송의 소송목적의 값은 대법원규칙으로 정한다.

⑤ 1개의 소로서 비재산권을 목적으로 하는 소송과 그 소송의 원인이 된 사실로부터 발생하는 재산권에 관한 소송을 병합한 경우에는 액수가 많은 소송목적의 값에 따라 인지를 붙인다.

제7조(화해신청서 등)

① 화해신청서에는 제2조에 따른 금액의 5분의 1에 해당하는 인지를 붙여야 한다.

② 지급명령신청서에는 제2조에 따른 금액의 10분의 1에 해당하는 인

지를 붙여야 한다.
③ 「민사소송법」 제388조 또는 제472조에 따라 화해 또는 지급명령 신청을 한 때에 소가 제기된 것으로 보는 경우에는 해당 신청인은 소를 제기할 때 소장에 붙여야 할 인지액에서 해당 신청서에 붙인 인지액을 뺀 금액에 해당하는 인지를 보정(補正)하여야 한다.
④ 제1항과 제2항에 따른 인지액에 관하여는 제2조제2항을 준용한다.

〈민사집행법〉

제58조(지급명령과 집행)
① 확정된 지급명령에 기한 강제집행은 집행문을 부여받을 필요없이 지급명령 정본에 의하여 행한다. 다만, 다음 각호 가운데 어느 하나에 해당하는 경우에는 그러하지 아니하다.
   1. 지급명령의 집행에 조건을 붙인 경우
   2. 당사자의 승계인을 위하여 강제집행을 하는 경우
   3. 당사자의 승계인에 대하여 강제집행을 하는 경우
② 채권자가 여러 통의 지급명령 정본을 신청하거나, 전에 내어준 지급명령 정본을 돌려주지 아니하고 다시 지급명령 정본을 신청한 때에는 법원사무관등이 이를 부여한다. 이 경우 그 사유를 원본과 정본에 적어야 한다.
③ 청구에 관한 이의의 주장에 대하여는 제44조제2항의 규정을 적용하지 아니한다.
④ 집행문부여의 소, 청구에 관한 이의의 소 또는 집행문부여에 대한 이의의 소는 지급명령을 내린 지방법원이 관할한다.
⑤ 제4항의 경우에 그 청구가 합의사건인 때에는 그 법원이 있는 곳을 관할하는 지방법원의 합의부에서 재판한다.

Life
and Law

> ## Q [3] 지급명령도 공시송달신청이 가능한지
>
> : 저는 채무자 A로부터 지급받을 물품대금에 관한 지급명령을 법원에 신청했는데, 이후 채무자 A의 주소지에는 채무자가 거주하지 않고 행불되어 지급명령 송달이 불가능하다는 사실을 알게 되었습니다. 이런 경우 일반 소송절차에 따른 공시송달 신청이 가능한 경우도 있다고 하는데 어떤 경우에 공시송달이 가능한지 알고 싶습니다.

A 지급명령이 제대로 송달되지 않는 경우에는 법원은 우선 채권자에게 주소를 보정하라는 명령을 하게 되는데, 이때 채권자는 주소보정을 하거나 소제기신청을 할 수 있습니다〈민사소송법 제466조 제1항〉. 지급명령이 제대로 송달되지 않으면 결국 민사소송절차로 진행해야 하므로 주소보정절차를 생략하고 바로 소제기 신청을 할 수 있도록 규정을 마련하여 둔 것입니다.

지급명령의 공시송달과 관련해서는 지급명령의 적용요건을 "대한민국에서 공시송달 외의 방법으로 송달할 수 있는 경우에 지급명령을 신청할 수 있다"고 민사소송법에 규정하고 있어, **원칙적으로 지급명령에는 공시송달이 허용되지 않습니다**〈같은 법 제462조 단서조항〉. 또한 공시송달 외에 송달을 할 방법이 없거나 외국으로 송달을 하여야 하는 경우, 법원은 직권에 의한 결정으로 사건을 소송절차에 부칠 수 있고, 이에 대하여는 불복할 수 없습니다〈민사소송법 제466조 제2항, 제3항〉.

다만, 금융기관의 경우에는 업무상 취득하여 행사하는 대여금, 구상금, 보증금 및 그 양수금 채권에 대한 지급명령 신청의 경우에는 **공시송달에 의한 지급명령을 예외적으로 허용**하고 있습니다〈소송촉진등에관한특례법 제20조의2, 민사소송법 제462조 단서규정 배제, 같은 법 제466조 제2항 중 공시송달에 관한 규정 배제〉.

관련 법 조항
민사소송법 제462조, 제466조, 소송촉진등에관한특례법 제20조의2 각 참조

〈민사소송법〉
제462조(적용의 요건)
금전, 그 밖에 대체물(代替物)이나 유가증권의 일정한 수량의 지급을 목적으로 하는 청구에 대하여 법원은 채권자의 신청에 따라 지급명령을 할 수 있다. 다만, 대한민국에서 공시송달 외의 방법으로 송달할 수 있는 경우에 한한다.

제466조(지급명령을 하지 아니하는 경우)
① 채권자는 법원으로부터 채무자의 주소를 보정하라는 명령을 받은 경우에 소제기신청을 할 수 있다.
② 지급명령을 공시송달에 의하지 아니하고는 송달할 수 없거나 외국으로 송달하여야 할 때에는 법원은 직권에 의한 결정으로 사건을 소송절차에 부칠 수 있다.
③ 제2항의 결정에 대하여는 불복할 수 없다.

〈소송촉진등에관한특례법〉
제20조의2(공시송달에 의한 지급명령)
① 다음 각 호의 어느 하나에 해당하는 자가 그 업무 또는 사업으로 취득하여 행사하는 대여금, 구상금, 보증금 및 그 양수금 채권에 대하여 지급명령을 신청하는 경우에는 민사소송법 제462조 단서 및 같은 법 제466조 제2항 중 공시송달에 관한 규정을 적용하지 아니한다.

Q [4] 확정된 지급명령에 대한 불복방법은 어떻게 되는지

: 저는 10개월 전 정수기를 24개월 할부로 구입하여 사용하던 중 정수기 고장이 자주 발생하여 할부금 납입을 중지하고 새 제품으로 교환을 요구하자 회사에서 새 제품으로 바꿔주겠다고 이를 가져간 후 아무런 연락이 없었습니다. 그런데 해외여행을 다녀오니 반환했던 정수기를 새 제품으로 교환해주지도 않고, 정수기 대금 300만 원의 지급을 구하는 지급명령이 송달되었으며, 이미 지급명령에 대한 이의신청기간도 지나 있었습니다. 저는 너무 억울한데 이에 대한 불복방법은 없는지요?

A 지급명령이란 당사자가 금전 기타 대체물이나 유가증권의 일정 수량의 지급을 목적으로 하는 청구권에 관하여 통상의 판결절차보다 간단 신속하게 채무명의를 얻는 절차를 말합니다. 주로 당사자 간에 금전의 지급을 내용으로 하는 채권채무관계가 있는 경우에 본인이 법원에 직접 출석하지 않고 채무명의를 얻을 수 있는 방법으로 많이 이용되고 있습니다. 그러나 지급명령의 효력은 집행력만 인정하고 기판력이 인정되지 아니하는 바, 채무자가 지급명령 확정 전에 생긴 원인을 이유로 **청구이의의 소**를 지급명령을 발한 법원에 제기할 수 있습니다〈민사집행법 제44조, 제58조 제3항〉.

따라서 귀하는 곧바로 정수기 판매회사를 상대로 청구이의의 소를 제기하여 사실관계를 다퉈보시기 바랍니다. 다만, 위와 같은 청구에 관한 이의의 소송이 제기되었다고 하여도 강제집행의 개시 · 속행에는 영향이 없으므로 신청인의 강제집행을 정지시키기 위하여는 **별도로 강제집행정지신청을 하여야** 합니다.

관련 법 조항
민사집행법 제44조, 제58조 제3항 각 참조

제44조(청구에 관한 이의의 소)
① 채무자가 판결에 따라 확정된 청구에 관하여 이의하려면 제1심 판결법원에 청구에 관한 이의의 소를 제기하여야 한다.
② 제1항의 이의는 그 이유가 변론이 종결된 뒤(변론 없이 한 판결의 경우에는 판결이 선고된 뒤)에 생긴 것이어야 한다.
③ 이의이유가 여러 가지인 때에는 동시에 주장하여야 한다.

제58조(지급명령과 집행)
① 확정된 지급명령에 기한 강제집행은 집행문을 부여받을 필요없이 지급명령 정본에 의하여 행한다. 다만, 다음 각호 가운데 어느 하나에 해당하는 경우에는 그러하지 아니하다.
   1. 지급명령의 집행에 조건을 붙인 경우
   2. 당사자의 승계인을 위하여 강제집행을 하는 경우
   3. 당사자의 승계인에 대하여 강제집행을 하는 경우
② 채권자가 여러 통의 지급명령 정본을 신청하거나, 전에 내어준 지급명령 정본을 돌려 주지 아니하고 다시 지급명령 정본을 신청한 때에는 법원사무관등이 이를 부여한다. 이 경우 그 사유를 원본과 정본에 적어야 한다.
③ 청구에 관한 이의의 주장에 대하여는 제44조 제2항의 규정을 적용하지 아니한다.
④ 집행문부여의 소, 청구에 관한 이의의 소 또는 집행문부여에 대한 이의의 소는 지급명령을 내린 지방법원이 관할한다.
⑤ 제4항의 경우에 그 청구가 합의사건인 때에는 그 법원이 있는 곳을 관할하는 지방법원의 합의부에서 재판한다.

Life
and Law

> **Q [5] 제소전 화해제도란 무엇이며, 곧바로 강제집행이 가능한지**
>
> : 1층에서 12층까지 상가건물을 임대하는 임대사업자입니다. 임대차 계약기간 만료 시 건물명도에 어려움이 많고 분쟁도 많아 건물관리에 어려움이 많습니다. 임차인이 계약대로 이행하지 않을 때, 복잡한 소송절차 없이 곧바로 강제집행 할 수 있는 제도가 있다고 하는데 어떠한 제도인지요?

A 질문 취지로 보아 건물주들이 많이 이용하는 '제소전 화해'를 말씀하시는 것 같습니다. '제소전 화해'란 소송을 제기하기 전에 미리 당사자가 판사 앞에서 화해하는 것을 의미하며 일반 민사분쟁이 소송으로 발전하는 것을 방지하기 위해, 소송을 제기하기 전에 법원에 화해신청을 하여 당사자간 분쟁을 해결하는 제도를 말합니다〈민사소송법 제385조 제1항〉. 신청서가 접수되면 법원은 화해신청의 요건 및 방식에 흠결이 있는가 조사하여 흠결이 있는 때에는 결정으로 각하하고, 흠결이 없는 경우 화해기일을 지정하고 쌍방을 소환하여 화해내용을 확인한 후 화해조서를 작성하여 각자에게 그 정본을 송달하여 주게 됩니다.

▣ 관할 법원 및 첨부할 인지

신청은 서면 또는 구술로 할 수 있으며, 관할법원은 상대방의 보통재판적 소재지의 지방법원 단독판사가 관할합니다. 즉 상대방의 주소지를 관할하는 지방법원, 지방법원 지원, 시·군법원에 제출하면 됩니다. 만약 당사자간에 관할법원에 대한 합의가 있었으면 합의한 법원에 화해조서를 제출할 수 있습니다. 당사자는 화해를 위해 대리인을 선임할 수 있으나, 대리인을 선임하는 권리를 상대방에게 위임할 수는 없습니다〈민사소송법 제385조 제2항〉. 제소전 화해신청서에 첨부할 인지는 통상의 소장에 첨부할 인지의 1/5을 첨부하면 됩니다〈민사소송등 인지법 제7조 제1항〉.

▣ 제소전 화해의 적용 대상

제소전 화해는 소액재판이나 지급명령제도와 달리 모든 소송에 적용되므로 부동산 명도뿐만 아니라 대여금청구의 화해, 어음, 수표금청구의 화해, 기타 손해배상등청구의 화해, 부동산소유권이전등기청구의 화해 등 모든 민사분쟁에 적용됩니다. 화해신청에 앞서 미리 당사자들이 준비한 합의내용을 화해조서에 기재하여 채무명의를 얻을 의도로 제소전 화해를 이용하고 있어 당사자 간의 공증적 역할을 하는데 불과하고, 이를 채무명의화하기 위하여 제도 외적 목적으로 남용되고 있다는 것에 대해 많은 학자들이 염려스럽게 생각하고 있습니다.

▣ 제소전 화해조서의 효력과 강제집행

제소전 화해를 신청하여 쌍방이 합의하였지만 화해성립 후 합의내용을 각 이행하지 않을 경우에는 '제소전 화해'는 확정판결과 동일한 효력이 있게 됩니다. 실무에서는 주로 건물의 임대인과 임차인간의 임대차계약 내용을 확인하여 공증해주는 방편으로 많이 이용하고 있는데 제소전화해가 성립하면 확정판결과 동일한 효력이 있으므로 분쟁이 발생하여도 별도의 소송절차 없이 화해조서에 집행문을 부여받아 곧바로 강제집행이 가능하며 그 집행의 대상인 재산의 종류에 따라 다릅니다〈민사집행법 제56조 제5호〉.

관련 법 조항

민사소송법 제385조, 민사집행법 제56조 제5호, 민사소송등인지법 제7조 제1항 각 참조

〈민사소송법〉
제385조(화해신청의 방식)
① 민사상 다툼에 관하여 당사자는 청구의 취지·원인과 다투는 사정을 밝혀 상대방의 보통재판적이 있는 곳의 지방법원에 화해를 신청할 수 있다.
② 당사자는 제1항의 화해를 위하여 대리인을 선임하는 권리를 상대방에게 위임할 수 없다.
③ 법원은 필요한 경우 대리권의 유무를 조사하기 위하여 당사자본인 또는 법정대리인의 출석을 명할 수 있다.
④ 화해신청에는 그 성질에 어긋나지 아니하면 소에 관한 규정을 준용한다.

〈민사소송등인지법〉
제7조(화해신청서 등)
① 화해신청서에는 제2조에 따른 금액의 5분의 1에 해당하는 인지를 붙여야 한다.
② 지급명령신청서에는 제2조에 따른 금액의 10분의 1에 해당하는 인지를 붙여야 한다.
③ 「민사소송법」제388조 또는 제472조에 따라 화해 또는 지급명령 신청을 한 때에 소가 제기된 것으로 보는 경우에는 해당 신청인은 소를 제기할 때 소장에 붙여야 할 인지액에서 해당 신청서에 붙인 인지액을 뺀 금액에 해당하는 인지를 보정(補正)하여야 한다.
④ 제1항과 제2항에 따른 인지액에 관하여는 제2조 제2항을 준용한다.

Life and Law

> **Q [6] 제소전 화해가 불성립된 경우에도 제소신청이 가능한지**
>
> : 얼마 전 손해배상금 청구에 관한 '제소전 화해' 신청을 하였다가 피신청인이 출석하지 않아 화해불성립의 조서를 송달받았습니다. 저는 그 쟁의를 소송으로 해결하기 위해 법원에 제소신청을 하고 싶은데 가능한지 알고 싶습니다.

A 제소전 화해가 불성립된 경우 당사자들은 그 쟁의를 소송으로 해결하기 위해 제소신청을 할 수 있습니다〈민사소송법 제388조 제1항〉. 즉 채권자가 제소전 화해 신청을 하였으나 채무자가 이를 거절한 경우, 또는 신청인 또는 상대방이 기일에 출석하지 않은 경우 법원은 이들의 화해가 성립되지 않은 것으로 볼 수 있습니다〈같은 법 제387조 제2항〉. 출석하지 않는 경우에는 화해불성립으로 되므로 채권자가 소송으로 해결하기 위해서 제소신청을 할 수 있고, 반대로 채무자가 소송으로 해결하기 위해 제소신청을 할 수 있습니다.

어느 쪽에서 제소신청을 하든 처음의 화해 신청인이 원고가 되고, 화해 피신청인이 피고가 되며, 제소신청은 화해불성립의 조서등본을 송달받은 날로부터 2주 이내에 서면이나 구술로 제소신청을 하여야 합니다. 다만, 조서등본이 송달되기 전에도 신청할 수 있습니다〈같은 법 제388조 제3항〉. 그리고 인지액도 나머지 5분의 4 부분을 붙여야 합니다. 그러나 피신청인이 제소신청을 할 경우에는 1,000원의 인지를 붙이면 됩니다. 제소신청을 하게 되면 이는 통상의 소송으로 재판이 진행되고 적법한 소송제기의 신청이 있는 화해신청을 한 때에 소송이 제기된 것으로 봅니다〈같은 법 제388조 제2항〉.

관련 법 조항

민사소송법 제387조 제2항, 제388조, 민사소송등인지법 제7조 제1항 각 참조

〈민사소송법〉

제387조(화해가 성립되지 아니한 경우)
① 화해가 성립되지 아니한 때에는 법원사무관 등은 그 사유를 조서에 적어야 한다.
② 신청인 또는 상대방이 기일에 출석하지 아니한 때에는 법원은 이들의 화해가 성립되지 아니한 것으로 볼 수 있다.
③ 법원사무관 등은 제1항의 조서등본을 당사자에게 송달하여야 한다.

제388조(소제기신청)
① 제387조의 경우에 당사자는 소제기신청을 할 수 있다.
② 적법한 소제기신청이 있으면 화해신청을 한 때에 소가 제기된 것으로 본다. 이 경우 법원사무관 등은 바로 소송기록을 관할법원에 보내야 한다.
③ 제1항의 신청은 제387조 제3항의 조서등본이 송달된 날부터 2주 이내에 하여야 한다. 다만, 조서등본이 송달되기 전에도 신청할 수 있다.
④ 제3항의 기간은 불변기간으로 한다.

〈민사소송등인지법〉

제7조(화해신청서 등)
① 화해신청서에는 제2조에 따른 금액의 5분의 1에 해당하는 인지를 붙여야 한다.
③ 「민사소송법」 제388조 또는 제472조에 따라 화해 또는 지급명령 신청을 한 때에 소가 제기된 것으로 보는 경우에는 해당 신청인은 소를 제기할 때 소장에 붙여야 할 인지액에서 해당 신청서에 붙인 인지액을 뺀 금액에 해당하는 인지를 보정하여야 한다.
④ 제1항과 제2항에 따른 인지액에 관하여는 제2조 제2항을 준용한다.

Life
and Law

Q [7] 민법에 따른 소멸시효 기간은 어떻게 되는지

: 저는 소규모 건설회사 공사장 주변에서 회사식권을 받고 인부들을 상대로 음식을 제공하고, 식대는 회사로부터 3개월에 한 번씩 정산하여 지급받고 있었는데 얼마 전 회사가 음식대금을 지급하지 않고 현장을 떠나버렸습니다. 음식대금 지급 청구를 차일피일 미루다 수소문 끝에 회사 주소를 찾아내 소송을 제기하였는데 상대방 회사가 소멸시효 주장을 하는 바람에 패소하고 말았습니다. 앞으로 이런 일이 없도록 주변 사람들에게도 알리고 싶은데 민법에 따른 소멸시효 기간에 대한 규정이 어떻게 되는지 알고 싶습니다.

A '소멸시효'란 권리자가 권리를 행사할 수 있는데도 불구하고 일정 기간 동안 이를 행사하지 않으면 권리 자체를 소멸시키는 제도를 말합니다. 일정한 사실상태가 일정한 기간 계속되는 경우에 이 사실상태가 진실한 권리관계와 일치하느냐의 여부를 묻지 않고, 그대로 그것을 존중하여 권리관계를 인정하는 제도입니다. 예컨대 물품대금을 받지 못한 지 3년이 지났거나 공연에 대한 출연료를 1년이 넘도록 주지 않고 회피하고 있는 경우에는 물품대금이나 출연료를 받지 못할 수도 있습니다.

어떤 사람이 채무를 부담하고 있지 않는 것과 같은 사실상태 등이 지속되는 경우에 그 채무의 존재 여부를 묻지 않고 그 사실상태 그대로의 권리관계를 인정하고 진정한 채권이 있더라도 그 주장을 허용하지 않는다는 것입니다. 민법상 모든 권리마다 소멸시효 기간이 있는데 권리자는 그 기간 내에 의무자에게 이행을 청구하여야 합니다.

이하 민법에 따른 소멸시효 기간에 대한 규정과 소멸시효의 기산점, 소멸시효의 소급효, 소멸시효에 관한 중단사유 규정은 아래와 같으니 잘 읽어 보시고 소멸시효로 인해 더 이상 억울한 일이 발생하지 않도록 권리행사에 참고 하시기 바랍니다. 다만, 시효가 지난 채무도 도덕상으로는 갚을 의무가 있으며, 채권자가 강제이행의 청구〈소의 제기〉를 할 수 없을 뿐입니다.

▣ 소멸시효의 입법취지

소멸시효의 입법취지는 일반적으로 거래질서 및 법률관계의 안정, 일정 기간 권리를 행사하지 않는 사람, 즉 권리 위에서 잠자는 자에게는 법이 보호할 필요가 없는 것이고, 또 장기간의 시간이 경과하면 증거의 소실 증으로 과거의 법률관계를 증명하거나 재현하기 어렵기 때문에 권리 자체를 소멸시킨다는 취지입니다. '소멸시효'는 권리를 행사할 수 있는 때로부터 부작위를 목적으로 하는 채권의 소멸시효는 위반행위를 한 때로부터 진행하며, 채권의 불행사와 그 상태가 일정한 기간 계속하는 것을 요건으로 합니다.

그러나 권리자나 피해자의 입장에서는 위와 같은 설명에 설득력이 있다고 말하기 쉽지 않습니다. 특히 민법 제163조, 제164조에서 1년에서 3년으로 규정된 단기소멸시효 뿐만 아니라 불법행위에 기한 손해배상청구권의 소멸시효와 관련해서도 민법 제766조 제1항은 소멸시효를 문언상 3년으로 규정(**제766조 제3항의 미성년자에 대한 특별예외 규정이 있음**)하고 있기 때문에 생업에 종사하는 사람에게 매우 짧은 기간이라는 점과 채무자나 가해자가 고의로 피하여 나중에 1년 또는 3년의 소멸시효를 주장하는 것을 허용한다면 피해자 입장에서는 매우 불안한 지위에 놓이게 됩니다.

채권자나 피해자들은 분명히 자신에게 돈을 받을 권리가 있음에도 소멸시효 때문에 받지 못한다는 것을 쉽게 납득하지 못하고 분통을 터뜨리기 마련입니다. 오히려 왜 진작 소송을 제기하지 않았느냐고 지적하는 사람도 있지만 소송비용에 대한 부담이나 형사고소나 행정소송의 결과를 보고 소송을 제기하려다가 시기를 놓치는 경우도 있습니다. 이처럼 개별 사정이 다양하기 때문에 단순히 채권자나 피해자만 탓하기에는 바람직하지 않으며, 사회정의에도 부합하지 않게 된다는 점에서 이 부분의 법률개정도 필요해 보입니다.

▣ 민법에 따른 소멸시효 규정

가. 채권, 재산권의 소멸시효(제162조)
① 채권은 10년간 행사하지 아니하면 소멸시효가 완성한다.
② 채권 및 소유권이외의 재산권은 20년간 행사하지 아니하면 소멸시효가 완성한다.

일반채권의 소멸시효 기간은 10년으로 돈을 빌려주고 아무런 법적 조치도 하지 않은 채 10년이 경과하여 소멸시효가 완성되었다면 돈을 받을 수 없으며, 채권 및 소유권 이외의 기타 재산권의 소멸시효 기간은 20년입니다.

나. 3년의 단기소멸시효에 걸리는 채권(제163조)
다음 각 호의 채권은 3년간 행사하지 아니하면 소멸시효가 완성한다.
1. 이자, 부양료, 급료, 사용료 기타 1년 이내의 기간으로 정한 금전 또는 물건의 지급을 목적으로 한 채권
2. 의사, 조산사, 간호사 및 약사의 치료, 노무 및 조제에 관한 채권
3. 도급받은 자, 기사 기타 공사의 설계 또는 감독에 종사하는 자의 공사에 관한 채권
4. 변호사, 변리사, 공증인, 공인회계사 및 법무사에 대한 직무상 보관한 서류의 반환을 청구하는 채권
5. 변호사, 변리사, 공증인, 공인회계사 및 법무사의 직무에 관한 채권
6. 생산자 및 상인이 판매한 생산물 및 상품의 대가
7. 수공업자 및 제조자의 업무에 관한 채권

다. 1년의 단기소멸시효에 걸리는 채권(제164조)
다음 각호의 채권은 1년간 행사하지 아니하면 소멸시효가 완성된다.

1. 여관, 음식점, 대석, 오락장의 숙박료, 음식료, 대석료, 입장료, 소비물의 대가 및 체당금의 채권
2. 의복, 침구, 장구 기타 동산의 사용료의 채권
3. 노역인, 연예인의 임금 및 그에 공급한 물건의 대금채권
4. 학생 및 수업자의 교육, 의식 및 유숙에 관한 교주, 숙주, 교사의 채권

라. 판결 등에 의하여 확정된 채권의 소멸시효(제165조)

앞서 설명한 단기 소멸시효(1년, 3년)에 해당하는 채권에 대하여 소를 제기하여 판결이 확정(재판상의 화해, 조정, 지급명령 등)될 때 소멸시효 기간은 10년이다.

① 판결에 의하여 확정된 채권은 단기의 소멸시효에 해당한 것이라도 그 소멸시효는 10년으로 한다.

② 파산절차에 의하여 확정된 채권 및 재판상의 화해, 조정 기타 판결과 동일한 효력이 있는 것에 의하여 확정된 채권도 전항과 같다.

③ 전2항의 규정은 확정판결 당시에 변제기가 도래하지 아니한 채권에 적용하지 아니한다.

마. 손해배상청구권의 소멸시효(제766조)

① 불법행위로 인한 손해배상의 청구권은 피해자나 그 법정대리인이 그 손해 및 가해자를 안 날로부터 3년간 이를 행사하지 아니하면 시효로 인하여 소멸한다.

② 불법행위를 한 날로부터 10년을 경과한 때에도 전항과 같다.

③ 미성년자가 성폭력, 성추행, 성희롱, 그 밖의 성적(性的) 침해를 당한 경우에 이로 인한 손해배상청구권의 소멸시효는 그가 성년이 될 때까지는 진행되지 아니한다.

■ 소멸시효의 기산점과 소급효

소멸시효는 그 기산일에 소급하여 효력이 생기며 이것을 소멸시효의 소급효라고 합니다. 여기서 기산일이란 권리를 행사할 수 있는 때로부터 진행하며,

부작위를 목적으로 하는 채권의 소멸시효는 위반행위를 한 때로부터 진행합니다〈민법 제166조, 제167조〉. 그 결과 소멸시효에 의하여 채무를 면한 자는 시효기간 중의 이자를 지급할 필요가 없습니다. 다만 소멸시효가 완성된 채권이 그 완성 전에 상계할 수 있었던 것이면 그 채권자는 상계할 수 있습니다〈민법 제495조〉. 상계할 수 있었던 채권을 가지는 자를 보호하기 위하여 시효의 소급효에 대한 예외를 인정한 것입니다.

▣ 소멸시효의 중단사유

민법은 소멸시효 중단사유로 **1. 청구 2. 압류 또는 가압류, 가처분 3. 승인**의 3가지를 규정하고 있으며〈민법 제168조〉, 청구라 함은 권리를 행사하는 것이며, 그 유형으로 민법은 재판상 청구, 파산절차참가, 지급명령, 화해를 위한 소환 내지 임의출석, 최고 등이 있으며 시효중단의 효력이 발생하고, 승인이란 시효의 이익을 받을 당사자가 시효로 말미암아 권리를 잃은 자에 대하여 그 권리를 인정한다고 표시하는 통지를 말합니다.

▣ 소멸시효에 대한 입증책임

소멸시효의 완성은 이를 주장하는 자가 입증책임을 지므로, 채권이 소멸되려면 채권자가 채무자를 상대로 제기한 소송에서 반드시 소멸시효가 완성되었음을 주장하여야만 채권이 소멸됩니다. 이를 입증하지 못하면 소멸시효가 완성한 채권이라도 채무자는 그 재판에서 패소하게 되고 결국은 채권자에게 채무를 변제하여야 합니다. 그러므로 채무자는 법정에서 소멸시효가 완성되었다는 사실을 입증해야 한다는 점이 중요하며, 반면에 채권자의 입장에서는 소멸시효가 완성된 채권이라도 채무자가 소멸시효의 항변을 하지 않는다면 승소 가능성이 있다고 할 수 있습니다.

Life
and Law

Q [8] 세무사의 직무에 관한 채권 소멸시효 기간은 어떻게 되는지

: 저는 세무사의 직무에 관한 채권이 있었는데 얼마 전 3년의 기간이 도과되었습니다. 그런데 민법 제163조 제5호 3년의 단기 소멸시효 규정에는 변호사, 변리사, 공증인, 공인회계사 및 법무사의 직무에 관한 채권에 대해서만 규정되어 있을 뿐, 세무사에 대한 규정은 빠져 있습니다. 주변에서는 세무사도 전문자격사에 준해서 "3년의 소멸시효로 봐야 한다." "아니다, 5년의 소멸시효로 봐야 한다." "10년으로 봐야 한다"는 등 서로 의견이 엇갈리고 있는데 어떤 게 사실인지 알고 싶습니다.

A 위 사안과 관련된 대법원 판례를 살펴보면 '세무사제도는 민법 제정 이후인 1961. 9. 9. 법률 제712호로 세무사법이 제정되면서 마련되었고, 이러한 법령의 제·개정 경과 및 단기 소멸시효를 규정하고 있는 취지에다가 직무에 관한 채권은 직무의 내용이 아닌 직무를 수행하는 주체의 관점에서 보아야 하는 점, 민법 제163조 제5호에서 정하고 있는 자격사 외의 다른 자격사의 직무에 관한 채권에도 단기 소멸시효 규정이 유추적용된다'고 해석한다면 어떤 채권이 그 적용 대상이 되는지 불명확하게 되어 법적 안정성을 해하게 되는 점 등을 종합적으로 고려하면, 민법 제163조 제5호에서 정하고 있는 변호사, 변리사, 공증인, 공인회계사 및 법무사의 직무에 관한 채권에만 3년의 단기 소멸시효가 적용되고, 세무사와 같이 그들의 직무와 유사한 직무를 수행하는 다른 자격사의 직무에 관한 채권에 대하여는 민법 제163조 제5호가 유추적용된다고 볼 수 없다고 하였습니다.

또한 세무사의 직무에 관하여 고도의 공공성과 윤리성을 강조하고 있는 세무사법의 여러 규정에 비추어보면, 개별 사안에 따라 전문적인 세무지식을 활용하여 직무를 수행하는 세무사의 활동은 간이 신속하고 외관을 중시하는 정형적인 영업활동, 자유로운 광고 선전을 통한 영업의 활성화 도모, 인적 물적 영업기반의 자유로운 확충을 통한 최대한의 효율적인 영리추구 허용 등을 특징으로 하는 상인의 영업활동과는 본질적으로 차이가 있다고 하면서,

■ 세무사의 직무와 관련하여 형성된 법률관계에 대하여는 상인의 영업활동 및 그로 인해 형성된 법률관계와 동일하게 상법을 적용하여야 할 특별 사회경제적 필요 내지 요청이 있다고 볼 수도 없다. 이와 더불어 세무사를 상법 제4조 또는 제5조 제1항이 규정하는 상인이라고 볼 수 없고, 세무사의 직무에 관한 채권이 상사채권에 해당한다고 볼 수 없으므로, 세무사의 직무에 관한 채권에 대하여는 민법 제162조 제1항에 따라 10년의 소멸시효가 적용된다고 하였습니다〈대법원 2021다311111 판결〉.

따라서 세무사가 변호사, 변리사, 공증인, 공인회계사 및 법무사 등과 함께 전문자격사에 속한다고 할지라도 세무사의 직무에 관한 채권은 3년의 단기소멸시효에 해당하는 것이 아니라, 10년의 소멸시효가 적용되는 것으로 보여지므로 채권추심에 참고하시기 바랍니다.

관련 법 조항 및 판례
민법 제162조 제1항, 제163조 제5호, 대법원 2021다311111 판결 각 참조

제162조(채권, 재산권의 소멸시효)
① 채권은 10년간 행사하지 아니하면 소멸시효가 완성한다.
제163조(3년의 단기소멸시효)
다음 각호의 채권은 3년간 행사하지 아니하면 소멸시효가 완성한다.
   1. 이자, 부양료, 급료, 사용료 기타 1년 이내의 기간으로 정한 금

전 또는 물건의 지급을 목적으로 한 채권
2. 의사, 조산사, 간호사 및 약사의 치료, 근로 및 조제에 관한 채권
3. 도급받은 자, 기사 기타 공사의 설계 또는 감독에 종사하는 자의 공사에 관한 채권
4. 변호사, 변리사, 공증인, 공인회계사 및 법무사에 대한 직무상 보관한 서류의 반환을 청구하는 채권
5. 변호사, 변리사, 공증인, 공인회계사 및 법무사의 직무에 관한 채권
6. 생산자 및 상인이 판매한 생산물 및 상품의 대가
7. 수공업자 및 제조자의 업무에 관한 채권

Life and Law

> **Q [9] 시중은행 대출금에 대한 보증채무의 소멸시효 기간은 어떻게 되는지**
>
> : 저는 친척이 은행으로부터 사업자금을 대출받을 때 연대보증을 해준 적이 있습니다. 이 경우 보증채무의 소멸시효와 관련하여 은행의 보증금 청구권의 소멸시효기간은 상법상 5년으로 알고 있는데, 어떤 사람은 민법상 10년의 소멸시효기간을 적용해야한다고 하는데 어떤 게 맞는지요?

A 상행위로 인하여 발생한 채권은 상법에 다른 규정이 있는 경우 또는 다른 법령에서 이보다 단기시효기간의 정함이 있는 경우〈민법 제163조, 제164조〉를 제외하고, 그 소멸시효기간은 5년입니다〈상법 제64조〉. 그런데 은행의 대출업무는 은행의 기본적 상행위로서〈상법 제46조 제8호〉 상행위로 인한 채권은 쌍방적 상행위로 인한 채권이든 일방적 행위로 인한 채권이든 불문하며,

이러한 일방적 상행위로 인한 채권은 채권자를 위한 상행위(은행이 비상인에게 대출한 경우)이든 채무자를 위한 상행위(비상인이 상인에게 금전을 대여한 경우)이든 불문하고, 상법 제64조 상사채권의 소멸시효를 적용하여 5년이 적용된다는 것이 판례의 입장입니다〈대법원 97다9260 판결〉. 따라서 귀하의 보증채무에 대한 소멸시효기간은 5년이라고 보아야 할 것입니다.

관련 법 조항 및 판례
민법 제162조, 제163조, 제164조, 상법 제64조, 제46조 제8호, 대법원 97다9260 판결 각 참조

〈상법〉

제46조(기본적 상행위)

영업으로 하는 다음의 행위를 상행위라 한다. 그러나 오로지 임금을 받을 목적으로 물건을 제조하거나 노무에 종사하는 자의 행위는 그러하지 아니하다.

    1.~7. 생략

    8. 수신·여신·환 기타의 금융거래

    9.~22. 이하 생략

제64조(상사시효)

상행위로 인한 채권은 본법에 다른 규정이 없는 때에는 5년간 행사하지 아니하면 소멸시효가 완성한다. 그러나 다른 법령에 이보다 단기의 시효의 규정이 있는 때에는 그 규정에 의한다.

Life
and Law

> **Q [10] 10년 전에 차용증을 받고 빌려준 대여금의 효력은 어떻게 되는지**
>
> : 저는 돈 3,000만 원을 1년 후에 갚는다는 약속 하에 친구 A에게 차용증을 받고 빌려주었습니다. 그런데 돈을 빌려간 A는 그 이후로 내내 형편이 어려워 돈을 갚으라고 재촉할 수가 없어 차일피일 미루다가 10년을 넘기고 말았습니다. 그러다 최근 지인으로부터 지금은 충분히 갚을 형편이 되었다는 소식을 전해 듣고 A에게 빌려 준 돈을 갚아줄 것을 요구했으나 A는 이미 세월이 흘러 끝난 일이라며 변제할 생각을 하지 않고 있습니다. 이제라도 "나, 모르겠다"는 식으로 나오는 A를 상대로 소송을 제기하여, 강제집행을 하고 싶은데 가능한지요?

A 채권은 10년간 행사하지 아니하면 소멸시효가 완성됩니다〈민법 제162조〉. 채권자의 권리는 **갚기로 한 때로부터**〈빌려 준 때로부터가 아님에 유의〉 10년이 경과하면 채권자가 법원에 소송을 제기하더라도 채무자가 소멸시효를 주장하면 이길 수 없습니다. 귀하도 마찬가지로 A에게 돈을 빌려 주고 10년이 넘은 것으로 보이므로 채권자인 귀하가 채무자인 A를 상대로 소송을 제기하더라도 채무자가 채권자를 상대로 소멸시효를 주장하면 승소 가능성이 없을 것으로 보입니다.

소멸시효 제도는 이는 권리자가 권리를 행사할 수 있는데도 불구하고 일정 기간 동안 이를 행사하지 않으면 권리 자체를 소멸시키는 제도입니다. 이러한 소멸시효는 10년 외에 3년의 단기소멸시효〈민법 제163조〉와 1년의 단기소멸시효〈민법 제164조〉 제도가 있으며, 판결에 의하여 확정된 채권은 단기의 소멸시효에 의한 것이라도 그 소멸시효는 10년으로 한다고 규정되어 있습니다〈민법 제165조〉.

법에서 이러한 제도를 규정하고 있는 이유는 일정기간 동안 권리 위에서 잠자는 자에게는 법이 보호해줄 필요가 없는 것이고, 또 장기간의 시간이 경과하면 증거의 소실 등으로 과거의 법률관계를 증명하거나 재현하기 어렵기 때문입니다. 만약 채권자가 법원에 소를 제기하더라도 채무자가 법원에 소멸시효를 주장하게 되면 패소하게 되므로 소의 이익이 없게 됩니다. 물론 시효가 지난 채무도 도덕상으로는 갚을 의무가 있지만 채무자가 변제를 미루고 있는 상황에서 소멸시효 완성기간은 가까워져 오고, 친한 친구사이에 소송까지 가는 게 마음에 걸린다면 민법 제168조에서 규정하고 있는 소멸시효 중단제도를 활용하는 것도 하나의 방법이 될 것입니다.

관련 법 조항
민법 제162조, 제165조, 제168조 각 참조

제162조(채권, 재산권의 소멸시효)
① 채권은 10년간 행사하지 아니하면 소멸시효가 완성한다.
② 채권 및 소유권이외의 재산권은 20년간 행사하지 아니하면 소멸시효가 완성한다.

제165조(판결 등에 의하여 확정된 채권의 소멸시효)
① 판결에 의하여 확정된 채권은 단기의 소멸시효에 해당한 것이라도 그 소멸시효는 10년으로 한다.
② 파산절차에 의하여 확정된 채권 및 재판상의 화해, 조정 기타 판결과 동일한 효력이 있는 것에 의하여 확정된 채권도 전항과 같다.
③ 전2항의 규정은 판결확정당시에 변제기가 도래하지 아니한 채권에 적용하지 아니한다.

제168조(소멸시효의 중단사유)
소멸시효는 다음 각호의 사유로 인하여 중단된다.
　　1. 청구, 2. 압류 또는 가압류, 가처분, 3. 승인

Life
and Law

> **Q [11] 물품을 계속적으로 외상 판매·공급한 소매상을 상대로 3년 전 외상대금을 반환받을 수 있는지**
>
> : 잡화도매업을 하고 있는 저는 소매업을 하고 있는 A에게 계속적으로 잡화를 외상 판매·공급해 왔습니다. 그런데 최근 A는 불경기라 적자를 면치 못하고 있다고 하면서 외상대금 3,000만 원을 차일피일 미루며 갚지 않고 있습니다. A와 최종거래는 2년 7개월 전이지만, 3년 전 공급한 의류의 외상대금도 아직 남아 있는데, 제가 소송을 제기하면 3년 전 외상대금도 반환받을 수 있는지요?

A 각 개별거래 때마다 서로 기존의 미변제 외상대금에 대하여 확인하거나 확인된 대금일부를 변제하는 등의 행위나 별도의 특약이 없었다면 3년이 경과된 외상대금 채권은 소멸시효 기간이 경과된 것으로 보여 반환이 어려울 것으로 보입니다.

▣ 상법 제64조 규정에 의하면 상행위로 인한 채권은 상법에 다른 규정이 없는 때에는 5년간 행사하지 아니하면 소멸시효가 완성됩니다. 다만 다른 법령에 이보다 단기의 시효의 규정이 있는 때에는 그에 따르도록 되어 있습니다. 또 민법 제163조에 따르면 생산자 및 상인이 판매한 생산물 및 상품의 대가에 대한 채권은 3년의 단기소멸시효에 해당되며, 소멸시효는 권리를 행사할 수 있는 때로부터 진행합니다. 결과적으로 상거래 관계에서 발생한 물품대금 채권은 권리를 행사할 수 있는 때인 채권발생일로부터 3년의 소멸시효 기간이 경과되면 채권이 소멸되어 물품대금청구를 할 수 없게 됩니다.

▣ 귀하와 같이 계속적 물품공급 계약에 기초하여 발생한 외상대금 채권의 경우 대법원 판례에 따르면 특별한 사정이 없는 한 개별거래로 인한 각 외상대금

채권이 발생한 때로부터 개별적으로 소멸시효가 진행하는 것이지, 거래종료일부터 외상대금 채권 총액에 대하여 한꺼번에 소멸시효가 진행한다고 보지 않습니다. 또, 각 개별거래 때마다 서로 기존의 미변제 외상대금에 대하여 확인하거나 확인된 대금일부를 변제하는 등 행위가 없었다면 새로이 동종물품을 주문하고 공급받았다는 사실만으로는 기존의 미변제 채무를 승인한 것으로 볼 수 없다고 판시하고 있습니다.

귀하의 사례에서도 계속적인 A의 상품공급이 끝난 시점에서 외상대금 모두를 정산하여 지급받는다는 특약이 없었다면 3년 전에 공급한 물품에 대한 외상대금은 3년이 경과된 외상대금채권이므로 소멸시효 기간이 경과된 것으로 보여 반환이 어려울 것으로 보입니다.

관련 법 조항 및 판례

민법 제163조, 상법 제64조, 대법원 2006다68940 판결, 91다10152 판결 각 참조

〈민법〉

제163조(3년의 단기소멸시효)

다음 각호의 채권은 3년간 행사하지 아니하면 소멸시효가 완성한다.
1. 이자, 부양료, 급료, 사용료 기타 1년 이내의 기간으로 정한 금전 또는 물건의 지급을 목적으로 한 채권
2. 의사, 조산사, 간호사 및 약사의 치료, 근로 및 조제에 관한 채권
3. 도급받은 자, 기사 기타 공사의 설계 또는 감독에 종사하는 자의 공사에 관한 채권
4. 변호사, 변리사, 공증인, 공인회계사 및 법무사에 대한 직무상 보관한 서류의 반환을 청구하는 채권

5. 변호사, 변리사, 공증인, 공인회계사 및 법무사의 직무에 관한 채권
6. 생산자 및 상인이 판매한 생산물 및 상품의 대가
7. 수공업자 및 제조자의 업무에 관한 채권

〈상법〉

제64조(상사시효)

상행위로 인한 채권은 본법에 다른 규정이 없는 때에는 5년간 행사하지 아니하면 소멸시효가 완성한다. 그러나 다른 법령에 이보다 단기의 시효의 규정이 있는 때에는 그 규정에 의한다.

Life and Law

Q [12] 소멸시효 기간이 경과된 약속어음 공정증서의 효력

: 저는 A에게 3000만 원을 대여하면서 이자는 월2푼, 변제기일은 12개월 후로 하는 차용증서를 교부받았으나 A는 위 변제기일이 경과된 후에도 변제하지 않아 액면가 3000만 원, 지급기일 3개월 후인 약속어음공정증서를 작성, 교부받았지만 A의 집행 가능한 재산이 없어 집행하지 못하고 있던 중 지급기일로부터 3년이 지난 최근에 A가 아파트를 상속받았다는 사실을 알게 되어 약속어음공정증서에 기하여 강제집행하려고 하니 위 약속어음공정증서의 소멸시효 기간이 경과되어 집행이 불가하다고 합니다. 이런 경우 제가 달리 변제받을 방법은 없는지요?

A 약속어음은 발행인이 일정한 금액을 수취인 또는 그 지시인에게 해당 증권과 상환하여 지급할 것을 약속하는 유가증권을 뜻합니다. 약속어음을 공증할 때 강제집행을 해도 좋다는 인정승낙 문구가 기재된 약속어음공정증서는 확정판결이나 재판상화해 등과 같이 일종의 채무명의가 되어 별도의 재판절차를 거치지 않고 강제집행할 수 있으며〈민사집행법 제56조 제4호〉, 발행인에 대한 청구권은 지급기일로부터 3년간 행사하지 않으면 시효로 인하여 소멸합니다〈어음법 제70조, 제77조〉.

그러나 확정판결이나 재판상화해 등의 경우 원인채권의 소멸시효는 비록 단기의 소멸시효에 해당하는 채권에 관한 것이라도 소멸시효기간이 10년으로 되나, 공정증서의 경우에는 확정판결 등과 같이 기판력을 가지는 것은 아닙니다. 대법원 판례도 약속어음에 공증이 된 것이라고 하여 이 약속어음이 판결과 동일한 효력이 있는 것에 의하여 확정된 채권이라고 할 수 없고, 이 약속어음 채권이 민법 제165조 제2항 소정의 채권으로서 10년의 소멸시효에 걸린다고 할 수 없다고 하였습니다〈대법원 92다169 판결〉.

　　따라서 공증된 채권의 소멸시효기간은 공정증서의 원인이 되는 채권의 성질에 따라 달라지는 것이고 약속어음을 공증한 경우 소멸시효기간은 3년으로 보아야 할 것이므로 위 사안의 경우 약속어음채권의 소멸시효기간은 경과되었다고 할 것입니다. 그러나 위 약속어음은 대여금의 지급확보를 위하여 교부된 것으로 보아야 할 것이어서〈대법원 89다카13322 판결〉 원인채권, 즉 대여금반환청구채권은 어음채권과 병존하게 되고 그 채권에 대한 소멸시효기간은 경과되지 않았으므로 A의 재산도피를 방지하기 위하여 우선 위 아파트에 가압류를 신청한 후에 대여금반환청구의소를 제기하여 승소판결을 받은 뒤 강제집행 할 수 있을 것으로 보입니다.

관련 법 조항 및 판례
민사집행법 제6조 제4호, 어음법 제70조, 제77조 제1항 제8호, 대법원 92다169, 89다카13386 판결 각 참조

〈민사집행법〉
제56조(그 밖의 집행권원)
강제집행은 다음 가운데 어느 하나에 기초하여서도 실시할 수 있다.
1. 항고로만 불복할 수 있는 재판
2. 가집행의 선고가 내려진 재판
3. 확정된 지급명령
4. 공증인이 일정한 금액의 지급이나 대체물 또는 유가증권의 일정한 수량의 급여를 목적으로 하는 청구에 관하여 작성한 공정증서로서 채무자가 강제집행을 승낙한 취지가 적혀 있는 것
5. 소송상 화해, 청구의 인낙(認諾) 등 그 밖에 확정판결과 같은 효력을 가지는 것

〈어음법〉

제70조(시효기간)

① 인수인에 대한 환어음상의 청구권은 만기일부터 3년간 행사하지 아니하면 소멸시효가 완성된다.

② 소지인의 배서인과 발행인에 대한 청구권은 다음 각 호의 날부터 1년간 행사하지 아니하면 소멸시효가 완성된다.

    1. 적법한 기간 내에 작성시킨 거절증서의 날짜

    2. 무비용상환의 문구가 적혀 있는 경우에는 만기일

③ 배서인의 다른 배서인과 발행인에 대한 청구권은 그 배서인이 어음을 환수한 날 또는 그 자가 제소된 날부터 6개월간 행사하지 아니하면 소멸시효가 완성된다.

제71조(시효의 중단)

시효의 중단은 그 중단사유가 생긴 자에 대하여만 효력이 생긴다.

제77조(환어음에 관한 규정의 준용)

① 약속어음에 대하여는 약속어음의 성질에 상반되지 아니하는 한도에서 다음 각 호의 사항에 관한 환어음에 대한 규정을 준용한다.

    1. 배서(제11조부터 제20조까지)

    2. 만기(제33조부터 제37조까지)

    3. 지급(제38조부터 제42조까지)

    4. 지급거절로 인한 상환청구(제43조부터 제50조까지, 제52조부터 제54조까지)

    5. 참가지급(제55조, 제59조부터 제63조까지)

    6. 등본(제67조와 제68조)

    7. 변조(제69조)

    8. 시효(제70조와 제71조)

    9. 휴일, 기간의 계산과 은혜일의 인정 금지(제72조부터 제74조까지)

Life
and Law

Q [13] 소멸시효 완성 전에 채무의 일부를 변제받은 경우 시효중단의 효력

: 저는 13년 전에 A에게 3000만 원을 이자 없이 빌려주고, 돈을 빌려준 다음 해 12월 말일 변제하기로 약정하였으나 4년 후에 1000만 원만 변제받고 잔액 2000만 원을 현재까지 받지 못하고 있다가 최근에 A의 소재를 알게 되어 재판청구하려고 합니다. 그런데 주변에서 대여금채권의 소멸시효 기간이 10년이라고 하면서 받을 수 없다고 하는데 저와 같은 경우에도 A가 소멸시효를 주장하면 나머지 2000만 원을 변제받을 수 없는지?

A 채권은 10년간 행사하지 않으면 소멸시효가 완성되고 채권 및 재산권 이외의 재산권은 20년간 행사하지 아니하면 소멸되므로 귀하의 대여금채권의 소멸시효기간도 10년으로 보아야 할 것입니다. 대법원 판례도 **시효완성 전에 채무의 일부를 변제한 경우에는** 그 수액에 관하여 다툼이 없는 한 채무승인으로서의 효력이 있어 시효중단의 효과가 발생한다고 판시한 바 있으며,

소멸시효가 중단된 때에는 중단까지에 경과한 시효기간은 이를 산입하지 아니하고 중단사유가 종료된 때로부터 새로이 진행하므로 특별한 사정이 없는 한 A에 대한 **잔액 2000만 원의 대여금채권은 1000만 원을 변제받은 때로부터 10년이 경과되어야 소멸시효가 완성**되는 것으로 보아야 할 것입니다. 따라서 귀하는 지금이라도 A를 상대로 대여금청구소송을 제기하여 승소한 후 강제집행 할 수 있을 것으로 보입니다.

관련 법 조항 및 판례
민법 제162조 제1항, 제168조 제3호, 제178조 제1항, 대법원 95다39854 판결 각 참조

제162조(채권, 재산권의 소멸시효)
① 채권은 10년간 행사하지 아니하면 소멸시효가 완성한다.
② 채권 및 소유권 이외의 재산권은 20년간 행사하지 아니하면 소멸시효가 완성한다.

제168조(소멸시효의 중단사유)
소멸시효는 다음 각호의 사유로 인하여 중단된다.
   1. 청구
   2. 압류 또는 가압류, 가처분
   3. 승인

제178조(중단 후에 시효진행)
① 시효가 중단된 때에는 중단까지에 경과한 시효기간은 이를 산입하지 아니하고 중단사유가 종료한 때로부터 새로이 진행한다.
② 재판상의 청구로 인하여 중단한 시효는 전항의 규정에 의하여 재판이 확정된 때로부터 새로이 진행한다.

Life and Law

Q [14] 소멸시효 기간이 경과된 후 받은 대여금에 대한 지불각서의 효력

: 저는 A에게 12년 전에 2000만 원을 이자는 월2푼, 변제기일은 1년 후로 약정하고 대여해주면서 차용증을 받았으나, 이후 A의 재정상태 악화로 소재불명이었다가 최근에 지하철에서 우연찮게 A를 만나 그가 음식점을 운영하고 있다는 사실을 알게 되었고, A로부터 위 금원을 2년 뒤 연말까지 모두 변제하겠다는 지불각서를 가까스로 받게 되었습니다. 그런데 소멸시효기간이 경과된 이후에는 위와 같은 지불각서를 받아 두어도 효력이 없다는 이야기가 있어 불안합니다. 제가 받은 지불각서의 효력이 어떻게 되는지 알고 싶습니다.

A 귀하의 대여금반환청구채권은 변제기로부터 10년이 지나면 시효로 인하여 소멸될 것이지만 10년이 지나기 전에 A로부터 지불각서를 다시 받았다면 민법 제168조 제3호의 채무승인으로 보아 소멸시효가 중단될 수 있었을 것입니다. 그런데 귀하의 경우는 소멸시효기간이 경과된 후 위와 같은 지불각서를 받았으므로 소멸시효의 중단이라는 문제는 발생될 여지가 없으나 소멸시효가 완성된 후의 시효이익의 포기는 유효하다고 할 것이어서(민법 제184조 제1항의 반대해석) A의 지불각서의 작성과 교부행위를 시효이익의 포기행위라 본다면 위 지불각서는 지불각서로서의 효력을 그대로 발휘할 수 있는 유효한 것으로 보입니다.

판례도 채권의 소멸시효가 완성된 후에 채무자가 그 기한의 유예를 요청하였다면 그 때에 소멸시효 이익을 포기한 것으로 보아야 한다고 하였습니다. 그리고 시효이익을 포기하면 처음부터 시효이익이 생기지 않았던 것이 되므로, 귀하의 채권은 지불각서 기재의 지불기일로부터 10년 이내에는 소멸시효로 인하여 소멸되지 않는다고 보아야 할 것입니다.

관련 법 조항 및 판례
민법 제162조 제1항, 제168조 제3호, 대법원 65다2133 판결 각 참조

Life
and Law

Q [15] 전소 판결로 확정된 채권의 소멸시효를 중단시키기 위한 소제기 방법

: 저는 A를 상대로 2013년 2억 원의 대여금 판결 확정판결을 받아 한 푼도 변제받지 못하고 10년이 다되어 가는데 전소 판결로 확정된 채권의 소멸시효를 중단시키기 위해 다시 소송을 제기해야 하는 처지에 있습니다. 그런데 다시 소장을 제출하려면 소장에 첨부하는 인지대나 송달료를 추가로 부담해야 되는 문제가 발생하여 고민 중인데 얼마 전부터 새로운 방식의 소송이 허용되어 경제적 부담을 최소한대로 줄여서 소송을 제기할 수 있다고 하는데 어떤 방식으로 소장을 작성하여 법원에 제출해야 되는지 알고 싶습니다.

A 법원은 전소 판결로 확정된 채권의 소멸시효를 중단시키기 소송의 경우 **새로운 방식의 확인소송을 허용**하고 있는데 대법원은 새로운 방식의 확인소송에 대해 그 소송물이 전소의 소송물과 다르므로 채권자는 청구원인으로 전소 판결이 확정되었다는 점과 그 청구권의 시효중단을 위해 후소가 제기되었다는 점만 주장하고 전소 판결의 사본과 확정증명서 등으로 이를 증명하면 되며, 법원도 이 점만 심리하면 되고, 채무자는 설사 전소 판결의 변론종결 후에 발생한 청구이의 사유가 있더라도 이를 주장할 필요가 없으며, 법원은 채무자가 이를 주장하더라도 심리할 필요가 없다고 하면서,

■ 채권자는 전소 판결이 확정되고 적당한 시점에 이와 같은 후소를 제기할 수 있고, 그 시기에 관하여 판결이 확정된 청구권의 소멸시효기간인 10년의 경과가 임박할 것을 요하지도 않는다. 전소와 소송물이 달라 동일한 청구권에 대해 집행권원이 추가로 발생하지 않으므로 이중집행의 위험도 없다고 하면서 채권자가 자신의 채권을 보전하기 위하여 소를 제기한 것이므로 그 소송비용

은 원칙적으로 채권자가 부담하도록 실무를 운용하고 소송목적의 값을 특히 낮게 책정하여 그 비용을 최소화할 필요성이 있다고 판시하였습니다.

■ 그리고 새로운 방식에 의한 **확인소송의 비용**과 관련하여 대법원은 위 판결 내용을 반영하여 2019. 1. 민사소송 등 인지규칙을 개정하여 "판결로 확정된 채권의 소멸시효 중단을 위한 재판상의 청구가 있다는 점에 대하여만 확인을 구하는 소송을 제기한 경우, 그 소가는 그 대상인 전소 판결에서 인정된 권리의 가액(이행소송으로 제기할 경우에 해당하는 소가)의 10분의 1로 정하되, 그 권리의 가액이 3억 원을 초과하는 경우에는 이를 3억 원으로 본다"라고 하였습니다〈민사소송 등 인지규칙 제18조의3〉.

따라서 귀하는 위와 같은 규정에 따라 **전소 판결에서 인정된 권리의 가액의 10분의 1에 해당하는 인지대만 첨부**하여 "원고와 피고 사이의 00지방법원 2013년 00월 00일 선고 2013가합0000 대여금 사건의 판결에 기한 채권의 소멸시효 중단을 위하여 이 사건 소가 제기되었음을 확인한다"라는 확인소송을 제기하면 될 것으로 보이며, 이 사건 확인소송이 원고 승소로 확정되면 전소의 소멸시효가 완성된 후라도 전소 판결문에 집행문 등을 부여받고, 이 사건 판결문과 확정증명 등을 첨부하여 채무자의 재산에 집행 등의 절차를 진행하면 될 것으로 보입니다.

관련 법 조항
민사소송 등 인지규칙 제18조의3 참조

제18조의3(시효중단을 위한 재판상 청구 확인소송) 판결로 확정된 채권의 소멸시효중단을 위한 재판상의 청구가 있다는 점에 대하여만 확인을 구하는 소송을 제기한 경우 그 소가는 그 대상인 전소 판결에서 인정된 권리의 가액(이행소송으로 제기할 경우에 해당하는 소가)의 10분의 1로 한다. 다만, 그 권리의 가액이 3억 원을 초과하는 경우에는 이를 3억 원으로 본다.

Life
and Law

> **Q〔16〕형사고소나 형사재판도 소멸시효 중단사유가 될 수 있는지**
>
> : 저는 4년 전 책임보험만 가입되어 있는 운전자 A가 운행하는 승용차에 교통사고를 당해 7개월간의 치료를 요하는 상해를 입었으나, A가 행불되어 형사상 기소중지된 상태에서 책임보험금만 지급받았을 뿐 그 외 다른 손해는 전혀 배상받지 못하였습니다. 그런데 최근 A가 형사재판을 받고 집에 와 있다고 해서, 손해배상을 청구하고자 하였으나 이미 손해배상청구권의 3년 소멸시효가 지나서 A를 상대로 손해배상을 청구할 수가 없다고 하는데, 이런 경우 가해자 A가 형사처벌을 받게 된 때를 기준하여 손해배상청구를 할 수 없는지요?

A 불법행위로 인한 민사상 손해배상청구권은 피해자나 그 법정대리인이 그 손해 및 가해자를 안 날로부터 3년, 불법행위를 한 날로부터 10년 이내에 이를 행사하지 아니하면 시효로 인하여 소멸하게 됩니다〈민법 제766조〉. 이와 더불어 소멸시효의 기산점은 권리를 행사할 수 있는 때로 진행하며〈같은 법 제168조〉, 소멸시효의 중단사유로는 청구, 압류 또는 가압류, 가처분, 승인 등이 있습니다.

▣ 이와 관련하여 형사 처벌관계가 민사채권의 소멸시효에 영향을 미치는지에 관하여 대법원 판례는 "형사소송은 피고인에 대한 국가형벌권의 행사를 그 목적으로 하는 것이므로, 피해자가 형사소송에서 소송촉진등에관한특례법에서 정한 배상명령을 신청한 경우를 제외하고는 단지 피해자가 가해자를 상대로 고소하거나 그 고소에 기하여 형사재판이 개시되어도 이를 가지고 소멸시효의 중단사유인 재판상의 청구로 볼 수는 없다. 소멸시효 중단사유로서 승인은 시효이익을 받을 당사자인 채무자가 소멸시효의 완성으로 권리를 상실하게 될

자 또는 그 대리인에 대하여 그 권리가 존재함을 인식하고 있다는 뜻을 표시함으로써 성립하는 것인 바, 검사작성의 피의자신문조서는 검사가 피의자를 신문하여 그 진술을 기재한 조서로서 그 작성형식은 원칙적으로 검사의 신문에 대하여 피의자가 응답하는 형태를 취하여 피의자의 진술은 어디까지나 검사를 상대로 이루어지는 것이어서 그 진술기재 가운데 채무의 일부를 승인하는 의사가 표시되어 있다고 하더라도, 그 기재부분만으로 곧바로 소멸시효 중단사유로서 승인의 의사표시가 있은 것으로는 볼 수 없다"라고 하였으며〈대법원 98다18124 판결〉,

■ "민법 제766조 제1항에서 규정하는 불법행위의 단기시효는 형사상의 소추와는 전혀 별도의 관점에서 설정한 민사관계에 고유한 시효제도이므로 그 시효기간은 관련 형사사건의 소추여부 및 그 결과에 영향을 받지 않고 오직 피해자나 그 법정대리인이 그 손해 및 가해자를 안 날로부터 진행 한다"라고 하였습니다〈대법원 98다34126 판결〉.

따라서 위 사안의 경우에도 귀하가 교통사고로 인해 장해가 발생된 사실이 없다면 사고당시에 그 손해 및 가해자를 알았다고 보아 그로부터 3년이 경과됨으로서 소멸시효가 완성되었다고 볼 수 있어 A에게 손해배상을 청구할 수 없을 것으로 보입니다.

관련 법 조항 및 판례
민법 제168조, 제766조, 대법원 98다18124 판결, 98다34126 판결 각 참조

제766조(손해배상청구권의 소멸시효)
① 불법행위로 인한 손해배상의 청구권은 피해자나 그 법정대리인이 그 손해 및 가해자를 안 날로부터 3년간 이를 행사하지 아니하면 시효

로 인하여 소멸한다.
② 불법행위를 한 날로부터 10년을 경과한 때에도 전항과 같다.
③ 미성년자가 성폭력, 성추행, 성희롱, 그 밖의 성적(性的) 침해를 당한 경우에 이로 인한 손해배상청구권의 소멸시효는 그가 성년이 될 때까지는 진행되지 아니한다.

Life
and Law

Q [17] 소송제기 없이 가압류만 해두어도 채권이 소멸되는 일은 없는지

: 저는 A에게 물품을 판매하고 그 대금 3000만 원을 변제받지 못하여 2년 전 A의 부동산을 가압류하였습니다. 이와 같이 민사소송은 제기하지 않고 가압류만 해두어도 위 물품대금채권의 소멸시효는 중단되는 것이므로 수년이 지나더라도 소멸시효기간 완성으로 인하여 위 물품대금채권이 소멸하는 일은 없다고 하는데 사실인지요?

A 가압류로 인한 집행보전 효력이 존속하는 동안은 소멸시효가 중단되어 강제집행이 가능합니다. 민법 제163조 제6호 및 제168조 제2호, 제178조에 의하면 물품대금 채권의 소멸시효기간은 3년이며, 소멸시효는 가압류로 인하여 중단되고, 소멸시효가 중단된 때에는 중간까지에 경과한 시효기간은 이를 산입하지 아니하고 중단사유가 종료한 때로부터 새로이 진행한다고 규정되어 있습니다. 그런데 위 사안의 경우와 같이 가압류의 경우에는 어느 시점에서 시효중단사유가 종료한 때로 되어 중단된 소멸시효기간이 새로이 진행하는 것으로 보아야 하는지 문제됩니다.

▣ 이에 관하여 대법원 판례는 "민법 제168조에서 가압류를 시효중단사유로 정하고 있는 것은 가압류에 의하여 채권자가 권리를 행사하였다고 할 수 있기 때문인데, 가압류에 의한 집행보전의 효력이 존속하는 동안은 가압류채권자에 의한 권리행사가 계속되고 있다고 보아야 할 것이므로 가압류에 의한 시효중단의 효력은 가압류의 집행보전의 효력이 존속하는 동안은 계속된다고 하여야 할 것이며, 또한 민법 제168조에서 가압류와 재판상의 청구를 별도의 시효중단사유로 규정하고 있는데 비추어 보면, 가압류의 피보전채권에 관하여 본안의 승소판결이 확정되었다고 하더라도 가압류에 의한 시효중단의 효력이 이에

흡수되어 소멸된다고 할 수도 없다."라고 하였습니다〈대법원 2000다11102 판결, 2006다32781 판결〉.

■ 이는 본안판결이 확정되고 그 본안판결로써 확정된 채권의 소멸시효가 완성되었는지 여부와는 별도로, 가압류의 효력이 존속되는 동안은 가압류 자체에 의한 시효중단의 효력이 유지되며, 따라서 그동안은 소멸시효가 진행되지 않는다는 취지입니다. 그러므로 부동산가압류로 인한 집행보전의 효력이 존속하고 있는 동안은 가압류의 피보전채권에 관한 소멸시효는 중단되어 있다고 할 것입니다. 다만, 민사집행법 제288조 제1항 제3호는 "가압류가 집행된 뒤에 3년간 본안의 소를 제기하지 아니한 때에는 채무자 또는 이해관계인은 가압류의 취소를 신청할 수 있다"라고 규정하고 있으므로 참고하시기 바랍니다.

관련 법 조항 및 판례

민법 제163조 제6호, 제168조 제2호, 제178조 민사집행법 제288조 제1항 제3호, 대법원 2000다11102, 2006다32781 판결 각 참조

〈민사집행법〉

제288조(사정변경 등에 따른 가압류취소)

① 채무자는 다음 각호의 어느 하나에 해당하는 사유가 있는 경우에는 가압류가 인가된 뒤에도 그 취소를 신청할 수 있다. 제3호에 해당하는 경우에는 이해관계인도 신청할 수 있다.

   1. 가압류이유가 소멸되거나 그 밖에 사정이 바뀐 때
   2. 법원이 정한 담보를 제공한 때
   3. 가압류가 집행된 뒤에 3년간 본안의 소를 제기하지 아니한 때

② 제1항의 규정에 의한 신청에 대한 재판은 가압류를 명한 법원이 한다. 다만, 본안이 이미 계속된 때에는 본안법원이 한다.

③ 제1항의 규정에 의한 신청에 대한 재판에는 제286조제1항 내지 제4항·제6항 및 제 7항을 준용한다.

Life and Law

Q〖18〗가압류집행 후 채권자가 아무런 절차를 취하지 않고 있는 경우

: 저는 A로부터 돈을 빌려쓰고 원금을 갚지 않고 부동산을 처분하려한다는 이유를 들어 채권자인 A가 채무자인 본인 소유 부동산을 가압류하고 등기부에 기재하여 집행한 후 6개월이 지났음에도 아직까지 저에게 아무런 연락도 없고 본안의 소를 제기하지 않고 있습니다. 저는 가압류사건을 하루라도 빨리 해결하고 싶은데 이런 경우 제가 채권자에 대응할 수 있는 방법으로 어떤 절차가 있는지 알고 싶습니다.

A 가압류는 채권자가 채무자에 대한 집행권원을 얻어 강제집행을 할 수 있을 때까지 채무자가 재산의 처분을 하지 못하도록 하기 위한 임시의 보전처분입니다. 그런데 채권자는 가압류집행만 해 놓은 채 집행권원을 얻기 위한 절차를 취하지 않고 채무자가 자진하여 변제하기를 기대하고 있는 경우가 다수 있습니다.

이와 같은 경우에 귀하는 채권자를 상대로 민사집행법에 규정되어 있는 **본안의 제소명령신청 제도를 이용**하면 좋을 것으로 보입니다. '본안의 제소명령신청'이란 채무자가 가압류명령을 발한 법원에 대하여 채권자가 상당한 기간 내에 본안의 소를 제기하도록 명령하여 줄 것을 신청할 수 있고, 그 기간 내에 채권자가 본안의 소를 제기하지 않은 것을 이유로 가압류명령을 취소하여 줄 것을 신청할 수 있는 제도입니다. 채무자의 제소명령신청이 있으면 법원에서 채권자에게 2주 이상의 기간을 정하여 본안의 소를 제기할 것을 명하게 됩니다〈민사집행법 제287조〉.

▣ 이후에 채권자가 법원에서 정한 소정의 기간 내에 제소하여 이를 증명하는 서류〈소제기증명원〉를 제소명령을 발한 법원에 제출하는 경우에는 가압류,

가처분이 그대로 유지되지만, 채권자가 그 기간 내에 제소하지 않거나 제소하였다고 하더라도 소송계속을 증명하는 서류를 제출하지 않으면 채무자는 제소기간도과를 이유로 하는 가압류, 가처분 취소신청을 할 수가 있습니다. 종전에는 가압류, 가처분 취소신청이 있으면 변론을 열어 종국판결로 재판을 하였으나, 개정 민사집행법에서는 임의적 변론이나, 심문 또는 서면심리를 거쳐 결정으로 재판을 할 수 있도록 하였으며〈같은 법 제287조 제3항〉, 그 재판이 확정되면 가압류, 가처분의 집행취소를 신청하여 취소할 수가 있습니다.

　기타 채권의 변제 또는 채권자와의 합의가 이루어져 채권자가 가압류, 가처분의 취하서(해제신청서)를 제출하면 가압류, 가처분의 집행을 취소하게 됩니다. 만약 제3자 소유의 재산에 대하여 가압류, 가처분이 된 경우에는 제3자이의의 소를 제기하여 취소할 수도 있습니다.

관련 법 조항
민사집행법 제287조 참조

제287조(본안의 제소명령)
① 가압류법원은 채무자의 신청에 따라 변론 없이 채권자에게 상당한 기간 이내에 본안의 소를 제기하여 이를 증명하는 서류를 제출하거나 이미 소를 제기하였으면 소송계속사실을 증명하는 서류를 제출하도록 명하여야 한다.
② 제1항의 기간은 2주 이상으로 정하여야 한다.
③ 채권자가 제1항의 기간 이내에 제1항의 서류를 제출하지 아니한 때에는 법원은 채무자의 신청에 따라 결정으로 가압류를 취소하여야 한다.
④ 제1항의 서류를 제출한 뒤에 본안의 소가 취하되거나 각하된 경우에는 그 서류를 제출하지 아니한 것으로 본다.
⑤ 제3항의 신청에 관한 결정에 대하여는 즉시항고를 할 수 있다. 이 경우 민사소송법제447조의 규정은 준용하지 아니한다.

Life and Law

Q [19] 가압류가 인가된 뒤, 사정변경으로 인한 가압류 취소 신청

: 저는 채권자 A에게 지급해줄 대여금 5,000만 원이 있어 부동산에 가압류를 당했는데, 이후 채권자로부터 1,000만 원을 감액 받고, 나머지 돈 4,000만 원을 지급하면 채무를 전부 변제받은 것으로 하며, 채권자는 돈 4,000만 원을 지급받음과 동시에 가압류를 풀어준다고 합의하여 합의서를 작성 후, 위 금액을 지급해 주었음에도 A는 여지껏 가압류를 풀어주지 않고 있습니다. 이런 경우 채무자는 어떤 방법으로 가압류를 취소해야 하는지 알고 싶습니다.

A 가압류 이의라는 것은 '가압류 자체가 부당하다'라는 사유를 들어서 하는 것인 반면에, **가압류 취소**는 '가압류 자체는 정당하지만 그 후에 어떤 사정 변경이 생겼거나 또는 취소할 만한 사유가 생겼다'는 이유로 하는 것이라서 가압류 이의와는 조금 구별이 됩니다. 민사집행법 제288조는 ● 가압류이유가 소멸되거나 그 밖에 사정이 바뀐 때 ● 법원이 정한 담보를 제공한 때 ● 가압류가 집행된 뒤에 3년간 본안의 소를 제기하지 아니한 때 등의 사유가 있는 때에는 **사정변경 등에 따른 가압류 취소**를 신청할 수 있도록 규정하고 있습니다. 따라서 귀하는 가압류이유가 소멸된 사정을 상세히 소명하여 법원에 '사정변경 등에 따른 가압류취소신청'을 제기하여 해결하시면 될 것으로 보입니다.

관련 법 조항
민사집행법 제288조 참조

제288조(사정변경 등에 따른 가압류취소)

① 채무자는 다음 각호의 어느 하나에 해당하는 사유가 있는 경우에는 가압류가 인가된 뒤에도 그 취소를 신청할 수 있다. 제3호에 해당하는 경우에는 이해관계인도 신청할 수 있다.

   1. 가압류이유가 소멸되거나 그 밖에 사정이 바뀐 때
   2. 법원이 정한 담보를 제공한 때
   3. 가압류가 집행된 뒤에 3년간 본안의 소를 제기하지 아니한 때

② 제1항의 규정에 의한 신청에 대한 재판은 가압류를 명한 법원이 한다. 다만, 본안이 이미 계속된 때에는 본안법원이 한다.

③ 제1항의 규정에 의한 신청에 대한 재판에는 제286조제1항 내지 제4항·제6항 및 제7항을 준용한다.

Life and Law

Q [20] 채권자가 본안판결 패소 후, 채무자가 가압류를 말소하는 방법

: 채권자가 손해배상채권으로 채무자인 본인의 부동산을 가압류한 후에 채권자가 같은 법원에 본인을 피고로 손해배상청구소송을 제기하였는 바, 소송에서 '원고의 청구를 기각한다'는 원고 패소판결이 확정되었습니다. 이런 경우 저는 어떤 절차를 거쳐야 부동산에 등재된 가압류기입등기를 말소할 수 있는지요?

A 가압류명령은 신청 당시의 사정을 기준으로 결정한 것인 바, 가압류 결정 후 채무변제나 본안의 소에서 채권자의 패소와 같은 **피보전채권의 소멸, 채무자의 물적 담보제공**과 같은 **채권보전의 불필요** 등 사후에 사정이 변경될 경우 이를 이유로 가압류채무자가 가압류의 취소를 구할 수 있는 제도가 사정변경에 의한 가압류취소 제도입니다. 또한 가압류 집행 후 3년간 채권자가 본안의 소를 제기하지 아니한 경우에도 채무자 또는 이해관계인은 이를 이유로 그 가압류취소 신청을 할 수 있습니다〈민사집행법 제288조〉.

다만, 가압류결정에 대한 당부판단은 가압류결정 법원이 하므로 위 사례와 같이 본안소송에서 채권자의 패소판결로 가압류원인이 해소되었다고 하더라도 본안 판결법원이 직권으로 가압류말소를 촉탁할 수는 없습니다. 따라서 귀하는 본안 판결(손해배상청구소송)에 대한 확정증명원을 발급받아 가압류 결정 법원에 **사정변경에 의한 가압류취소 신청**을 구하여, 가압류취소판결이 확정된 다음에 귀하가 직접 법원에 가압류등기말소 촉탁을 신청하여야 등기부상의 가압류를 말소할 수 있을 것으로 보입니다.

관련 법 조항
민사집행법 제288조 참조

제288조(사정변경 등에 따른 가압류취소)

① 채무자는 다음 각호의 어느 하나에 해당하는 사유가 있는 경우에는 가압류가 인가된 뒤에도 그 취소를 신청할 수 있다. 제3호에 해당하는 경우에는 이해관계인도 신청할 수 있다.

    1. 가압류이유가 소멸되거나 그 밖에 사정이 바뀐 때

    2. 법원이 정한 담보를 제공한 때

    3. 가압류가 집행된 뒤에 3년간 본안의 소를 제기하지 아니한 때

② 제1항의 규정에 의한 신청에 대한 재판은 가압류를 명한 법원이 한다. 다만, 본안이 이미 계속된 때에는 본안법원이 한다.

③ 제1항의 규정에 의한 신청에 대한 재판에는 제286조제1항 내지 제4항·제6항 및 제7항을 준용한다.

Life
and Law

Q [21] 가압류 후 3년 3개월이 경과된 부동산을 채무자가 매도해도 되는지

: 채권자가 부동산을 가압류하고 등기부에 기재하여 집행한 후 3년 3개월이 지났는데 아직도 본안의 소를 제기하지 않고 있습니다. 최근 공인중개사가 채권자가 부동산을 가압류하고 본안의 소를 제기하지 않고 3년이 지났으니 채무자가 가압류취소신청을 하면 된다고 하면서 부동산을 매도할 의향이 있는지 물어 왔습니다. 이런 경우 채무자가 일방적으로 법원에 가압류취소신청을 하면 가압류가 취소되는지, 만약 소유권이전을 한 다음에 매수인이 가압류취소신청을 해도 되는지 알고 싶습니다?

A 3년간 본안의 소가 제기되지 않았다면 가압류취소신청을 할 수 있고, 매수인도 신청이 가능합니다. 금전채권의 집행을 보전하기 위해 가압류를, 금전채권 이외 권리나 임시적 지위를 보전하기 위해 가처분을 신청할 수 있습니다. 가압류 또는 가처분 등 보전처분은 본안의 소를 제기하는 전 단계로서 본안의 소제기가 예정되어 있습니다. 보전처분은 법원에서 담보제공을 요구하나 본안의 소제기가 늦어지면 확정되지 않은 채권을 보전하기 위해 채무자의 재산권 행사에 막대한 제한이 됩니다.

그래서 가압류가 집행된 뒤 3년간 본안의 소를 제기하지 아니한 때에는 채무자 또는 이해관계인은 **제소기간도과로 인한 가압류의 취소**를 신청할 수 있도록 되어 있습니다〈민사집행법 제288조 제1항 제3호〉. 가처분의 경우도 마찬가지입니다〈민사집행법 제301조〉. 보전처분이 집행된 뒤에 본안의 소를 제기하도록 규정한 기간은 이전에 10년에서 2002년 법 개정으로 5년으로 단축되었고, 2005년 이후부터 현재까지는 3년으로 더욱 단축되었습니다.

위 취소신청의 관할법원은 보전처분을 명한 법원이며, 보전처분 집행 후 3년이 경과하면 취소의 요건이 완성되며, 그 후에 본안의 소를 제기하여도 가압류, 가처분의 취소를 배제할 효력이 생기지 아니합니다〈대법원 99다37887 판결〉.

따라서 가압류된 부동산이 말소될 수 있다는 점을 알리고 다른 사람에게 매도할 수 있으며, 채무자가 가압류취소신청을 하여 가압류를 말소한 다음 소유권이전등기를 경료해 주거나 소유권이전등기를 먼저 경료해 준 다음 매도인이나 매수인이 가압류 취소신청을 할 수도 있습니다. 실무상으로는 가압류가 취소되지 않은 상태로 소유권이전등기를 먼저 넘겨 받은 후에 매도인이나 매수인이 가압류 취소신청을 하는 경우는 이론상으로 가능할지 몰라도 거의 찾아볼 수 없습니다.

관련 법 조항 및 판례
민사집행법 제288조, 제301조, 대법원 99다37887 판결 각 참조

Life
and Law

> **Q [22] 피담보채권의 소멸로 인해 근저당권설정등기가 말소될 수 있는지**
>
> : 저는 10년 전에 지인에게 금전을 대여해주면서 근저당권설정등기를 해놓았습니다. 그런데 얼마 전 근저당권등기에 대한 말소청구소송 소장을 받았습니다. 주된 청구이유는 피담보채권의 소멸시효가 완성되어 소를 제기한 것이라고 하는데 근저당권설정등기에도 유효기간이 있는지요?

A 민법상 채권은 10년간 행사하지 않으면 소멸시효가 완성되며, 소멸시효는 권리를 행사할 수 있는 때(이행기 또는 변제기)로부터 진행되는데, 이행기 도래 후 기한 유예에 합의했다면, 유예된 때로 이행기가 변경되어 소멸시효는 변경된 이행기로부터 다시 진행됩니다. 이러한 소멸시효의 진행을 중단시키기 위해서는 소멸시효가 완성되기 전에 채무자에게 청구를 하거나, 피담보채권에 기한 압류나 가압류, 가처분을 하거나 채무자로부터 채무에 대한 승인을 받아야 합니다〈민법 제168조〉. 여기서 승인은 명시적이든 묵시적이든 아무런 형식을 요구하지 않으며 묵시적 승인의 표시는 채무자가 채무를 인식하고 있음을 표시를 통해 추단하게 할 수 있는 방법으로 하면 충분합니다〈대법원 2017다20517 판결〉.

예를 들어 채무의 일부변제, 이자 지급, 담보 또는 보증의 제공, 상계 등을 했다면 승인을 받은 것이 됩니다. 따라서 귀하가 변제기 이후 **채무자로부터 이자를 지급받았는지 여부**가 매우 중요한데 만약 변제기 이후 이자를 지급받은 적이 있다면, 소멸시효가 중단되었다가 다시 새롭게 10년의 소멸시효 기간이 시작되기 때문에 근저당권말소소송이 제기되었더라도 말소 판결을 받지 않을 것으로 보입니다.

하지만 변제기 이후 이자를 10년 동안 지급받은 사실이 없다면 귀하의 채권은 소멸시효가 완성되어 소멸되었을 것입니다. 이와 같은 경우 민법 제369조에서는 저당권으로 담보한 채권이 시효의 완성, 기타 사유로 인하여 소멸한 때에는 저당권도 소멸한다고 규정하고 있습니다. 저당권은 피담보채권을 보증하기 위해 설정된 것이므로 피담보채권이 변제 또는 소멸시효 등에 의하여 소멸한 때에는 담보물권의 부종성에 의해 그 저당권설정등기 역시 원인이 없는 것이라고 해석해야 한다는 것이 대법원의 입장입니다〈대법원 68다2334 판결〉. 따라서 귀하는 이자를 지급받은 사실관계 여부를 확인해 보시고 소송에 대응하시기 바랍니다.

관련 법 조항 및 판례

민법 제168조, 제369조, 대법원 68다2334, 2017다20517 판결 각 참조

제168조(소멸시효의 중단사유)

소멸시효는 다음 각호의 사유로 인하여 중단된다.

1. 청구
2. 압류 또는 가압류, 가처분
3. 승인

제369조(부종성)

저당권으로 담보한 채권이 시효의 완성 기타 사유로 인하여 소멸한 때에는 저당권도 소멸한다.

Life and Law

Q [23] 내용증명 발송 사실만으로도 시효중단의 법적 효력을 인정받을 수 있는지

: 저는 A에게 돈을 대여해주고 변제받지 못한 기간이 10년이 다 되가는데 이런 경우 제가 지금이라도 채무이행촉구에 대한 내용증명을 A에게 발송하여 독촉하게 되면 소멸시효 중단의 효력을 인정받을 수 있는지요?

A 남에게 빌려 준 돈을 갚기로 한 때로부터 10년간 행사, 즉 청구하지 않으면 그 권리는 시효로 소멸하게 됩니다. 그러나 10년의 시효 기간 내에 재판상 청구, 가압류, 가처분 등의 법적 절차를 밟거나, 갚은 사람이 채권의 존재를 승인하거나 변제의사를 밝히면 소멸시효의 진행을 일단 중단시킬 수 있습니다.

보통 편지나 내용증명 우편으로 채권자가 채무자에 대하여 채무이행을 독촉하는 것을 최고라고 하는데, 이 최고 다음에는 반드시 **6개월 이내에 위와 같은 재판상 청구나 가압류, 가처분의 절차를 밟아야 시효 중단의 효력이 인정**됩니다. 내용증명은 단지 내용과 발송사실만을 우편관서에서 증명해 줄 뿐이고, 법적효력은 사법기관의 판단사항이므로 내용증명발송사실만으로 법적효력이 인정되거나 사실관계가 내용에 기속되는 것은 아닙니다. 따라서 귀하가 채무자인 A에게 채무이행을 독촉하는 내용증명에 의한 문서를 보낸 것만으로는 시효중단의 절차를 밟은 것으로 볼 수 없습니다.

관련 법 조항
민법 제174조 참조

제174조(최고와 시효중단)
최고는 6월내에 재판상의 청구, 파산절차참가, 화해를 위한 소환, 임의출석, 압류 또는 가압류, 가처분을 하지 아니하면 시효중단의 효력이 없다.

Life
and Law

Q [24] 내용증명을 보내 독촉하면 어떤 법적효과를 인정받을 수 있는지

: 저는 1년 전에 보증금 1,000만 원, 월세 90만 원에 A와 상가건물 임대차계약을 체결했는데, A는 입주 후, 딱 한번 월세를 지급하고 10개월이 지난 현재까지 월세를 내지 않으면서 지금은 아예 연락도 받지 않고 있습니다. 이런 경우 임차인에게 내용증명을 보내 월세를 독촉하면 어떤 법적효과가 있는지 궁금합니다.

A 내용증명 우편제도는 우편법에 의한 것으로써 누가, 언제, 어떤 내용의 문서를 누구에게 발송한 것인지를 국가기관인 우체국이 공적으로 증명하는 제도이고, 채무이행의 최고와 계약의 해제, 채권양도의 통지, 임대차계약의 해지, 기타 법적인 의의를 지닌 의사표시나 통지를 할 때, 법률상의 의사표시를 기재한 우편물의 문서내용을 증거로 남겨 두어야 할 필요성이 있는 경우에 많이 이용되며, 같은 내용의 문서 3통을 작성하여 우체관서에 제출하면 그 중 1통을 제출자에게 다시 교부하여 줍니다.

▣ 그런데 내용증명은 단지 내용과 발송사실만을 우편관서에서 증명해 줄 뿐이고, 법적효력은 사법기관의 판단사항이므로 내용증명 발송사실만으로 어떤 법률적 효력이 인정되거나 사실관계가 내용에 기속되는 것은 아닙니다. 또한 내용증명은 받은 사람이 회답을 하지 않는다 하더라도 내용증명 문서의 사실을 인정하였다는 것으로 되지 않고 일단 당사자의 의사를 상대방에게 강력히 표시하고, 상대방에게 도달하였는지 여부가 문제로 되었을 경우 그 증거로 남는다는 의미가 있을 뿐입니다. 귀하의 경우는 임차인에게 내용증명을 보내 이행을 촉구한다고 해도 임차인이 내용증명을 수령할 수 있을지 보장할 수 없고, 내용증명을 받아도 현재 상황에서 임차인이 임대료를 내지 않고 계속하여 연

체한다면 시간만 더 소요되어 금전적 손해가 더 커질 수 있습니다.

■ 보통 명도소송의 경우 판결부터 강제집행까지 통상적으로 소요되는 기간은 6개월에서 1년 정도 걸리는데, 만일 이 기간 동안 임차인이 계속하여 임대료를 내지 않는다고 하면, 남아있는 보증금에서 이를 차감한다 해도 추가로 손해가 발생하는 상황으로 보입니다. 뿐만 아니라 명도소송 판결 이후 강제집행에 소요되는 법무비용 등까지 감안하면 금전적 손해는 더 커질 것으로 예상됩니다.

현 상황에서 명도소송을 진행한다 하여도 상당한 손해발생이 예상되는 상황이기 때문에 내용증명을 보내는 것은 문제해결에 도움이 되지 않을 것으로 보입니다. 따라서 귀하는 임대료가 3기 이상 연체된 때부터 임대인은 임차인에게 임대차계약해지를 통고하고 부동산을 인도해 줄 것을 요구할 수 있으므로 귀하는 내용증명보다는 법원에 즉시 명도소송을 제기하여 소장부본 송달로써 임대차계약을 해지하는 의사표시를 한 후 부동산의 인도를 구하면 될 것으로 보입니다.

관련 법 조항
상가건물임대차보호법 제10조의8 참조

제10조의8(차임연체와 해지)
임차인의 차임연체액이 3기의 차임액에 달하는 때에는 임대인은 계약을 해지할 수 있다.

Life
and Law

> **Q [25] 몰래 녹음한 통화내용을 민사소송의 증거로 사용할 수 있는지**
>
> : 저는 ○○아파트에 세입자로 거주하던 중 집주인이 임대차 만기 이전에 집을 비워주면 이사비용 1,000만 원을 지급해주겠다고 하여, 이사 전 500만 원을 선 지급받고, 나머지 500만 원은 이사가 완료되면 지급받기로 약정하고 집을 비웠으나 약속을 어기고 이제 와서 "그런 약속 한 적 없다"며 이사 후에 주겠다는 500만 원을 아직까지 받지 못하고 있습니다. 저는 혹시라도 이런 상황을 대비하여 집주인과의 통화내용을 휴대폰에 몰래 녹음해 두었습니다. 이런 경우 이 녹음을 증거로 나머지 500만 원에 대해 청구소송을 제기하고 싶은데 이런 경우 비밀녹음을 증거로 청구소송을 해도 승소가능성이 있는지요?

A 혹시 집주인에 대한 음성권 침해로 위자료 책임을 지는 경우가 발생할 수는 있으나, 비밀 녹음도 민사소송의 증거로 제출하여 승소가능성이 있습니다. 법에서는 나와 상대방의 통화를 내가 녹음하는 행위에 대해 불법이라거나 형사적 처벌규정을 둔 바 없습니다. 통신비밀보호법에서도 직접 대화 상대방과의 대화나 전화 내용을 몰래 녹음하는 것을 처벌하는 조항이 없고, 다만 타인간의 대화나 전화 내용을 몰래 녹음하는 이른바 감청행위만을 처벌하고 있습니다. 일반 민사소송에서도 자유심증주의 원칙에 따라 상대방과의 대화를 몰래 녹음한 경우도 증거로 인정하고 있습니다〈민사소송법 제202조〉. 귀하의 사례에서도 미지급 500만 원의 약정금 지급청구소송을 제기하면서 집주인과의 1,000만 원 이사비용 약정 사실을 녹음한 녹취록을 소장에 첨부해 제출하면 승소할 가능성이 있을 것으로 보입니다.

▣ 참고로 음성권에 대한 하급심 판결에 대해 말씀드리자면 "사람은 누구나

자신의 음성이 자신의 의사에 반하여 녹음, 재생, 방송 등 되지 않을 권리, 즉 음성권이 헌법적으로 보장되는 이른바 인격권〈헌법 제1조 인간의 존엄과 가치, 행복추구권〉의 한 내용으로 인정되고 특별한 사정이 없는 한, 이 음성권을 침해하는 행위는 불법행위를 구성한다"고 판시하면서 몰래 녹음의 대상이 된 상대방에게 정신적 고통에 대한 손해배상(위자료)을 지급하라고 판결한 바 있습니다.

하지만 귀하의 경우는 몰래 녹음을 하지 않고서는 후일 재판에서 증거로 사용할 대체가능한 증거방법이 없어서 녹음을 해두었던 것으로 보이므로 상대방이 위자료 배상청구를 한다고 하여도 재판부에 위와 같은 상황이 잘 설명된 답변서를 제출하면 위자료 문제도 크게 걱정할 필요는 없을 것으로 보입니다.

관련 법 조항 및 판례
민사소송법 제202조, 서울중앙지법 2018가소1358597 손해배상 판결 각 참조

제202조(자유심증주의)
법원은 변론 전체의 취지와 증거조사의 결과를 참작하여 자유로운 심증으로 사회정의와 형평의 이념에 입각하여 논리와 경험의 법칙에 따라 사실 주장이 진실한지 아닌지를 판단한다.

Life and Law

Q [26] 부동산에 저당권이 설정되어 있어 집행의 실익이 없게 된 경우, 채권자취소소송

: 저는 A에게 돈 5,000만 원을 대여해 준 후, 만기일이 1년이 지나도록 변제의사가 없어 민사소송을 제기하여 승소하였습니다. 이후 채권추심회사를 통해 A명의로 된 소형 아파트 한 채를 발견했지만 이미 제가 민사소송을 제기했던 시점에 임차인이 등록되어 있고, 채무자의 사촌동생을 근저당권자로 채권최고액 3억 원의 근저당권이 설정되어 있었습니다. 이런 경우 제가 판결문을 가지고 집행을 해도 아무 실익이 없게 되었는데 다른 대처방법은 없는지요?

A 질문의 사안으로 볼 때 민사소송을 제기했던 시점에 채무자가 집행을 피하고자 유일한 재산을 사촌동생 명의로 근저당권 설정을 해 둔 것으로 보이는데, 이런 경우 근저당권자를 상대로 근저당권을 말소하라는 취지의 채권자취소소송을 관할법원에 제기해 보는 것도 하나의 대처방법이 될 것이라 생각합니다. 채권자취소권은 민법 제406조 제1항에 "채무자가 채권자를 해함을 알고 재산권을 목적으로 한 법률행위를 한 때에는 채권자는 그 취소 및 원상회복을 법원에 청구할 수 있으나 그 행위로 인하여 이익을 받은 자나 전득한 자가 그 행위 또는 전득당시에 채권자를 해함을 알지 못하는 경우에는 그러하지 아니하다"고 규정되어 있습니다.

따라서 귀하는 근저당권자를 상대로 사해행위를 원인으로 근저당권을 말소하라는 취지의 채권자 취소소송을 법원에 제기할 수 있을 것으로 보입니다. 그런데 이 채권자 취소의 효과는 취소권자인 귀하와 취소의 상대방인 근저당권자 사이에서만 미치게 되기 때문에 취소소송 제기 전에 먼저 채무자가 아파트를 처분하지 못하도록 **채무자를 상대로 '부동산가압류신청'**을 하고, **근저당권**

자를 상대로 '근저당권처분금지가처분신청'을 해두어야 합니다.

   그런 다음 채권자취소소송을 제기하여 귀하가 민사소송을 제기한 시점에 채무자가 아파트에 근저당권을 설정한 것은 사해행위에 해당되며, 이로 인해 변제받기 어렵게 될 위험이 생긴다는 사실을 충분히 인식했음에도 불구하고 사촌동생에게 근저당권 설정을 해주었다는 사실관계를 주장하고 입증한다면 승소가능성도 있을 것으로 보입니다. 다만, 채권자취소소송은 사해행위를 안 날로부터 1년, 법률행위 있은 날로부터 5년 내에 제기하여야 합니다〈민법 제406조 제2항〉.

관련 법 조항
민법 제406조, 제407조 각 참조

제406조(채권자취소권)
① 채무자가 채권자를 해함을 알고 재산권을 목적으로 한 법률행위를 한 때에는 채권자는 그 취소 및 원상회복을 법원에 청구할 수 있다. 그러나 그 행위로 인하여 이익을 받은 자나 전득한 자가 그 행위 또는 전득 당시에 채권자를 해 함을 알지 못한 경우에는 그러하지 아니하다.
② 전항의 소는 채권자가 취소원인을 안 날로부터 1년, 법률행위 있은 날로부터 5년 내에 제기하여야 한다.
제407조(채권자취소의 효력)
전조의 규정에 의한 취소와 원상회복은 모든 채권자의 이익을 위하여 그 효력이 있다.

Life and Law

> **Q 〖 27 〗 10년이 경과된 판결을 가지고 소유권이전등기 신청이 가능한지**
>
> : 저는 A와 토지를 매수하는 매매계약을 체결하고, 매매대금 잔금을 모두 지급하였습니다. 그런데 매도인이 소유권이전등기절차에 협조하지 않아 '부동산소유권이전등기절차이행 청구의 소'를 제기하여 승소판결을 받아 확정되었습니다. 이후 소유권이전등기를 하지 않은 채로 11년이 지났는데, 10년이 경과한 판결로 소유권이전등기신청을 할 수 있는지요?

A 소유권이전등기청구권은 실질적인 내용관계에 따라 소유권이전등기청구권과 같은 물권적 청구권일 수도 있고, 채권적 청구권일 수도 있는데 물권적 청구권은 소멸시효 대상이 아니지만 매매 등 법률행위에 의한 부동산 소유권이전등기청구권은 채권적 청구권으로서 그 소멸시효기간은 10년입니다. 다만, 매수인이 목적부동산을 인도받아 계속 점유하는 경우에는 그 소유권이전등기청구권 소멸시효가 진행하지 않으며〈대법원 2009다73011 판결〉, 판결에 의하여 확정된 채권은 그 소멸시효기간이 판결확정일로부터 10년이 됩니다.

채권적 청구권의 소멸시효 완성효과는 그 시효기간이 만료되면 권리는 당연히 소멸하지만, 그 시효이익을 받는 자가 소송에서 소멸시효 주장을 하지 아니하면 그 의사에 반하여 재판할 수 없고〈대법원 91다5631 판결〉, 또 의사의 진술을 명한 판결은 등기의무자의 일정내용의 등기신청의 의사표시에 갈음하는 기능을 하는 것이어야 하고, 등기관은 등기신청에 대하여 부동산등기법상 형식적 심사권한밖에 없고 실체법상의 권리관계와 일치하는지를 심사할 실질적 심사권한은 없습니다〈대법원 2003다13048 판결〉.

따라서 귀하가 등기절차이행을 명하는 확정판결을 받았다면 그 확정시기에 관계없이 확정 후 10년이 경과하였다 하더라도 그 판결에 기해 단독으로 소유권이전등기신청을 할 수 있을 것으로 보입니다〈등기예규 제1383호〉.

관련 법 조항 및 판례
민법 제165조, 부동산등기법 제23조 제4항, 등기예규 제1383호, 대법원 91다5631 판결, 2003다13048 판결 각 참조

〈민법〉
제165조(판결 등에 의하여 확정된 채권의 소멸시효)
① 판결에 의하여 확정된 채권은 단기의 소멸시효에 해당한 것이라도 그 소멸시효는 10년으로 한다.
② 파산절차에 의하여 확정된 채권 및 재판상의 화해, 조정 기타 판결과 동일한 효력이 있는 것에 의하여 확정된 채권도 전항과 같다.
③ 전2항의 규정은 판결확정당시에 변제기가 도래하지 아니한 채권에 적용하지 아니한다.

〈부동산등기법〉
제23조(등기신청인)
① 등기는 법률에 다른 규정이 없는 경우에는 등기권리자(登記權利者)와 등기의무자(登記義務者)가 공동으로 신청한다.
② 소유권보존등기(所有權保存登記) 또는 소유권보존등기의 말소등기(抹消登記)는 등기명의인으로 될 자 또는 등기명의인이 단독으로 신청한다.
③ 상속, 법인의 합병, 그 밖에 대법원규칙으로 정하는 포괄승계에 따른 등기는 등기권리자가 단독으로 신청한다.
④ 등기절차의 이행 또는 인수를 명하는 판결에 의한 등기는 승소한 등기권리자 또는 등기의무자가 단독으로 신청하고, 공유물을 분할하는 판결에 의한 등기는 등기권리자 또는 등기의무자가 단독으로 신청한다.

Life
and Law

> **Q [28] 예금통장 사본도 대여금청구소송의 증거로 인정받을 수 있는지**
>
> : 몇 년 전 경제적으로 어려움에 처한 친구가 돈을 빌려달라고 하여 이자 없이 300만 원을 빌려주었습니다. 돈을 빌려줄 당시 친구사이라서 차용증을 작성해 달라고 말하기가 겸연쩍어 차용증은 받지 못했습니다. 그로부터 1년 후 갑자기 돈 쓸 일이 생겨서 친구에게 빌려 준 돈 300만 원을 갚으라고 했는데 황당하게도 돈을 빌린 사실이 없다며 적반하장으로 나오더니 지금까지 돈을 갚을 생각조차 하지 않고 있습니다. 이런 경우 그 당시 돈을 인출한 통장 사본을 증거로 민사소송을 제기하면 친구에게 빌려 준 돈을 돌려받을 수 있을까요?

A 친구에게 돈을 빌려줄 당시 통장에서 돈을 인출했다는 사실관계만 가지고 귀하가 그 돈을 찾아서 친구에게 빌려 준 것인지 본인이 필요해서 돈을 인출한 것인지 명백하지 않아 차용증이나 변제각서 등이 없으면 결정적 증거가 없는 것으로 되어 민사소송을 제기해도 돌려받기가 어려울 것으로 보입니다. 사회생활을 하다보면 친구나 지인 사이에 돈거래가 있을 때가 많은데 이때 차용증 없이 돈을 빌려주는 경우가 많습니다.

그러나 위 사례에서 본 바와 같이 친구가 돈을 받은 사실이 없다고 주장하면서 대여금의 청구원인 사실을 전부 부인하게 된다면 입증책임이 원고에게 있기 때문에 법원에 민사소송을 제기했을 때, 원고가 이를 입증하지 못하면 증거가 불충분하다는 이유로 패소 당하는 경우가 많습니다. 대법원에 상고까지 하며 최선을 다했음에도 상고심 판결 결과도 입증책임이 있는 원고가 입증하지 못했다는 이유로 상고가 기각되는 경우가 대다수였습니다.

결과적으로 위 사례에서와 같이 차용사실을 부인하는 경우, 차용증 등 빌려 주었다는 증거가 없는 상태에서는 대여금반환청구소송을 한다고 하여도 패소하는 경우가 많아 아무리 친한 친구 사이라 할지라도 돈을 빌려 줄 때는 처음부터 돌려받지 않겠다는 마음으로 빌려 주는 게 아니라면 향후 대여사실을 명백하게 입증하지 못해 빌려준 돈을 받지 못하는 경우가 발생할 수 있으므로 반드시 차용증 등을 받아 두어야 한다는 것을 꼭 명심해야 할 것입니다.

만약 대여자가 차용자와의 관계를 고려하여 차용증, 변제각서 등을 작성 받지 못하거나, 돈을 송금한 후 해당 금액을 약속한 일자에 받지 못할 경우 상대방에게 문자 내지 카카오 톡을 이용하여 돈을 송금해 준 사실이나 변제기일 등에 대한 답변을 저장해 두었다가 소송에 대비하는 것도 중요한 대처방법이라 할 것입니다.

관련 법 조항

민사소송법 제357조, 358조, 374조, 민사소송규칙 제120조, 제121조 각 참조

〈민사소송법〉

제357조(사문서의 진정의 증명)
사문서는 그것이 진정한 것임을 증명하여야 한다.

제358조(사문서의 진정의 추정) 사문서는 본인 또는 대리인의 서명이나 날인 또는 무인(拇印)이 있는 때에는 진정한 것으로 추정한다.

제374조(그 밖의 증거)
도면·사진·녹음테이프·비디오테이프·컴퓨터용 자기디스크, 그 밖에 정보를 담기 위하여 만들어진 물건으로서 문서가 아닌 증거의 조사에 관한사항은 제3절 내지 제5절의 규정에 준하여 대법원규칙으로 정한다.

〈민사소송규칙〉

제120조(자기디스크 등에 기억된 문자정보 등에 대한 증거조사)

① 컴퓨터용 자기디스크·광디스크, 그 밖에 이와 비슷한 정보저장매체(다음부터 이 조문 안에서 이 모두를 "자기디스크 등"이라 한다)에 기억된 문자정보를 증거자료로 하는 경우에는 읽을 수 있도록 출력한 문서(다음부터 이 조문 안에서 "출력문서"라고 한다)를 제출할 수 있다.

② 자기디스크 등에 기억된 문자정보를 증거로 하는 경우에 증거조사를 신청한 당사자 법원이 명하거나 상대방이 요구한 때에는 자기디스크 등에 입력한 사람과 입력한 일시, 출력한 사람과 출력한 일시를 밝혀야 한다.

③ 자기디스크 등에 기억된 정보가 도면·사진 등에 관한 것인 때에는 제1항과 제2항의 규정을 준용한다.

제121조(음성·영상자료 등에 대한 증거조사)

① 녹음·녹화테이프, 컴퓨터용 자기디스크·광디스크, 그 밖에 이와 비슷한 방법으로 음성이나 영상을 녹음 또는 녹화(다음부터 이 조문 안에서 "녹음 등"이라 한다)하여 재생할 수 있는 매체(다음부터 이 조문 안에서 "녹음테이프 등"이라 한다)에 대한 증거조사를 신청하는 때에는 음성이나 영상이 녹음 등이 된 사람, 녹음 등을 한 사람 및 녹음 등을 한 일시·장소를 밝혀야 한다.

② 녹음테이프 등에 대한 증거조사는 녹음테이프 등을 재생하여 검증하는 방법으로 한다.

③ 녹음테이프 등에 대한 증거조사를 신청한 당사자는 법원이 명하거나 상대방이 요구한 때에는 녹음테이프 등의 녹취서, 그 밖에 그 내용을 설명하는 서면을 제출하여야 한다.

Life
and Law

Q [29] 배달원이 교통사고를 냈을 때 고용주의 손해배상 책임

: 얼마 전 배달원으로 고용한 A가 가스통을 싣고 배달을 가던 중 횡단보도를 건너가던 B와 부딪쳐 교통사고를 냈습니다. 그런데 B는 사고를 낸 A를 제외하고 고용주인 저만을 상대로 손해배상청구소송을 제기하였습니다. 이런 경우 사용자인 제가 모든 책임을 지고 손해배상을 해주어야 하는지 알고 싶습니다.

A 타인을 사용하여 어느 사무에 종사하게 한 자는 피용자가 그 사무집행에 관하여 제삼자에게 가한 손해를 배상할 책임이 있습니다. 그러나 '사용자가 피용자의 선임 및 그 사무감독에 상당한 주의를 한 때 또는 상당한 주의를 하여도 손해가 있을 경우에는 그러하지 아니하다'라고 규정하고 있습니다〈민법 제756조 제1항〉.

판례는 민법 제756조에서 규정된 사용자책임의 요건인 '사무집행에 관하여'라는 뜻은 피용자의 불법행위가 외형상 객관적으로 사용자의 사업활동, 사무집행행위 또는 그와 관련된 것이라고 보일 때에는 행위자의 주관적 사정을 고려하지 않고 이를 사무집행에 관하여 한 행위로 보고 있습니다〈대법원 2014다27425 판결〉. 따라서 A는 귀하의 피용자라 할 것이고, 가스배달은 사무집행에 포함된다고 판단되므로 귀하가 배상책임을 진다고 하겠습니다.

다만, 선임 및 그 사무감독에 상당한 주의를 한 때 또는 상당한 주의를 하여도 손해가 있음을 입증하면 위 책임에서 벗어날 수 있습니다. 또한 B가 사고를 낸 A를 제외하고 귀하만을 상대로 손해배상을 청구하는 것은 위법한 행위는 아니며, 소송과정에서 A를 피고로 추가할 수도 있고, 추가 없이 귀하를 상대로 소송을 진행할 수도 있으며, B에게 과실이 있다면 손해배상액의 산정에 과실상계와 손익상계를 주장할 수 있습니다. 만일 소송결과 귀하의 손해배상책임이 인정되어 배상을 했다면, 사용자 또는 감독자는 피용자에 대하여 구상권을 행사할 수 있으므로 귀하는 A를 상대로 구상권을 행사할 수 있습니다〈민법 제756조 제2항, 제3항〉.

관련 법 조항 및 판례
민법 제756조, 대법원 2014다27425 판결 각 참조

제756조(사용자의 배상책임)
① 타인을 사용하여 어느 사무에 종사하게 한 자는 피용자가 그 사무집행에 관하여 제삼자에게 가한 손해를 배상할 책임이 있다. 그러나 사용자가 피용자의 선임 및 그 사무감독에 상당한 주의를 한 때 또는 상당한 주의를 하여도 손해가 있을 경우에는 그러하지 아니하다.
② 사용자에 갈음하여 그 사무를 감독하는 자도 전항의 책임이 있다.
③ 전2항의 경우에 사용자 또는 감독자는 피용자에 대하여 구상권을 행사할 수 있다.

Life
and Law

Q [30] 반려동물로 인한 교통사고 발생 시 손해배상 책임

: 목줄을 하지 않은 채 데리고 가는 강아지가 우리 집 아이에게 갑자기 달려들자 무서워서 순간적으로 도로로 피하다가 교통사고를 당해 중상을 입게 되었습니다. 그런데 사고를 낸 운전자는 너무나 급작스럽게 아이가 길에 뛰어들어 미처 이를 예견할 수 없는 불가항력적인 사고라 법적인 책임이 없다고 발뺌을 하고 있고, 강아지 주인 역시 강아지가 위협적인 행동을 하지 않았음에도 아이가 길에 뛰어들었다고 하면서 배상을 거부하고 있는데 이런 경우 운전자와 강아지 주인을 상대로 손해배상 청구가 가능한지요?

A 민법 제750조는 고의 또는 과실로 인한 위법행위로 타인에게 손해를 가한 자는 그 손해를 배상할 책임이 있다고 규정하고 있으며, 동물의 점유자는 그 동물이 타인에게 가한 손해를 배상할 책임이 있습니다. 그러나 동물의 종류와 성질에 따라 그 보관에 상당한 주의를 해태하지 아니한 때에는 그러하지 아니하다고 되어 있습니다〈민법 제759조〉. 한편 **동물보호법 시행규칙** 제11조에 의하면 모든 반려견들은 외출이나 산책을 할 때 **의무적으로 목줄을 착용해야** 합니다. 외출 시 반려견의 목줄 길이는 2미터로 제한되었으며, 이를 준수하지 않을 경우 과태료가 부과됩니다.

또한 도사견 등 5종의 **맹견들은 외출 시 반드시 입마개도 해야** 합니다. 이처럼 반려견을 키우는 사람에게 여러 의무들이 적용되고 있는 바, 이를 위반하거나 과실로 지키지 못한 경우에는 관리감독 권한이 있는 사람, 즉 소유자인 견주에게 발생한 손해에 대해 배상책임을 부과하고 있습니다. 따라서 교통사고를 당한 어린이가 강아지의 위협적인 행동에 놀라 교통사고를 당한 것이라면 그 손해를 배상하여야 할 책임이 있습니다. 강아지의 주인은 강아지가 혼자 돌아다니지 않도록 목줄을 착용해야 하며, 묶은 끈이 풀리지 않게 할 주의의무가 있음에도 그 의무를 게을리 한 것으로 보입니다.

만약 강아지 주인이 주의의무를 충실히 이행하였다라고 생각한다면 그것을 입증할 책임은 강아지 주인에게 있고 이를 입증하지 못하는 한 책임을 면할 수는 없을 것으로 보입니다. 사고를 낸 운전기사 역시 사고를 낸 책임이 있다 할 것이므로 손해배상책임은 공동으로 지게 된다고 할 것이고, 그 분담비율은 사고의 원인에 누가 더 책임이 있느냐 등에 의하여 결정될 것으로 보입니다.

관련 법 조항

민법 제750조, 제759조, 제761조, 동물보호법 시행규칙 제2조, 제11조, 제12조의5 각 참조

〈민법〉
제750조(불법행위의 내용)
고의 또는 과실로 인한 위법행위로 타인에게 손해를 가한 자는 그 손해를 배상할 책임이 있다.
제759조(동물의 점유자의 책임)
① 동물의 점유자는 그 동물이 타인에게 가한 손해를 배상할 책임이 있다. 그러나 동물의 종류와 성질에 따라 그 보관에 상당한 주의를 해태하지 아니한 때에는 그러하지 아니하다.
② 점유자에 갈음하여 동물을 보관한 자도 전항의 책임이 있다.

〈동물보호법 시행규칙〉
제11조(안전조치)
법 제16조 제2항 제1호에 따른 "농림축산식품부령으로 정하는 기준"이란 다음 각 호의 기준을 말한다.

1. 길이가 2미터 이하인 목줄 또는 가슴줄을 하거나 이동장치(등록대상동물이 탈출할 수 없도록 잠금장치를 갖춘 것을 말한다)를 사용할 것. 다만, 소유자등이 월령 3개월 미만인 등록대상동물을 직접 안아서 외출하는 경우에는 목줄, 가슴줄 또는 이동장치를 하지 않을 수 있다.
2. 다음 각 목에 해당하는 공간에서는 등록대상동물을 직접 안거나 목줄의 목덜미 부분 또는 가슴줄의 손잡이 부분을 잡는 등 등록대상동물의 이동을 제한할 것
   가. 「주택법 시행령」 제2조제2호에 따른 다중주택 및 같은 조 제3호에 따른 다가구주택의 건물 내부의 공용공간
   나. 「주택법 시행령」 제3조에 따른 공동주택의 건물 내부의 공용공간
   다. 「주택법 시행령」 제4조에 따른 준주택의 건물 내부의 공용공간

제12조의5(맹견의 관리)

① 법 제21조 제1항 제2호에 따른 안전장치는 다음 각 호의 기준에 따른다.
   1. 목줄의 경우에는 길이가 2미터 이하인 목줄만 사용할 것
   2. 입마개의 경우에는 맹견이 호흡 또는 체온조절을 하거나 물을 마시는 데 지장이 없는 범위에서 사람에 대한 공격을 효과적으로 차단할 수 있는 크기의 입마개를 사용할 것
② 법 제21조 제1항 제2호에 따른 이동장치는 다음 각 호의 기준을 모두 갖추어야 한다.
   1. 맹견이 이동장치에서 탈출할 수 없도록 잠금장치를 갖출 것
   2. 이동장치의 입구, 잠금장치 및 외벽은 충격 등에 의해 쉽게 파손되지 않는 견고한 재질로 만들어진 것일 것
③ 법 제21조 제1항 제3호에서 "농림축산식품부령으로 정하는 사항"이란 다음 각호의 준수사항을 말한다.

1. 맹견을 사육하는 곳에 맹견에 대한 경고문을 표시할 것
2. 맹견을 사육하는 경우에는 맹견으로 인한 위해를 방지할 수 있도록 탈출방지 또는 안전시설을 설치할 것
3. 다음 각 목에 해당하는 공간에서는 월령이 3개월 이상인 맹견을 직접 안거나 목줄의 목덜미 부분을 잡는 등의 방식으로 맹견의 이동을 제한할 것
   가. 「주택법 시행령」 제2조제2호에 따른 다중주택 및 같은 조 제3호에 따른 다가구주택의 건물 내부의 공용공간
   나. 「주택법 시행령」 제3조에 따른 공동주택의 건물 내부의 공용공간
   다. 「주택법 시행령」 제4조에 따른 준주택의 건물 내부의 공용공간
4. 그 밖에 맹견에 의한 위해 발생 방지를 위해 시·도지사 또는 시장·군수·구청장이 필요하다고 인정하는 안전시설 등을 설치할 것

④ 시·도지사와 시장·군수·구청장은 법 제21조 제2항에 따라 맹견에 대해 격리조치 등을 취하는 경우에는 별표 2의2의 기준에 따른다.
[본조신설 2024. 5. 27.]

Life
and Law

Q [31] 세탁소의 세탁물 훼손에 대한 손해배상 책임

: 마음먹고 큰돈을 주고 마련한 캐시미어 코트를 한 번 입고 세탁소에 맡겼는데 부분적인 변색이 있어 세탁소에 이를 항의하자 다시 가져가서 원상대로 해오겠다고 해서 돌려보내게 되었습니다. 그런데 다시 수선해 온 코트를 밝은데서 살펴보니 여전히 변색된 것이 보여서 세탁소 주인에게 배상을 요구하게 되었는데, 한 달이 다 되어가는 지금까지 보상은커녕 전화까지 끊어버리고 받질 않습니다. 세탁소 측의 무성의와 몰지각한 행동을 더 이상 참을 수가 없는데 어떻게 법적 조치를 취해야 하는지요?

A 세탁물을 세탁소에 세탁 의뢰하는 행위는 민법에서 규정한 도급계약에 해당한다 할 것인 바, 고의·과실로 인하여 세탁물이 훼손된 것이므로 도급인은 수급인에 대하여 하자의 보수 또는 하자의 보수에 갈음한 손해배상을 청구할 수 있을 것으로 보입니다〈민법 제664조, 제667조〉. 다시 말해서 세탁업자는 전문업종에 종사하는 자로서 세탁 시 필요한 주의의무를 위반한 것이므로 세탁소 주인은 코트 훼손에 따른 손해배상책임을 져야 할 것입니다.

사안의 경우 캐시미어 코트는 상당히 고가의 제품이고 세탁소에서 계속 손해를 배상하여 주지 않을 경우에는 우선 상당한 기간을 정해 정해진 일자까지 손해를 배상해주지 않으면 법적절차를 강구하겠다는 문서를 작성하여 내용증명 등기우편을 통해 채무자의 임의이행을 촉구하여 보시기 바랍니다.

이와 같은 내용증명을 세탁소 주인이 전달받고도 손해를 배상하지 않은 경우에는 법원에 심판을 청구하여 배상을 받거나, 소송절차가 번거롭다면 한국소비자원에 세탁소주인의 세탁행위로 인한 손해에 대해 피해구제를 청구할 수도 있습니다. 참고로 세탁업자에 대한 하자보수 또는 손해배상청구는 옷을 인도받은 날로부터 1년 이내에 청구하셔야 합니다〈민법 제670조〉.

관련 법 조항

민법 제664조, 제667조, 제670조, 소비자기본법 제2조 제2호, 제19조 각 참조

〈민법〉

제664조(도급의 의의)

도급은 당사자 일방이 어느 일을 완성할 것을 약정하고 상대방이 그 일의 결과에 대하여 보수를 지급할 것을 약정함으로써 그 효력이 생긴다.

제667조(수급인의 담보책임)

① 완성된 목적물 또는 완성전의 성취된 부분에 하자가 있는 때에는 도급인은 수급인에 대하여 상당한 기간을 정하여 그 하자의 보수를 청구할 수 있다. 그러나 하자가 중요하지 아니한 경우에 그 보수에 과다한 비용을 요할 때에는 그러하지 아니하다.

② 도급인은 하자의 보수에 갈음하여 또는 보수와 함께 손해배상을 청구할 수 있다.

제670조(담보책임의 존속기간)

① 전3조의 규정에 의한 하자의 보수, 손해배상의 청구 및 계약의 해제는 목적물의 인도를 받은 날로부터 1년 내에 하여야 한다.

② 목적물의 인도를 요하지 아니하는 경우에는 전항의 기간은 일의 종료한 날로부터 기산한다.

〈소비자기본법〉

제2조(정의)

이 법에서 사용하는 용어의 정의는 다음과 같다.

1. "소비자"라 함은 사업자가 제공하는 물품 또는 용역(시설물을 포함한다. 이하 같다)을 소비생활을 위하여 사용(이용을 포함한다. 이하 같다)하는 자 또는 생산활동을 위하여 사용하는 자로서 대통령령이 정하는 자를 말한다.
2. "사업자"라 함은 물품을 제조(가공 또는 포장을 포함한다. 이하 같다)·수입·판매하거나 용역을 제공하는 자를 말한다.

제19조(사업자의 책무)

① 사업자는 물품 등으로 인하여 소비자에게 생명·신체 또는 재산에 대한 위해가 발생하지 아니하도록 필요한 조치를 강구하여야 한다.

② 사업자는 물품 등을 공급함에 있어서 소비자의 합리적인 선택이나 이익을 침해할 우려가 있는 거래조건이나 거래방법을 사용하여서는 아니 된다.

③ 사업자는 소비자에게 물품 등에 대한 정보를 성실하고 정확하게 제공하여야 한다.

④ 사업자는 소비자의 개인정보가 분실·도난·누출·변조 또는 훼손되지 아니하도록 그 개인정보를 성실하게 취급하여야 한다.

⑤ 사업자는 물품 등의 하자로 인한 소비자의 불만이나 피해를 해결하거나 보상하여야 하며, 채무불이행 등으로 인한 소비자의 손해를 배상하여야 한다.

Life and Law

Q [32] 어린아이들 놀이 중 사고와 친권자의 손해배상 책임

: 우리 집 아이가 동네 놀이터에서 놀다가 7세 정도의 아이에게 폭행을 당해 입술이 터져 입술을 꿰매는 수술을 받았으며 어지럼증을 호소하여 병원에 입원하게 되었습니다. 전치 3주의 치료를 요하는 진단서와 함께 어지럼증은 추가적인 검사가 필요하다는 진단을 받았습니다. 상대방 아이는 다친 데가 한 군데도 없음에도 그쪽 부모는 아이들끼리 싸우다 그렇게 된 것이니 배상을 해줄 수가 없다고 하는데 이런 경우 상대방의 부모를 상대로 배상책임을 물을 수 없는지요?

A 가해자는 7세 정도로서 나이가 어려서 그 행위의 책임을 변식할 지능이 없는 것으로 보아 타인에게 손해를 가한 경우에 법률상 법적 책임을 물을 수는 없지만 이러한 경우 이를 감독할 법정의무 있는 자, 즉 아이의 부모는 그 무능력자가 제3자에게 가한 손해를 배상할 책임이 있습니다〈민법 제753조, 제755조〉.

다만, 부모가 감독의무를 게을리하지 않았다면 책임이 없다는 법 규정이 있기는 하나 부모의 경우에는 거의 그러한 면책을 인정하지 않는 것이 판례의 태도입니다. 따라서 아이의 치료비와 그로 인한 손해에 대하여는 폭행을 가한 아이의 부모를 상대로 배상을 청구할 수 있습니다. 이러한 점을 참작하여 상대방 아이의 부모와 원만한 합의를 구해 본 후, 법적 소송을 진행하시면 될 것으로 보입니다.

관련 법 조항

민법 제753조, 제755조 각 참조

제753조(미성년자의 책임능력)

미성년자가 타인에게 손해를 가한 경우에 그 행위의 책임을 변식할 지능이 없는 때에는 배상의 책임이 없다.

제755조(감독자의 책임)

① 다른 자에게 손해를 가한 사람이 제753조 또는 제754조에 따라 책임이 없는 경우에는 그를 감독할 법정의무가 있는 자가 그 손해를 배상할 책임이 있다. 다만, 감독의무를 게을리하지 아니한 경우에는 그러하지 아니하다.

② 감독의무자를 갈음하여 제753조 또는 제754조에 따라 책임이 없는 사람을 감독하는 자도 제1항의 책임이 있다.

Life
and Law

> ## Q [33] 17세 미성년자의 폭행으로 인한 친권자의 손해 배상 책임
>
> : 고등학교 2학년에 재학 중인 아들이 수업을 마치고 집으로 오던 중에 같은 학교 선배로부터 시비를 당해 전치 3주의 상해를 입게 되었습니다. 그러나 학교 측에서는 학교 밖에서 하굣길에 일어난 사고로 책임을 질 수 없다고 하고, 가해자 부모들은 가해자가 고등학교 2학년 생으로 그 행위의 책임을 변식할 지능이 있으니 부모들은 책임질 수 없다고 책임을 전가하면서 손해배상청구를 하려면 자기 아들을 상대로 청구하라고 하는데, 이런 경우 상대방의 친권자를 상대로 저의 아들에 대한 치료비를 받아낼 방법은 없는지요?

A 미성년자가 타인에게 손해를 가한 경우에 그 행위의 책임을 변식할 지능이 없는 때에는 배상의 책임이 없고, 이 경우 민법 제755조 규정에 따라 부모 등 법정감독의무가 있는 사람이 감독의무를 다하였다는 입증을 하지 못하는 한, 미성년자의 행위에 대하여 손해배상책임을 지도록 하고 있습니다. 하지만 위 사안의 경우에는 가해자가 고등학교 2학년생이라면 그 행위의 책임을 변식할 지능이 있는 경우로 보이므로, 미성년자가 책임능력이 있는 경우 부모 등 감독의무자는 미성년자의 행위에 대해 책임을 져야 하는지 문제가 됩니다.

이에 관하여 판례는 "사고당시 만 18세 남짓 된 고등학교 3학년에 재학 중인 학생에게는 사회통념상 자기행위에 대한 책임을 변식할 지능이 있었다고 볼 수 있으므로, 그 친권자에게는 위 아들의 불법행위에 대하여 책임이 없다"라고 판시하였습니다〈대법원 87다카2118 판결〉. 그러나 미성년자가 책임능력이 있어 그 스스로 불법행위 책임을 지는 경우에도 그 손해가 당해 미성년자의 감독의무자의 의무위반과 상당인과관계가 있으면 감독의무자는 일반불법행위

자로서 미성년자의 책임과 병존하는 것이라고 하였습니다〈대법원 93다60588 판결, 96다15374 판결, 99다19957판결〉. 그리고 이 경우에 입증책임에 관하여는 판례는 감독의무 위반사실 및 손해발생과의 상당인과관계의 존재는 이를 주장하는 자가 입증하여야 한다고 하였습니다〈대법원 93다13605 판결, 2003다5061 판결〉.

따라서 위 사안의 경우 원칙적으로 가해자가 그 행위의 책임을 변식할 지능이 있는 자로 보아 친권자에게 책임을 물을 수 없을 것으로 보이나, 가해자가 평소에도 상습적으로 폭행을 가하는 학생인지, 불량 서클에 가입되어 활동하고 있는 문제 학생인지 가해자의 성행, 가해자와 피해자의 관계, 기타 여러 사정을 고려하여 상당인과관계가 있다고 판단되면 피해자의 부모들은 가해자의 책임과는 별개로 가해자의 친권자를 상대로 배상청구가 가능할 것으로 보입니다. 그렇지만 그 입증책임이 쉽지 않아서 법률전문가와 충분한 상담을 거쳐 대책을 세우는 것이 좋을 것으로 보입니다.

▣ 책임을 변식할 지능여부와 관련된 미성년자의 손해배상책임 판례

- 갑은 만14세 8개월의 중학교 3학년으로서 주거지에서 부모와 함께 살고 있고 경제적인 면에서 전적으로 부모에게 의존하면서 부모의 전면적인 보호, 감독 아래 있어 그 부모의 영향력은 책임무능력자에 가까우리만큼 크다 할 것인데, 갑이 교실에서 동급생인 피해자의 배를 발로 걷어차는 등으로 상해를 입혔다면, 그 부모들로서는 갑에 대하여 타인에게 불법행위를 함이 없이 정상적으로 사회에 적응할 수 있도록 일반적, 일상적인 지도·조언 등 감독교육의 의무를 부담하고 있다 할 것인데도, 이를 게을리하여 결과적으로 위 사고를 일으켜 피해자에게 손해를 가하였다 할 것이고, 갑의 감독의무자로서 위와 같은 감독의무를 해태한 과실과 손해발생간에는 상당인과관계가 있다고 할 것이므로, 갑의 부모들은 갑의 책임과는 관계없이 피해자에 대한 손해배상책임을 부담하여야 한다〈대법원 91다37690 판결〉.

- 책임능력이 있는 미성년자의 불법행위로 인하여 손해가 발생한 경우 그 손해와 미성년자에 대한 감독의무자의 의무위반과 사이에 상당인과관계가 있으면 감독의무자에게 민법 제750조에 의한 손해배상책임이 있고, 경제적인 면서 전적으로 부모에게 의존하여 부모의 보호, 감독을 받고 있었고 이미 두 차례에 걸친 범죄로 집행유예 기간 중에 있었던 만 19세 10개월〈종전 성년의 나이 20세 기준이 2011. 3. 7. 19세로 변경됨을 참고하시기 바람〉된 전문대학 1학년 재학 중의 아들이 폭력행위로 타인에게 손해를 가한 경우, 부모로서는 아들이 다시 범죄를 저지르지 않고 정상적으로 사회에 적응할 수 있도록 일상적인 지도 및 조언을 계속하여야 할 보호, 감독의무가 있음에도 불구하고 이를 게을리 한 과실이 있다〈대법원 97다9404 판결〉.

- 책임능력 있는 미성년자의 불법행위로 인하여 손해가 발생한 경우 그 손해가 미성년자의 감독의무자의 의무위반과 상당인과관계가 있는 경우 감독의무자는 일반불법행위자로서 손해배상의무가 있다. 사고 당시 18세 남짓한 미성년자가 운전면허가 없음에도 가끔 숙부소유의 화물차를 운전한 경우, 부모로서는 미성년의 아들이 무면허운전을 하지 못하도록 보호, 감독하여야 할 주의의무가 있음에도 이를 게을리하여 화물차를 운전하도록 방치한 과실이 있고, 부모의 보호, 감독상의 과실이 사고발생의 원인이 되었으므로 부모들이 피해자가 입은 손해를 배상할 책임이 있다〈대법원 96다15374 판결〉.

- 만 16세 남짓한 고등학교 1학년 학생이 무면허로 오토바이를 운전하다 사고를 낸 경우, 사고 당시의 연령과 수학정도 등에 비추어 불법행위에 대한 책임을 변식할 능력은 있었으나, 경제적인 면에서 전적으로 그의 부모에게 의존하며 그들의 보호, 감독을 받고 있었으므로, 부모로서는 그 자에 대하여 면허 없이 오토바이를 운전하지 못하도록 하는 등 보호, 감독을 철저히 하여야 할 주의의무가 있는데도 이를 게을리 한 잘못이 있다〈대법원 99다19957 판결〉.

- 지방자치단체가 설치, 경영하는 학교의 교장이나 교사는 학생을 보호, 감

독할 의무를 지는 것이지만, 이러한 보호, 감독 의무는 교육법에 따라 학생들을 친권자 등 법정감독의무자에 대신하여 감독을 하여야 하는 의무로서 학교 내에서의 학생의 전 생활관계에 한하며, 그 의무범위내의 생활관계라고 하더라도 교육활동의 때와 장소, 가해자의 분별능력, 가해자의 성행, 가해자와 피해자의 관계, 기타 여러 사정을 고려하여 사고가 학교생활에서 통상 발생할 수 있다고 예측되거나 또는 예측가능성(사고발생의 구체적 위험성)이 있는 경우에 한하여 교장이나 교사는 보호, 감독의무 위반에 대한 책임을 진다〈2000다55126 판결〉.

관련 법 조항 및 판례

민법 제753조, 제755조, 87다카2118 판결, 대법원 93다60588 판결, 96다15374 판결, 99다19957 판결, 대법원 93다13605 판결, 2003다5061 판결 각 참조

Life
and Law

Q [34] 신원보증인의 손해배상 책임

: 저는 1년 6개월 전에 조카 A가 B회사에 관리직으로 취업하게 되었다고 하여, 차마 이를 거절할 수 없어 신원보증을 서 주게 되었으며, 그 당시 신원보증계약기간은 정하지 않았고, 제가 신원보증을 한 사실조차 잊고 있었습니다. 그런데 A가 한 달 전에 회사 돈 1억 원을 횡령한 사실이 최근에 드러나 징역형의 판결을 받았고, B회사에서는 제가 신원보증을 했다는 이유로 저에게 피해금액을 변상하라고 하는데, 사건발생 후에 알게 된 사실이지만 A는 회사에 입사한 지 1년 후 관리과에서 영업부로 옮겼으나 B회사는 이러한 사실을 저에게 알려주지 않았습니다. 이런 경우 신원보증을 한 저는 회사가 요구하는 금액을 전부 책임져야 하는지요?

A 신원보증이라 함은 피용자(被傭者)가 업무를 수행하는 과정에서 그에게 책임 있는 사유로 사용자에게 손해를 입힌 경우에 그 손해를 배상할 채무를 부담할 것을 약정하는 계약을 말하며, 신원보증법의 규정에 반하는 특약으로써 신원보증인에게 불이익한 것은 모두 무효로 됩니다〈신원보증법 제2조, 제8조〉. 보통의 보증은 주된 채무가 존재하고 있음을 전제로 하는데 신원보증은 이와는 달리 피용자의 행위로 인하여 사용자가 받을지도 모르는 손해를 대신 배상할 것을 약속하는 것입니다. 이처럼 신원보증은 장기간 계속되는 신원보증으로 인하여 보증인이 입게되는 불이익을 제한할 필요가 있습니다.

이에 따라 신원보증법은 이에 대한 제한규정을 두고 있는데, 보증기간의 제한, 사용자의 보증인에 대한 통지의무 등이 그것입니다. 신원보증인은 피용자의 고의, 과실로 인해 발생한 손해에 대해 책임을 지는 것은 물론이고 피용자가 자기 임무를 수행함에 있어서 다른 사람을 사용하거나 보조를 받은 경우에는 그 보조자의 고의 과실로 인한 손해도 채무불이행의 이행보조자에 준하여 책임을 진다고 봅니다〈대법원 68다1230 판결〉. 그리고 신원보증인이 책임을 지는 피용자의 행위는 업무집행의 기회 또는 업무집행의 권한을 이용 또는 악용해서 한 행위를 널리 포함합니다〈대법원 66다974 판결〉.

◼ 신원보증계약의 기간과 관련하여 신원보증법에서는 기간을 정하지 아니한 신원보증계약은 그 성립일로부터 2년간 그 효력을 가지며, 신원보증계약의 기간은 2년을 초과하지 못하며, 이보다 장기간으로 정한 경우에는 그 기간을 2년으로 단축한다고 규정되어 있습니다. 신원보증계약은 갱신할 수 있지만 그 기간은 갱신한 날부터 2년을 초과하지 못합니다〈신원보증법 제3조〉.

◼ 사용자는 피용자가 업무상 부적격자이거나 불성실한 행적이 있어 이로 인하여 신원보증인의 책임을 야기할 우려가 있음을 안 경우, 피용자의 업무 또는 업무수행의 장소를 변경함으로써 신원보증인의 책임이 가중되거나 업무 감독이 곤란하게 될 경우에는 지체 없이 신원보증인에게 통지하여야 합니다〈같은 법 제4조〉. 사용자가 고의 또는 중과실로 제1항의 통지의무를 게을리하여 신원보증인이 제5조에 따른 해지권을 행사하지 못한 경우 신원보증인은 그로 인하여 발생한 손해의 한도에서 의무를 면하게 되며, 신원보증인이 사용자로부터 제4조 제1항의 통지를 받거나 스스로 제4조 제1항 각호의 어느 하나에 해당하는 사유가 있음을 안 경우, 피용자의 고의 또는 과실로 인한 행위로 발생한 손해를 신원보증인이 배상한 경우, 그 밖에 계약의 기초가 되는 사정에 중대한 변경이 있는 경우에는 신원보증계약을 해지할 수 있습니다〈같은 법 제5조〉. 그리고 보증채무가 현실화되어 있지 않는 한, 신원보증계약은 신원보증인의 사망으로 효력을 상실합니다〈같은 법 제7조〉.

귀하의 경우 신원보증계약기간을 정하지 않았더라도 귀하와 B회사의 신원보증계약은 2년간 효력을 가지며, 만약 2년이 지나지 않아 배상책임을 지는 경우라 하더라도 A가 관리과에서 영업부로 근무부서를 옮긴 것은 법에서 정한 통지사유에 해당된다고 볼 수 있고, 이러한 통지의무를 게을리함으로써 귀하가 계약을 해지할 수 있는 기회를 잃었다면 이는 배상책임 및 그 금액을 결정함에 있어서 고려사항이 될 것입니다.

또한 법원은 신원보증인의 손해배상책임과 그 금액을 정함에 있어 법원은 피용자의 감독에 관한 사용자의 과실 유무, 신원보증을 하게 된 사유 및 이를 할 때 주의를 한 정도, 피용자의 업무 또는 신원의 변화, 그 밖의 사정을 고려하여야 한다고 규정되어 있으므로〈같은 법 제6조〉, 귀하는 이러한 사안을 감안하여 손해배상책임의 감면을 주장하여 보시기 바랍니다.

관련 법 조문 및 판례
신원보증법 제3조, 제4조, 제5조, 제6조, 대법원 66다974, 68다1230 판결 각 참조

제2조 (정의)
이 법에서 "신원보증계약"이란 피용자(被傭者)가 업무를 수행하는 과정에서 그에게 책임 있는 사유로 사용자(使用者)에게 손해를 입힌 경우에 그 손해를 배상할 채무를 부담할 것을 약정하는 계약을 말한다.
제3조 (신원보증계약의 존속기간 등)
① 기간을 정하지 아니한 신원보증계약은 그 성립일부터 2년간 효력을 가진다.
② 신원보증계약의 기간은 2년을 초과하지 못한다. 이보다 장기간으로 정한 경우에는 그 기간을 2년으로 단축한다.
③ 신원보증계약은 갱신할 수 있다. 다만, 그 기간은 갱신한 날부터 2년을 초과하지 못한다.
제4조 (사용자의 통지의무)
① 사용자는 다음 각 호의 어느 하나에 해당하는 경우에는 지체 없이 신원보증인에게 통지하여야 한다.

1. 피용자가 업무상 부적격자이거나 불성실한 행적이 있어 이로 인하여 신원보증인의 책임을 야기할 우려가 있음을 안 경우
2. 피용자의 업무 또는 업무수행의 장소를 변경함으로써 신원보증인의 책임이 가중되거나 업무 감독이 곤란하게 될 경우

② 사용자가 고의 또는 중과실로 제1항의 통지의무를 게을리하여 신원보증인이 제5조에 따른 해지권을 행사하지 못한 경우 신원보증인은 그로 인하여 발생한 손해의 한도에서 의무를 면한다.

제5조 (신원보증인의 계약해지권)
신원보증인은 다음 각 호의 어느 하나에 해당하는 사유가 있는 경우에는 계약을 해지할 수 있다.
1. 사용자로부터 제4조제1항의 통지를 받거나 신원보증인이 스스로 제4조 제1항 각호의 어느 하나에 해당하는 사유가 있음을 안 경우
2. 피용자의 고의 또는 과실로 인한 행위로 발생한 손해를 신원보증인이 배상한 경우
3. 그 밖에 계약의 기초가 되는 사정에 중대한 변경이 있는 경우

제6조 (신원보증인의 책임)
① 신원보증인은 피용자의 고의 또는 중과실로 인한 행위로 발생한 손해를 배상할 책임이 있다.
② 신원보증인이 2명 이상인 경우에는 특별한 의사표시가 없으면 각 신원보증인은 같은 비율로 의무를 부담한다.
③ 법원은 신원보증인의 손해배상액을 산정하는 경우 피용자의 감독에 관한 사용자의 과실 유무, 신원보증을 하게 된 사유 및 이를 할 때 주의를 한 정도, 피용자의 업무 또는 신원의 변화, 그 밖의 사정을 고려하여야 한다.

제8조 (불이익금지)
이 법의 규정에 반하는 특약으로서 어떠한 명칭이나 내용으로든지 신원보증인에게 불리한 것은 효력이 없다.

Life
and Law

> **Q [35] 미성년자가 고가의 물품을 할부구입한 때 계약의 취소와 철회**
>
> : 저의 아들은 중학교 3학년에 재학 중인 미성년자인데, 학교 앞에서 고가의 운동기구를 파는 사람에게 현혹되어 운동기구 세트를 월 7만 원씩 12개월간 불입하기로 하고 구입하였는데 저는 그 운동기구가 불필요한 운동기구이어서 즉시 반환하기 위하여 판매자의 주소지로 "계약을 취소하니 물건을 찾아가라"고 통지를 했으나, 주소불명으로 반송되었다가 3개월이 지난 지금에서야 물품대금청구서를 받게 되었는데 이런 경우 위 대금을 지급하여야만 하는지요?

A 미성년자의 법률행위는 법정대리인이 취소할 수 있습니다. 그러나 미성년자가 상대방에게 성년자라고 속였거나 법정대리인의 동의가 있다고 속인 경우(이를 무능력자의 사술 행위라고 함)에는 미성년자와 거래한 상대방을 보호하기 위해 법정대리인의 취소권이 인정되지 않습니다. 위 사안과 관련된 물품대금 청구에 대하여 민법상 부모 등 법정대리인의 동의를 얻지 아니한 미성년자의 법률행위는 추인할 수 있는 날로부터 3년 내에, 법률행위를 한 날로부터 10년 내에 취소할 수 있습니다〈민법 제5조, 제146조〉.

▣ 방문판매라 함은 '상품의 판매업자 또는 용역을 유상으로 제공하는 것을 업으로 하는 자가 방문의 방법으로 그의 영업소, 대리점 기타 부령이 정하는 영업장소외의 장소에서 소비자에게 권유하여 계약청약을 받거나 계약체결하여 상품을 판매하거나 용역을 제공하는 것을 말한다'라고 규정하고 있습니다〈방문판매등에관한법률 제2조 제1호〉. 이때 방문판매자 등은 재화 등의 계약을 미성년자와 체결하려는 경우에는 법정대리인의 동의를 받아야 하며, 이 경우 법정대리인의 동의를 받지 못하면 미성년자 본인 또는 법정대리인이 계약을 취소할

수 있음을 알려주어야 합니다〈방문판매등에관한법률 제7조 제3항〉.

■ 위 사안의 경우에는 방문판매임과 동시에 할부판매가 될 것이므로 방문판매등에관한법률과 할부거래에관한법률에 의해서도 청약을 철회할 수 있으며, 이 경우에 어느 법을 적용할 것인지가 문제되나 방문판매등에관한법률 제4조에서 '이 법과 다른 법률이 경합하여 적용되는 경우에는 이 법을 우선 적용하되, 다른 법률을 적용하는 것이 소비자에게 유리한 경우에는 그 법률을 적용한다'라고 되어 있습니다.

다만, 방문판매등에관한법률 제8조에서 소비자는 계약서를 교부받은 날로부터 14일 이내에, 계약서를 교부받지 아니하였거나 주소 등이 기재되지 아니한 계약서를 교부받은 경우 또는 방문판매자의 주소변경 등의 사유로 위 기간 내에 청약의 철회를 할 수 없는 경우에는 그 주소를 안 날 또는 알 수 있었던 날로부터 14일 이내에 계약에 관한 청약을 철회할 수 있으며, 이 청약철회는 서면을 발송한 날에 그 효력이 발생한다고 규정되어 있으며, 할부거래에관한법률은 제8조에서 7일 이내에 청약을 철회할 수 있다고 규정되어 있어 방문판매등에관한법률이 귀하에게 유리할 것으로 보입니다. 따라서 법정대리인인 귀하는 물품대금청구에 대하여 상대방에게 민법상 미성년자 법률행위의 취소 또는 방문판매등에관한법률상의 청약철회를 주장하여 대금지급의무를 면할 수 있을 것으로 보입니다.

관련 법 조항

민법 제4조, 제5조, 제17조, 제146조, 방문판매등에관한법률 제2조 1호, 제7조, 제8조, 제52조, 할부거래에관한법률 제5조 각 참조

〈민법〉
제4조(성년) 사람은 19세로 성년에 이르게 된다.
제5조(미성년자의 능력)

① 미성년자가 법률행위를 함에는 법정대리인의 동의를 얻어야 한다. 그러나 권리만을 얻거나 의무만을 면하는 행위는 그러하지 아니하다.
② 전항의 규정에 위반한 행위는 취소할 수 있다.

제17조(제한능력자의 속임수)
① 제한능력자가 속임수로써 자기를 능력자로 믿게 한 경우에는 그 행위를 취소할 수 없다.
② 미성년자나 피한정후견인이 속임수로써 법정대리인의 동의가 있는 것으로 믿게 한 경우에도 제1항과 같다.

제146조(취소권의 소멸) 취소권은 추인할 수 있는 날로부터 3년 내에 법률행위를 한 날로부터 10년 내에 행사하여야 한다.

〈방문판매등에관한법률〉

제7조(방문판매자등의 소비자에 대한 정보제공의무 등)
③ 방문판매자등은 재화 등의 계약을 미성년자와 체결하려는 경우에는 법정대리인의 동의를 받아야 한다. 이 경우 법정대리인의 동의를 받지 못하면 미성년자 본인 또는 법정대리인이 계약을 취소할 수 있음을 알려야 한다.

제8조(청약철회 등)
① 방문판매 또는 전화권유판매(이하 "방문판매등"이라 한다)의 방법으로 재화 등의 구매에 관한 계약을 체결한 소비자는 다음 각 호의 기간(거래 당사자 사이에 다음 각 호의 기간보다 긴 기간으로 약정한 경우에는 그 기간) 이내에 그 계약에 관한 청약철회 등을 할 수 있다.

1. 제7조 제2항에 따른 계약서를 받은 날부터 14일. 다만, 그 계약서를 받은 날보다 재화 등이 늦게 공급된 경우에는 재화 등을 공급받거나 공급이 시작된 날부터 14일
2. 다음 각 목의 어느 하나의 경우에는 방문판매자등의 주소를 안 날 또는 알 수 있었던 날부터 14일
    가. 제7조 제2항에 따른 계약서를 받지 아니한 경우

나. 방문판매자등의 주소 등이 적혀 있지 아니한 계약서를 받은 경우

다. 방문판매자등의 주소 변경 등의 사유로 제1호에 따른 기간 이내에 청약철회 등을 할 수 없는 경우

3. 제7조제2항에 따른 계약서에 청약철회 등에 관한 사항이 적혀 있지 아니한 경우에는 청약철회 등을 할 수 있음을 안 날 또는 알 수 있었던 날부터 14일

4. 방문판매업자 등이 청약철회 등을 방해한 경우에는 그 방해행위가 종료한 날부터 14일

② 소비자는 다음 각 호의 어느 하나에 해당하는 경우에는 방문판매자 등의 의사와 다르게 제1항에 따른 청약철회 등을 할 수 없다. 다만, 방문판매자 등이 제5항에 따른 조치를 하지 아니한 경우에는 제2호부터 제4호까지의 규정에 해당하더라도 청약철회 등을 할 수 있다.

1. 소비자에게 책임이 있는 사유로 재화등이 멸실되거나 훼손된 경우. 다만, 재화 등의 내용을 확인하기 위하여 포장 등을 훼손한 경우는 제외한다.

2. 소비자가 재화 등을 사용하거나 일부 소비하여 그 가치가 현저히 낮아진 경우

3. 시간이 지남으로써 다시 판매하기 어려울 정도로 재화 등의 가치가 현저히 낮아진 경우

4. 복제할 수 있는 재화 등의 포장을 훼손한 경우

5. 그 밖에 거래의 안전을 위하여 대통령령으로 정하는 경우

③ 소비자는 제1항 또는 제2항에도 불구하고 재화 등의 내용이 표시·광고의 내용과 다르거나 계약 내용과 다르게 이행된 경우에는 그 재화 등을 공급받은 날부터 3개월 이내에, 그 사실을 안 날 또는 알 수 있었던 날부터 30일 이내에 청약철회 등을 할 수 있다.

④ 제1항 또는 제3항에 따른 청약철회 등을 서면으로 하는 경우에는 청약철회 등의 의사를 표시한 서면을 발송한 날에 그 효력이 발생한다.

Life and Law

Q [36] 미성년자가 단독으로 근로계약을 체결할 수 있는지

: 저는 16세의 미성년자인데 근로기준법상 몇 세부터 취업이 가능하며, 취업 시 친권자나 후견인의 동의 없이 단독으로 근로계약을 체결할 수 있는지 알고 싶습니다.

A 근로기준법 제64조 규정에 의하면 15세 미만자는 고용노동부장관의 취직인허증을 소지한 자가 아닌 경우에는 근로자로 사용하지 못하게 규정되어 있으며, 친권자 또는 후견인은 미성년자의 근로계약을 대리할 수 없다고 규정하고 있습니다〈근로기준법 제67조 제1항〉. 여기에는 법정대리권의 행사뿐만 아니라 미성년자의 위임에 의한 임의대리의 경우도 포함된다고 할 것입니다. 이러한 규정을 두게 된 이유는 미성년자에게 불리한 친권남용이 될 가능성이 있기 때문입니다.

따라서 미성년자의 근로계약은 취업 시 친권자 또는 후견인의 동의를 얻어서 본인 자신이 사용자와 직접 근로계약을 체결할 수 있습니다. 같은 법 제43조 제1항 본문에서도 "임금은 통화로 직접 근로자에게 그 금액을 지급하여야 한다"고 규정하여 사용자에게 임금 직접 지불의 의무를 부여함으로써 미성년자를 보호하고 있습니다. 임금청구를 친권자에게 대리 수령케 한다면 친권자 등이 법정대리권을 빙자하여 미성년자가 수령하여야 할 임금을 중간에서 수취하여 사용함으로써 미성년자가 반강제적 근로에 종사하게 되는 경우가 생길 여지가 있기 때문입니다.

또한 사용자는 18세 미만인 사람에 대하여는 그 연령을 증명하는 가족관계 기록사항에 관한 증명서와 친권자 또는 후견인의 동의서를 사업장에 갖추어

두어야 하며〈같은 법 제66조〉, 18세 미만인 사람과 근로계약을 체결하는 경우에는 제17조에 따른 근로 조건을 서면(「전자문서 및 전자거래 기본법」 제2조제1호에 따른 전자문서를 포함한다)으로 명시하여 교부하도록 규정하고 있습니다〈근로기준법 제67조 제3항〉.

관련 법 조항
근로기준법 제43조, 제64조, 제66조, 제67조 각 참조

제43조(임금 지급)
① 임금은 통화(通貨)로 직접 근로자에게 그 전액을 지급하여야 한다. 다만, 법령 또는 단체협약에 특별한 규정이 있는 경우에는 임금의 일부를 공제하거나 통화 이외의 것으로 지급할 수 있다.
② 임금은 매월 1회 이상 일정한 날짜를 정하여 지급하여야 한다. 다만, 임시로 지급하는 임금, 수당, 그 밖에 이에 준하는 것 또는 대통령령으로 정하는 임금에 대하여는 그러하지 아니하다.

제64조(최저 연령과 취직인허증)
① 15세 미만인 사람(「초·중등교육법」에 따른 중학교에 재학 중인 18세 미만인 사람을 포함한다)은 근로자로 사용하지 못한다. 다만, 대통령령으로 정하는 기준에 따라 고용노동부장관이 발급한 취직인허증(就職認許證)을 지닌 사람은 근로자로 사용할 수 있다.
② 제1항의 취직인허증은 본인의 신청에 따라 의무교육에 지장이 없는 경우에는 직종 지정하여서만 발행할 수 있다.
③ 고용노동부장관은 거짓이나 그 밖의 부정한 방법으로 제1항 단서의 취직인허증을 발급받은 사람에게는 그 인허를 취소하여야 한다.

제66조(연소자 증명서)
사용자는 18세 미만인 사람에 대하여는 그 연령을 증명하는 가족관계기록사항에 관한 증명서와 친권자 또는 후견인의 동의서를 사업장

에 갖추어 두어야 한다.

제67조(근로계약)

① 친권자나 후견인은 미성년자의 근로계약을 대리할 수 없다.

② 친권자, 후견인 또는 고용노동부장관은 근로계약이 미성년자에게 불리하다고 인정하는 경우에는 이를 해지할 수 있다.

③ 사용자는 18세 미만인 사람과 근로계약을 체결하는 경우에는 제17조에 따른 근로조건을 서면(「전자문서 및 전자거래 기본법」 제2조 제1호에 따른 전자문서를 포함한다)으로 명시하여 교부하여야 한다.

Life
and Law

> **Q [37] 미성년자가 단독으로 임금청구 소송을 할 수 있는지**
>
> : 저는 16세의 미성년자로서 고등학교 검정고시를 준비하면서 낮에는 상시 근로자 수 10인 이상의 직장에 다니고 있습니다. 그런데 최근 몇 개월 동안 임금을 지급받지 못하여 소액심판 청구를 하려고 합니다. 주위에서 미성년자는 단독으로 소송을 제기할 수 없다고 하는데 사실여부를 알고 싶습니다.

A 법적으로 소송을 제기하려면 소송능력을 필요로 합니다. 소송능력이란 당사자가 스스로 유효하게 소송행위를 하고 또 상대방이나 법원의 소송행위를 받을 수 있는 능력을 말하는데 이 소송능력은 민법상의 행위능력의 범위와 일치합니다〈민사소송법 제51조〉.

원칙적으로 미성년자는 행위무능력자로서 소송능력이 없기 때문에 자기 자신의 법적 분쟁이라도 이를 해결하기 위해서는 법정대리인이 소송을 제기하여야 합니다. 하지만 근로기준법은 근로자가 미성년자라도 자기의 노동 대가인 임금은 독자적으로 청구할 수 있도록 규정하고 있는데〈근로기준법 제68조〉, 이 조항의 취지는 미성년자라도 근로자로서 사용자에 대해 일한 대가를 구하는 것은 법정대리인의 동의 없이도 단독으로 할 수 있게 함으로써 미성년자 노동의 착취를 막는데 그 목적이 있습니다.

이에 대하여 대법원 판례는 "미성년자는 원칙적으로 법정대리인에 의하여서만 소송행위를 할 수 있으나, 미성년자 자신의 노무제공에 따른 임금의 청구는 근로기준법 제66조의 규정에 의하여 미성년자가 독자적으로 할 수 있다"라고 판시하여 미성년자도 임금청구사건에서는 소송능력이 있다고 하여, 동 조항이 소송행위까지도 포함하고 있음을 확인하고 있습니다〈대법원 80다3149 판결〉. 따라서 미성년자도 임금청구사건에서는 소송능력이 있다고 볼 수 있으므로 귀하는 미성년자이지만 단독으로 귀하의 임금청구 소송을 사용자를 상대로 제기할 수 있다고 하겠습니다.

관련 법 조항 및 판례
민사소송법 제51조, 근로기준법 제64조, 제68조, 대법원 80다3149 판결 각 참조

〈민사소송법〉
제51조(당사자능력·소송능력 등에 대한 원칙)
당사자능력, 소송능력, 소송무능력자의 법정대리와 소송행위에 필요한 권한의 수여는 이 법에 특별한 규정이 없으면 민법, 그 밖의 법률에 따른다.

〈근로기준법〉
제64조(최저 연령과 취직인허증)
① 15세 미만인 사람(「초·중등교육법」에 따른 중학교에 재학 중인 18세 미만인 사람을 포함한다)은 근로자로 사용하지 못한다. 다만, 대통령령으로 정하는 기준에 따라 고용노동부장관이 발급한 취직인허증(就職認許證)을 지닌 사람은 근로자로 사용할 수 있다.
② 제1항의 취직인허증은 본인의 신청에 따라 의무교육에 지장이 없는 경우에는 직종 지정하여서만 발행할 수 있다.
③ 고용노동부장관은 거짓이나 그 밖의 부정한 방법으로 제1항 단서의 취직인허증을 발급받은 사람에게는 그 인허를 취소하여야 한다.
제68조(임금의 청구)
미성년자는 독자적으로 임금을 청구할 수 있다.

Life
and Law

Q [38] 기한을 정해 빌린 돈을 미리 갚으려고 하는데 남은 기간 동안의 이자도 함께 지급해 주어야 하는지

: 가게 운영자금이 갑작스럽게 부족하여 채권자 A로부터 돈 5,000만 원을 빌리면서 원금은 1년 후에 갚되, 이자는 매월 50만 원을 지급하기로 계약하였습니다. 그런데 예상외로 영업이 잘 되어서 원금을 갚을 여유가 생기면서 이자가 아깝다는 생각이 들어서 6개월 후 채권자에게 연락하여 변제의사를 전달했습니다. 그러자 채권자는 남은 계약기간 동안의 이자도 원금과 함께 갚아주어야 한다고 하는데, 이런 경우 제가 채권자로부터 이자를 조금이라도 감면 받을 수 있는 방법은 없는지요?

A 기한의 이익이란 기한이 붙여져 있는 것, 다시 말해서 기한이 도래하지 않음으로써 그동안 당사자가 받은 이익을 말합니다. 기한의 이익은 무상의 임치처럼 채권자를 위하는 경우, 무이자의 소비대차처럼 채무자를 위하는 경우, 이자 있는 소비대차처럼 채권자와 채무자 쌍방을 위하는 경우가 있습니다. 그러나 일반적으로 기한은 채무자에게 유예를 주는 취지에서 붙이는 것이 보통이므로, 민법은 기한은 채무자의 이익을 위한 것으로 추정하고 있습니다〈민법 제153조 제1항〉.

위 사안의 경우처럼 이행기가 1년으로 정해졌다면 빌린 사람은 1년간은 채권자로부터 원금의 독촉을 받지 않을 수 있게 되기 때문에 기한의 이익은 대체로 채무자를 위하여 인정되고 있으며, 채무자는 자기에게 주어진 기한의 이익을 포기할 수도 있습니다〈같은 법 제153조 제2항〉. 하지만 기한의 이익이 채무자와 채권자를 위해서도 존재하는 경우에는 채무자가 기한의 이익을 포기하더라도 채권자의 이익을 침해할 수는 없습니다.

따라서 이자있는 소비대차에서 채무자가 기한의 이익을 포기하고 원금을 기한 전에 갚는 경우에는 채권자 A가 남은 6개월간의 이자 수입을 포기한다는 의사 표시가 없는 한, 채무자가 자신에게 주어진 기한의 이익을 포기하고 6개월 만에 원금을 갚는다고 하더라도 남은 기간 동안의 이자도 함께 지급해주어야 할 것으로 보입니다.

관련 법 조항
민법 제153조 참조

제153조(기한의 이익과 그 포기)
① 기한은 채무자의 이익을 위한 것으로 추정한다.
② 기한의 이익은 이를 포기할 수 있다. 그러나 상대방의 이익을 해하지 못한다.

Life
and Law

> **Q [39] 다음 날 계약을 해제하고 가계약금을 돌려받을 수 있는지**
>
> : 제가 원하는 부동산이 매물로 나와 있어 마음에 들면 얼른 가계약이라도 해놓으라는 중개사의 권유에 우선 매도인 계좌로 가계약금 500만 원을 송금했습니다. 그런데 다음 날 사정이 생겨 계약해제를 하려고 매도인에게 500만 원을 돌려달라고 했더니 가계약금도 계약금이므로 해제하려면 500만 원을 포기해야 한다고 합니다. 이와 같은 경우 제가 가계약금을 돌려받을 수는 없는지요?

A 부동산매매에 대한 가계약서 작성 당시 매매목적물과 매매대금 등이 특정되고 중도금 지급방법에 대한 합의가 있었다면 그 가계약서에 잔금 지급시기가 기재되지 않았고, 후에 정식계약서가 작성되지 않았다하더라도 매매계약은 성립한 것으로 보고 있습니다〈대법원 2005다39594 판결〉. 그리고 하급심 판례 역시 가계약은 당사자들의 의사합치의 내용이 무엇인지에 관한 해석의 문제로서, 본계약의 중요 부분에 대해 어느 정도의 합의가 있은 뒤에 이루어지고, 가계약에 대한 서면을 작성하지 아니한 채 빠른 시일 내에 본계약 체결 여부를 결정하기로 하며, 가계약금을 수수함으로써 본 계약을 체결한 의무를 어느 정도 부담하며 가계약은 매수인에게 우선적 선택권을 부여하고, 매도인이 이를 수인하는데 본질적인 의미가 있으므로 가계약은 매수인을 위한 장치라고 판시하여 가계약금의 성격을 명확히 하였습니다〈대구지법 서부지원 2018가소21928 판결〉.

따라서 매수인인 귀하가 가계약금 500만 원을 송금할 당시 매도인과 매매대금 등 계약의 본질적 사항이나 중요 사항에 관해 구체적으로 의사의 합치가 있었거나 적어도 장래 구체적으로 특정할 수 있는 기준과 방법 등에 관한 합의가 있었다면〈대법원 2000다516540 판결〉, 비록 계약서가 작성되지 않았다 해도 당사자 사이에 매매 계약이 성립되었다고 볼 수 있으므로 매수인은 계약의 해제를 하면서 가계약금의 반환을 청구할 수 없을 것으로 보입니다. 그러나 당사자 간 매매대금에 관한 합의도 없이 일방적으로 가계약금 명목으로 500만 원만 송금한 상황이라면, 이는 계약의 중요한 사항이나 본질적인 부분에 대한 의사의 합치가 없는 상황이므로 아직 매매계약이 체결된 단계에 이르지 못한 것으로 봐서 매수인은 가계약금을 부당이득으로 반환청구를 할 수 있을 것입니다.

관련 법 조항 및 판례

민법 제563조, 제564조, 제565조 대법원 2000다516540, 2005다39594 판결, 대구지법 서부지원 2018가소21928 판결 각 참조

제563조(매매의 의의)
매매는 당사자 일방이 재산권을 상대에게 이전할 것을 약정하고 상대방이 그 대금을 지급할 것을 약정함으로써 그 효력이 생긴다.

제564조(매매의 일방예약)
① 매매의 일방예약은 상대방이 매매를 완결할 의사를 표시하는 때에 매매의 효력이 생긴다.
② 전항의 의사표시의 기간을 정하지 아니한 때에는 예약자는 상당한 기간을 정하여 매매완결여부의 확답을 상대방에게 최고할 수 있다.
③ 예약자가 전항의 기간 내에 확답을 받지 못한 때에는 예약은 그 효력을 잃는다.

제565조(해약금)
① 매매의 당사자 일방이 계약당시에 금전 기타 물건을 계약금, 보증금등의 명목으로 상대방에게 교부한 때에는 당사자 간에 다른 약정이 없는 한 당사자의 일방이 이행에 착수할 때까지 교부자는 이를 포기하고 수령자는 그 배액을 상환하여 매매계약을 해제할 수 있다.
② 제551조의 규정은 전항의 경우에 이를 적용하지 아니한다.

Life
and Law

Q [40] 회원 수에 관한 착오를 이유로 스포츠센터 인수 계약의 취소가 가능한지

: 저는 A가 운영하는 스포츠센터를 인수하기로 하면서 회원의 수가 200명이라는 말을 듣고 인수조건에 회원 수를 명시하여 계약을 체결하고, 계약금으로 3,000만 원을 지급하였으나, 며칠 후 알아보니 실제 유료 회원수는 100명뿐이고 나머지는 숫자상으로만 존재하는 회원들이었습니다. 이런 경우 회원 수에 착오가 있었음을 이유로 계약을 해제하려고 하는데, 이런 경우 제가 지급한 계약금을 돌려받을 수 있는지요?

A 의사표시는 중요 부분에 착오가 있는 경우에 한해서 취소할 수 있기 때문에 원칙적으로 스포츠센터 인수계약에 따른 위험은 임차인이 부담해야 합니다. 따라서 자기 뜻을 이룰 수 없게 됐다고 해서 함부로 계약을 취소할 수는 없습니다. 그러나 당사자간에 인수인이 인수하는 동기가 무엇인지 알고 있고, 그 동기가 인수 계약의 내용으로 표시된 경우에는 그것이 사실과 어긋날 때는 취소가 가능합니다. 위 사안에서 스포츠센터를 양수함에 있어서 실제 회원 수는 100명에 불과하고 나머지 100명은 숫자상으로만 존재하는 회원이었으므로 귀하가 의사표시를 하게 된 동기에 착오가 있었다고 볼 수 있을 것입니다.

▣ 민법에도 법률행위 내용의 중요부분에 착오가 있는 의사표시는 원칙적으로 취소할 수 있고, 다만 그 착오가 표의자의 중대한 과실로 인한 때에는 취소하지 못한다고 규정하고 있습니다〈민법 제109조〉. 판례는 "동기의 착오가 법률행위의 내용의 중요부분의 착오에 해당함을 이유로 표의자가 법률행위를 취소하려면 그 동기를 당해 의사표시의 내용으로 삼을 것을 상대방에게 표시하고 의사표시의 해석상 법률행위의 내용으로 되어 있다고 인정되면 충분하고 당사자들 사이에 별도로 그 동기를 의사표시의 내용으로 삼기로 하는 합의까지 이

루어질 필요는 없지만 그 법률행위의 내용의 착오는 보통 일반인이 표의자의 입장에 섰더라면 그와 같은 의사표시를 하지 아니하였으리라고 여겨질 정도로 그 착오가 중요한 부분에 관한 것이어야 한다."라고 하였습니다〈대법원 91다10732판결, 2000다12259 판결〉

따라서 귀하가 동기의 착오를 이유로 위 계약을 취소하려면 회원 수가 200명이나 되기 때문에 위 계약을 체결한다는 동기를 상대방에게 표시하였고, 계약의 전 과정을 볼 때 회원의 숫자가 위 계약내용의 중요부분을 이루었으며, 계약체결을 함에 있어 귀하에게 중대한 과실이 없다는 것 등에 관하여 입증한다면 계약을 취소할 수 있음은 물론이고 계약금반환청구 등의 절차를 취할 수 있을 것으로 보입니다. 실무상 착오로 인한 의사표시라고 해서 취소한다고 하는 유형의 소송에서 법원은 이것을 잘 인정하지 않는 경향이 있습니다.

▣ 법률행위 동기의 착오와 관련된 대법원 판례

- 동기의 착오가 법률행위의 내용의 중요부분의 착오에 해당함을 이유로 표의자가 법률행위를 취소하려면 그 동기를 당해 의사표시의 내용으로 삼을 것을 상대방에게 표시하고 의사표시의 해석상 법률행위의 내용으로 되어 있다고 인정되면 충분하고 당사자들 사이에 별도로 그 동기를 의사표시의 내용으로 삼기로 하는 합의까지 이루어질 필요는 없지만, 그 법률행위의 내용의 착오는 보통 일반인이 표의자의 입장에 섰더라면 그와 같은 의사표시를 하지 아니하였으리라고 여겨질 정도로 그 착오가 중요한 부분에 관한 것이어야 하며, 착오에 의한 의사표시에서 취소할 수 없는 표의자의 중대한 과실이라 함은 표의자의 직업, 행위의 종류 목적 등에 비추어 보통 요구되는 주의를 현저히 결여하는 것을 의미하는데, 매매대상 토지 중 20-30평 가량만 도로에 편입될 것이라는 중개인의 말을 믿고 주택신축을 위하여 토지를 매수하였고 그와 같은 사정이 계약체결과정에서 현출되어 매도인도 이를 알고 있었는데 실제로는 전체 면적의 약 30%에 해당하는 197평이 도로에 편입된 경우, 매매대상 토지 중 도

로편입부분에 대한 매수인의 착오가 중대한 과실에 기인한 것이라고 볼 수 없다〈대법원 2000다12259 판결〉.

– 건물에 대한 매매계약체결 직후 건물이 건축선을 침범하여 건축된 사실을 알았으나 매도인이 법률전문가의 자문에 의하면 준공검사가 난 건물이므로 행정소송을 통해 구청장의 철거지시를 취소할 수 있다고 하여 매수인이 그 말을 믿고 매매계약을 해제하지 않고 대금지급의무를 이행한 경우라면 매수인이 건물이 철거되지 않으리라고 믿은 것은 매매계약과 관련하여 동기의 착오라고 할 것이지만, 매수인과 매도인 사이에 매매계약의 내용으로 표시되었다고 볼 것이고, 나아가 매수인 뿐만 아니라 일반인이면 누구라도 건물 중 건축선을 침범한 부분이 철거되는 것을 알았더라면 그 대지 및 건물을 매수하지 아니하였으리라는 가정이 엿보이므로, 결국 매수인이 매매계약을 체결함에 있어 그 내용의 중요부분에 착오가 있는 때에 해당하고, 한편 매도인의 적극적인 행위에 의하여 매수인이 착오에 빠지게 된 점, 매수인이 그 건물의 일부가 철거되지 아니할 것이라고 믿게 된 경위 등 제반 사정에 비추어 보면 착오가 매수인의 중대한 과실에 기인한 것이라고 할 수 없다〈대법원 97다26210 판결〉.

관련 법 조항 및 판례
민법 제109조, 대법원 91다10732 판결, 2000다12259 판결 각 참조

제109조(착오로 인한 의사표시)
① 의사표시는 법률행위의 내용의 중요부분에 착오가 있는 때에는 취소할 수 있다. 그러나 그 착오가 표의자의 중대한 과실로 인한 때에는 취소하지 못한다.
② 전항의 의사표시의 취소는 선의의 제삼자에게 대항하지 못한다.

Life
and Law

Q [41] 부부관계에 있는 대리인과 부동산 매매나 임대차 계약 체결 시 주의사항

: 저는 A명의로 되어 있는 부동산에 대해 매매계약을 체결하려고 하는데 본 계약 체결 당일 등기부상 명의인과 부부관계에 있다고 하는 대리인이 출석하여 주민등록등본을 저에게 보여주며 A로부터 매매에 관한 모든 권한을 위임받았다고 하면서 대리인과 계약을 체결하기를 바라는데, 이런 경우 주민등록등본만 확인하고 계약을 체결하여도 나중에 아무런 문제가 되지 않는지 궁금합니다.

A 위임은 대리권을 발생시키는 대표적인 계약 중 하나입니다. 대리권은 위임뿐만 아니라 고용, 도급, 조합에 의해서도 발생하지만, 위임 계약이 가장 대표적입니다. 따라서 위임과 대리는 매우 밀접한 관계가 있다고 볼 수 있습니다. 계약당사자 본인과 직접 계약을 체결하는 경우에는 인적사항의 동일성을 확인하는 것만으로도 충분하나, 대리인이 본인을 대리하여 계약을 체결하는 경우에는 대리인 자격을 표시한 다음 대리인의 인적사항을 기재하고 대리인의 신분증과 대조하여 두는 것이 차후에 발생할지도 모르는 분쟁을 예방하는데 도움이 됩니다.

부동산을 구입하거나 임차할 때에는 그 건물을 현재 누가 사용하고 있는지를 알아보아야 하며, 그 부동산의 사용관계에 대하여도 그 부동산을 사용하고 있는 사람을 통하여 확인하는 것이 좋습니다. 가능하면 토지, 임야대장 및 건축물대장, 도시계획확인서 등을 발급받아 부동산의 현황이 토지 및 건물대장과 일치하는지 알아보는 것도 좋습니다.

■ 매도인 또는 매수인이 개인이 아닌 회사(법인 등)라면, 먼저 계약상대방인

회사의 법인등기부등본을 보고, 현재 계약을 체결하는 사람이 회사를 대표할 권한이 있는 사람인지 여부를 확인한 후, 대표자 개인이 계약당사자인 것으로 오인되지 아니하도록 반드시 회사(법인 등)의 명칭과 대표자의 이름을 기재하여야 합니다. 매도인〈또는 임대인〉 또는 매수인〈또는 임차인〉이 2인 이상인 경우(예를 들어 부부 공유의 부동산을 매도〈임대〉하거나 부부공동으로 부동산을 매수〈임차〉하는 경우)에는 모든 당사자를 '매도인란〈또는 임대인란〉' 또는 '매수인란〈또는 임차인란〉"에 기재하여야 합니다.

▣ 만약 계약하는 상대방이 자신이 매도인의 대리인이라는 취지로 이야기할 경우, 그 대리인과 계약을 체결할 때에는 그 대리인의 신분증과 매도인 본인의 인감증명서(실무상 대리 발급이 아닌 본인이 직접 발급받은 인감증명서를 제출받고 있음)가 첨부된 위임장(본인의 인감증명서와 동일한 인영이 날인되어 있고 위임의 범위가 명확히 기재되어 있는 위임장)을 요구하여, 대리인에게 본인을 대리할 수 있는 권한, 즉 대리권이 있음을 증명할 수 있는 사본을 증거서류로 받아 놓고 <u>매도인과 직접 전화통화를 하여 최종의사를 다시 한 번 확인해</u> 보는 것이 후일의 분쟁에 대비할 수 있습니다.

실제 거래관행상 본인과 대리인이 부부관계이거나 직계존비속의 관계에 있는 경우 신분관계를 증명하는 주민등록등본이나 가족관계증명서만을 믿고 별도로 위임장을 받지 않는 경우가 있으나 신분관계가 있다고 하여 당연히 대리권이 있다고 인정받는 것은 아니므로 유의하여야 합니다.

관련 법 조항
민법 제680조, 제681조, 제682조, 제683조 각 참조

제680조(위임의 의의)
위임은 당사자 일방이 상대방에 대하여 사무의 처리를 위탁하고 상

대방이 이를 승낙함으로써 그 효력이 생긴다.

제681조(수임인의 선관의무)

수임인은 위임의 본지에 따라 선량한 관리자의 주의로써 위임사무를 처리하여야 한다.

제682조(복임권의 제한)

① 수임인은 위임인의 승낙이나 부득이한 사유없이 제삼자로 하여금 자기에 갈음하여 위임사무를 처리하게 하지 못한다.

② 수임인이 전항의 규정에 의하여 제삼자에게 위임사무를 처리하게 한 경우에는 제121조, 제123조의 규정을 준용한다.

제683조(수임인의 보고의무)

수임인은 위임인의 청구가 있는 때에는 위임사무의 처리상황을 보고하고 위임이 종료한 때에는 지체없이 그 전말을 보고하여야 한다.

Life
and Law

Q [42] 대리인과 부동산 매매계약을 체결 후 매도인이 계약사실을 부인하고 있을 때, 소유권이전등기 청구권 행사가 가능한지

: 저는 B소유 소액 부동산을 매수하기 위해 그 매매계약을 B의 대리인이라고 주장하는 C와 체결하였습니다. 계약체결 시 대리인 C는 B의 인감증명서와 인감도장을 소지하고 있었으며, 인감도장으로 계약서에 날인하는 것을 직접 확인하였습니다. 그래서 C가 가르쳐준 예금주 B의 통장으로 매매대금 전액을 입금했는데, 이후 B는 이를 전혀 모르는 사실이라고 주장하면서 매매계약을 부인하고 있습니다. 이런 경우 B를 상대로 소유권이전등기청구권을 행사할 수 있는지요?

A 우리들은 일상의 사회생활에서 무수한 법률행위를 하게 됩니다. 그런데 이 법률행위는 반드시 본인이 직접 하게 되는 것은 아닙니다. 즉 법률행위는 다른 사람에게 부탁하거나 시켜서 하는 경우도 많습니다. 이처럼 다른 사람이 본인의 이름으로, 본인을 위하여 어떤 법률행위를 할 때 이 사람을 대리인이라고 하며, 미성년자의 부모와 같이 그 대리권이 법률에 의하여 부여된 법정대리인과 본인의 위임이나 부탁에 의하여 이루어지는 임의대리인이 있습니다. 이 대리제도에 의하여 우리는 사회생활의 활동 범위를 확장하거나 보충할 수 있게 되며, 대리에 의하여 법률행위가 이루어지면 그 효과는 본인에게 귀속되는 것입니다. 그리고 우리가 다른 사람에게 대리를 부탁할 때, 즉 대리권을 부여할 때 반드시 위임장이라는 형식이 요구되는 것은 아니지만 실제로는 대리인의 자격을 증명하기 위해 위임장과 인감도장이 함께 부여되기도 합니다.

■ 대리권수여의 표시에 의한 표현대리에 관하여 민법은 "제3자에 대하여 타인에게 대리권을 수여함을 표시한 자는 그 대리권의 범위 내에서 행한 그 타인

과 그 제3자간의 법률행위에 대하여 책임이 있다. 그러나 제3자가 대리권 없음을 알았거나 알 수 있었을 때에는 그렇지 않다"라고 규정하고 있습니다〈민법 제125조〉. 대법원 판례는 민법 제125조가 규정하는 대리권수여의 표시에 의한 표현대리는 본인과 대리행위를 한 자 사이의 기본적인 법률관계의 성질이나 그 효력의 유무와는 관계가 없이 어떤 자가 본인을 대리하여 제3자와 법률행위를 함에 있어 본인이 그자에게 대리권을 수여하였다는 표시를 제3자에게 한 경우에 성립하는 것이고〈대법원 2007다23425 판결〉, 이때 서류를 교부하는 방법으로 민법 제125조에서 정한 대리권수여의 표시가 있었다고 하기 위해서는 본인을 대리한다고 하는 자가 제출하거나 소지하고 있는 서류내용과 그러한 서류가 작성되어 교부된 경위나 형태 및 대리행위라고 주장하는 행위의 종류와 성질 등을 종합하여 판단하여야 할 것이라고 하였습니다〈대법원 2001다31264 판결〉.

■ 위와 같은 판례를 감안한다면 귀하의 사례에서 표현대리인의 성립 여부는 무권대리인 C와 소유자 본인 B의 관계, 무권대리인의 행위 당시 여러 가지 사정 등에 따라 결정되어야 할 것입니다. 하지만 위 사안에 있어서 C는 계약당사자가 아니고 B의 인감증명서와 인감도장만을 가지고 있었으므로 귀하는 B의 매매의사를 확인할 필요가 있었음에도 불구하고 확인하지 않은 과실이 있다고 보여지고, 어떤 사정으로 소유권이전등기신청에 필요한 서류를 교부받지 않고 매매대금을 이체해주었는지 자세한 사정은 알 수 없으나, 대리권 없는 자가 타인의 대리인으로 한 계약은 본인이 이를 추인하지 아니하면 본인에 대하여 효력이 없다 하였으므로 B에 대하여 표현대리책임을 물어 재판상 소유권이전등기청구권을 다투기에는 많은 입증이 필요할 것으로 보입니다.

다만, C는 무권대리인의 상대방에 대한 책임 규정에 따라 타인의 대리인으로 계약을 한 자가 그 대리권을 증명하지 못하고 또 본인의 추인을 얻지 못한 때에 해당되므로 귀하의 선택에 따라 C에게 계약의 이행 또는 손해배상을 청구할 수 있습니다〈민법 제135조〉.

관련 법 조항 및 판례
민법 제125조, 제126조, 제135조, 대법원 2001다31264, 2007다23425 판결 각 참조

제125조(대리권수여의 표시에 의한 표현대리)
제삼자에 대하여 타인에게 대리권을 수여함을 표시한 자는 그 대리권의 범위 내에서 행한 그 타인과 그 제삼자간의 법률행위에 대하여 책임이 있다. 그러나 제삼자가 대리권없음을 알았거나 알 수 있었을 때에는 그러하지 아니하다.

제126조(권한을 넘은 표현대리)
대리인이 그 권한외의 법률행위를 한 경우에 제삼자가 그 권한이 있다고 믿을 만한 정당한 이유가 있는 때에는 본인은 그 행위에 대하여 책임이 있다.

제135조(상대방에 대한 무권대리인의 책임)
① 다른 자의 대리인으로서 계약을 맺은 자가 그 대리권을 증명하지 못하고 또 본인의 추인을 받지 못한 경우에는 그는 상대방의 선택에 따라 계약을 이행할 책임 또는 손해를 배상할 책임이 있다.
② 대리인으로서 계약을 맺은 자에게 대리권이 없다는 사실을 상대방이 알았거나 알 수 있었을 때 또는 대리인으로서 계약을 맺은 사람이 제한능력자일 때에는 제1항을 적용하지 아니한다.

Life
and Law

Q [43] 주택 매수인이 매매잔금지급을 미뤄오다 계약해제를 요구하는 경우

: 저는 공인중개사를 통해 다가구주택 1채를 B에게 5억 원에 매매하는 계약을 체결한 후, 계약금과 중도금을 지급받고 잔대금 3억 원을 6개월 후에 지급받기로 하였으나 어찌된 일인지 계속적으로 잔금지급을 미루며 1년이 지났고, 현재 B는 당시 가격에 비해 주택을 비싸게 구입했다며 적반하장으로 계약을 해제하겠다며 협박을 하고 있습니다. 저는 어떻게든 잔금을 빨리 받아서 B에게 소유권을 넘겨주고 일을 마무리 짓고 싶은데 어떻게 처리해야 하는지요?

A 매매계약 해제와 관련된 법 규정에 따르면 매매의 당사자 일방이 계약 당시에 금전 기타 물건을 계약금, 보조금 등의 명목으로 상대방에게 교부한 때에는 당사자가 간에 다른 약정이 없는 한 당사자의 일방이 이행에 착수할 때까지 교부자는 이를 포기하고 수령자는 그 배액을 상환함으로써 매매계약을 해제할 수 있습니다〈민법 제565조 제1항〉. 즉 계약을 해제할 수 있는 기간은 특별하게 매도인이 합의해제를 하지 않은 이상 당사자 일방이 이행에 착수할 때까지입니다.

▣ 여기서 당사자 일방이란 상대방에게만 국한되는 것은 아니므로 계약의 일부 이행에 착수한 자도 비록 상대방이 이행에 착수하지 않았다 하더라도 해제권을 행사할 수 없으며〈대법원 99다62074 판결〉, 당사자 일방이 이행에 착수하였다고 함은 반드시 계약 내용에 들어맞는 이행의 제공에까지 이르러야 하는 것은 아니지만 객관적으로 외부에서 인식할 수 있을 정도로 채무 이행 행위의 일부를 행하거나 이행에 필요한 전제 행위를 하는 것으로서 단순히 이행의 준비를 하는 것만으로는 부족합니다〈대법원 2004다11599 판결〉. 결과적으로

위 사안에서 매수인은 계약 시 계약금을 지급하고 약정대로 중도금 지급기일에 중도금까지 지급하여 현재 잔금만 지급하지 않은 상태이므로 외부에서 인식할 수 있는 객관적 계약의 이행 착수에 이르렀다고 보여 집니다.

따라서 귀하(매도인)가 계약해제에 동의하지 않은 이상 매수인의 일방적 의사표시로 계약을 해제할 수 없을 것으로 보입니다. 그러므로 매수인을 설득하여 잔금 지급을 종용해보고 만약 매수인이 계속해서 잔금 지급을 거절하고 해제의 의사표시를 한다면 법원에 매수인을 상대로 잔금 지급 및 소유권인수를 위한 소송을 제기하여 처리해야 될 것으로 보입니다.

관련 법 조항 및 판례
민법 제551조, 제565조 제1항, 대법원 99다62074, 2004다11599 판결 각 참조

제551조(해지, 해제와 손해배상)
계약의 해지 또는 해제는 손해배상의 청구에 영향을 미치지 아니한다.
제565조(해약금)
① 매매의 당사자 일방이 계약당시에 금전 기타 물건을 계약금, 보증금 등의 명목으로 상대방에게 교부한 때에는 당사자간에 다른 약정이 없는 한 당사자의 일방이 이행에 착수할 때까지 교부자는 이를 포기하고 수령자는 그 배액을 상환하여 매매계약을 해제할 수 있다.
② 제551조의 규정은 전항의 경우에 이를 적용하지 아니한다.

Life
and Law

> **Q [44] 계약금을 일부만 지급한 상태에서 계약을 해제하고 싶을 때 이미 지급한 계약금만 포기하면 되는지**
>
> : 아파트를 매수하기로 계약을 체결하면서 계약당일 계약금을 전부 지급했어야 하지만, 개인사정상 계약금의 일부만 지급하고 나머지는 다음 날 지급하기로 했습니다. 그런데 다음 날 또 다른 공인중개사로부터 더 좋은 조건의 아파트가 있다는 말을 듣고, 위 계약을 해제하고 싶은 데, 이런 경우 이미 지급한 계약금만 포기하면 되는지요?

A 계약서에 다른 약정이 없는 한, 계약금 전부를 지급해야 계약을 해제할 수 있습니다. 당사자 간의 계약 체결시 수수되는 계약금은 단순한 계약 성립 증거로서의 '증약금'의 의미 외에도 해제권을 유보시키는 대가로서의 해약금, 일방의 위반 시에 손해배상액을 예정한 위약금 등 다양한 의미를 가지고 있습니다. 우리 민법은 해약금에 대해 매매 당사자 일방이 계약 당시 금전 기타 물건을 계약금 등의 명목으로 교부한 때에는 다른 약정이 없는 한, 당사자 일방이 이행에 착수할 때까지 교부자는 계약금을 포기하고, 수령자는 배액을 상환함으로 계약을 해제할 수 있다고 되어 있습니다〈민법 제565조〉.

그리고 일방이 중도금 지급 등으로 이행에 착수한 후에는 위약금 특약 여부에 따라 계약금이 손해배상 예정인 경우 위와 같이 교부자는 계약금을 포기하고(수령자는 배액을 상환함으로) 계약불이행 책임을 면할 수 있습니다만, 위약금 특약이 없는 경우는 실제로 발생된 손해배상을 청구 당하게 되는 것이지 계약금이나 그 배액이 상대방에게 귀속됨으로 당연히 책임을 면하는 것은 아닙니다. 따라서 위 사안과 같이 일방이 계약이행에 착수하기 전까지 귀하는 계약금을 포기하고 매매계약을 해제할 수 있습니다. 그런데 계약금을 일부 지급한 경우에 있어서 그 해제를 위해서는 미지급한 나머지 계약금마저 지급해야 하는지와 관련해 아래와 같은 판례가 있습니다.

■ 매수인의 사정으로 그 다음 날 계약금을 지급하기로 하면서도 형식상 매도인이 계약금을 받아서 이를 다시 매수인에게 보관한 것으로 하여 현금보관증을 매도인에게 작성, 교부하였다면 위 계약금은 계약해제권유보를 위한 해약금의 성질을 갖는다 할 것이고 당사자 사이에는 적어도 그 다음 날까지는 계약금이 현실로 지급된 것과 마찬가지의 구속력을 갖게 된 것이라고 할 것이어서 당사자는 약정된 계약금의 배액상환 또는 포기 등에 의하지 아니하는 한 계약을 해제할 수 없기로 약정한 것으로 보는 것이 상당하다〈대법원 91다9251 판결〉.

동일한 사안은 아니나 위 사안에서도 나머지 계약금의 현실적인 지급은 없었을지라도 현실지급과 동일하게 위 계약은 유효하게 성립된 것으로 볼 수 있어 그 구속력에 따라 귀하는 계약금 전부를 지급해야 계약을 해제할 수 있을 것으로 보입니다. 다만, 지급한 계약금의 일부를 가계약금으로 볼 수 있는 특별한 사정이 있는 등 아직 계약이 성립된 것으로 볼 수 없는 경우라면 이미 지급한 계약금만 포기하면 될 것으로 보입니다.

관련 법 조항 및 판례
민법 제565조, 대법원 91다9251 판결 각 참조

제565조(해약금)
① 매매의 당사자 일방이 계약당시에 금전 기타 물건을 계약금, 보증금 등의 명목으로 상대방에게 교부한 때에는 당사자간에 다른 약정이 없는 한 당사자의 일방이 이행에 착수할 때까지 교부자는 이를 포기하고 수령자는 그 배액을 상환하여 매매계약을 해제할 수 있다.
② 제551조의 규정은 전항의 경우에 이를 적용하지 아니한다.

Life
and Law

Q [45] 주택 매수인이 잔금을 치르기 전 내부 인테리어 공사를 하게 해달라고 요청하는 경우

: 얼마 전 아파트를 매도하게 되었는데 중도금을 지급받고 잔금 일을 두 달 정도 남겨놓은 상태에서 잔금 지급전에 도배와 마루공사 등 기본적인 수리를 할 수 있도록 해달라는 매수인의 요청이 들어 왔는데, 이런 경우 내부공사를 진행하다가 부동산 매매계약이 해지되거나 시설에 문제가 생길 경우 손해배상 문제 등이 발생할 수 있다고 하는데 어떻게 처리해야 되는지 알고 싶습니다.

A 매수인이 잔금을 치른 후 내부 공사를 하게 되면 이사 전까지 임시 거처를 마련해야 하는 경우도 있어 매도인의 사정에 따라 매수인이 잔금 전 공사를 원하는 경우가 있습니다. 하지만 매도인 역시 매수인의 잔금 지급일에 잔금을 지급받아 거처를 옮겨야 하는 경우가 있으므로, 부동산 매매계약시 잔금을 치르기 전까지 내부공사를 허용할 것인지 여부를 사전에 특약사항으로 정해 놓는 것이 좋습니다. 만약 잔금 지급 전 내부공사를 허용해주기로 합의했다면 수리 도중 문제가 발생할 경우 쌍방 간 책임소재를 분명하게 하기 위해, 계약서 특약사항에 아래와 같은 사항을 명시해 놓는 것이 좋을 것으로 보입니다.

- 수리 시 발생하는 모든 문제는 매수인의 책임으로 한다.
- 내부 공사 중 누수 등 중대한 하자 발견 시 매도인이 보수해 주기로 한다.
- 매수인의 사정으로 계약이 해지된 경우 인테리어 비용은 매도인에게 청구할 수 없고, 즉시 원상복구해 주기로 한다.
- 수리 시작일 부터는 매수인이 아파트 관리비를 부담하기로 한다.

관련 법 조항

민법 제565조, 제575조, 제580조, 제582조 각 참조

제565조(해약금)
① 매매의 당사자 일방이 계약당시에 금전 기타 물건을 계약금, 보증금 등의 명목으로 상대방에게 교부한 때에는 당사자간에 다른 약정이 없는 한 당사자의 일방이 이행에 착수할 때까지 교부자는 이를 포기하고 수령자는 그 배액을 상환하여 매매계약을 해제할 수 있다.
② 제551조의 규정은 전항의 경우에 이를 적용하지 아니한다.

제575조(제한물권있는 경우와 매도인의 담보책임)
① 매매의 목적물이 지상권, 지역권, 전세권, 질권 또는 유치권의 목적이 된 경우에 매수인이 이를 알지 못한 때에는 이로 인하여 계약의 목적을 달성할 수 없는 경우에 한하여 매수인은 계약을 해제할 수 있다. 기타의 경우에는 손해배상만을 청구할 수 있다.

제580조(매도인의 하자담보책임)
① 매매의 목적물에 하자가 있는 때에는 제575조제1항의 규정을 준용한다. 그러나 매수인이 하자있는 것을 알았거나 과실로 인하여 이를 알지 못한 때에는 그러하지 아니하다.
② 전항의 규정은 경매의 경우에 적용하지 아니한다.

제582조(전2조의 권리행사기간)
전2조에 의한 권리는 매수인이 그 사실을 안 날로부터 6월내에 행사하여야 한다.

Life and Law

Q [46] 매수인이 매도인에게 중도금을 미리 지급하면 일방적인 계약해제가 불가능한지

: 마음에 드는 아파트가 있어서 10억 원에 매매계약을 체결하고 중도금 지급을 한 달 정도 남겨두고 있습니다. 그런데 매도인은 아파트를 시세보다 너무 저렴하게 계약했다고 하면서 매매를 망설이고 있는 것 같습니다. 이런 경우 매수인이 매도인에게 중도금을 미리 지급하게 되면 매도인의 일방적인 계약해제를 막을 수 있는지 알고 싶습니다.

A 현 상태에서 매도인이 매수인에게 계약금의 2배를 돌려준다면 매매계약은 적법하게 해제되고 없었던 일이 될 수 있습니다. 위 계약금에 대한 해제는 법에서 명시한 대로 당사자 일방이 이행에 착수하기 전까지 가능하므로 '이행의 착수'라는 행위가 중요하게 됩니다. 대법원 판례에서는 이행의 착수에 대하여 객관적으로 외부에서 인식할 수 있는 정도로 채무의 이행행위의 일부를 하거나 또는 이행을 하기 위하여 필요한 전제행위를 하는 경우를 칭하며, 단순히 이행을 위한 준비를 하는 것만으로는 부족하다고 판시하고 있습니다〈대법원 97다9369 판결〉. 일반적으로 **매수인이 매도인에게 중도금을 지급하는 행위**를 대표적인 **이행의 착수로 보며**, 매수인이 매도인에게 중도금을 지급한 상태에서는 민법 제565조에 따른 일방적인 계약해제가 불가능하게 됩니다.

중도금을 약속한 일자보다 미리 지급하는 문제는 계약서에 중도금 지급일 이전에는 중도금을 지급하지 않기로 하는 별도의 특약이 있는 등 특별한 사정이 없는 한 그 지급기일 이전에 중도금을 지급하는 것도 이행의 착수로서 유효한 것으로 주장이 가능할 것으로 보입니다. 결론적으로 매도인 측에서는 매수인이 중도금을 지급하기 전까지는 계약해제의 의사표시를 하고 계약금의 배액을 매수인에게 돌려주는 방법으로 계약해제가 가능하며, 매수인 측에서는 매도인이 계약을 일방적으로 해제할 수 없게 하기 위해서 중도금을 지급하는 절차를 진행할 수 있습니다.

관련 법 조항 및 판례
민법 제565조, 대법원 97다9369 판결 각 참조

제565조(해약금)
① 매매의 당사자 일방이 계약당시에 금전 기타 물건을 계약금, 보증금등의 명목으로 상대방에게 교부한 때에는 당사자간에 다른 약정이 없는 한 당사자의 일방이 이행에 착수할 때까지 교부자는 이를 포기하고 수령자는 그 배액을 상환하여 매매계약을 해제할 수 있다.
② 제551조의 규정은 전항의 경우에 이를 적용하지 아니한다.

Life
and Law

Q [47] 매매예약을 원인으로 하는 소유권이전청구권가등기도 담보가등기가 될 수 있는지

: 저는 1년 전, A은행 명의로 선순위 근저당권이 설정되어 있는 부동산에 소유자 B와 매매예약을 원인으로 하는 소유권이전청구권가등기를 했는데 이후 선순위근저당권자인 A은행의 경매신청으로 B소유 주택에 대해 임의경매개시결정이 내려졌고, 법원은 저의 가등기에 대해 담보가등기 여부를 배당요구종기까지 신고할 것을 최고했는데, 제가 한 가등기가 담보가등기가 될 수 있는지요?

A 법원은 소유권이전에 관한 가등기가 되어 있는 부동산에 경매개시결정이 있는 경우, 가등기권리자에게 해당 가등기가 담보가등기라면 그 내용과 채권(이자나 그 밖의 부수채권을 포함)의 존부 원인 및 금액을 신고할 것을 최고하는데, 담보가등기권리자는 저당권자와 마찬가지로 순위에 따라 다른 채권자보다 우선변제 받을 권리가 있습니다〈가등기담보법 제13조, 제16조〉. 문제는 귀하의 가등기가 배당받을 자격이 없는 소유권이전청구권가등기로서 선순위 근저당권의 존재로 소멸하는 것인지, 아니면 빌려준 돈을 돌려받기 위해 첫 경매개시결정등기 전에 등기된 우선변제청구권이 있는 담보가등기로서 순위에 따라 당연히 배당받을 수 있는 것인지가 문제 됩니다.

▣ 이와 관련해 대법원은 가등기담보법은 차용물의 반환에 관해 다른 재산권을 이전할 것을 예약한 경우에 적용되고〈대법원 94다26080 판결〉, 대물반환예약서 대신 매매예약서가 교환됐다고 하더라도 가등기가 담보가등기인지 여부는 그 등기부상 표시나 등기 시에 주고받은 서류의 종류에 의해 형식적으로 결정할 것이 아니고, 거래의 실질과 당사자의 의사해석에 따라 결정될 문제이며〈대법원 91다36932 판결〉, 가등기의 피담보채권은 매매계약서상의 매매대

금을 한도로 제한되는 것이 아닌 당사자의 약정 내용에 따라 결정된다고 하였습니다〈대법원 96다39387 판결, 96다39394 판결〉.

따라서 귀하가 어떤 사유로 B소유 부동산에 소유권이전청구권가등기를 하게 되었는지 자세한 내용은 알 수 없으나 위 판례 등을 참고하여 법률전문가와 상담 후, 업무처리를 진행하시면 귀하에게 많은 도움이 될 것으로 보입니다.

관련 법 조항 및 판례
가등기담보등에 관한 법률 제13조, 제16조, 대법원 94다26080 판결, 91다36932 판결, 96다39387, 96다39394 판결 각 참조

제13조(우선변제청구권)
담보가등기를 마친 부동산에 대하여 강제경매등이 개시된 경우에 담보가등기권리자는 다른 채권자보다 자기채권을 우선변제 받을 권리가 있다. 이 경우 그 순위에 관하여는 그 담보가등기권리를 저당권으로 보고, 그 담보가등기를 마친 때에 그 저당권의 설정등기가 행하여진 것으로 본다.

제16조(강제경매등에 관한 특칙)
① 법원은 소유권의 이전에 관한 가등기가 되어 있는 부동산에 대한 강제경매등의 개시결정이 있는 경우에는 가등기권리자에게 다음 각호의 구분에 따른 사항을 법원에 신고하도록 적당한 기간을 정하여 최고(催告)하여야 한다.
　1. 해당 가등기가 담보가등기인 경우 : 그 내용과 채권[이자나 그 밖의 부수채권(附隨債權)을 포함한다]의 존부(存否)·원인 및 금액
　2. 해당 가등기가 담보가등기가 아닌 경우 : 해당 내용
② 압류등기 전에 이루어진 담보가등기권리가 매각에 의하여 소멸되

면 제1항의 채권신고를 한 경우에만 그 채권자는 매각대금을 배당받거나 변제금을 받을 수 있다. 이 경우 그 담보가등기의 말소에 관하여는 매수인이 인수하지 아니한 부동산의 부담에 관한 기입을 말소하는 등기의 촉탁에 관한 「민사집행법」 제144조 제1항 제2호를 준용한다.
③ 소유권의 이전에 관한 가등기권리자는 강제경매 등 절차의 이해관계인으로 본다.

Life
and Law

Q [48] 부동산에 대한 경매에서 가등기담보권자의 지위

: 법원 경매 물건에서 낙찰 받고 싶은 부동산이 있는데 등기부상 소유권이전청구권가등기가 등재되어 있어 망설여집니다. 이런 경우 위 가등기가 순위보전을 위한 가등기인지 아니면 담보가등기인지 어떻게 알 수 있으며, 담보가등기권자일 경우 그 배당순위에 대하여 알고 싶습니다.

A 소유권이전에 관한 가등기가 되어 있는 부동산에 관하여 경매개시결정이 있는 경우에는 집행법원은 가등기권리자에 대하여 그 가등기가 담보가등기인 때에는 그 내용 및 채권(이자 기타의 부수채권을 포함한다)의 존부, 원인 및 수액을, 담보가등기가 아닌 경우에는 그 내용을 법원에 신고할 것을 상당한 기간을 정하여 최고하게 되어 있습니다〈가등기담보법 제16조 제1항〉. 가등기담보권자는 목적 부동산에 대한 강제경매나 임의경매절차에 참가하여 우선변제를 받을 수 있고 이 경우에 순위는 가등기담보권을 저당권으로 보고 그 담보가등기가 된 때에 그 저당권의 설정등기가 행하여진 것으로 보고 있습니다〈같은 법 제13조〉.

다만 저당권과는 달리 가등기담보권의 경우에는 첫 경매개시결정 등기 전에 등기된 것으로서 매각에 의하여 소멸되는 때에도 채권신고의 최고기간까지 채권신고를 한 경우에 한하여 배당받을 수 있는데〈같은 법 제16조 제2항〉, 이것은 가등기담보권의 경우 등기부에 담보목적의 가등기인 취지가 기재되어 있지 않고 단지 소유권이전등기청구권보전을 위한 가등기라고만 기재되어 있어 등기부에 적힌 내용만으로 그 가등기가 담보목적의 가등기인가의 여부를 알 수 없고, 또 담보목적의 가등기라 하더라도 담보채권의 공시가 없기 때문입니다.

그렇기 때문에 가등기담보권자가 채권신고를 한 경우에는 민사집행법 제84조의 채권신고서를 제출한 효과가 있고 그 순위에 따라 우선적으로 그 매각대금에서 배당받을 수 있지만 권리신고를 하지 않아 담보가등기인지 일반가등기인지 알 수 없는 경우에는 일단 순위보전을 위한 가등기로 보아 처리하고 있습니다.

관련 법 조항
가등기담보등에관한법률 제13조, 제16조 각 참조

제13조(우선변제청구권)
담보가등기를 마친 부동산에 대하여 강제경매등이 개시된 경우에 담보가등기권리자는 다른 채권자보다 자기채권을 우선변제 받을 권리가 있다. 이 경우 그 순위에 관하여는 그 담보가등기권리를 저당권으로 보고, 그 담보가등기를 마친 때에 그 저당권의 설정등기가 행하여진 것으로 본다.

제16조(강제경매등에 관한 특칙)
① 법원은 소유권의 이전에 관한 가등기가 되어 있는 부동산에 대한 강제경매등의 개시결정이 있는 경우에는 가등기권리자에게 다음 각호의 구분에 따른 사항을 법원에 신고하도록 적당한 기간을 정하여 최고하여야 한다.
   1. 해당 가등기가 담보가등기인 경우: 그 내용과 채권[이자나 그 밖의 부수채권(附隨債權)을 포함한다]의 존부·원인 및 금액
   2. 해당 가등기가 담보가등기가 아닌 경우: 해당 내용

② 압류등기 전에 이루어진 담보가등기권리가 매각에 의하여 소멸되면 제1항의 채권신고를 한 경우에만 그 채권자는 매각대금을 배당받거나 변제금을 받을 수 있다. 이 경우 그 담보가등기의 말소에 관하여는 매수인이 인수하지 아니한 부동산의 부담에 관한 기입을 말소하는 등기의 촉탁에 관한 「민사집행법」 제144조 제1항 제2호를 준용한다.
③ 소유권의 이전에 관한 가등기권리자는 강제경매등 절차의 이해관계인으로 본다.

Life
and Law

> **Q [49] 등기필증**(등기필정보 및 소유권이전등기완료통지서)**을 분실한 경우**
>
> : 부동산중개사무실에 건물을 매도하려고 내놓았는데 법원에서 발급해 준 등기필증을 아무리 찾아봐도 찾을 수가 없습니다. 이런 경우 등기필증을 재교부 받을 수 있는지 여부와 등기필증이 없어도 매도가 가능한지 알고 싶습니다. 등기필증이 없는 상태에서 매도가 가능하다면 그 이전등기절차는 어떻게 되는지요?

A 등기필증을 멸실한 경우에는 법원에서 재교부 받을 수는 없고, 등기신청시 등기의무자 또는 그 법정대리인이 등기소에 출석하거나 그렇지 못할 경우에는 확인서면 등을 첨부하거나 공증의 방법을 통하여 처리해야 합니다. 이하 **부동산등기법 제51조에 규정된 세 가지 처리 방법**은 아래와 같습니다.

- 등기의무자 또는 그 법정대리인 본인이 등기소에 출석하고 등기관이 등기의무자임을 확인하는 방법
- 등기신청대리인이 변호사 또는 법무사인 경우에 한하여 그들이 신청서상의 등기의무자 또는 법정대리인 본인으로부터 위임받았음을 확인하는 확인서면을 등기신청서에 첨부하여 처리하는 방법
- 등기신청서(위임에 의한 대리인에 의하여 신청하는 경우에는 그 권한을 증명하는 서면) 중 등기의무자의 작성부분에 대한 공증을 받고 그 부본 1통을 신청서에 첨부하는 방법

위 세 가지 방법 중 보통은 두 번째 변호사 또는 법무사를 통해 등기의무자임을 확인받는 절차를 거친 후, 신청서에 확인서면을 첨부하여 소유권이전등기를 처리하는 경우가 대다수입니다. 만약 매수인이 셀프 등기를 원한다면 첫

번째 방법을 이용해서 처리해야 하는데, 이 경우에는 매도인이 매수인과 함께 등기소에 출석해서 등기관으로부터 확인을 받아야하기 때문에 매도인의 사전 협조가 반드시 필요합니다. 세 번째 방법은 거의 이용되지 않고 있습니다.

위와 같은 방법 등을 통해 소유권이전등기가 완료되면 매수인에게 새로운 등기필증(현: 등기필정보 및 등기완료통지서)이 교부되므로 그 이후 권리행사에 아무런 지장이 없습니다. 등기필정보 및 등기완료통지서에는 등기필정보 보안스티커가 부착되어 있어서 부동산에 대한 각종 등기신청 시 보안스티커 안에 있는 일련번호와 비밀정보만 알려주면 모든 등기처리가 가능합니다.

관련 법 조항
부동산등기법 제50조 제2항, 제51조 각 참조

제50조(등기필정보)
①항 생략
② 등기권리자와 등기의무자가 공동으로 권리에 관한 등기를 신청하는 경우에 신청인은 그 신청정보와 함께 제1항에 따라 통지받은 등기의무자의 등기필정보를 등기소에 제공하여야 한다. 승소한 등기의무자가 단독으로 권리에 관한 등기를 신청하는 경우에도 또한 같다.

제51조(등기필정보가 없는 경우)
제50조 제2항의 경우에 등기의무자의 등기필정보가 없을 때에는 등기의무자 또는 그 법정대리인(이하 "등기의무자등"이라 한다)이 등기소에 출석하여 등기관으로부터 등기의무자등임을 확인받아야 한다. 다만, 등기신청인의 대리인(변호사나 법무사만을 말한다)이 등기의무자등으로부터 위임받았음을 확인한 경우 또는 신청서(위임에 의한 대리인이 신청하는 경우에는 그 권한을 증명하는 서면을 말한다) 중 등기의무자등의 작성부분에 관하여 공증(公證)을 받은 경우에는 그러하지 아니하다.

Life
and Law

> **Q [50] 아파트를 매수한 이후 누수가 발생한 경우 매도인의 하자담보책임**
>
> : 얼마 전 아파트를 구입한 후 2개월 정도 지나 아파트 아래층에서 누수피해를 호소하여 자부담으로 수리를 해주게 되었는데, 누수의 원인이 목욕탕의 노후된 배관이 문제가 되어 누수가 일어나게 된 것이며, 얼마 전에도 누수가 발생하여 보수를 해 준 적이 있다고 하여, 이 문제를 상의하고자 매도인에게 전화하니 알겠다고만 하고 연락을 차단해 버렸습니다. 이런 경우 제가 매도인에게 하자담보책임을 물어 수리비용 등을 청구할 수 있는지요?

A 귀하가 위 아파트를 매수당시 매수한 아파트의 하자, 즉 누수의 원인을 알았거나 알 수 있었다고 보이지 않으므로 매도인에게 하자담보책임을 물을 수 있을 것으로 보입니다〈민법 제580조〉. 다만 매수인은 누수사실과 그 원인이 자신 소유 목적물의 하자로 인한 것이라는 사실을 안 날로부터 6개월 내에 권리를 행사하여야 하므로 귀하가 누수의 원인된 사실을 안날로부터 6개월을 경과하여서는 안 됩니다〈민법 제582조〉.

한편 매도인은 위 손해에 대해 자신이 책임을 져야한다는 사실을 인지하고 연락을 차단한 것으로 보아 자발적인 책임이행을 기대하기는 어려울 것으로 보이므로 귀하는 아파트 매수 시 작성한 매매계약서 상의 매도인 인적정보를 토대로 법원에 손해배상청구를 하여야 할 것으로 보입니다.

관련 법 조항
민법 제575조 제1항, 제580조, 제582조 각 참조

제575조(제한물권있는 경우와 매도인의 담보책임)
① 매매의 목적물이 지상권, 지역권, 전세권, 질권 또는 유치권의 목적이 된 경우에 매수인이 이를 알지 못한 때에는 이로 인하여 계약의 목적을 달성할 수 없는 경우에 한하여 매수인은 계약을 해제할 수 있다. 기타의 경우에는 손해배상만을 청구할 수 있다.
② 전항의 규정은 매매의 목적이 된 부동산을 위하여 존재할 지역권이 없거나 그 부동산에 등기된 임대차계약이 있는 경우에 준용한다.
③ 전2항의 권리는 매수인이 그 사실을 안 날로부터 1년내에 행사하여야 한다.

제580조(매도인의 하자담보책임)
① 매매의 목적물에 하자가 있는 때에는 제575조제1항의 규정을 준용한다. 그러나 매수인이 하자있는 것을 알았거나 과실로 인하여 이를 알지 못한 때에는 그러하지 아니하다.
② 전항의 규정은 경매의 경우에 적용하지 아니한다.

제581조(종류매매와 매도인의 담보책임)
① 매매의 목적물을 종류로 지정한 경우에도 그 후 특정된 목적물에 하자가 있는 때에는 전조의 규정을 준용한다.
② 전항의 경우에 매수인은 계약의 해제 또는 손해배상의 청구를 하지 아니하고 하자 없는 물건을 청구할 수 있다.

제582조(전2조의 권리행사기간)
전2조에 의한 권리는 매수인이 그 사실을 안 날로부터 6월내에 행사하여야 한다.

Life
and Law

Q [51] 아파트 위층의 배관파열로 물이 샐 경우, 위층 임차인도 손해배상 책임이 있는지

: 아파트 위층의 배관일부가 파손이 되었는지 천정으로 물이 스며들고 있어 관리사무소에 문의한 바, 공용부분이 아니고 전용부분에 해당되어 관리사무소 측에서 보수해 줄 사항이 아니고, 위층 거주자가 보수를 해줄 사항이라고 하여 위층에 거주하는 임차인 A에게 이와 같은 설명을 해준 뒤, 보수를 요청하였습니다. 그러나 A는 집주인인 소유자(임대인) B가 보수를 해주어야 할 사항이라고 하면서 몇 개월째 시간만 끌고 아무런 조치를 해주지 않고 있습니다. 그래서 A에게 소유자(임대인) B의 전화번호와 주소를 알려달라고 하였으나 개인정보에 해당되어 알려줄 수 없다고 합니다. 시간이 지나면서 가재도구 등이 손상되고 벽지에 곰팡이가 피어 아이들이 천식을 앓는 등 건강상 피해가 이만저만이 아닌데 이런 경우 어떻게 대처해야 되는지요?

A 임대차계약에 있어서 임대인은 목적물을 임차인에게 인도하고 계약존속 중 그 사용·수익에 필요한 상태를 유지하게 할 의무를 부담한다〈민법 제623조〉라고 임대인의 수선의무를 규정하고 있으며, 임대인이 수선의무를 부담하는 임대목적물의 파손정도에 관하여 판례는 "목적물에 파손 또는 장해가 생긴 경우 그것이 임차인이 별 비용을 들이지 아니하고도 손쉽게 고칠 수 있을 정도로 사소한 것이어서 임차인의 사용·수익을 방해할 정도의 것이 아니라면 임대인은 수선의무를 부담하지 않지만, 그것을 수선하지 아니하면 임차인에 계약에 의하여 정하여진 목적에 따라 사용, 수익할 수 없는 상태로 될 정도의 것이라면 임대인은 그 수선의무를 부담한다"라고 하였습니다〈대법원 94다34692 판결, 98두18053 판결〉.

■ 그리고 하급심 판례는 "공작물의 설치, 보존의 하자로 인해 1차적으로 손해

를 배상할 책임이 있는 점유자가 손해방지에 필요한 주의를 게을리 하지 않은 때에는 소유자만이 책임을 지고 이 사건에서 발생된 누수는 바닥에 매설된 수도배관의 이상으로 생겨 임차인이 쉽게 고칠 수 있을 정도의 사소한 것이 아니고, 임대인이 임대차계약상 지고 있는 수선의무에 따라 그 수리책임을 부담하여야 할 정도의 임대목적물의 파손에 해당되며, 임차인이 누수사실을 알게 된 즉시 임대인에게 수리를 요청했었고, 임차인으로서는 바닥내부의 숨은 하자로 인한 손해발생을 미리 예견해 방지하기는 불가능했던 만큼 임차인에게 손해배상책임이 있다고 볼 수 없다"라고 하였습니다〈서울중앙지법 2000나81285 판결〉.

결과적으로 위 사안의 경우 판례에 의하면 위층 점유자(임차인)가 특별한 잘못이 없는 한, 위층 임대인(소유자)이 아래층에 대한 손해를 배상해주어야 할 것으로 보이나, 위층 점유자의 비협조로 아래층의 손해가 계속해서 발생하고 있을 뿐만 아니라, 점유자인 임차인이 누수사실을 알게 된 즉시 임대인에게 수리를 요청하지 않고 손해방지에 필요한 주의를 게을리 하고 있다는 걸 전제로, 위층 임차인도 손해배상 책임이 있을 것으로 보입니다.

판례를 참조하여 위층 임대인과 임차인의 협조 하에 손해배상이 원만히 이루어질 수 있도록 위층 점유자(임차인)를 잘 설득해 보시기 바라며, 합의가 이루어지지 않는다면 임대인과 임차인 두 사람을 상대로 부득이 손해배상청구를 할 수밖에 없을 것으로 보입니다.

관련 법 조항 및 판례
민법 제623조, 집합건물의소유및관리에관한법률 제3조, 서울중앙지법 2000나81285 판결, 대법원 94다34692 판결, 98두18053 판결 각 참조

〈민법〉
제623조(임대인의 의무) 임대인은 목적물을 임차인에게 인도하고 계약존속 중 그 사용, 수익에 필요한 상태를 유지하게 할 의무를 부담한다.

〈집합건물의소유및관리에관한법률〉
제3조(공용부분)
① 여러 개의 전유부분으로 통하는 복도, 계단, 그 밖에 구조상 구분소유자 전원 또는 일부의 공용(共用)에 제공되는 건물부분은 구분소유권의 목적으로 할 수 없다.
② 제1조 또는 제1조의2에 규정된 건물부분과 부속의 건물은 규약으로써 공용부분으로 정할 수 있다.
③ 제1조 또는 제1조의2에 규정된 건물부분의 전부 또는 부속건물을 소유하는 자는 공정증서로써 제2항의 규약에 상응하는 것을 정할 수 있다.
④ 제2항과 제3항의 경우에는 공용부분이라는 취지를 등기하여야 한다.

Life and Law

Q [52] 아파트 입주자대표회의의 당사자 능력

: 저는 아파트 입주자 대표회의에서 다음 회기의 대표자로 선출되었습니다. 공동주택의 대단지 입주자 대표회의의 운영상 여러 가지 법률적 문제가 발생할 것으로 예상되는데 입주자대표회의 관련된 문제가 발생하면 입주자대표회의 명의로 소송을 제기할 수 있는지 알고 싶습니다.

A 당사자 능력이란 민사소송의 당사자가 되어 소송상의 모든 효과의 귀속 주체가 될 수 있는 일반적 능력을 말하고. 원칙적으로 사람과 법인만이 당사자 능력이 있다고 할 것이나 민사소송법은 예외적으로 법인 아닌 사단이나 재단이라도 대표자 또는 관리인이 있으면 당사자 능력을 인정하고 있습니다〈민사소송법 제52조〉.

공동주택의 입주자가 구성한 입주자 대표회의는 단체로서의 조직을 갖추고 의사결정기관과 대표자가 있을 뿐만 아니라, 현실적으로도 자치관리기구를 지휘, 감독하는 등 공동주택의 관리업무를 수행하고 있으므로 특별한 다른 사정이 없는 한 법인 아닌 사단으로서 당사자능력을 가지고 있는 것으로 보아야 할 것입니다.

따라서 입주자대표회의는 비법인 사단으로서 당사자능력이 있다고 할 것이므로 귀하도 입주자대표회의 관련된 문제가 발생하면 입주자대표회의 명의로 소송을 수행할 수 있을 것입니다.

관련 법 조항 및 판례
민사소송법 제52조, 민사소송규칙 제12조, 대법원 91다4478 판결, 97다18547 판결 각 참조

〈민사소송법〉
제52조(법인이 아닌 사단 등의 당사자능력)
법인이 아닌 사단이나 재단은 대표자 또는 관리인이 있는 경우에는 그 사단이나 재단의 이름으로 당사자가 될 수 있다.

〈민사소송규칙〉
제12조(법인이 아닌 사단 등의 당사자능력을 판단하는 자료의 제출)
법원은 법인이 아닌 사단 또는 재단이 당사자가 되어 있는 때에는 정관·규약, 그 밖에 그 당사자의 당사자능력을 판단하기 위하여 필요한 자료를 제출하게 할 수 있다.

Life
and Law

Q [53] 아파트 입주자대표회의의 손해배상 책임

: 저는 금년 겨울에 아파트 주차장에서 현관 출구로 이어지는 경사진 인도에서 넘어져 전치 10주에 해당하는 골절상을 입게 되어 사무실도 나가지 못하고 상당한 비용을 병원 치료비로 지급하게 되었습니다. 이런 경우 아파트 입주자대표회의를 상대로 제가 입은 손해에 대해 배상청구가 가능한지요?

A 먼저 이와 비슷한 하급심 판결사례를 살펴보면 A씨는 아파트 주차장에서 현관 출입구로 이어지는 경사진 인도 빙판에서 미끄러져 오른쪽 발목에 골절상을 입게 되었고, 이에 A씨는 B아파트 입주자대표회의와 영업배상책임 보험계약을 체결한 보험회사를 상대로 6800여 만 원을 배상하라며 소송을 제기하였습니다. 이에 입주자대표회의측은 "인도에 염화칼슘을 뿌려 제방작업을 했는데도 영하의 날씨에 밤새 눈이 내려 결빙 자체를 막을 수 없었다"라고 맞섰습니다. 그러나 법원은 B아파트 주민 A씨가 입주자대표회의와 보험회사를 상대로 낸 손해배상소송에서 2000여만 원을 지급하라며 원고일부승소 판결하였습니다〈서울중앙지법 2016가단101462 판결〉.

법원은 "입주자대표회의측은 제설 제빙작업을 통해 아파트의 시설물인 인도에 빙판이 생기지 않도록 빙판이 생기거나 예상되는 지점에 미끄럼 방지 장치를 설치할 의무가 있다"고 전제한 후, "입주자대표회의 측은 사고 나흘 전부터 영하의 날씨에 눈이 계속 내려 인도에 빙판이 생길 가능성이 높다는 사실을 알 수 있었을 것"이라며 "제때 관련 조치를 취하지 않아 시설관리의무를 위반한 잘못이 있다"고 판시하였습니다.

다만 A씨도 빙판이 있는지 주의 깊게 살피면서 스스로 자신의 안전을 돌봐야 할 주의의무가 있다"며 입주자대표회의 측의 책임을 30%로 제한하였습니다. 따라서 귀하도 위와 같은 판례를 참고하여 입증을 잘하게 되면 귀하가 입은 손해를 배상받을 수 있을 것으로 보입니다.

관련 법 조항 및 판례
민법 제758조, 서울중앙지법 2016가단101462 판결 각 참조

제758조(공작물등의 점유자, 소유자의 책임)
① 공작물의 설치 또는 보존의 하자로 인하여 타인에게 손해를 가한 때에는 공작물점유자가 손해를 배상할 책임이 있다. 그러나 점유자가 손해의 방지에 필요한 주의를 해태하지 아니한 때에는 그 소유자가 손해를 배상할 책임이 있다.
② 전항의 규정은 수목의 재식 또는 보존에 하자있는 경우에 준용한다.
③ 전2항의 경우 점유자 또는 소유자는 그 손해의 원인에 대한 책임있는 자에 대하여 구상권을 행사할 수 있다.

Life and Law

> **Q〖54〗지갑을 습득한 자의 유실물 처리방법과 보상청구권**
>
> : 밤늦게 광역버스를 타고 집으로 귀가하던 중 분실한 것으로 보이는 서류봉투를 길에서 발견하게 되었는데, 봉투 안에는 수표 8,000만 원과 현금 500만 원 등 총 8,500만 원의 금품과 서류 등이 들어 있었습니다. 저는 이를 어떻게 처리해야 하며 또한 소유자가 나타날 경우 그 보상을 청구할 수 있는지, 청구가 가능하다면 어느 정도 보상을 받을 수 있는지 알고 싶습니다.

A 타인이 유실한 물건을 습득한 자는 습득한 내용물을 통해 그 소유자를 특정할 수 있으면 이를 신속하게 유실자 또는 소유자, 그 밖에 물건회복의 청구권을 가진 자에게 반환하거나 경찰서(지구대·파출소 등 소속 경찰관서를 포함) 또는 제주특별자치도의 자치경찰단 사무소에 제출하여야 합니다. 다만, 법률에 따라 소유 또는 소지가 금지되거나 범행에 사용되었다고 인정되는 물건은 신속하게 경찰서 또는 자치경찰단에 제출하여야 합니다. 이렇게 하지 않으면 경우에 따라 형법상 점유이탈물횡령죄로 형사문제가 발생할 수도 있으니 유실물 습득의 경우 법의 규정을 떠나 도의적으로 처신함이 상당한 것으로 생각됩니다.

만약 소유자가 나타날 경우 보상은 유실물법 제4조에 의하면 유실물가액의 100분의 5 내지 100분의 20의 범위 내에서 지급받도록 되어 있습니다. 또한 이 보상금은 물건을 반환한 후 1월을 경과하면 청구할 수 없습니다〈유실물법 제4조, 제6조〉. 그리고 유실물가액의 기준은 현금일 때는 문제가 없으나, 수표일 경우나 약속어음 등 유가증권일 경우에는 그 손해를 방지하기 위한 수단을 강구하는 수가 많기 때문에 판례는 횡선수표에 관하여 "수표를 유실한 후 그것이 선의 무과실인 제3자의 수중에 들어가 결국 유실자가 입게 될 위험성의 정도(불이익의 기준)에 따라 보상기준을 결정할 것이다"라고 하고 있습니다.

귀하가 경찰서에 습득일로부터 7일 이내에 제출한 경우, 법률에 정한 바에 의하여 공고한 후 6개월 내에 그 소유자가 권리를 주장하지 않으면 귀하가 그 소유권을 취득할 수 있으며 3개월 이내에 수취하여야 합니다.

관련 법 조항 및 판례
민법 제253조, 제254조, 유실물법 제4조, 제6조, 제9조, 제14조, 대법원 64다1488 판결 각 참조

〈민법〉

제253조(유실물의 소유권취득)
유실물은 법률에 정한 바에 의하여 공고한 후 6개월 내에 그 소유자가 권리를 주장하지 아니하면 습득자가 그 소유권을 취득한다.

제254조(매장물의 소유권취득)
매장물은 법률에 정한 바에 의하여 공고한 후 1년 내에 그 소유자가 권리를 주장하지 아니하면 발견자가 그 소유권을 취득한다. 그러나 타인의 토지 기타 물건으로부터 발견한 매장물은 그 토지 기타 물건의 소유자와 발견자가 절반하여 취득한다.

〈유실물법〉

제1조(습득물의 조치)
① 타인이 유실한 물건을 습득한 자는 이를 신속하게 유실자 또는 소유자, 그 밖에 물건회복의 청구권을 가진 자에게 반환하거나 경찰서(지구대·파출소 등 소속 경찰관서를 포함한다. 이하 같다) 또는 제주특별자치도의 자치경찰단 사무소(이하 "자치경찰단"이라 한다)에 제

출하여야 한다. 다만, 법률에 따라 소유 또는 소지가 금지되거나 범행에 사용되었다고 인정되는 물건은 신속하게 경찰서 또는 자치경찰단에 제출하여야 한다.

② 물건을 경찰서에 제출한 경우에는 경찰서장이, 자치경찰단에 제출한 경우에는 제주특별자치도지사가 물건을 반환받을 자에게 반환하여야 한다. 이 경우에 반환을 받을 자의 성명이나 주거를 알 수 없을 때에는 대통령령으로 정하는 바에 따라 공고하여야 한다.

제4조(보상금)

물건을 반환받는 자는 물건가액(物件價額)의 100분의 5이상 100분의 20이하의 범위에서 보상금(報償金)을 습득자에게 지급하여야 한다. 다만, 국가·지방자치단체와 그 밖에 대통령령으로 정하는 공공기관은 보상금을 청구할 수 없다.

제6조(비용 및 보상금의 청구기한)

제3조의 비용과 제4조의 보상금은 물건을 반환한 후 1개월이 지나면 청구할 수 없다.

제9조(습득자의 권리 상실)

습득물이나 그 밖에 이 법의 규정을 준용하는 물건을 횡령함으로써 처벌을 받은 자 및 습득일부터 7일 이내에 제1조 제1항 또는 제11조 제1항의 절차를 밟지 아니한 자는 제3조의 비용과 제4조의 보상금을 받을 권리 및 습득물의 소유권을 취득할 권리를 상실한다.

제14조(수취하지 아니한 물건의 소유권 상실)

이 법 및 「민법」 제253조, 제254조에 따라 물건의 소유권을 취득한 자가 그 취득한 날부터 3개월 이내에 물건을 경찰서 또는 자치경찰단으로부터 받아가지 아니할 때에는 그 소유권을 상실한다.

Life
and Law

> **Q [55] 재산관계명시신청은 어느 때 할 수 있는지**
>
> : 6개월 전 대여금채권에 대한 민사소송을 제기하여 최근에 확정판결을 받았습니다. 채무자에게 판결금액에 대한 변제를 여러 번 요구하였으나 변제의사가 전혀 없어 채무자의 재산에 대해 강제집행을 하고 싶은데 채무자의 재산을 쉽게 찾을 수가 없습니다. 이런 경우 채무자의 재산을 파악하여 강제집행하는 방법이 있다고 하는데 그 방법이 무엇인지요?

A 위와 같은 경우 귀하는 민사집행법에 규정되어 있는 재산명시절차 제도를 이용하여 재산관계명시신청을 하면 채무자의 재산에 대한 파악이 가능할 것으로 보입니다. 재산명시절차라 함은 일정한 집행권원에 의한 금전채무를 이행하지 아니한 경우에 법원이 그 채무자로 하여금 강제집행의 대상이 되는 재산관계를 명시한 재산목록을 제출하게 하고, 그 재산목록의 진실함을 선서하게 하는 법적 절차를 말합니다〈민사집행법 제61조 제1항〉.

다른 강제집행절차에 선행하거나 부수적인 절차가 아니라 그 자체가 독립적인 절차이며, 또 그 절차를 개시하기 위해서는 다른 강제집행의 신청의 경우와 마찬가지로 집행력있는 정본과 집행개시요건의 구비를 필요로 합니다〈같은 법 제61조 제2항〉. 재산관계명시절차는 채무자의 책임재산을 탐지하여 강제집행을 용이하게 하고 재산상태의 공개를 꺼리는 채무자에 대하여는 채무의 자진 이행을 하도록 하는 간접강제적 효과가 있습니다.

▣ 관할 법원 및 집행권원

금전의 지급을 목적으로 하는 집행권원에 기초하여 강제집행을 개시할 수 있는 채권자는 채무자의 보통재판적이 있는 곳의 법원에 채무자의 재산명시를 요구하는 신청을 할 수 있습니다. 신청서에는 집행력 있는 정본과 강제집행을 개시하는데 필요한 문서와 채무자의 주민등록초본을 첨부해야 할 수 있습니다. 금전의 지급을 목적으로 하는 집행권원 중 가집행의 선고가 붙어 집행력을 가지는 집행권원을 제외한 모든 집행권원에 기초한 재산명시신청을 허용하고 있습니다. 금전의 지급을 목적으로 하는 집행권원이기만 하면, 확정판결, 화해, 인낙조서, 확정된 지급명령, 확정된 이행권고결정, 확정된 화해권고결정, 민사조정조서, 조정에 갈음하는 결정, 가사소송법에 의한 확정판결·심판·조정조서, 파산법상의 채권자표, 회사정리법상의 채권자표 등은 재산명시신청을 할 수 있는 집행권원이 됩니다.

다만 강제집행을 신청할 수 있는 집행권원 중 민사소송법 제213조에 따른 가집행의 선고가 붙은 판결 또는 같은 조의 준용에 따른 가집행의 선고가 붙어 집행력을 가지는 집행권원(예컨대 가집행의 선고가 붙은 배상명령)의 경우에는 아직 확정되지 아니하여 취소의 가능성이 있는 집행권원이어서 감치에까지 이를 수 있는 재산명시절차를 개시하는 것은 채무자에게 회복불가능한 손해를 입힐 우려가 있으므로 이 집행권원에 기초하여서는 재산명시신청을 할 수 없도록 하였습니다〈민사집행법 제61조 제1항 단서〉.

▣ 재산명시 절차

채권자는 법원에 재산명시신청을 한 후, ◐ 재산명시절차에서 채권자가 제62조 제6항의 규정에 의한 주소보정명령을 받고도 민사소송법 제194조 제1항의 규정에 의한 사유로 인하여 채권자가 이를 이행할 수 없었던 것으로 인정되는 경우, ◐ 채무자의 명시기일 불출석, ◐ 명시기일에 재산목록 제출거부, ◐ 명시기일에 선서거부, ◐ 채무자가 거짓의 재산목록을 제출한 때, ◐ 채무자가 제출한 재산목록의 재산만으로는 집행채권의 만족을 얻기에 부족한 때 등 어느 하나에 해당하는 경우에는 그 재산명시를 신청한 채권자의 조회신청에 따라 개인의 재산 및 신용에 관한 전산망을 관리하는 공공기관·금융기관·단체 등에 채무자명의 재산내역을 알 수도 있습니다〈민사집행법 제68조, 제74조〉.

■ **채무자의 감치 및 벌칙**

채무자가 명시기일에 불출석하거나, 재산목록 제출 거부, 선서를 거부하는 경우에는 민사집행법 제68조 제1항의 규정에 따라 채무자를 20일 이내의 감치에 처할 수 있으며, 채무자가 거짓의 재산목록을 낸 경우에는 민사집행법 제68조 제9항의 규정에 따라 채무자를 3년 이하의 징역, 또는 500만 원 이하의 벌금에 처할 수도 있습니다.

관련 법 조항

민사집행법 제61조, 제68조, 제74조 각 참조

제61조(재산명시신청)
① 금전의 지급을 목적으로 하는 집행권원에 기초하여 강제집행을 개시할 수 있는 채권자는 채무자의 보통재판적이 있는 곳의 법원에 채무자의 재산명시를 요구하는 신청을 할 수 있다. 다만, 민사소송법 제213조에 따른 가집행의선고가 붙은 판결 또는 같은 조의 준용에 따른 가집행의 선고가 붙어 집행력을 가지는 집행권원의 경우에는 그러하지 아니하다.
② 제1항의 신청에는 집행력 있는 정본과 강제집행을 개시하는데 필요한 문서를 붙여야 한다.

제68조(채무자의 감치 및 벌칙)
① 채무자가 정당한 사유 없이 다음 각호 가운데 어느 하나에 해당하는 행위를 한 경우에는 법원은 결정으로 20일 이내의 감치(監置)에 처한다.
   1. 명시기일 불출석
   2. 재산목록 제출 거부
   3. 선서 거부

② 채무자가 법인 또는 민사소송법 제52조의 사단이나 재단인 때에는 그 대표자 또는 관리인을 감치에 처한다.

③항 ~ ⑧항 생략

⑨ 채무자가 거짓의 재산목록을 낸 때에는 3년 이하의 징역 또는 500만 원 이하의 벌금에 처한다.

⑩ 채무자가 법인 또는 민사소송법 제52조의 사단이나 재단인 때에는 그 대표자 또는 관리인을 제9항의 규정에 따라 처벌하고, 채무자는 제9항의 벌금에 처한다.

제74조(재산조회)

① 재산명시절차의 관할 법원은 다음 각 호의 어느 하나에 해당하는 경우에는 그 재산명시를 신청한 채권자의 신청에 따라 개인의 재산 및 신용에 관한 전산망을 관리하는 공공기관·금융기관·단체 등에 채무자명의의 재산에 관하여 조회할 수 있다.

1. 재산명시절차에서 채권자가 제62조 제6항의 규정에 의한 주소보정명령을 받고도 민사소송법 제194조 제1항의 규정에 의한 사유로 인하여 채권자가 이를 이행할 수 없었던 것으로 인정되는 경우
2. 재산명시절차에서 채무자가 제출한 재산목록의 재산만으로는 집행채권의 만족을 얻기에 부족한 경우
3. 재산명시절차에서 제68조 제1항 각호의 사유 또는 동조 제9항의 사유가 있는 경우

② 채권자가 제1항의 신청을 할 경우에는 조회할 기관·단체를 특정하여야 하며 조회에 드는 비용을 미리 내야 한다.

③ 법원이 제1항의 규정에 따라 조회할 경우에는 채무자의 인적 사항을 적은 문서에 의하여 해당 기관·단체의 장에게 채무자의 재산 및 신용에 관하여 그 기관·단체가 보유하고 있는 자료를 한꺼번에 모아 제출하도록 요구할 수 있다.

④ 공공기관·금융기관·단체 등은 정당한 사유 없이 제1항 및 제3항의 조회를 거부하지 못한다.

Life
and Law

Q [56] 공정증서에 의해 재산관계명시신청이 가능한지

: 돈을 빌려주고 담보조로 공증사무실에서 금전소비대차 공정증서를 받았습니다. 채무자는 약속한 변제기일이 상당기간 지났는데도 차일피일 채무이행을 미루고 있으며, 아무리 노력해도 채무자의 재산내역도 전혀 알 수가 없어 강제집행을 하지 못하고 있습니다. 이런 경우 공정증서로 재산관계명시신청이 가능한지요?

A 2002. 7. 1. 법 개정 전에는 '확정판결, 확정판결과 동일한 효력이 있는 화해, 포기, 인낙조서, 확정된 지급명령 또는 민사조정조서에 의한 금전채무를 이행하지 아니하는 때'라고 규정하여 공정증서로 재산관계명시신청이 불가능하였으나, 이후 '금전의 지급을 목적으로 하는 집행권원에 기초하여 강제집행을 개시할 수 있는 채권자라고 개정하여 공정증서로도 재산명시신청이 가능하도록 하였습니다. 공증인이 일정한 금액의 지급이나 대체물 또는 유가증권의 일정한 수량의 급여를 목적으로 하는 청구에 관하여 작성한 공정증서로서 채무자가 강제집행을 승낙한 취지가 적혀 있으면 가능합니다〈민사집행법 제56조, 제61조〉.

따라서 금전의 지급을 목적으로 하는 집행권원이기만 하면, 확정판결, 화해, 인낙조서, 확정된 지급명령, 확정된 이행권고결정, 확정된 화해권고결정, 민사조정조서, 조정에 갈음하는 결정, 가사소송법에 의한 확정판결·심판·조정조서, 항고로만 불복할 수 있는 재판과 집행증서, 파산법상의 채권자표, 회사정리법상의 채권자표 등은 재산명시신청을 할 수 있는 집행권원이 됩니다. 채권자가 법원에 재산관계명시신청을 하면 법원은 신청서를 심사한 후 이유 있다고 인정될 때 재산관계명시기일을 지정하여 채무자로 하여금 법원에 출석하여 선서하고 재산목록을 제출하게 합니다.

관련 법 조항

민사집행법 제56조, 제61조, 제62조, 제68조, 제74조 각 참조

제56조(그 밖의 집행권원)

강제집행은 다음 가운데 어느 하나에 기초하여서도 실시할 수 있다.

1. 항고로만 불복할 수 있는 재판
2. 가집행의 선고가 내려진 재판
3. 확정된 지급명령
4. 공증인이 일정한 금액의 지급이나 대체물 또는 유가증권의 일정한 수량의 급여를 목적으로 하는 청구에 관하여 작성한 공정증서로서 채무자가 강제집행을 승낙한 취지가 적혀 있는 것
5. 소송상 화해, 청구의 인낙(認諾) 등 그 밖에 확정판결과 같은 효력을 가지는 것

제61조(재산명시신청)

① 금전의 지급을 목적으로 하는 집행권원에 기초하여 강제집행을 개시할 수 있는 채권자는 채무자의 보통재판적이 있는 곳의 법원에 채무자의 재산명시를 요구하는 신청을 할 수 있다. 다만, 민사소송법 제213조에 따른 가집행의 선고가 붙은 판결 또는 같은 조의 준용에 따른 가집행의 선고가 붙어 집행력을 가지는 집행권원의 경우에는 그러하지 아니하다.

② 제1항의 신청에는 집행력 있는 정본과 강제집행을 개시하는데 필요한 문서를 붙여야 한다.

Life
and Law

Q [57] 공정증서에 의한 강제집행과 청구이의의 소

: 채권자에게 금전소비대차 공정증서를 작성하여 준 일이 있었는데 그 후에 채권자에게 채무의 일부를 변제하고 일부는 다른 채권과 상계되어 채무가 모두 소멸되었음에도 채권자가 공정증서에 의한 강제집행을 본인(채무자)의 부동산에 신청하였습니다. 채무자가 이에 불복하는 방법은 어떻게 되는지요?

A 공정증서가 무효이거나 그 채무가 소멸된 경우 그 공정증서에 의한 강제집행에 대하여는 '청구이의의 소'를 제기하여 그 강제집행을 불허하는 판결을 받아 그 절차를 취소시킬 수 있습니다〈민사집행법 제56조〉. **청구에 관한 이의의 소**라 함은 채무자가 집행권원에 표시된 청구권에 관하여 생긴 이의를 내세워 그 집행권원이 가지는 집행력의 배제를 구하는 소를 말하며〈같은 법 제44조〉, 청구에 관한 이의의 소도 일종의 소이므로 그 제기절차는 일반 민사소송의 소송절차와 동일합니다.

소장에 "피고의 원고에 대한 00지방검찰청 소속 공증인000(또는 법무법인 000, 공증인가000 합동법률사무소) 2020년 증제0000호 금전소비대차계약 공증증서에 기한 강제집행을 불허한다"라는 청구취지와 청구이유를 작성하여 제출하면 됩니다. 다만 청구에 관한 이의의 소는 강제집행의 개시 및 속행에 영향이 없으므로〈민사집행법 제46조 제1항〉, 채무자가 판결 전에 강제집행의 속행이 완료되는 것을 저지하기 위해서는 청구에 관한 이의의 소를 제기한 후 법원으로부터 강제집행의 정지를 명하는 잠정처분을 받아 집행기관에 이를 제출하여야 합니다.

채무자는 이 재판의 정본을 집행기관에 제출하여 집행의 정지를 신청함으로써 비로소 집행이 정지되며, 담보를 조건으로 한 때에는 담보를 제공한 증명서를 함께 제출하여야 합니다. 위 잠정처분에 의하지 아니하고 일반적인 가처분의 방법에 의한 강제집행정지는 허용되지 않고 있습니다〈대법원 86그76 판결〉.

관련 법 조항 및 판례
민사집행법 제44조, 제46조 제1항, 제56조, 대법원 86그76 판결 각 참조

제44조(청구에 관한 이의의 소)
① 채무자가 판결에 따라 확정된 청구에 관하여 이의하려면 제1심 판결법원에 청구에 관한 이의의 소를 제기하여야 한다.
② 제1항의 이의는 그 이유가 변론이 종결된 뒤(변론 없이 한 판결의 경우에는 판결이 선고된 뒤)에 생긴 것이어야 한다.
③ 이의이유가 여러 가지인 때에는 동시에 주장하여야 한다.

제46조(이의의 소와 잠정처분)
① 제44조 및 제45조의 이의의 소는 강제집행을 계속하여 진행하는 데에는 영향을 미치지 아니한다.
② 제1항의 이의를 주장한 사유가 법률상 정당한 이유가 있다고 인정되고, 사실에 대한 소명(疎明)이 있을 때에는 수소법원(受訴法院)은 당사자의 신청에 따라 판결이 있을 때까지 담보를 제공하게 하거나 담보를 제공하게 하지 아니하고 강제집행을 정지하도록 명할 수 있으며, 담보를 제공하게 하고 그 집행을 계속하도록 명하거나 실시한 집행처분을 취소하도록 명할 수 있다.
③ 제2항의 재판은 변론 없이 하며 급박한 경우에는 재판장이 할 수 있다.
④ 급박한 경우에는 집행법원이 제2항의 권한을 행사할 수 있다. 이

경우 집행법원은 상당한 기간 이내에 제2항에 따른 수소법원의 재판서를 제출하도록 명하여야 한다.

⑤ 제4항 후단의 기간을 넘긴 때에는 채권자의 신청에 따라 강제집행을 계속하여 진행한다.

제56조(그 밖의 집행권원)

강제집행은 다음 가운데 어느 하나에 기초하여서도 실시할 수 있다.
1. 항고로만 불복할 수 있는 재판
2. 가집행의 선고가 내려진 재판
3. 확정된 지급명령
4. 공증인이 일정한 금액의 지급이나 대체물 또는 유가증권의 일정한 수량의 급여를 목적으로 하는 청구에 관하여 작성한 공정증서로서 채무자가 강제집행을 승낙한 취지가 적혀 있는 것
5. 소송상 화해, 청구의 인낙(認諾) 등 그 밖에 확정판결과 같은 효력을 가지는 것

Life
and Law

Q [58] 유체동산 압류에 의한 강제집행과 제3자이의의 소

: 본인이 근무하고 있는 회사에서 B에게 안마의자를 렌탈 해 준 사실이 있습니다. 그러던 어느 날 B의 채권자 C가 채무자가 거주하는 아파트에 사람이 아무도 없는 사이에 집행관을 데리고 와 가재도구 일체가 압류되었는데, 압류 품목에 채무자 소유가 아닌 저희 회사 소유 안마의자가 포함되어 유체동산 경매기일까지 지정되어 있습니다. 이런 경우 경매기일까지 지정되어 있어 시간적 여유가 없는데 어떠한 절차에 의하여 구제 받을 수 있는지요?

A 채무자가 점유하고 있는 유체동산의 압류는 집행관이 그 물건을 점유함으로써 합니다. 다만, 채권자의 승낙이 있거나 운반이 곤란한 때에는 봉인(封印), 그 밖의 방법으로 압류물임을 명확히 하여 채무자에게 보관시킬 수 있습니다〈민사집행법 제189조〉. 이때 압류집행물이 채무자의 소유가 아닌 제3자 소유인 경우에는 제3자이의의 소로써 다투어야 합니다.

제3자이의의 소란 집행의 목적물에 대하여 제3자가 소유권을 가지거나 목적물의 양도나 인도를 막을 수 있는 권리를 가진 때 그 제3자가 채권자를 상대로 자신의 권리를 침해하는 강제집행에 대하여 이의를 주장하고 집행의 배제를 구하는 소를 말합니다〈민사집행법 제48조〉. 실질적으로 부당한 집행에 의하여 권리침해를 받은 제3자를 구제할 목적으로 소로써 집행에 대한 이의를 주장할 기회를 준 것이 이 소이며, 제3자가 원고로 되기 때문에 제3자이의의 소라고 합니다.

공유자 중 1인에 대한 집행권원으로 공유물 전부에 대하여 집행이 행하여질 때에는 다른 공유자는 제3자이의의 소를 제기할 수 있으나, 부부 공유의 유체동산은 예외입니다〈민사집행법 제190조〉. 특히 소의 형식으로 한 것은 다툼의 내용이 실체적 권리에 관한 것이므로 필요적 변론에 기한 판결절차에서 심판하는 것이 적당하기 때문이며, 제3자이의의 소는 강제집행을 전제로 하므로 강제집행 개시 후 종료 전에 한하여 제3자이의 소를 제기할 수 있습니다〈대법원 68다1111, 96다37176 판결〉.

주의할 점은 이 소송이 제기된다고 하여도 강제집행의 속행에는 영향이 없으므로 귀하의 경우처럼 경매기일까지 지정되어 시간적 여유가 없을 경우 신속하게 별도의 강제집행정지신청을 하여 강제집행을 정지시켜 놓아야 합니다. 이 경우 법원은 담보제공을 명할 수도 있습니다.

관련 법 조항 및 판례
민사집행법 제48조, 제189조, 제190조, 대법원 68다1111, 96다37176 판결 각 참조

제48조(제3자이의의 소)
① 제3자가 강제집행의 목적물에 대하여 소유권이 있다고 주장하거나 목적물의 양도나 인도를 막을 수 있는 권리가 있다고 주장하는 때에는 채권자를 상대로 그 강제집행에 대한 이의의 소를 제기할 수 있다. 다만, 채무자가 그 이의를 다투는 때에는 채무자를 공동피고로 할 수 있다.
② 제1항의 소는 집행법원이 관할한다. 다만, 소송물이 단독판사의 관할에 속하지 아니할 때에는 집행법원이 있는 곳을 관할하는 지방법원의 합의부가 이를 관할한다.
③ 강제집행의 정지와 이미 실시한 집행처분의 취소에 대하여는 제46조 및 제47조의 규정을 준용한다. 다만, 집행처분을 취소할 때에는 담보를 제공하게 하지 아니할 수 있다.

제189조(채무자가 점유하고 있는 물건의 압류)

① 채무자가 점유하고 있는 유체동산의 압류는 집행관이 그 물건을 점유함으로써 한다. 다만, 채권자의 승낙이 있거나 운반이 곤란한 때에는 봉인(封印), 그 밖의 방법으로 압류물임을 명확히 하여 채무자에게 보관시킬 수 있다.

② 다음 각호 가운데 어느 하나에 해당하는 물건은 이 법에서 유체동산으로 본다.

    1. 등기할 수 없는 토지의 정착물로서 독립하여 거래의 객체가 될 수 있는 것

    2. 토지에서 분리하기 전의 과실로서 1월 이내에 수확할 수 있는 것

    3. 유가증권으로서 배서가 금지되지 아니한 것

③ 집행관은 채무자에게 압류의 사유를 통지하여야 한다.

제190조(부부공유 유체동산의 압류)

채무자와 그 배우자의 공유로서 채무자가 점유하거나 그 배우자와 공동으로 점유하고 있는 유체동산은 제189조의 규정에 따라 압류할 수 있다.

Life
and Law

Q [59] 형사소송과 마찬가지로 민사소송에서도 항소이유서 제출기한이 있는지

: 저는 얼마 전 손해배상금 1심 판결에서 원고 일부 승소 판결을 받았습니다. 이후 판결에 불복하여 법원에 항소장을 제출하면서 항소이유서는 추후에 제출하는 것으로 하였습니다. 이런 경우 저는 언제까지 항소심 법원에 항소이유서를 작성해서 제출해야 하는지 알고 싶습니다.

A 법원의 1심 판결 이후 이에 불복할 경우 2심(항소심)이 진행되고, 이때 "항소심을 제기한다"라고 표현합니다. 2심 이후 판결에 불복할 경우 3심(상고심)이 진행되고, 이때 "상고심을 제기한다"라고 표현합니다. 만일 1심 판결에 불복하여 항소를 제기한다면 항소의 제기기간은 판결서가 송달된 날부터 2주 이내에 해야 합니다. 보통은 법원에 항소장을 제출한다고 말하는데 여기서 2주란 판결문 송달일을 기준으로 하며, 이 기간은 법적으로 정해져 있는 불변기간이기 때문에 반드시 기한을 엄수해주셔야 합니다〈민사소송법 제396조〉.

다음으로 항소인이 제1심판결에 대한 불복의 이유 등을 기재한 항소이유서 제출은 항소심 재판의 심리가 개시되기 위한 첫 단계이나, 현행 민사소송법은 형사소송법과 달리 항소이유서 제출의무 및 제출기한 규정이 없었습니다. 이로 인해 제1회 변론기일에 임박해 항소이유서가 제출되지 않은 경우가 많았고, 항소인이 끝내 항소이유서를 제출하지 않는 경우에도 변론기일을 진행한 후 판결 선고를 통해 사건을 종결할 수밖에 없어 항소심 심리가 지연되고, 피항소인의 조속한 권리실현에 장애가 되어 왔습니다.

▣ 현재는 항소이유서 제출기한이 법적으로 정해져 있지 않아서 통상적으로 항소장을 제출하고 나면, 민사 항소이유서 제출기한 설명이 담긴 법원의 석명

준비명령을 통해 1~2주 내로 제출하면 되며, 기한을 넘겼어도 준비서면 등으로 갈음하는 등 방법을 이용해 왔지만, 개정된 민사소송법 **제402조의2(2024. 1. 16. 본조신설, 2025. 3. 1. 시행)**에서는 **항소이유서 제출기한을 신설**하여, 항소장에 항소이유를 적지 아니한 항소인은 항소기록을 송부 받은 법원사무관 등으로부터 그 사유를 통지받은 날부터 40일 이내에 항소이유서를 항소법원에 제출하여야 하며, 항소법원은 항소인의 신청에 따른 결정으로 제출기간을 1회에 한하여 1개월 연장할 수 있도록 하였습니다.

항소인이 위 제출기간(제402조의2 제2항에 따라 제출기간이 연장된 경우에는 그 연장된 기간을 말한다) 내에 항소이유서를 제출하지 아니한 때에는 항소법원은 결정으로 항소를 각하할 수 있게 되었으며(다만, 직권으로 조사하여야 할 사유가 있거나 항소장에 항소이유가 기재되어 있는 때에는 그러하지 아니함), 항소법원의 각하 결정에 대하여 항소인은 즉시항고를 할 수 있도록 개정하였습니다. 관련 개정법은 2025. 3. 1.부터 시행하므로 향후 항소심 진행에 많은 참고가 되었으면 하는 바람입니다.

관련 법 조항

민사소송법 제400조, 제402조의2, 제402조의3
제400조   〈제3항 신설 2024. 1. 16. / 시행일 2025. 3. 1.〉
제402조의2 〈본조 신설 2024. 1. 16. / 시행일 2025. 3. 1.〉
제402조의3 〈본조 신설 2024. 1. 16. / 시행일 2025. 3. 1.〉

제400조(항소기록의 송부)
① 항소장이 각하되지 아니한 때에 원심법원의 법원사무관 등은 항소장이 제출된 날부터 2주 이내에 항소기록에 항소장을 붙여 항소법원으로 보내야 한다.
② 제399조제1항의 규정에 의하여 원심재판장등이 흠을 보정하도록

명한 때에는 그 흠이 보정된 날부터 1주 이내에 항소기록을 보내야 한다.

③ 제1항 또는 제2항에 따라 항소기록을 송부받은 항소법원의 법원사무관 등은 바로 그 사유를 당사자에게 통지하여야 한다.
[제3항 신설 2024. 1. 16.] [시행일 2025. 3. 1.]

제402조의2(항소이유서의 제출)
① 항소장에 항소이유를 적지 아니한 항소인은 제400조제3항의 통지를 받은 날부터 40일 이내에 항소이유서를 항소법원에 제출하여야 한다.
② 항소법원은 항소인의 신청에 따른 결정으로 제1항에 따른 제출기간을 1회에 한하여 1개월 연장할 수 있다.
[본조 신설 2024. 1. 16.] [시행일 2025. 3. 1.]

제402조의3(항소이유서 미제출에 따른 항소각하 결정)
① 항소인이 제402조의2제1항에 따른 제출기간(같은 조 제2항에 따라 제출기간이 연장된 경우에는 그 연장된 기간을 말한다) 내에 항소이유서를 제출하지 아니한 때에는 항소법원은 결정으로 항소를 각하하여야 한다. 다만, 직권으로 조사하여야 할 사유가 있거나 항소장에 항소이유가 기재되어 있는 때에는 그러하지 아니하다.
② 제1항 본문의 결정에 대하여는 즉시항고를 할 수 있다.
[본조 신설 2024. 1. 16.] [시행일 2025. 3. 1.]

Life and Law

Q [60] 일반 자전거와 전동 킥보드 운전자에 대해서도 음주운전 처벌과 손해배상청구가 가능한지

: 저는 친구와 함께 저녁식사 반주로 소주를 마시고 전동킥보드를 이용하여 500미터 가량을 이동하다가 음주단속에 적발되어 운전면허가 취소되었습니다. 본인은 여지껏 전동 킥보드는 음주운전 단속에 해당하지 않는 걸로 알고 있었으며, 현재 자동차부품 제조업을 영위하며, 차량을 이용한 영업과 납품 업무가 주된 업무이기 때문에 운전면허가 필수적인데 너무 황당하기만 합니다. 이런 경우 제가 구제받을 수 있는 방법은 없는지요?

A 자전거나 전동킥보드를 운전하는 사람들이 자주 저지르는 또 다른 위법행위가 음주운전입니다. 경찰공무원은 도로교통법 제44조 규정에 의하여 교통의 안전과 위험방지를 위하여 필요하다고 인정하거나 제1항을 위반하여 술에 취한 상태에서 자동차등, 노면전차 또는 자전거를 운전하였다고 인정할 만한 상당한 이유가 있는 경우에는 운전자가 술에 취하였는지를 호흡조사로 측정할 수 있습니다.

이 경우 운전자는 경찰공무원의 측정에 응하여야 하며, 측정 결과에 불복하는 운전자에 대하여는 그 운전자의 동의를 받아 혈액 채취 등의 방법으로 다시 측정할 수 있습니다. 운전이 금지되는 술에 취한 상태의 기준은 운전자의 혈중알코올농도가 0.03퍼센트 이상인 경우로 정하고 있습니다. 위 규정에 따라 일반인들이 자전거와 전동 킥보드를 이용하여 음주운전을 하다가 적발된 경우 혈중 알코올 농도에 따라 범칙금을 부여하고 있습니다.

■ 일반 자전거와 전동킥보드의 음주운전 처벌의 차이점은 운전면허 정지나

취소 처분 여부에 있습니다. 일반 자전거를 운전하다가 적발되면 운전면허 정지나 취소 처분 없이 범칙금 부과만 있는데 반하여, 전동킥보드는 일반 자동차에 준하여 범칙금 부여와 함께 혈중알코올농도에 따라 운전면허 취소나 정지처분 대상이 된다는 점에 서 차이가 있습니다. 같은 법 제93조 제1항 제1호 규정에서 제44조 제1항을 위반하여 술에 취한 상태에서 **자동차등을** 운전한 경우에는 운전면허를 취소(0.08퍼센트 이상)하거나 정지(0.03퍼센트 이상)할 수 있도록 규정되어 있는데, 여기서 말하는 **자동차등에는** 자동차와 원동기장치자전거를 의미하며〈같은 법 제2조 제21호〉, 도로교통법 시행규칙 제2조의3에서 전동킥보드, 전동이륜평행차, 전동기의 동력만으로 움직일 수 있는 자전거를 개인형 이동장치의 기준으로 정하고 있기 때문입니다.

■ 따라서 귀하는 자동차부품 제조업을 영위하며, 차량을 이용한 영업과 납품 업무가 주된 업무이기 때문에 운전면허가 필수적인 점, 전동킥보드가 음주운전으로 단속된다는 사실을 알지 못하였고, 음주운전 거리가 짧은 점, 개인형 이동장치는 원동기장치자전거 중 시속 25km 이상으로 운행할 경우 전동기가 작동하지 아니하고 차체 중량이 30kg 미만인 것으로서 크기와 속도, 무게 면에서 자동차나 개인형 이동장치 외의 원동기장치자전거보다는 오히려 자전거와 유사하고, 자동차나 개인형 이동장치 외의 원동기장치 자전거에 비해 사고 시 타인의 생명이나 신체, 재물에 피해를 줄 위험성이 현저히 낮다는 점 등을 고려하면 귀하의 운전면허 취소처분은 운전면허 취소로 달성하려는 공익에 비해 귀하가 입게 되는 불이익이 더 크다는 점을 설시하여 "운전면허취소처분을 취소하라"는 **행정심판을 제기**하여 보시기 바라며, 운전면허관련사건을 구제받기 위해서는 행정심판의 재결을 거친 후가 아니면 행정소송을 제기할 수 없도록 행정심판 전치주의가 적용되고 있으므로 참고하기기 바랍니다〈도로교통법 제142조〉.

다만, 음주운전면허취소 구제절차는 본인이 직접 청구할 수 있지만 승소가능성이 다양한 주장사실에 따라 달라지기 때문에 법률전문가의 상담을 통해 처리하시는 걸 권장합니다. 본인 자신과 가족들을 위해 자전거나 전동킥보드를 이용하는 경우라 할지라도 민사상 손해배상 책임문제가 발생할 수 있기 때문에 음주운전을 금하고 법규를 준수하여 운전하는 것이 중요합니다.

관련 법 조항
도로교통법 제2조 19호의2, 20호, 제44조, 제93조 제1항, 제142조, 도로교통법 시행규칙 제2조의3 각 참조

〈도로교통법〉
제44조(술에 취한 상태에서의 운전 금지)
① 누구든지 술에 취한 상태에서 자동차등(「건설기계관리법」 제26조제1항 단서에 따른 건설기계 외의 건설기계를 포함한다. 이하 이 조, 제45조, 제47조, 제50조의3 제93조 제1항 제1호부터 제4호까지 및 제148조의2에서 같다), 노면전차 또는 자전거를 운전하여서는 아니 된다.
② 경찰공무원은 교통의 안전과 위험방지를 위하여 필요하다고 인정하거나 제1항 위반하여 술에 취한 상태에서 자동차등, 노면전차 또는 자전거를 운전하였다고 인정할만한 상당한 이유가 있는 경우에는 운전자가 술에 취하였는지를 호흡조사로 측정할 수 있다. 이 경우 운전자는 경찰공무원의 측정에 응하여야 한다.
③ 제2항에 따른 측정 결과에 불복하는 운전자에 대하여는 그 운전자의 동의를 받아 혈액 채취 등의 방법으로 다시 측정할 수 있다.
④ 제1항에 따라 운전이 금지되는 술에 취한 상태의 기준은 운전자의 혈중알코올농도가 0.03퍼센트 이상인 경우로 한다. 〈개정 2018. 12. 24.〉
⑤ 제2항 및 제3항에 따른 측정의 방법, 절차 등 필요한 사항은 행정안전부령으로 정한다.
제93조(운전면허의 취소ㆍ정지)
① 시ㆍ도경찰청장은 운전면허(연습운전면허는 제외한다. 이하 이 조에서 같다)를 받은 사람이 **다음 각 호의 어느 하나에 해당하면** 행정안전

부령으로 정하는 기준에 따라 운전면허(운전자가 받은 모든 범위의 운전면허를 포함한다. 이하 이 조에서 같다)를 취소하거나 1년 이내의 범위에서 운전면허의 효력을 정지시킬 수 있다. 다만, 제2호, 제3호, 제7호, 제8호, 제8호의2, 제9호(정기 적성검사기간이 지난 경우는 제외한다), 제14호, 제16호, 제17호, 제20호부터 제23호까지의 규정에 해당하는 경우에는 운전면허를 취소하여야 하고(제8호의2에 해당하는 경우 취소하여야 하는 운전면허의 범위는 운전자가 거짓이나 그 밖의 부정한 수단으로 받은 그 운전면허로 한정한다), 제18호의 규정에 해당하는 경우에는 정당한 사유가 없으면 관계 행정기관의장의 요청에 따라 운전면허를 취소하거나 1년 이내의 범위에서 정지하여야 한다.

  1. 제44조제1항을 위반하여 술에 취한 상태에서 자동차 등을 운전한 경우
  2. ~ 23. 이하 생략

②항 ~ ④항 이하 생략

제142조(행정소송과의 관계)
이 법에 따른 처분으로서 해당 처분에 대한 행정소송은 행정심판의 재결(裁決)을 거치지 아니하면 제기할 수 없다.

〈도로교통법 시행규칙〉
제2조의3(개인형 이동장치의 기준)
법 제2조 제19호의2에서 "행정안전부령으로 정하는 것"이란 다음 각 호의 어느 하나에 해당하는 것으로서「전기용품 및 생활용품 안전관리법」제15조제1항에 따라 안전 확인의 신고가 된 것을 말한다.

  1. 전동킥보드
  2. 전동이륜평행차
  3. 전동기의 동력만으로 움직일 수 있는 자전거

Life and Law

Q [61] 조의금과 축의금은 어떻게 나눠야 하는지

: 작은 기업을 운영하시던 아버지가 돌아가시고 1억 원 가량의 조의금이 들어 왔습니다. 그런데 집안의 맏형이 자기 쪽 문상객이 제일 많았다고 주장하면서 장례비용을 제한 나머지 돈 7,000만 원을 전부 가지고 가버렸습니다. 저와 여동생은 이에 대해 불만을 표하고 조의금을 분배해 줄 것을 요구하고 있는데, 이런 경우 조의금의 분배는 어떻게 해야 하는지 알고 싶습니다.

A 부의금이나 축의금의 규모가 큰 경우, 그 귀속주체에 관하여 종종 분쟁이 일어나기도 하는데 **부의금의 귀속주체**에 관하여 대법원은 사람이 사망한 경우에 부조금 또는 조의금 등의 명목으로 보내는 부의금은 상호부조의 정신에서 유족의 정신적 고통을 위로하고 장례에 따르는 유족의 경제적 부담을 덜어줌과 동시에 아울러 유족의 생활안정에 기여함을 목적으로 법적으로는 장례비용에 먼저 충당하고 남는 것에 관하여는 특별한 다른 사정이 없는 한 사망한 사람의 공동상속인들이 각자의 상속분에 응하여 권리를 취득하는 것으로 보는 것이 우리의 윤리감정이나 경험칙에 합치된다고 판시하여〈대법원 92다2998, 서울가정법원 2008느합86 판결〉. 법적으로는 장례비에 먼저 충당될 것을 조건으로 한 금전의 증여로 해석하고 있습니다.

위 대법원 판시 내용은 아들이 사망한 사건에서 단체 명의로 보낸 부의금이 망인의 처인 한 사람을 위하여 그에게 지급한 것인지, 그렇지 않고 망인의 다른 상속인들을 포함한 유족의 대표자로 보아 지급한 것인지 알 수 없으므로 그 돈을 지급받을 권리가 망인의 처 한 사람에게만 귀속되지 않는다고 봐, 장례비용에 충당하고 남는 부의금에 관하여는 달리 특별한 사정이 없는 한 공동상속인인 며느리와 시부모에게 각자의 상속분에 따라 분배하도록 한 사례입니다.

■ 하지만 위 판시 내용과 달리 상속인들과 사이에 방명록이나 접수대장에 의해 상속인별 문상객의 분류가 가능하다면, 이와 같은 경우 문상객들의 경조사에는 반드시 부조를 해야 하는 사회적인 부채로 인식되고, 단체 등에는 별도로 답례나 찬조를 해야 하므로 **상속인들에게 특별한 사정이 있는 것으로 보아, 장례비용보다 부의금이 많이 들어온 경우** 사용하고 남은 금액에 대해서는 피교부자(상속인)별로 들어온 금액의 비율에 따라 가족들과 분배하는 것이 바람직하며, **장례비용보다 부의금이 적게 들어와 모든 비용을 충당할 수 없었다면** 나머지 상속인들이 부족한 금액에 대해 각자의 상속비율만큼 부담하면 될 것으로 판단합니다. 만약, 조의금 봉투에 이름이 기재되어 있지 않아 누구에게 들어온 것인지가 불분명하다면 그 돈을 먼저 장례비용에 충당하고 나머지 금액을 피교부자별로 들어온 금액 비율로 나누면 될 것입니다.

■ **결혼 축의금의 의미 및 귀속주체**에 대하여는 "결혼축의금이란 우리 사회의 미풍양속으로 확립되어 온 사회적 관행으로서 혼사가 일시에 많은 비용이 소요되는 혼주인 부모의 경제적 부담을 덜어주려는 목적에서 대부분 그들과 친분관계에 있는 손님들이 혼주인 부모에게 성의의 표시로 조건 없이 무상으로 건네는 금품을 가리킨다"고 판시하여 기본적으로 결혼 축의금은 혼주인 부모에게 귀속되는 것으로 인정하고 있습니다. 다만, 결혼축의금 중에는 결혼당사자를 보고 축의금을 건넨 부분도 있을 것이기 때문에 교부의 주체나 취지에 비추어 이 중 신랑, 신부인 결혼 당사자와의 친분관계에 기초하여 결혼 당사자에게 직접 건네진 것이라고 볼 수 있는 축의금은 혼주인 부모가 아닌 결혼 당사자들에게 귀속된다고 할 것입니다〈서울행정법원 99구928 판결〉.

관련 법 조항 및 판례

대법원 92다2998 판결, 서울행정법원 99구928 판결,
서울가정법원 2008느합86 판결 각 참조
(교회 헌금관련 - 대법원 2005도756 판결 참조)
(사찰 시주금관련 - 대구고등법원 73나528 판결 참조)

Life and Law

Q [62] 부부재산약정등기란 무엇이며, 그 절차는 어떻게 되는지

: 저는 지인의 소개로 사업가인 남친과 결혼을 염두에 두고 있습니다. 다만 한 가지 걱정은 결혼이후 배우자의 사업이 어려워지면 만일의 사태를 대비하여, 제가 어렵게 저축하여 모은 상당액의 현금과 부모로부터 상속받은 상가 등을 채권자로부터 지켜내고 싶습니다. 이런 경우 부부재산약정등기를 해두면 부부간의 재산이 명확하게 구분되어 법적 다툼을 피해갈 수 있다고 들었는데 부부재산약정등기란 무엇이며, 그 절차는 어떻게 되는지 알고 싶습니다.

A 부부의 재산문제에 관하여 우리 민법은 1차적으로 혼인하려는 부부가 혼인성립 전에 그 재산에 관하여 자유롭게 계약을 통해서 정할 수 있도록 하였는데〈민법 제829조〉, 이것이 부부재산계약 제도입니다. 그러나 실제로는 혼인 전에 부부가 계약으로 재산 문제의 처리를 정하는 경우가 그렇게 많지는 않을 것입니다. 그래서 민법은 이러한 계약이 없는 경우에 대비하여 부부 중 각자가 혼인 전부터 갖고 있던 재산(고유재산)과 혼인 중 자기의 명의로 취득한 재산(각자의 부모로부터 상속받은 재산 등)은 각자의 특유재산으로 하는 부부별산제를 취하고 있으며, 부부의 누구에게 속한 것인지 분명하지 아니한 재산(가재도구 등)은 부부의 공유로 추정하고 있습니다〈민법 제830조〉. 공유로 추정되는 재산에 대해서는 부부가 균등하게 지분권을 갖게 되며, 혼인이 해소된 경우에는 그 지분에 대한 소유권을 주장할 수 있고, 부부의 채권자도 공유지분에 대하여 권리를 주장할 수 있습니다.

■ 한 마디로 민법은 부부 재산을 혼인 전에 미리 계약으로 정하되, 계약이 없으면 법률이 정한 바에 따라 처리하라는 것입니다. 다만, 부부재산약정등기는

민법 제829조를 근거로 **혼인 성립 전에만 할 수 있으므로 법률상 혼인이 된 이후에는 불가능**합니다. 현행 민법에서는 이른바 부부별산제를 취하고 있지만 실제로 결혼생활을 하다보면 자연스럽게 특유재산이 섞이는 경우가 많습니다. 또한 부득이 이혼할 때 재산분할이 되는 재산도 누구 명의로 되어 있는지 여부에 따라 반드시 결정되는 것이 아니며, 부부의 재산이 누구에게 속한 것인지 분명하지 않은 경우에는 일단 부부의 공유로 추정하고 있습니다.

■ 이러한 사정으로 배우자가 불측의 손해를 보는 경우가 있을 수 있고, 이혼할 경우 더 큰 분쟁이 발생할 수 있기 때문에 자신의 재산권 보호 목적으로 재산관계를 분명히 할 필요가 생기는데 이를 대비하여 법률상 혼인 전에 부부재산 계약서를 작성하여 부부재산약정등기를 하게 되는 것입니다. 이와 같은 부부재산약정등기는 등기를 통하여 공시하기 때문에 부부의 승계인 또는 제3자에게 대항할 수 있다는 장점을 가지고 있으며, 등기를 통한 공시덕분에 추후 발생할 수 있는 소송문제에 있어서 유리한 증거로 제출할 수 있습니다. 다만, 약정자의 신청에 따라 등기관은 실질적인 심사가 아닌 형식적인 심사를 통해 부부재산약정등기가 이루어지기 때문에 등기된 내용에 대해 분쟁이 있을 경우 법원의 판단에 따를 수밖에 없습니다.

■ 부부재산약정등기에 필요한 '부부재산 계약서'는 "남편이 될 사람과 부인이 될 사람은 아래와 같이 부부재산계약을 체결 한다"는 일반적인 계약서 방식으로 쌍방이 함께 작성하여야 하며, 각 약정자 쌍방의 재산을 부의 재산과 처의 재산으로 구분하여 기재하고 약정내용의 범위를 상세하게 기재하면 됩니다. 등기신청서에는 아직 혼인 전이라는 사실을 등기관이 확인할 수 있도록 각 약정자의 혼인관계증명서와 인감증명서를 첨부하여야 하여야 하며, 부부재산약정등기의 신청은 부(夫)가 될 자의 주소지 관할법원 등기과(소)에 신청하도록 규정되어 있습니다.

관련 법 조항
민법 제829조, 제830조, 제831조 각 참조

제829조(부부재산의 약정과 그 변경)
① 부부가 혼인성립 전에 그 재산에 관하여 따로 약정을 하지 아니한 때에는 그 재산관계는 본관중 다음 각조에 정하는 바에 의한다.
② 부부가 혼인성립 전에 그 재산에 관하여 약정한 때에는 혼인중 이를 변경하지 못한다. 그러나 정당한 사유가 있는 때에는 법원의 허가를 얻어 변경할 수 있다.
③ 전항의 약정에 의하여 부부의 일방이 다른 일방의 재산을 관리하는 경우에 부적당한 관리로 인하여 그 재산을 위태하게 한 때에는 다른 일방은 자기가 관리할 것을 법원에 청구할 수 있고 그 재산이 부부의 공유인 때에는 그 분할을 청구할 수 있다.
④ 부부가 그 재산에 관하여 따로 약정을 한 때에는 혼인성립까지에 그 등기를 하지 아니하면 이로써 부부의 승계인 또는 제삼자에게 대항하지 못한다.
⑤ 제2항, 제3항의 규정이나 약정에 의하여 관리자를 변경하거나 공유재산을 분할하였을 때에는 그 등기를 하지 아니하면 이로써 부부의 승계인 또는 제삼자에게 대항하지 못한다.

제830조(특유재산과 귀속불명재산)
① 부부의 일방이 혼인 전부터 가진 고유재산과 혼인 중 자기의 명의로 취득한 재산은 그 특유재산으로 한다.
② 부부의 누구에게 속한 것인지 분명하지 아니한 재산은 부부의 공유로 추정한다.

제831조(특유재산의 관리 등)
부부는 그 특유재산을 각자 관리, 사용, 수익한다.

PART 2

재산법

임대차 관련

Life and Law

> **Q [63] 임차권의 대항력과 확정일자 임차인의 우선변제권**
>
> : 사회 초년생으로 주택을 임차하려고 준비 중에 있습니다. 주택임대차보호법은 임차인이 임차보증금을 반환받을 수 있도록 여러 가지 제도적 장치를 마련하고 있다는데 임차권의 대항력이란 무엇을 의미하며, 임대차 종료시 임대인으로부터 신속하고 확실하게 반환받을 수 있는 확정일자 임차인의 우선변제권에 대하여 알고 싶습니다.

A "임대차는 그 등기가 없는 경우에도 임차인이 주택의 인도와 주민등록을 마친 때에는 그 다음 날부터 제삼자에 대하여 효력이 생긴다. 이 경우 전입신고를 한 때에 주민등록이 된 것으로 본다"(주택임대차보호법 제3조 제1항)라고 규정함으로써 주택의 인도와 주민등록 전입신고라는 두 가지 요건을 나란히 규정하고 있습니다. 주택의 인도와 주민등록을 제3자에 대한 대항요건으로 정한 취지는 주택의 인도와 주민등록으로 당해 주택이 임대차의 목적이 되어 있다는 사실이 공시될 수 있기 때문입니다.

여기서 『제삼자에 대하여 효력이 생긴다』라는 표현이 바로 임대차의 대항력을 의미하는데, 이 부분이 주택임대차보호법의 가장 핵심적인 내용이라 할 수 있습니다. 따라서 대항력을 갖춘 임차인은 그 이후 권리를 취득한 제3자에 대하여 대항할 수 있음은 물론, 계약기간 중 임차물의 소유자가 바뀌더라도 임대차관계가 소멸되지 않고 임대인의 지위가 당연히 새롭게 소유자에게 이전됨으로써 그에게 임차권을 주장할 수 있게 되는 것입니다.

▣ 대항력의 발생시기

대항력의 발생시기는 임차인이 주택의 인도와 주민등록이라는 요건을 모두 갖춘 다음 날부터 대항력이 생깁니다. 만약 주민등록을 먼저 마치고 나중에 주택을 인도받은 경우에는 그 인도받은 다음 날부터 대항력이 생긴다. 여기서 다음 날의 의미는 다음 날 오전 0시를 의미합니다〈대법원 2001다30902 판결〉. 따라서 대항요건을 갖춘 그 날에 제3자 명의의 등기가 이루어진 경우 대항력은 그 다음 날부터 발생하므로 임차인이 등기부를 확인하고 오전에 주택의 인도 및 주민등록을 마친 경우라도 그 날 오후에 등기된 근저당권에 기간 경매절차의 낙찰자에게 대항할 수 없어 임차인이 피해를 입을 수 있습니다. 반면에 대항요건을 갖춘 다음 날에 근저당권이 설정된 경우 대항력은 그 다음 날 0시부터 발생하고 근저당권은 아무리 빨라도 오전 9시 전에는 이루어질 수 없으므로 주택임차인의 대항력에는 지장이 없게 됩니다.

■ 우선변제권의 인정

하지만 대항력이 있다는 의미는 임대인이나 소유자가 바뀌더라도 임차인이 새로운 소유자에 대하여 종전의 임대차의 효력을 주장할 수 있다는 데 불과할 뿐, 경매나 공매절차에서의 우선변제권까지 인정된다는 뜻은 아닙니다. 반면에 주택임차인이 임차보증금의 우선변제권을 행사하기 위해서는 대항요건(주택의 인도와 주민등록) 이외에 임대차계약증서에 확정일자를 갖추어야 합니다〈주택임대차보호법 제3조의2 제2항〉. 대항요건만 구비하고 확정일자를 갖추지 못한 임차인은 우선변제권을 갖지 못하므로 배당을 받을 수 없습니다. 다만, 소액보증금의 경우에는 확정일자를 필요로 하지 아니합니다.〈다만, 임대인의 보증금을 반환할 능력이 없는 제3자에게 주택소유권을 넘기고 보증금반환책임에서 벗어나고자 할 때, 임차인이 피해를 보는 일이 없도록 임차인의 승계에 대한 동의절차를 제도화하는 것이 필요해 보임〉

관련 법 조항 및 판례
주택임대차보호법 제3조, 제3조의2 제2항, 대법원 2001다30902 판결 각 참조

〈주택임대차보호법〉

제3조(대항력 등)

① 임대차는 그 등기가 없는 경우에도 임차인이 주택의 인도와 주민등록을 마친 때에는 그 다음 날부터 제삼자에 대하여 효력이 생긴다. 이 경우 전입신고를 한 때에 주민등록이 된 것으로 본다.

④ 임차주택의 양수인(그 밖에 임대할 권리를 승계한 자를 포함한다)은 임대인의 지위를 승계한 것으로 본다.

⑤ 이 법에 따라 임대차의 목적이 된 주택이 매매나 경매의 목적물이 된 경우에는 「민법」 제575조제1항·제3항 및 같은 법 제578조를 준용한다.

⑥ 제5항의 경우에는 동시이행의 항변권에 관한 「민법」 제536조를 준용한다.

제3조의2(보증금의 회수)

① 임차인(제3조제2항 및 제3항의 법인을 포함한다. 이하 같다)이 임차주택에 대하여 보증금반환청구소송의 확정판결이나 그 밖에 이에 준하는 집행권원(執行權原)에 따라서 경매를 신청하는 경우에는 집행개시(執行開始)요건에 관한 「민사집행법」 제41조에도 불구하고 반대의무(反對義務)의 이행이나 이행의 제공을 집행개시의 요건으로 하지 아니한다.

② 제3조제1항·제2항 또는 제3항의 대항요건(對抗要件)과 임대차계약증서(제3조제2항 및 제3항의 경우에는 법인과 임대인 사이의 임대차계약증서를 말한다)상의 확정일자(確定日字)를 갖춘 임차인은 「민사집행법」에 따른 경매 또는 「국세징수법」에 따른 공매(公賣)를 할 때에 임차주택(대지를 포함한다)의 환가대금(換價代金)에서 후순위권리자(後順位權利者)나 그 밖의 채권자보다 우선하여 보증금을 변제(辨濟)받을 권리가 있다.

③ 임차인은 임차주택을 양수인에게 인도하지 아니하면 제2항에 따른 보증금을 받을 수 없다.

제④항 ~ 제⑨항 이하 생략

Life
and Law

Q〖64〗주택을 임차하는데 있어 확정일자와 전세권설정등기의 차이

: 아파트를 보증금 8억 원에 2년 기간으로 임차하는 계약을 체결하려고 하는데, 제가 임차아파트로 주민등록을 이전하지 못할 경우를 대비하여, 집주인에게 전세권설정등기가 가능하겠느냐고 물어보자 집주인이 등기신청에 협력해주겠다고 합니다. 주변에서는 매매시세에 비해서 전세금액이 높은 편이라 비용이 들어가더라도 전세권설정이 더 좋다고 말하는 사람도 있고, 확정일자도 전세권설정등기와 비슷한 효력이 있어 할 필요가 없다고 하는데 확정일자와 전세권설정등기와의 차이점은 어떻게 되는지요?

A 전세란 차임을 정기적으로 지급하는 대신 일정액의 목돈인 전세금을 지급하고 그 이자를 차임과 상계하기로 함으로써 별도의 차임을 지급하지 않고 타인의 부동산을 그 용도에 좇아 점유, 사용, 수익할 수 있는 것을 말합니다. 이러한 권리에 대한 **공시방법으로써 등기를 마쳤느냐의 여부에 따라** 민법이 정하고 있는 **물권으로서의 전세권**을 인정하고 있는 반면에 별도의 차임을 지급하는 대신 목돈인 전세금을 일시에 지급하여 그 이자를 차임과 상계하고 계약종료 시 전세금을 돌려받는 채권적 전세와 구분하고 있습니다. 이와 같은 **채권적 전세계약도 일종의 임대차라고 보는 것이 통설적인 견해입니다.**

채권적 전세와 **임대차**는 타인의 주택을 빌려 사용, 수익한다는 실질관계에 있어서는 큰 차이가 없고 주로 차임의 지급방법에 있어서 서로 구별됩니다. 임대차는 당사자 일방이 상대방에게 어떤 목적물을 사용, 수익하게 할 것을 약정하고 상대방이 이에 대한 대가로서 일정한 시기마다 차임을 지급할 것을 약정함으로써 성립하는 계약을 말하며, 채권적 전세는 별도의 차임을 지급하는 대신 목돈인 전세금을 일시에 지급하여 그 이자를 차임과 상계하고 계약종료 시 전세금을 돌려받는 것을 말합니다.

보통 전세 또는 전세계약이라고 부르는 경우에도 전세권설정등기까지 마쳐 물권으로서의 전세권으로 발전된 경우도 있겠지만, 실제로 주택의 이용관계에서는 이러한 단계에까지 이르지 못한 채권적 전세에 머물고 있는 것이 대부분입니다. 이하 민법이 정하고 있는 물권으로서 전세권 설정등기와 확정일자제도의 차이점에 대해 알아보도록 하겠습니다.

▣ 전세권 설정등기와 확정일자제도의 차이점

- 전세권설정등기는 등기만 설정해 두면 그 설정순위에 따라 순위가 보호되는데 반해, 확정일자제도는 각 동사무소, 등기소, 공증사무소에서 확정일자를 받아두는 것 외에도 주민등록의 전입신고 및 주택을 인도받아 실제 거주해야만 순위를 인정(이하, 확정일자라 칭하는 경우에는 위 요건을 갖춘 임차인을 의미함)받을 수 있습니다.

- 전세권설정등기는 임대인의 협력 없이는 등기신청 자체가 불가능하고, 전세기간의 변동이 있으면 전세권변경등기신청이 필요하며, 전세기간이 만료되면 전세권설정등기를 말소해주어야 하는 불편함, 등기신청비용에 대한 임차인 부담이 있지만, 확정일자제도는 임대인의 동의여부나 비용부담 없이 신속하고 간편하게 동사무소 등에서 확정일자를 받을 수 있는 이점이 있습니다.

- 계약기간이 만료되어 임대인이 보증금을 반환하지 않는 경우가 발생한다면 전세권설정등기를 마친 전세권자의 경우는 담보권실행 등을 위해 직접 경매를 신청할 수 있지만, 확정일자를 받은 임차인은 별도의 임차보증금반환청구 소송을 통해 확정을 받아야만 강제집행을 신청할 수 있습니다.

- 전세권설정등기를 한 임차주택이 경매절차에 들어가게 되었을 때, 전세권자는 법원에 별도의 배당요구 없이도 순위에 의한 배당을 받을 수 있지만

확정일자만 갖춘 임차인의 경우에는 별도의 배당요구를 해놓아야만 배당을 받을 수 있습니다.

- 주택에 대한 전세권설정등기를 하는 경우에는 전세권자가 대지의 환가대금에서 우선배당을 받을 수 없지만, 임차인이 주택임대차보호법 제3조 제1항의 대항요건과 확정일자를 갖춘 경우에는 임차주택 외에 그 대지의 환가대금에서도 우선배당을 받을 수 있습니다.

■ 만약, 건물전세권설정등기를 택할 시에는 다음 주의사항을 반드시 염두에 두셔야 합니다. 대지권등기가 되어 있는 다세대주택 및 아파트의 경우에는 건물만에 관하여 전세권을 설정하여도 종물은 주물의 처분에 따른다는 법리에 따라 전세권의 효력이 대지사용권에도 미치므로 별 문제가 없으나, **토지와 건물 등기부가 각각 작성되어 있는 다가구주택 및 단독주택의 경우** 건물 만에 관하여 전세권을 설정하게 되면 토지에는 전세권의 효력이 미치지 아니하므로 토지와 건물에 공동 전세권을 설정하거나 공동 근저당권을 설정하여야 할 것입니다. 이는 상가건물에 관하여 전세권을 설정하는 경우에도 마찬가지입니다.

■ 주택의 임차인이 주택임대차보호법의 우선변제요건을 갖추었을 뿐 아니라 전세권등기까지 한 경우에는 위 각 법에 의한 보호뿐 아니라 전세권자로서 보호를 받게 되며〈대법원 93다39676 판결〉, 주택에 대한 미등기 전세계약을 체결하여 주택임대차보호법상의 대항력을 갖춘 임차인이 그 후 전세권등기까지 한 경우, 전세권등기보다 선순위의 근저당권 실행으로 전세권등기가 말소되었다 하더라도 임차인의 대항력은 상실하지 않습니다. 만약 전세권자로서 배당절차에 참가하여 전세금의 일부에 대하여 우선변제를 받았더라도 변제받지 못한 나머지 보증금에 기한 대항력 또는 우선변제권을 행사할 수 있습니다.

이와 같이 전세권설정등기와 확정일자제도는 각각의 장단점이 있으므로 귀하의 판단에 따라 제도를 이용하시면 좋을 것으로 보입니다.

관련 법 조항

민법 제303조, 제306조, 주택임대차보호법 제3조 제1항 각 참조

〈민법〉

제303조(전세권의 내용)

① 전세권자는 전세금을 지급하고 타인의 부동산을 점유하여 그 부동산의 용도에 좇아 사용·수익하며, 그 부동산 전부에 대하여 후순위권리자 기타 채권자보다 전세금의 우선변제를 받을 권리가 있다.

② 농경지는 전세권의 목적으로 하지 못한다.

제306조(전세권의 양도, 임대 등) 전세권자는 전세권을 타인에게 양도 또는 담보로 제공할 수 있고 그 존속기간 내에서 그 목적물을 타인에게 전전세 또는 임대할 수 있다. 그러나 설정행위로 이를 금지한 때에는 그러하지 아니하다.

〈주택임대차보호법〉

제3조(대항력 등)

① 임대차는 그 등기가 없는 경우에도 임차인이 주택의 인도와 주민등록을 마친 때에는 그 다음 날부터 제삼자에 대하여 효력이 생긴다. 이 경우 전입신고를 한 때에 주민등록이 된 것으로 본다.

②항~③항 생략

④ 임차주택의 양수인(그 밖에 임대할 권리를 승계한 자를 포함한다)은 임대인의 지위를 승계한 것으로 본다.

⑤ 이 법에 따라 임대차의 목적이 된 주택이 매매나 경매의 목적물이 된 경우에는「민법」제575조제1항·제3항 및 같은 법 제578조를 준용한다.

⑥ 제5항의 경우에는 동시이행의 항변권에 관한「민법」제536조를 준용한다.

Life
and Law

> **Q [65] 임차인이 보증금을 분리하여 임대차계약체결이 가능한지(소액임차인의 최우선변제권)**
>
> : 저는 공동생활을 하고 있는 동생과 함께 주택을 임차하려고 합니다. 그런데 임차보증금액이 소액임차인의 보증금 범위를 초과하여 보증금을 동생과 나눠서 소액임차인으로 보호받을 수 있는 임대차계약을 체결하고 싶습니다. 이런 방식으로 계약을 체결할 경우 저와 동생이 소액임차인으로써 최우선변제가 가능한지 알고 싶습니다.

A 주택임차인은 주택에 대한 경매개시결정의 등기 전에 주택의 인도와 주민등록을 갖춘 때에는 보증금 중 일정액을 다른 담보물권자보다 우선하여 변제받을 권리가 있는데 우선변제를 받을 임차인 및 보증금 중 일정액의 범위와 기준은 주택가액의 2분의 1의 범위 안에서 수차례 변동되었으며, 그 변동내역과 보증금 중 일정액의 범위와 우선변제를 받을 임차인의 범위는 주택임대차보호법 시행령 제10조와 제11조에 자세히 규정되어 있으므로 아래 법 규정을 참고하시기 바랍니다.

주거용 주택의 경우 일정범위 이하 임차보증금 중 일정액에 대하여는 최우선변제권을 인정하고 있으나 주택임대차보호법 시행령 제10조 제4항에서 "하나의 주택에 임차인이 2명 이상이고, 이들이 그 주택에서 가정공동생활을 하는 경우에는 이들을 1인의 임차인으로 보아 이들의 각 보증금을 합산한다"라고 규정되어 있기 때문에 공동생활을 하고 있는 귀하와 동생 명의로 임대차계약을 나눠서 체결한다고 하여도 소액임차인으로써 법적 보호는 받을 수 없을 것으로 보입니다.

그리고 특별히 소액임차인의 최우선변제와 관련하여 유의해야 할 사항은 주택임대차보호법 시행령 부칙에 "(소액보증금 보호에 관한 적용례 등) 제10조 제1항 및 제11조의 개정규정은 이 영 시행 당시 존속 중인 임대차계약에 대해서도 적용하되, 이 영 시행 전에 임차주택에 대하여 담보물권을 취득한 자에 대해서는 종전의 규정에 따른다"라고 규정되어 있어 담보물권이 있는 주택의 후순위 임차인은 소액임차인과 최우선변제금의 범위가 시행령의 개정으로 확대되더라도 선순위 담보물권이 설정된 시점의 기준을 적용받도록 되어 있습니다. 예를 들어 A씨가 계약한 다가구주택에 근저당이 설정된 시점이 2020년이라면 이 당시의 소액임차인 기준에 따라 최우선변제금을 받을 수 있는지 없는지가 결정된다는 의미이므로 반드시 시행령 부칙에 대한 확인이 필요합니다.

■ 주택의 임차인이 임대차계약서에 확정일자를 갖춘 당일 또는 그 후에 주택의 인도와 주민등록을 마친 경우에는 우선변제권은 주택의 인도와 주민등록을 마친 익일 영시에 발생합니다〈대법원 98다46938 판결〉. 따라서 위와 같은 경우에는 주택의 인도와 주민등록을 마친 다음 날 설정된 저당권과의 관계에서는 확정일자를 갖춘 임차인이 우선합니다.

■ 주택임차인으로서 대항요건을 갖춘 다음 날 오전 영시 이후에 확정일자를 받았는데 확정일자를 받은 날에 저당권이 설정된 경우 확정일자를 받은 때와 저당권이 설정된 때가 명백히 판명되지 않는다면 임차인과 저당권자의 우선순위는 같으므로 평등하게 배당받게 되며, 이때 근저당권자가 여러 명이고 여러 건의 근저당 모두에 대하여 임차인의 우열이 판명되지 않는 경우에는 각 채권액에 비례하여 먼저 안분배당을 하고 저당권자 상호간에는 선순위저당권자가 후순위저당권자의 배당액을 흡수하는 것으로 처리하게 됩니다.

■ 또한 주택임대차보호법상의 대항력과 우선변제권의 두 가지 권리를 겸유하고 있는 임차인이 우선변제권을 선택하여 제1경매절차에서 보증금 전액에 대하여 배당요구를 하였으나 보증금 전액을 배당받을 수 없었던 때에는 매수인에게 대항하여 이를 반환받을 때까지 임대차관계의 존속을 주장할 수 있을 뿐

이고, 임차인의 우선변제권은 매각으로 인하여 소멸하는 것이므로 매각 후 새로 설정된 근저당권에 기한 제2경매절차에서는 우선변제권에 의한 배당을 받을 수 없습니다〈대법원 98다4552 판결 등〉.

관련 법 조항 및 판례

주택임대차보호법 제8조, 주택임대차보호법 시행령 제10조 제4항, 제11조, 대법원 98다46938, 4552 판결 각 참조

〈주택임대차보호법〉

제8조(보증금 중 일정액의 보호)

① 임차인은 보증금 중 일정액을 다른 담보물권자보다 우선하여 변제받을 권리가 있다. 이 경우 임차인은 주택에 대한 경매신청의 등기 전에 제3조 제1항의 요건을 갖추어야 한다.

② 제1항의 경우에는 제3조의2 제4항부터 제6항까지의 규정을 준용한다.

③ 제1항에 따라 우선변제를 받을 임차인 및 보증금 중 일정액의 범위와 기준은 제8조의2에 따른 주택임대차위원회의 심의를 거쳐 대통령령으로 정한다. 다만, 보증금 중 일정액의 범위와 기준은 주택가액(대지의 가액을 포함한다)의 2분의 1을 넘지 못한다.

〈주택임대차보호법 시행령〉

제10조(보증금 중 일정액의 범위 등)

① 법 제8조에 따라 우선변제를 받을 보증금 중 일정액의 범위는 다음 각 호의 구분에 의한 금액 이하로 한다. 〈개정 2010. 7. 21., 2013. 12. 30., 2016. 3. 31., 2018. 9. 18., 2021. 5. 11., 2023. 2. 21.〉

  1. 서울특별시: 5천500만 원

  2. 「수도권정비계획법」에 따른 과밀억제권역(서울특별시는 제외한

다), 세종특별자치시, 용인시, 화성시 및 김포시: 4천800만 원

3. 광역시(「수도권정비계획법」에 따른 과밀억제권역에 포함된 지역과 군지역은 제외 한다), 안산시, 광주시, 파주시, 이천시 및 평택시: 2천800만 원

4. 그 밖의 지역: 2천500만 원

② 임차인의 보증금 중 일정액이 주택가액의 2분의 1을 초과하는 경우에는 주택가액의 2분의 1에 해당하는 금액까지만 우선변제권이 있다.

③ 하나의 주택에 임차인이 2명 이상이고, 그 각 보증금 중 일정액을 모두 합한 금액이 주택가액의 2분의 1을 초과하는 경우에는 그 각 보증금 중 일정액을 모두 합한 금액에 대한 각 임차인의 보증금 중 일정액의 비율로 그 주택가액의 2분의 1에 해당 하는 금액을 분할한 금액을 각 임차인의 보증금 중 일정액으로 본다.

④ 하나의 주택에 임차인이 2명 이상이고 이들이 그 주택에서 가정공동생활을 하는 경우에는 이들을 1명의 임차인으로 보아 이들의 각 보증금을 합산한다.

제11조(우선변제를 받을 임차인의 범위)

법 제8조에 따라 우선변제를 받을 임차인은 보증금이 다음 각 호의 구분에 의한 금액 이하인 임차인으로 한다.〈개정 2010. 7.21., 2013. 12. 30., 2016. 3. 31., 2018. 9. 18., 2021. 5. 11., 2023. 2. 21.〉

1. 서울특별시: 1억6천500만 원

2. 「수도권정비계획법」에 따른 과밀억제권역(서울특별시는 제외한다), 세종특별자치시, 용인시, 화성시 및 김포시: 1억4천500만 원

3. 광역시(「수도권정비계획법」에 따른 과밀억제권역에 포함된 지역과 군지역은 제외한다), 안산시, 광주시, 파주시, 이천시 및 평택시: 8천500만 원

4. 그 밖의 지역: 7천500만 원

Life
and Law

Q [66] 주거용건물의 일부를 다른 용도로 사용하고 있을 경우, 주택임대차보호법의 적용 여부

: 저는 주거용으로 되어 있는 단독건물을 임차하여 임대인의 동의하에 전체 면적 18평 중 6평을 홀로 개조하여 김밥을 팔고 있으며, 주민등록전입과 확정일자는 받아두었습니다. 평상시 방 2칸은 주거용으로 사용하다가 낮 동안 잠깐 손님이 많을 때만 손님을 받아 사용하고 있는데 이런 경우 일정부분을 음식점으로 사용하고 있어 주택임대차보호법상 주택으로 인정받을 수 없는 경우에 해당될 수도 있다고 하는데 사실인지요?

A 주택임대차보호법은 주거용 건물의 임대차에 관하여 민법에 대한 특례를 규정함으로써 국민 주거생활의 안정을 보장함을 목적으로 하며, 범위도 주거용 건물의 전부 또는 일부의 임대차에 관하여만 적용되므로 먼저 어떠한 건물이 주거용 건물에 해당하는지가 문제됩니다. 임차주택의 일부가 주거 외의 목적으로 사용되는 경우에는 주택임대차보호법 제2조에 의하여 이 법의 적용을 받는 주거용 건물에 해당되지만 비주거용 건물의 일부를 주택으로 무단 개조·증축하여 사용하는 경우에는 이 법의 대상에서 제외되는 것이 원칙입니다.

즉, 주거용 건물에 해당하는지 여부는 임대차목적물의 공부상의 표시만을 기준으로 할 것이 아니라 그 실제 용도에 따라서 정하여야 하고, 건물의 일부가 임대차의 목적이 되어 주거용과 비주거용으로 겸용되는 경우에는 구체적인 경우에 따라 그 임대차의 목적, 전체 건물과 임대차목적물의 구조와 형태 및 임차인의 임대차목적물의 이용관계 그리고 임차인이 그곳에서 일상생활을 영위하는지 여부 등을 아울러 합목적적으로 결정하여야 합니다.

▪ 판례는 건물 중 1층이 공부상으로는 소매점으로 표시되어 있으나 실제로 그

면적의 절반은 방으로, 나머지 절반은 소매점 등 영업을 하기 위한 홀로 이루어져 있고, 피고가 이를 임차하여 가족들과 함께 거주하면서 음식점 영업을 하며, 방 부분은 영업 시에는 손님을 받는 곳으로 사용하고 그때 외에는 주거용으로 사용하여 왔다면, 위 건물은 주택임대차보호법 제2조 후문에 의하여 그 적용대상인 주거용 건물에 해당한다고 판시하였습니다〈대법원 96다5971 판결〉.

■ 주거용 건물에 대한 대법원의 판단기준

□ 주거용 건물로 볼 수 없다고 인정한 사례

- 주거용 건물인지를 판단하는 기준시점은 원칙적으로 임대차계약의 체결 시이다. 비주거용 건물을 임차하여 임의로 주거용으로 개조하여 사용한다거나 비주거용 건물에 주거용 건물을 증축하여 사용하는 경우에는 임대인이 이를 승낙하였다는 등의 특별한 사정이 없는 한 주거용 건물이라고 할 수 없다〈대법원 85다카1367 결정〉.
- 건물은 당초부터 여관, 여인숙의 형태로 건축되었고 피고는 전소유자 인경남으로부터 여인숙을 경영할 목적으로 임차하여 방 10개 중 현관 앞의 방은 피고가 내실로 사용하면서 여관, 여인숙이란 간판을 걸고 여인숙 업을 경영할 경우에는 법이 정한 주거용 건물에 해당하지 아니한다〈대법원 86다카2407 결정〉.
- 방 2개와 주방이 딸린 다방이 영업용으로서 비주거용 건물이라고 보여지고, 설사 그중 방 및 다방의 주방을 주거목적에 사용한다고 하더라도 이는 어디까지나 다방의 영업에 부수적인 것으로서 그러한 주거목적 사용은 비주거용 건물의 일부가 주거 목적으로 사용되는 것일뿐, 법 제2조 후문에서 말하는 '주거용 건물의 일부가 주거 외의 목적으로 사용되는 경우'에 해당한다고 볼 수 없다〈대법원 95다51953 판결〉.
- 임대차목적물은 공부상 근린생활시설로 표시되어 있고, 임차 당시에는 그 주된 목적이 주거용인 것으로 볼 수 있으나, 그 후 교회용으로 사용되는

부분이 증가하여 경매진행 당시에는 오히려 교회 이용을 주된 목적으로 하고 주거부분은 교회를 위한 부수적인 목적으로 이용한 것으로 보이고, 위 임차부분에서 주거 목적으로만 사용되는 부분은 전체의 약 40%에 불과한 점 등을 종합하여 보면, 위 임차부분은 주택임대차보호법 제2조 소정의 주거용 건물에 해당한다고 볼 수 없다〈대법원 2001다37828 판결〉.

□ **주거용 건물로 볼 수 있다고 인정한 사례**

- 건물은 공부상으로는 단층 작업소 및 근린생활시설로 표시되어 있으나 실제로는 주택으로도 이용되고 있는 단층건물로서 격벽으로 구분되어 각 독자적인 출입구를 가진 6개 부분으로 구성되어 있는데 갑은 주거 및 인쇄소 경영 목적으로, 을은 주거 및 슈퍼마켓 경영 목적으로, 각기 위 6개 부분 중 하나씩을 임차하여 가족들과 함께 입주하여 그곳에서 일상생활을 영위하는 한편, 인쇄소 또는 슈퍼마켓을 경영하고 있으며, 갑의 경우는 주거용으로 사용되는 부분보다 비주거용으로 사용되는 부분이 더 넓기는 하지만, 주거용으로 사용되는 부분도 상당한 면적이다. 위 각 부분은 그들의 유일한 주거이므로 법 제2조 후문에서 정한 주거용 건물에 해당한다〈대법원 94다52522 판결〉.
- 위 점포는 입구 쪽에 주방이 있고, 4인 1석의 좌석이 4개 설치된 홀이 있으며 홀 안쪽에 약 1.5평 크기의 방과 0.5평 크기의 간이 세면시설, 천장에 다락방이 설치되어 있으며, 임차인의 가족은 위 점포 내의 방과 다락방을 주거공간으로 이용하면서 임차인과 모친이 치킨점을 운영하여 왔으나 건물의 임대차와는 달리 확정일자까지 부여 받은 점, 위 점포에 설치된 다락방의 면적까지 포함하면 주거 부분의 면적이 영업을 위한 홀 등의 면적보다 크다는 점 등에 비추어 볼 때, 주거용 건물의 일부가 주거 외의 목적으로 사용되는 경우에 해당한다고 봄이 상당하다〈대법원 2002다30114 판결〉.

따라서 귀하 역시 위 판례의 취지에 따른다면 주택임대차보호법의 적용을 받을 수 있을 것으로 보이며 주거용 건물에 대한 대법원 판례를 참고하시기 바랍니다.

관련 법 조항 및 판례
주택임대차보호법 제2조, 대법원 94다52522, 96다5971, 2002다30114 판결 각 참조

제2조(적용 범위)
이 법은 주거용 건물(이하 "주택"이라 한다)의 전부 또는 일부의 임대차에 관하여 적용한다. 그 임차주택의 일부가 주거 외의 목적으로 사용되는 경우에도 또한 같다.

> **Q [67] 동거가족만 주민등록 전입한 임차인도 주택임대차보호법의 적용을 받을 수 있는지**
>
> : A의 주택을 본인명의로 임차하여 같은 날 임대차계약서에 확정일자를 받은 후, 사정이 있어서 동거 가족인 처와 자녀만 주민등록 전입신고를 마치고 거주하고 있던 중 1개월 후 본인이 거주하고 있는 임차주택에 가압류처분이 되어 있는 사실을 알게 되었습니다. 임차인으로 되어 있는 저는 아직 전입신고를 하지 못한 상태에 있는데 전세보증금을 전부 돌려받을 수 있는지요?

A 주택에 관하여 임대차계약을 체결한 임차인이 주택의 인도와 주민등록을 마친 때에는 그 다음 날부터 제삼자에 대하여 대항력이 생기며, 이 경우 전입신고를 한 때에 주민등록이 된 것으로 봅니다〈주택임대차보호법 제3조 제1항〉. 여기서 "제삼자에 대하여 효력이 생긴다"라는 표현이 **바로 임대차의 대항력**을 의미합니다.

다만 '대항력'과 구별되는 개념으로 '우선변제권'이 있는데 대항력을 갖춘 임차인은 그 이후 권리를 취득한 제3자에 대하여 대항할 수 있음은 물론, 계약기간 중 임차물의 소유자가 바뀌더라도 임대차관계가 소멸되지 않고 임대인의 지위가 당연히 새로운 소유자에게 이전됨으로써 그에게 임차권을 주장할 수 있다는 것을 의미하며, 반면에 '우선변제권'이라 함은 특정채권자가 채무자의 전재산 또는 특정재산으로부터 다른 채권자보다 우선하여 채권의 변제를 받을 수 있는 권능 내지 효력을 말합니다.

■ 결과적으로 주택임차인이 우선변제권을 가진다는 것은 임차주택에 관한 경매절차 등에서 부동산담보권과 유사하게 후순위 권리자 기타 일반채권자보다

우선하여 임차보증금을 변제받을 권능 내지 효력을 임차인이 가진다는 것을 의미합니다. 위와 같이 **대항요건**과 **임대차계약증서상의 확정일자를** 갖춘 임차인은 민사집행법에 따른 경매를 할 때 임차주택(대지를 포함한다)의 환가대금에서 후순위권리자나 그 밖의 채권자보다 우선하여 보증금을 변제받을 권리가 있습니다〈같은 법 제3조의2 제2항〉.

▣ 위 사안의 경우 대법원은 임차인 본인과 공동생활을 영위하는 가족이 주민등록 전입신고를 하여도 주택임대차보호법상의 대항요건인 주민등록을 마친 것으로 넓게 해석하여 임차인을 보호하려는 입장을 취하고 있으며, 주택임대차보호법 제3조 제1항에서 규정하고 있는 주민등록이라는 대항요건은 임차인 본인의 주민등록뿐만 아니라 그 배우자나 자녀 등 가족의 주민등록을 포함하므로〈대법원 87다카3093, 3094 판결〉 임차인 본인과 공동생활을 영위하는 가족이 주민등록 전입신고를 하여도 주택임대차보호법상의 대항요건인 주민등록을 마친 것으로 판단됩니다.

따라서 귀하는 동거 가족인 배우자가 전입신고와 확정일자를 받아 두었기 때문에 주택임대차보호법상 대항력과 우선변제권을 모두 가지고 있는 것으로 판단되어 전세보증금을 전부 반환받을 수 있을 것으로 보이며, 집주인이나 주인이 집을 매매한 경우 매수인에게 임차권의 존속을 주장하여 임대차기간종료 시 보증금의 반환을 청구할 수 있을 것으로 보입니다. 또한 집이 경매된 경우에도 경락인에게 임차권의 존속을 주장하여 임대차기간종료 시 보증금의 반환을 청구할 수 있을 뿐만 아니라 낙찰대금에서도 이후에 설정되는 저당권 등 위 가압류한 채권자에 우선하여 배당을 받을 수 있습니다.

관련 법 조항 및 판례

주택임대차보호 제3조 제1항, 제3조의2 제2항, 대법원 87다카3093, 87다카43094 판결 각 참조

제3조(대항력 등)
① 임대차는 그 등기가 없는 경우에도 임차인이 주택의 인도와 주민등록을 마친 때에는 그 다음 날부터 제삼자에 대하여 효력이 생긴다. 이 경우 전입신고를 한 때에 주민등록이 된 것으로 본다.
②항~⑥항 이하 생략

제3조의2(보증금의 회수)
①항 생략
② 제3조 제1항·제2항 또는 제3항의 대항요건과 임대차계약증서(제3조제2항 및 제3항의 경우에는 법인과 임대인 사이의 임대차계약증서를 말한다)상의 확정일자를 갖춘 임차인은 「민사집행법」에 따른 경매 또는 「국세징수법」에 따른 공매를 할 때에 임차주택(대지를 포함한다)의 환가대금에서 후순위권리자나 그 밖의 채권자보다 우선하여 보증금을 변제받을 권리가 있다.
③항 ~ ⑨항 이하 생략

Life
and Law

Q [68] 동거가족을 남겨두고 세대주만 일시 전출한 경우 대항력 상실 여부

: 저는 주택을 임차하여 가족과 함께 입주하여 생활해오던 중 사정이 생겨 가족들의 주민등록은 그대로 남겨주고 세대주로 되어 있는 저 혼자만 일시 다른 곳으로 주민등록을 옮기려고 합니다. 현재 제가 대항력을 갖추고 있는 상태인데 이런 경우 제가 주민등록을 일시 옮기게 되면 대항력을 상실하게 되는지요?

A 주민등록이라는 대항요건은 임차인 본인뿐만 아니라 그 배우자나 자녀 등 가족(점유보조자)의 주민등록을 포함하므로 그 가족의 주민등록을 그대로 남겨 둔 채 세대주만 일시 주민등록을 다른 곳으로 옮긴 경우 주민등록이탈이라고 볼 수 없어 대항력을 상실하지 않는다는 판례가 있습니다. 따라서 그 배우자나 자녀 등의 주민등록만에 의하여 임차인이 대항력을 취득할 수 있다는 것이 대법원 판례의 입장이므로 귀하는 대항력을 상실하지 않고 보호받을 수 있을 것으로 보입니다〈대법원 87다카14 판결, 87다카3093,3094, 95다30338 판결〉. 하지만 부득이한 사정으로 임차인이 주민등록을 다른 곳으로 이전하는 경우에도 배우자나 가족들의 주민등록은 그대로 남겨두어야 합니다.

다만, 임차인의 대항력은 주택의 인도(입주)와 주민등록(전입신고)을 마친 때에 그 다음 날로부터 제3자에게 대항할 수 있기 때문에 사실상 가족 전체가 이사를 갔음에도 불구하고, 가족의 주민등록만을 그대로 남겨 둔 채 이사를 한 경우라면 그 임차주택의 점유를 이탈한 것이 되어 대항력을 상실하게 되므로 이점 유념하셔야 합니다.

관련 법 조항 및 판례
주택임대차보호법 제3조 제1항, 대법원 87다카 3093, 3094, 95다 30338 판결 각 참조

Life and Law

Q [69] 전입신고 하루 전 근저당권이 먼저 설정된 경우 임차인의 지위

: 저는 갑 소유 아파트를 보증금 3억 원에 2년 기간으로 임차하여 입주하였으나, 주민등록 전입신고는 입주 후 이틀이 지나서 하게 되었습니다. 그런데 전입신고 후 혹시나 하고 건물등기부등본을 떼어보니 제가 입주하기 하루 전에 채권최고액 3억 원의 근저당권이 설정되어 있었습니다. 만약 위 주택이 경매된다면 저는 임차권의 대항력을 경락인에게 주장할 수 있는지요?

A 위 주택이 경매된다면 임차권의 대항력을 경락인에게 주장할 수 없습니다. 주택임대차보호법 제3조 제1항은 임차인이 **주택의 인도(입주)와 주민등록(전입신고)을 마친 때**에는 그 다음 날로부터 제3자에게 대항할 수 있다고 규정하고 있습니다. 그리고 판례는 "…인도 및 주민등록과 제3자 명의의 등기가 같은 날 이루어진 경우에 그 선후관계를 밝혀 선순위 권리자를 정하는 것이 사실상 곤란한데다가 임차인보다 등기를 경료한 권리자를 우선시키고자 하는 취지이므로 대항력은 인도와 주민등록을 마친 다음날을 기준으로 발생한다"고 하였습니다. 만약 주민등록을 먼저 마치고 나중에 주택을 인도받은 경우에는 그 인도받은 다음 날부터 대항력이 생깁니다. 여기서 다음 날의 의미는 다음 날 오전 0시를 의미합니다〈대법원 99다9981 판결, 2001다30902 판결〉.

대항요건을 갖춘 그 날에 제3자 명의의 등기가 이루어진 경우 대항력은 인도와 주민등록을 모두 갖춘 다음 날 그 효력이 발생하므로 임차인이 등기부를 확인하고 오전에 주택의 인도 및 주민등록을 마친 경우라도 그 날 오후에 등기된 근저당권에 기한 경매절차의 낙찰자에게 대항할 수 없어 임차인이 피해를 입을 수 있습니다. 반면에 대항요건을 갖춘 다음 날에 근저당권이 설정된 경우 대항력은 그 다음 날 0시부터 발생하고 근저당권은 아무리 빨라도 오전 9시 전에는 이루어질 수 없으므로 주택임차인의 대항력에는 지장이 없습니다.

그런데 위 사안에서 저당권의 설정등기는 귀하가 주민등록 전입신고를 마치기 전(대항요건을 갖추기 전)에 이미 경료되었으므로 귀하는 경락인에 대하여 대항력을 주장할 수 없게 됩니다.

관련 법 조항 및 판례

주택임대차보호법 제3조 제1항, 대법원 97다22393, 98다46938, 99다9981, 2001다30902 판결 각 참조

제3조(대항력 등)
① 임대차는 그 등기가 없는 경우에도 임차인이 주택의 인도와 주민등록을 마친 때에는 그 다음 날부터 제삼자에 대하여 효력이 생긴다. 이 경우 전입신고를 한 때에 주민등록이 된 것으로 본다.
②항~ ⑥항 이하 생략

Life
and Law

> **Q [70] 다가구주택의 호수를 잘못 기재하여 전입신고한 경우 임차보증금의 보호**
>
> : 저는 1년 전 다가구주택 원룸형 108호를 임차보증금 5,000만 원, 계약기간을 24개월로 하는 임대차계약을 체결하고 동사무소에 전입신고 할 때 108호를 208호로 잘못 전입신고하고 확정일자를 받았는데 주위 사람들이 동·호수 기재를 잘못하면 나중에 경매가 개시될 때 임차보증금을 전혀 보호받을 수 없다고 하는데 사실인지요?

A 다가구주택이란 주택으로 쓰이는 층수가 3개층 이하이고, 1개 동의 주택으로 쓰이는 바닥면적의 합계가 660㎡이하이며, 19세대 이하가 거주할 수 있는 주택으로서 공동주택에 해당하지 아니하는 것을 말합니다.

위 사안의 경우 **다가구주택**과 **다세대주택**의 명확한 구분이 필요한데, **다가구주택은** 건축법이나 주택건설촉진법상 이를 공동주택으로 볼 근거가 없어 단독주택으로 구분되어 정확한 지번만 기재하는 것으로 충분하고, 다세대주택은 건축법이나 주택건설촉진법상 공동주택에 해당하고, 주민등록법시행령 제5조 제5항에 의하면 공동주택의 경우 동·호수까지 기재하여 전입신고 하도록 규정하고 있어, **다세대주택의 경우에는** 임차인들이 다세대주택의 동·호수 표시 없이 그 부지 중 일부지번으로만 주민등록을 하거나 층·호수를 잘못 기재한 경우 그 임차주택에 관한 임대차의 유효한 공시방법을 갖추었다고 볼 수 없다고 하였으며〈대법원 94다27427, 95다177, 95다48421 판결 각 참조〉,

■ 다가구용 단독주택의 경우 건축법이나 주택건설촉진법상 이를 공동주택으로 볼 근거가 없어 단독주택으로 보는 이상 주민등록법시행령 제5조 제5항에 따라 임차인이 위 건물의 일부나 전부를 임차하고, 전입신고를 하는 경우 지번

만 기재하는 것으로 충분하고, 나아가 위 건물 거주자의 편의상 구분하여 놓은 호수까지 기재할 의무나 필요가 있다고 할 수 없고, 등기부의 갑구란의 각 지분 표시 뒤에 각 그 호수가 기재되어 있으나 이는 법령상의 근거가 없이 소유자들의 편의를 위하여 등기공무원이 임의적으로 기재하는 것에 불과하며, 임차인이 실제로 위 건물의 어느 부분을 임차하여 거주하고 있는지 여부의 조사는 단독주택의 경우와 마찬가지로 위 건물에 담보권 등을 설정하려는 이해관계인의 책임 하에 이루어져야 할 것이므로 임차인이 전입신고로 지번을 정확히 기재하여 전입신고를 한 이상 일반 사회통념상 그 주민등록으로 위 건물에 임차인이 주소 또는 거소를 가진 자로 등록되어 있는지를 인식할 수 있어 임대차의 공시방법으로 유효하다고 할 것이고, 설사 위 임차인이 위 건물의 소유자나 거주자 등이 부르는 대로 지층 1호를 1층 1호로 잘못 알고, 이에 따라 전입신고를 '연립- 101'로 하였다고 하더라도 달리 볼 것은 아니라고 하였습니다〈대법원 97다29530 판결〉.

■ 이와 같이 대법원 판례는 다가구주택을 단독주택으로 분류하여, "단독주택의 경우에 임차인이 건물의 일부나 전부를 임차하고 전입신고를 하는 경우에 지번만 기재하는 것으로 충분하고 위 건물 거주자들이 편의상 구분하여 놓은 호수까지 기재할 필요나 의무가 없으며, 임차인이 실제로 건물의 어느 부분을 임차하여 거주하고 있는지 여부조사는 위 건물에 담보권을 설정하려는 이해관계인의 책임 하에 이루어져야 할 것이므로 임차인이 지번을 정확하게 기재하여 전입신고를 한 이상 임차인의 공시방법은 유효하고, 그 임차인이 위 건물 중 종전에 임차하고 있던 부분에서 다른 부분으로 옮기면서 그 옮긴 부분으로 다시 전입신고를 하였다고 하더라도 이를 달리 볼 것은 아니다"고 판시하였습니다〈대법원 97다47828 판결〉.

따라서 다가구주택의 임차인이 전입신고를 할 때 건물 소재지의 지번만 기재하는 것으로 충분하고, 편의상 구분하여 놓은 호수까지 기재할 의무나 필요가 없습니다. 다가구주택의 대지가 2필지 이상으로 되어 있는 경우에는 그 중 하나의 지번으로만 전입신고를 하여도 유효한 주민등록이 됩니다. 그러므로 귀하의 사례에서도 임차한 주택이 등기부상 다가구용 단독주택이 확실하다면 임차주택의 지번만 정확하게 기재되어 있으면 유효한 주민등록을 마쳤다고 할 수 있고, 주택임대차보호법상의 대항력을 갖추었다 할 것입니다.

관련 법 조항 및 판례
주택임대차보호법 제3조 제1항, 대법원 95다48421, 97다29530 판결, 97다47828, 99다8322 판결 각 참조

Life
and Law

> ## Q [71] 불법 증축된 옥탑방에 살고 있는 세입자의 주택임대차보호법 보호
>
> : 저는 1년 전 다가구주택 옥탑 방에 전세 들어 살고 있습니다. 그런데 제가 임차하여 살고 있는 옥탑은 건축물관리대장이나 부동산등기부상에도 나타나지 않는 불법 건축물이라고 합니다. 저는 이 옥탑 방에 주민등록전입신고를 하고 확정일자를 받아두었는데 사람들이 옥탑은 불법건축물이라 현재 살고 있는 주택이 잘못되어 경매에 들어가게 되면 주택임대차보호법상의 보호를 받을 수 없다고 하는데 사람들 말이 맞는지요?

A 주택임대차보호법은 주거용 건물의 전부 또는 일부의 임대차에 관하여 이를 적용할 수 있는데 여기서 관할구청으로부터 허가를 받지 아니하고 건축한 무허가건물이나 건축허가를 받았으나 사용승인을 받지 못한 건물 또는 미등기건물에도 주택임대차보호법이 적용될 수 있는지에 관해 판례는 아래와 같이 판시하고 있습니다.

- 주택임대차보호법은 주택의 임대차에 관하여 민법에 대한 특례를 규정함으로써 국민의 주거생활의 안정을 보장함을 목적으로 하고 있고, 주택의 전부 또는 일부의 임대차에 관하여 적용된다고 규정하고 있을 뿐, 임차주택이 관할 관청의 허가를 받은 건물인지, 등기를 마친 건물인지 아닌지를 구별하고 있지 아니하므로, 어느 건물이 국민의 주거생활의 용도로 사용되는 주택에 해당하는 이상 비록 그 건물에 관하여 아직 등기를 마치지 아니하였거나 등기가 이루어질 수 없는 사정이 있다고 하더라도 다른 특별한 규정이 없는 한 같은 법의 적용대상이 된다〈대법원 2004다26133 판결〉.

- 주택임대차보호법 제2조 소정의 주거용 건물이란 공부상의 표시에도 불구하고 그 실지 용도에 따라서 정하여야 하고, 주택임대차보호법이 적용되려면 임대차계약 체결 당시 건물의 구조상 주거용으로서의 형태가 실질적으로 갖추어져 있어야 한다〈대법원 85다카1367 판결〉.

따라서 위 사례의 옥탑은 위 건물의 일부 또는 경우에 따라서는 건물의 종물로서 경매절차에서 건물과 같이 매각될 것이므로 귀하가 임차할 당시 주거용으로서의 형태가 실질적으로 갖추어져 있었고, 주거용으로 임차하여 사용하였다면 주택임대차보호법에 의한 보호를 받을 수 있을 것으로 보입니다.

관련 법 조항 및 판례
주택임대차보호법 제2조, 대법원 2004다26133, 85다카1367 판결 각 참조

제2조(적용 범위)
이 법은 주거용 건물(이하 "주택"이라 한다)의 전부 또는 일부의 임대차에 관하여 적용한다. 그 임차주택(賃借住宅)의 일부가 주거 외의 목적으로 사용되는 경우에도 또한 같다.

Life
and Law

Q [72] 전대차 후 주민등록을 이전하지 않은 전대인의 임대차보증금반환청구

: 저는 임대차계약을 체결한 후 집주인 A의 동의를 얻어 B에게 전대차하였는데 저는 주민등록을 이전하지 않고 전차인만 주민등록을 이전한 상태에서 A의 주택을 C가 매수하여 이전등기 되었습니다. 이런 경우 제가 새로운 집주인 C를 상대로 임대차보증금반환을 청구할 수 있는지요?

A 임차인 자신은 주택을 인도받지 아니하고 주민등록도 이전하지 아니한 채 임대인의 승낙을 얻어 임차주택을 전대함으로서 처음부터 전차인이 직접 주택의 인도와 주민등록을 마친 경우가 있습니다. 이와 같이 임차인이 주택을 직접점유하여 거주하지 않고 임대인의 승낙을 받아 임차주택을 전대함으로서 간접점유하는 경우, 간접점유자인 전차인이 주택을 인도받아 주민등록을 마쳐야만 임차인은 제3자에 대하여 대항력을 취득하게 됩니다.

■ 위 사례와 유사한 판례에 의하면 "주택임차인이 임차주택에 직접 점유하여 거주하지 않고 간접 점유하여 자신의 주민등록을 이전하지 아니한 경우라 하더라도 임대인의 승낙을 받아 임차주택을 전대하고 그 전차인이 주택을 인도받아 자신의 주민등록을 마친 때에는 그때로부터 임차인은 제3자에 대하여 대항력을 취득한다고 보아야 할 것"이라고 판시하였으며〈대법원 94다3155 판결〉, 임차인과의 점유매개관계에 기하여 당해 주택에 실제로 거주하는 직접점유자가 자신의 주민등록을 마친 경우에 한하여 비로소 그 임차인의 임대차가 제3자에 대하여 적법하게 대항력을 취득할 수 있다〈대법원 2000다55645 판결〉고 판시하였습니다. 이로써 귀하 이외의 사람이 주택의 인도나 주민등록을 한 경우, 귀하가 대항력을 취득할 수 있는 범위가 귀하의 배우자 또는 자녀, 점유보조자 뿐만 아니라 전차인까지 확대되었다고 볼 수 있습니다.

▣ 설사 임차인이 주택을 직접 인도받지 않았거나 자신의 주민등록을 임차주택에 이전하지 아니하였다고 하더라도 임대인의 승낙을 받아 전대하고 그 전차인이 그 주택을 인도받고 주민등록을 마쳤다면 이로써 당해 주택이 임대차의 목적이 되어 있다는 사실은 충분히 공시될 수 있습니다. 그 외 다른 공시방법은 있을 수 없기 때문에 전차인이 주택을 인도받고 주민등록을 마친 때로부터 임차인이 제3자에 대하여 대항력을 취득하는 것으로 볼 수 있기 때문이고, 그렇게 보더라도 제3자는 불측의 손해를 입을 염려가 없으며, 또한 이렇게 해석하는 것이 서민의 주거생활 안정을 보호하려는 주택임대차보호법의 취지에도 부합하기 때문입니다〈대법원 2005다64255 판결〉.

따라서 귀하가 임대인 A의 승낙을 받아 B가 임차주택을 인도받아 그 주민등록을 마친 때로부터 제3자에 대하여 대항력을 취득한 것으로 볼 수 있기 때문에 귀하는 C를 상대로 임차보증금의 반환을 청구할 수 있을 것으로 보입니다.

관련 법 조항 및 판례

민법 제629조, 제630조, 631조, 주택임대차보호법 제3조 제1항, 대법원 94다3155, 2000다55645, 2005다64255 판결 각 참조

〈민법〉
제629조(임차권의 양도, 전대의 제한)
① 임차인은 임대인의 동의없이 그 권리를 양도하거나 임차물을 전대하지 못한다.
② 임차인이 전항의 규정에 위반한 때에는 임대인은 계약을 해지할 수 있다.
제630조(전대의 효과)
① 임차인이 임대인의 동의를 얻어 임차물을 전대한 때에는 전차인은 직접 임대인에 대하여 의무를 부담한다. 이 경우에 전차인은 전대인에

대한 차임의 지급으로써 임대인에게 대항하지 못한다.

② 전항의 규정은 임대인의 임차인에 대한 권리행사에 영향을 미치지 아니한다.

제631조(전차인의 권리의 확정)

임차인이 임대인의 동의를 얻어 임차물을 전대한 경우에는 임대인과 임차인의 합의로 계약을 종료한 때에도 전차인의 권리는 소멸하지 아니한다.

Life
and Law

> **Q [73] 임차보증금 증액 후 확정일자는 어떻게 받아야 하며, 증액 부분에 대한 우선변제 순위**
>
> : 임대인이 전세보증금을 올려달라고 하여 추가로 2,000만 원을 지급해 줄 예정에 있습니다. 최초 임대차계약서에는 확정일자를 받아 둔 상태이며, 증액된 부분에 대하여도 확정일자를 받아두고 싶은데 어떻게 처리해야 되며, 최근에 등기부를 확인해보니 전 임대차 계약 후 등기부상 채권최고액 1억 원의 근저당권이 설정되어 있음을 확인하였습니다. 이런 경우 전세보증금 증액부분도 최초 계약서상 확정일자를 기준하여 우선 변제받을 수 있는지요?

A 주택임대차보호법 제3조의2 제2항은 우선변제권의 인정 요건으로 주민등록의 전입과 입주 이외에 임대차계약서에 확정일자를 갖출 것을 요구하고 있습니다. 따라서 증액부분에 대하여도 증액에 따른 계약서임을 명시하여 계약서를 별도로 작성하고 확정일자를 받아두어야 할 것이며〈기존의 확정일자를 받아놓은 최초계약서에 증액사항을 기재할 경우에도 반드시 확정일자를 받아두어야 함〉, 만약 거주하고 있는 주택에 대해 경매가 진행되면 법원에 권리신고 및 배당요구를 할 때 임대차계약의 변동을 소명할 수 있는 신, 구 계약서 사본을 모두 첨부하여야만 합니다. 다만 전세보증금 증액부분에 대하여는 최초 계약서상 확정일자를 기준하여 변제를 받을 수는 없으므로 앞선 근저당권자보다 후순위가 될 것입니다.

▣ 임차인 보증금 증액과 관련된 판례

대항력을 갖춘 임차인이 저당권설정등기 이후에 임대인과 보증금을 증액하기로 합의하고 초과부분을 지급한 경우 임차인이 저당권설정등기 이전에 취득하고 있던 임차권으로 선순위로서 저당권자에게 대항할 수 있음은 물론이나 저당권설정등기 후에 건물주와의 사이에 임차보증금을 증액하기로 한 합의는 건물주가 저당권자를 해치는 법률행위를 할 수 없게 된 결과 그 합의 당사자 사이에서만 효력이 있는 것이고 저당권자에게는 대항할 수 없다고 할 수 밖에 없으므로 임차인은 위 저당권에 기하여 건물을 경락받은 소유자의 건물명도 청구에 대하여 증액전 임차보증금을 상환받을 때까지 그 건물을 명도할 수 없다고 주장할 수 있을 뿐이고 저당권설정등기 이후에 증액한 임차보증금으로써는 소유자에게 대항할 수 없는 것이다〈대법원 90다카11377 판결〉.

관련 법 조항 및 판례
주택임대차보호법 제3조의2 제2항, 90다카11377 판결 각 참조

제3조의2(보증금의 회수)
① 임차인(제3조제2항 및 제3항의 법인을 포함한다. 이하 같다)이 임차주택에 대하여 보증금반환청구소송의 확정판결이나 그 밖에 이에 준하는 집행권원(執行權原)에 따라서 경매를 신청하는 경우에는 집행개시(執行開始)요건에 관한 「민사집행법」 제41조에도 불구하고 반대의무(反對義務)의 이행이나 이행의 제공을 집행개시의 요건으로 하지 아니한다.〈개정 2013. 8. 13.〉
② 제3조제1항·제2항 또는 제3항의 대항요건(對抗要件)과 임대차계약증서(제3조제2항 및 제3항의 경우에는 법인과 임대인 사이의 임대차계약증서를 말한다)상의 확정일자(確定日字)를 갖춘 임차인은 「민사집행법」에 따른 경매 또는 「국세징수법」에 따른 공매(公賣)를 할 때에 임차주택(대지를 포함한다)의 환가대금(換價代金)에서 후순위권리자(後順位權利者)나 그 밖의 채권자보다 우선하여 보증금을 변제(辨濟)받을 권리가 있다.〈개정 2013. 8. 13.〉
③항 ~ ⑨항 이하 생략

Life
and Law

Q [74] 확정일자부 주택임대차계약서를 분실한 경우

: 주택임대차계약서에 확정일자를 부여받았으나 분실하였습니다. 다행히 복사본은 가지고 있는데 재발행 받을 수 있는지요? 현재 임차하여 살고 있는 아파트가 경매 진행 중에 있는데 재발행이 불가능하다면 임대차계약서 사본으로도 보호를 받을 수 있는지요?

A '확정일자'란 증서에 관하여 그 작성한 일자에 관한 완전한 증거가 될 수 있는 것으로 법률상 인정되는 일자를 말하며, 당사자가 나중에 변경하는 것이 불가능한 확정된 일자를 가리킵니다.

주택임대차보호법 제3조의2 제2항은 임대차계약서상 확정일자를 갖출 것을 요구하고 있는데 위 법이 확정일자를 요구하는 취지는 임대인과 임차인 사이의 담합으로 임대계약일자를 사후에 변경하는 것을 방지하고자 함에 있으므로 공증인 사무소, 법무법인 또는 공증인가 합동법률사무소 등에서 임대차계약서를 공정증서로 작성하거나 사문서로 된 임대차계약서에 위 공증기관에서 확정일자인을 받거나, 법원이나 등기소, 동사무소의 공무원으로부터 확정일자인을 받은 경우 뿐 아니라 임대차계약서 자체에 확정일자를 받지 않더라도 임대차계약서에 대하여 사서증서의 인증을 받아도 위 요건을 갖춘 것으로 보고 있습니다〈대법원 98다28879 판결〉.

■ 따라서 확정일자를 받은 **임대차계약서를 다시 재발행 받을 수는 없지만**, 확정일자를 받아 우선변제권을 취득한 임차인이 나중에 그 임대차계약서를 분실하거나 그 임대차계약서가 멸실되었다고 하여 그 우선변제권이 소멸된다고는 볼 수는 없고, 임차인이 분실이나 멸실 등의 사정으로 배당요구 과정에서 확정일자를 부여받은 임대차계약서를 제출하지 못하더라도 다른 사정에 의하여 확

정일자를 부여받은 사실이 입증된다면, 확정일자를 받은 사실은 반드시 임대차계약서로만 입증하여야 하는 것은 아니고 공정증서대장 등 다른 방법으로 입증할 수 있다〈대법원 96다12474 판결〉고 판시하고 있으므로 우선 소지하고 있는 임대차계약서 사본을 첨부하여 배당요구종기일까지 권리신고 및 배당요구신청을 하시기 바랍니다.

■ 이후에 **임대차계약서 원본을 제출할 수 없는 임차인**은 당초 확정일자를 부여받은 기관을 찾아가 확정일자부, 또는 확정일자발급대장 사본을 교부받고 부동산중개업소에 보관중인 임대차계약서 부본을 교부받아 경매법원에 제출하는 등의 방법으로 우선변제권을 소명하여야 할 것으로 보입니다. 계약서사본마저도 없어 보증금액수를 특정할 수 없을 때는 계약서 원본의 분실신고 접수증이나 보증인의 인우보증서 등을 제출하고 계약 당시 지불방법, 지불내역(무통장입금, 계좌이체, 수표지급 등)에 대하여 소명하셔야 할 것으로 보입니다.

관련 법 조항 및 판례
주택임대차보호법 제3조의2 제2항, 대법원 98다28879, 96다12474 판결 각 참조

Life and Law

Q [75] 식당의 화재로 주변 가게 3채가 전소된 경우, 임차인의 배상책임

: 2층 상가건물의 1층 중간부분 점포 2개를 임차하여 식당을 운영하다가 화재가 발생하여 옆 가게 3개가 전소되었습니다. 소방서에서는 본인이 운영하는 식당 가게 전기 콘센트에서 발화되었다고 하는데 화재보험회사에서는 손해금액의 일부만 보상된다고 합니다. 건물주와 옆 가게 다른 임차인들이 본인을 상대로 손해배상소송을 준비한다고 하는데, 본인의 배상책임과 범위는 어떻게 되는지요?

A 임대인이 임차인의 보존, 관리의무 위반을 증명하지 못하는 한 배상책임을 묻기 어렵습니다. 임대차 목적물이 화재 등으로 소멸하여 임차인의 목적물 반환의무가 이행불능 된 경우, **임차인은 화재 등의 구체적인 발생 원인이 밝혀지거나 이행불능이 자기가 책임질 수 없는 사유로 인한 것이라는 것을 증명할 수 있다면 손해배상의 책임을 부담하지 않습니다. 또, 화재가 임대인이 지배, 관리하는 영역에 존재하는 하자로 인하여 발생한 것으로 추단된다면**, 그 하자를 보수, 제거하고 임대차 목적물을 사용, 수익하기에 필요한 상태로 유지하는 것은 임대인의 의무에 속하며, **임차인이 하자를 미리 알았거나 알 수 있었다는 등의 특별한 사정이 없는 한 임대인은 화재로 인한 손해배상 책임을 임차인에게 물을 수 없습니다**〈대법원 2012다86895, 86901 전원합의체 판결, 2002다39456 판결〉. 따라서 위 판례 등을 참고하여 법률전문가와 충분한 상담을 거친 후, 사실관계에 대한 주장과 입증을 충실하게 한다면 소송에서 좋은 결과를 얻을 수 있을 것으로 보입니다.

관련 법 조항 및 판례
대법원 2012다86895, 86901 전원합의체 판결, 2002다39456 판결 각 참조

Life
and Law

> **Q〔76〕월세를 연체하여 상가임대차계약을 해지했는데, 상가 인도를 거부하는 경우**
>
> : 임차인이 영업을 계속하고 있으면서 7개월 동안 차임을 미루고 연체하여 어쩔 수 없이 내용증명을 보내 임대차계약을 해지하겠다고 통보하고 건물 인도를 요청했습니다. 그런데 임차인은 임대차기간이 아직 종료되지 않았으므로 인도 요청을 거부하고 있습니다. 이런 경우 저는 어떻게 해야 되는지요?

A 상가건물임대차보호법 제10조의8에서는 임차인의 차임연체액이 3기의 차임액에 달하는 때에는 임대인은 계약을 해지할 수 있다고 규정되어 있습니다. 따라서 임차인은 연체 차임액이 7기에 달하여 계약해지 사유가 발생한 상태이며, 그에 따라 귀하의 내용증명에 의한 해지 의사표시가 임차인에게 도달하였으므로 상가임대차계약이 해지된 것으로 보입니다. 그럼에도 불구하고 임차인이 계속하여 임대차건물의 임의 인도를 거부하고 있다면 건물의 인도와 연체 차임 및 차임 상당의 부당이득을 구하는 소를 관할 법원에 제기할 수 있습니다.

■ 다만 소송 진행 중 변론 종결 전에 임차인이 제3자에게 점유를 이전하여 집행과정에서 판결에 따른 집행을 할 수 없는 경우가 종종 발생하므로 이를 사전에 방지하기 위해 임차인을 상대로 건물인도청구와 동시에 점유이전금지가처분 신청을 신청해 두는 것이 좋습니다. 위와 같은 소송 판결 확정 후 송달, 확정증명 및 집행문을 부여받아 집행관에게 임대차건물의 인도 집행을 신청해야 하며, 임차인이 임대차건물 내에 물건을 가져가지 않을 경우를 대비하여 건물 인도 집행과 함께 임차인의 물건에 대한 동산경매신청도 동시에 하시기 바랍니다.

■ 동산경매신청을 하지 않을 경우, 집행과정에서 임차인의 물건을 별도로 보

관해야 하고, 그에 따른 보관비용은 물론 보관 중에도 임차인이 물건을 회수해 가지 않는다면 후속절차를 진행하여 물건을 처분해야 하는 번거로운 절차를 거쳐야 합니다. 그리고 위의 동산경매신청에 따라 절차가 진행되면 귀하는 동산경매기일에 참여하여 입찰자가 없어 귀하가 매수하게 될 경우, 동산의 매수대금은 임차인이 귀하에게 지급할 연체차임 내지 부당이득금이 있다면 매수신청과 동시에 상계의사표시를 하면 됩니다.

이와 같은 절차가 완료되면 민사집행법 제195조에 따라 압류 금지 물건을 제외한 동산의 소유권이 귀하에게 귀속되어 임의처분 후 임대차건물을 자유로이 처분할 수 있을 것으로 보입니다.

관련 법 조항
상가건물임대차보호법 제10조의8, 민사집행법 제195조 각 참조

제195조(압류가 금지되는 물건)
다음 각호의 물건은 압류하지 못한다.
① 채무자 및 그와 같이 사는 친족(사실상 관계에 따른 친족을 포함한다. 이하 이 조에서 "채무자등"이라 한다)의 생활에 필요한 의복·침구·가구·부엌기구, 그 밖의 생활필수품
② 채무자등의 생활에 필요한 2월간의 식료품·연료 및 조명재료
③ 채무자등의 생활에 필요한 1월간의 생계비로서 대통령령이 정하는 액수의 금전
④ 주로 자기 노동력으로 농업을 하는 사람에게 없어서는 아니될 농기구·비료·가축·사료·종자, 그 밖에 이에 준하는 물건
⑤ 주로 자기의 노동력으로 어업을 하는 사람에게 없어서는 아니될 고기잡이 도구·어망·미끼·새끼고기, 그 밖에 이에 준하는 물건

⑥ 전문직 종사자·기술자·노무자, 그 밖에 주로 자기의 정신적 또는 육체적 노동으로 직업 또는 영업에 종사하는 사람에게 없어서는 아니 될 제복·도구, 그 밖에 이에 준하는 물건
⑦ 채무자 또는 그 친족이 받은 훈장·포장·기장, 그 밖에 이에 준하는 명예증표
⑧ 위패·영정·묘비, 그 밖에 상례·제사 또는 예배에 필요한 물건
⑨ 족보·집안의 역사적인 기록·사진첩, 그 밖에 선조숭배에 필요한 물건
⑩ 채무자의 생활 또는 직무에 없어서는 아니 될 도장·문패·간판, 그 밖에 이에 준하는 물건
⑪ 채무자의 생활 또는 직업에 없어서는 아니 될 일기장·상업장부, 그 밖에 이에 준하는 물건
⑫ 공표되지 아니한 저작 또는 발명에 관한 물건
⑬ 채무자등이 학교·교회·사찰, 그 밖의 교육기관 또는 종교단체에서 사용하는 교과서·교리서·학습용구, 그 밖에 이에 준하는 물건
⑭ 채무자등의 일상생활에 필요한 안경·보청기·의치·의수족·지팡이·장애보조용 바퀴의자, 그 밖에 이에 준하는 신체보조기구
⑮ 채무자등의 일상생활에 필요한 자동차로서 자동차관리법이 정하는 바에 따른 장애인용 경형자동차
⑯ 재해의 방지 또는 보안을 위하여 법령의 규정에 따라 설비하여야 하는 소방설비·경보기구·피난시설, 그 밖에 이에 준하는 물건

Life
and Law

> **Q [77] 점유이전금지가처분 결정이 되어 있는 상가를 제3자가 점유하고 있을 경우**
>
> : 저는 상가를 보증금 3,000만 원, 월 임대료 100만 원에 임차인과 상가 임대차계약을 체결했는데 이후 임차인이 보증금을 모두 소진될 때까지 임대료를 연체하여 계약해지를 통보했습니다. 이후 법원에서 부동산점유이전금지가처분 신청에 의한 결정을 받아 임차건물에 가처분집행을 마친 후 임차인을 상대로 명도소송을 제기하여 확정판결을 받아 집행관에게 명도 집행을 의뢰했는데, 집행관이 집행 과정에서 상가를 점유한 사람이 판결문상의 임차인이 아니라 제3자가 점유하고 있어 사실상 명도 집행이 어렵다고 합니다. 저는 명도소송 제기 전에 부동산점유이전금지가처분 결정을 받아놓았기 때문에 제3자가 점유하고 있더라도 곧바로 강제 퇴거가 가능한 것으로 알고 있었는데, 이런 경우 저는 어떤 추가조치를 취해야 명도집행을 할 수 있는지요?

A 점유이전금지가처분의 효력과 관련하여 판례는 '점유이전금지가처분은 그 목적물의 점유이전을 금지하는 것으로서 그럼에도 불구하고 점유가 이전되었을 때에는 가처분채무자는 가처분채권자에 대한 관계에 있어서 여전히 그 점유자의 지위에 있다 할 것이지만, 가처분채무자가 가처분채권자 아닌 제3자에 대한 관계에서도 점유자의 지위에 있다고 볼 수는 없다 할 것이다'고 판시하고 있습니다〈대법원 96마27 결정〉.

그런데 제3자가 가처분채무자〈임차인〉로부터 점유이전금지가처분 결정으로 가처분집행을 한 이후 점유를 이전받았다면, 그 제3자에 대하여 가처분채권자가 가처분 자체의 효력으로 직접 퇴거를 강제할 수 있는지에 대해, 점유이전금지가처분은 그 목적물의 점유이전을 금지하는 것으로서 그럼에도 불구하고 점유가 이전되었을 때에는 가처분채무자는 가처분채권자에 대한 관계에 있어서 여전히 그 점유자의 지위에 있다는 의미로서의 당사자 항정의 효력이 인정될 뿐, 가처분 이후에 매매나 임대차 등에 기하여 가처분채무자로부터 점유를 이전받은 제3자에 대하여 가처분채권자가 가처분 자체의 효력으로 직접 퇴거를 강제할 수는 없고, 가처분채권자로서는 본안판결의 집행단계에서 **승계집행문을 부여받아서 그 제3자의 점유를 배제할 수 있다**고 하였습니다〈대법원 98다59118 판결〉.

따라서 귀하의 경우 역시 점유이전금지가처분 결정에 따른 가처분 집행 이후 임차인으로부터 제3자가 위 상가의 점유를 이전받았으므로, 임차인에 대한 상가명도청구의 소 확정판결을 한 법원으로부터 승계집행문을 부여받아 다시 집행관에게 명도 집행을 신청해야 할 것으로 보입니다.

관련 법 조항 및 판례

민사집행법 제31조, 제300조, 제303조, 대법원 96마27 결정, 98다59118 판결 각 참조

제31조(승계집행문)
① 집행문은 판결에 표시된 채권자의 승계인을 위하여 내어 주거나 판결에 표시된 채무자의 승계인에 대한 집행을 위하여 내어 줄 수 있다. 다만, 그 승계가 법원에 명백한 사실이거나, 증명서로 승계를 증명한 때에 한한다.
② 제1항의 승계가 법원에 명백한 사실인 때에는 이를 집행문에 적어야 한다.

제300조(가처분의 목적)
① 다툼의 대상에 관한 가처분은 현상이 바뀌면 당사자가 권리를 실행하지 못하거나 이를 실행하는 것이 매우 곤란할 염려가 있을 경우에 한다.

② 가처분은 다툼이 있는 권리관계에 대하여 임시의 지위를 정하기 위하여도 할 수 있다. 이 경우 가처분은 특히 계속하는 권리관계에 끼칠 현저한 손해를 피하거나 급박한 위험을 막기 위하여, 또는 그 밖의 필요한 이유가 있을 경우에 하여야 한다.

제303조(관할법원)
가처분의 재판은 본인의 관할법원 또는 다툼의 대상이 있는 곳을 관할하는 지방법원이 관할한다.

Life
and Law

Q〖78〗임차한 상가건물을 중도해지하는 경우, 보증금의 반환여부

: 캐쥬얼 의류 제품 판매를 위해 1년 임차한 상가건물을 영업시작 6개월 만에 개인사정으로 장사를 그만두게 되었습니다. 임대인에게 임대차계약의 해지를 요청했더니 계약기간 만료 때까지의 6개월간 임차료를 보증금에서 공제하고 반환해주겠다고 하는데 임대인의 요구가 정당한지 알고 싶습니다.

A 민법 제635조에서 규정한 기간의 약정 없는 임대차해지통고 규정에 따르면 토지, 건물, 기타 공작물에 관하여 임대차기간의 약정이 없는 때에는 당사자가 언제든지 계약해지를 통고할 수 있으며, 임대인이 통고한 경우에는 임차인이 통고를 받은 날부터 6월, 임차인이 통고한 경우에는 임대인이 통고를 받은 날로부터 1월이 경과했을 때부터 해지의 효력이 생기게 됩니다. 또 같은 법 제636조는 임대차기간의 약정이 있는 경우에도 당사자 일방 또는 쌍방이 그 기간 내에 해지할 권리를 보류한 때에는 민법 제635조를 준용한다고 규정하고 있습니다.

■ 상가건물임대차보호법 제9조 제1항에서도 '기간을 정하지 아니하거나 기간을 1년 미만으로 정한 임대차는 그 기간을 1년으로 본다. 다만, 임차인은 1년 미만으로 정한 기간이 유효함을 주장할 수 있다'고 규정하여 최소 1년의 임대차기간을 보장해주고 있습니다. 또한 임차인이 최초의 임대차기간을 포함해 전체 임대차기간이 10년을 초과하지 않는 범위에서만 계약갱신요구권을 행사할 수 있도록 하여 임차인을 보호하고 있습니다〈상가건물임대차보호법 제10조 제2항〉.

■ 따라서 귀하의 경우는 임대차계약기간을 약정하면서 특별히 해지권을 유보한 것이 아니고 임차인의 개인 사정으로 계약만료기간 전에 계약을 해지코자 하는 것이므로 일방적으로 계약을 해지할 수는 없고, 당초의 계약 내용대로 이행하든지 아니면 남은 기간 월차임료를 지급하고 합의해지를 해야 할 것으로 보입니다. 다만, 귀하가 일방적으로 가게를 비워주고 나간 후 남은 계약기간 중에 새로운 임차인이 점포를 임차하게 된다면 임대인은 새 임차인이 입주한 이후부터 계약기간 만료 시까지의 월차임료를 이중으로 받게 되므로 이는 부당이득으로 볼 수 있습니다. 이런 경우 임대인은 귀하로부터 지급받은 월차임료를 반환해 주어야 하는 문제가 발생할 수 있습니다.

관련 법 조항

민법 제635조, 제636조, 상가건물임대차보호법 제9조 제1항, 제10조 제2항 각 참조

〈민법〉

제635조(기간의 약정없는 임대차의 해지통고)
① 임대차기간의 약정이 없는 때에는 당사자는 언제든지 계약해지의 통고를 할 수 있다.
② 상대방이 전항의 통고를 받은 날로부터 다음 각호의 기간이 경과하면 해지의 효력이 생긴다.
    1. 토지, 건물 기타 공작물에 대하여는 임대인이 해지를 통고한 경우에는 6월, 임차인이 해지를 통고한 경우에는 1월
    2. 동산에 대하여는 5일

제636조(기간의 약정있는 임대차의 해지통고)
임대차기간의 약정이 있는 경우에도 당사자일방 또는 쌍방이 그 기간내에 해지할 권리를 보류한 때에는 전조의 규정을 준용한다.

〈상가건물임대차보호법〉

제9조(임대차기간 등)

① 기간을 정하지 아니하거나 기간을 1년 미만으로 정한 임대차는 그 기간을 1년으로 본다. 다만, 임차인은 1년 미만으로 정한 기간이 유효함을 주장할 수 있다.

② 임대차가 종료한 경우에도 임차인이 보증금을 돌려받을 때까지는 임대차 관계는 존속하는 것으로 본다.

제10조(계약갱신 요구 등)

①항 생략

② 임차인의 계약갱신요구권은 최초의 임대차기간을 포함한 전체 임대차기간이 10년을 초과하지 아니하는 범위에서만 행사할 수 있다.

③항 ~ ⑤항 이하 생략

Life and Law

Q〚79〛 행방불명된 외국인(임차인)에 대한 임대차 해지와 명도

: 부부 공유로 되어있는 건물 2층 일부를 외국인에게 계약기간 2년, 임대차보증금 500만 원, 월차임 50만 원을 지급하는 조건으로 임대차계약을 체결했는데 10개월 정도 월세를 지급하다가 본국으로 되돌아갔는지 3개월 이상 연락이 닿지 않고 있습니다. 현재 차임 연체액이 이미 보증금을 초과한 상태이며, 밀린 월세는 포기하더라도 하루빨리 임대차를 해지하고 건물을 명도받고 싶습니다.

A 주택임대차계약을 체결한 외국인이 외국인등록과 체류지 변경신고를 하였다면 예외적으로 주택임대차보호법의 보호대상이 됩니다〈서울민사지방법원 93가합73367 판결〉. 외국인등록과 체류지 변경신고는 주민등록과 전입신고를 갈음하기 때문입니다〈출입국관리법 제88조의2〉. 만약 임차인이 본국으로 되돌아갔다면 외국 공시송달 신청을 통해 **임대차해지 의사표시를 한 후 명도판결을 받아 집행**하면 됩니다. 임대차계약 존속 중 연체 차임을 보증금으로 충당할 것인가는 임대인의 자유입니다. 임대인의 보증금반환의무와 임차인의 목적물 인도의무는 동시이행관계에 있습니다. 보증금은 임대차가 종료되고 목적물을 인도하기까지 발생한 연체 임료, 관리비, 부당이득, 손해배상금 등 임대차로 인한 임차인의 모든 채무를 담보하므로 임대인은 보증금 공제 주장으로 다른 채권자에 우선하여 변제받을 수 있습니다.

■ 위 사안에서는 보증금으로 연체차임 등을 충당한다 해도 이미 연체차임이 보증금을 초과하였으므로 반환해줄 보증금은 없습니다. 따라서 임차인의 동시이행항변권은 상실되며, 가재도구가 그대로 있으므로 인도 완료일까지 차임 상당의 부당이득반환도 청구할 수 있습니다. 외국인은 원칙적으로「주택임대

차보호법」의 보호 대상이 될 수 없으나 「출입국관리법」에 따라 외국인등록과 체류지변경신고를 했다면 예외적으로 보호 대상이 됩니다.

■ 부동산을 명도받기 위해서는 임대차가 종료되어야 하므로 내용증명 또는 소장부본을 송달해 임대차해지 의사표시를 해야 하는데 위 사례의 임차인은 외국인이므로 출입국관리사무소에 임차인의 출입국 내역과 외국인등록 사실증명을 조회하여 임차인이 국내에 있는지 외국에 있는지를 파악한 후, 임차인이 출국상태이고 외국 주소를 모른다면 **외국 공시송달 신청이 가능**합니다.

외국에서 할 송달에 대한 공시송달의 경우, 첫 공시송달은 법원사무관 등이 송달할 서류인 소장부본, 답변서 제출 및 소송안내서를 보관하고, 그 사유를 법원게시판 게시, 관보·공보, 또는 신문 게재, 전자통신매체를 이용한 공시 중 하나의 방법으로 실시한 날부터 2개월 후 효력이 발생합니다. 다만, 같은 당사자에게 하는 그 뒤의 공시송달은 실시한 다음 날부터 효력이 생깁니다.

관련 법 조항 및 판례
출입국관리법 제88조의2, 대법원 2015다254507 판결 각 참조

제88조의2(외국인등록증 등과 주민등록증 등의 관계)
① 법령에 규정된 각종 절차와 거래관계 등에서 주민등록증이나 주민등록등본 또는 초본이 필요하면 외국인등록증(모바일외국인등록증을 포함한다)이나 외국인등록 사실증명으로 이를 갈음한다.
② 이 법에 따른 외국인등록과 체류지 변경신고는 주민등록과 전입신고를 갈음한다.
③ 이 법 또는 다른 법률에서 실물 외국인등록증이나 외국인등록증에 기재된 성명, 사진, 외국인등록번호 등의 확인이 필요한 경우 모바일 외국인등록증의 확인으로 이를 갈음할 수 있다.

Life
and Law

Q [80] 상가임차인이 문을 닫고 잠적한 경우 강제집행 방법

: 저는 A에게 상가건물을 임차해 주었는데 경기가 좋지 않다는 이유로 1년 전부터 월차임을 연체하더니 이제는 밀린 임대료가 임대보증금보다 더 많아지게 되었습니다. 이후 가게를 찾아가보니 A는 집기를 그대로 놔둔 채로 가게 문을 잠가놓고 행방을 감춰버렸습니다. 현재 임차인과는 연락이 닿지 않고 연락할 방법이 없습니다. 이런 경우 제가 가게 문을 열고 들어가 집기를 임의대로 치우면 안 된다고 하는데 어떤 방법으로 문제를 해결해야 하는지요?

A 위 사안의 경우 귀하가 임의로 임차인 A의 물건을 치운다면 형사법적인 문제나 민사상 손해배상 책임을 질 소지가 있으므로 먼저 법원에 A를 상대로 차임연체액이 3기에 달한다는 것을 입증하여 임차계약해지청구권을 행사하고 임대차계약이 종료되었으므로 임차인은 건물의 명도 및 차임 또는 손해배상청구 소송을 제기하여 집행권원이 있는 판결〈확정된 종국판결이나 가집행 선고가 있는 종국판결〉을 받아야 합니다. 임대차는 원칙적으로 계약기간 만료로 종료가 되는데 계약기간 만료 전이라 하더라도 임차인의 밀린 차임이 2기 또는 3기의 차임액에 달할 때에는 임대인이 계약을 해지할 수 있습니다〈민법 제640조, 주택임대차보호법 제6조 제3항, 상가건물임대차보호법 제10조의8〉

▣ 귀하의 경우에도 임차인의 차임연체를 이유로 묵시의 갱신 중인지 여부와 상관없이 임대인인 귀하가 계약을 해지하여 임대차를 종료시킬 수 있습니다. 임대차의 종료로 임차인은 목적물에 대한 점유권원을 상실해 불법점유 상태가 되고, 임대인은 건물의 인도와 연체차임 및 불법점유로 인한 손해배상청구를 할 수 있습니다. 따라서 귀하가 건물명도소송을 제기할 당시 연체된 차임 및

이에 대한 지연손해금, 이에 상응하는 부당이득과 기타 손해배상의 원인이 있다면 함께 청구하셔야 판결 후 강제집행에 유리할 것으로 보입니다.

■ 위 소송에서 판결을 받으면 귀하는 법원 내에 있는 집행관사무소를 찾아가 강제집행신청서(**부동산인도와 동산압류를 같이 신청해야함**)에 집행문을 부여받은 판결정본, 송달증명원 등을 첨부하여 제출하고, 집행비용을 납부하게 되면 민사집행의 권한을 부여받은 법원 집행관이 건물 내에 있는 임차인 소유의 물건들을 매각해 먼저 금전채권(연체차임과 손해배상금)부터 집행하는 방법으로 절차가 이어지게 되며, 이후 집행관으로부터 건물을 인도받아 사용할 수 있습니다. 동산을 압류하고 경매하여 임차인의 모든 물건을 매각하게 되면 아무 것도 남아 있지 않은 상태가 되므로 집행관이 현장에서 인도완료를 선언하게 되면 그것만으로 집행이 종료되기 때문에 상당한 시간과 비용을 절약할 수 있습니다〈민사집행법 제2조, 제5조〉. 그렇지 않으면 건물명도집행시 명도대상 건물 안에 있는 유체동산 등을 채권자의 비용부담으로 창고나 이삿짐센터 등에 보관해두었다 법원으로부터 위 유체동산에 대한 매각허가를 받아 처분하는 절차를 거쳐야만 마무리가 되므로 판결을 받은 이후 이에 대한 사전검토가 필요할 것으로 보입니다.

관련 법 조항

민법 제640조, 주택임대차보호법 제6조 제3항, 상가임대차보호법 제10조의8, 민사집행법 제2조, 제5조, 제24조 각 참조

〈민법〉
제640조(차임연체와 해지)
건물 기타 공작물의 임대차에는 임차인의 차임연체액이 2기의 차임액에 달하는 때에는 임대인은 계약을 해지할 수 있다.

〈주택임대차보호법〉

제6조(계약의 갱신)

① 임대인이 임대차기간이 끝나기 6개월 전부터 2개월 전까지의 기간에 임차인에게 갱신거절(更新拒絶)의 통지를 하지 아니하거나 계약조건을 변경하지 아니하면 갱신하지 아니한다는 뜻의 통지를 하지 아니한 경우에는 그 기간이 끝난 때에 전 임대차와 동일한 조건으로 다시 임대차한 것으로 본다. 임차인이 임대차기간이 끝나기 2개월 전까지 통지하지 아니한 경우에도 또한 같다.

② 제1항의 경우 임대차의 존속기간은 2년으로 본다.

③ 2기의 차임액에 달하도록 연체하거나 그 밖에 임차인으로서의 의무를 현저히 위반한 임차인에 대하여는 제1항을 적용하지 아니한다.

〈상가건물임대차보호법〉

제10조의8(차임연체와 해지) 임차인의 차임연체액이 3기의 차임액에 달하는 때에는 임대인은 계약을 해지할 수 있다.

〈민사집행법〉

제2조(집행실시자)

민사집행은 이 법에 특별한 규정이 없으면 집행관이 실시한다.

제5조(집행관의 강제력 사용)

① 집행관은 집행을 하기 위하여 필요한 경우에는 채무자의 주거·창고 그 밖의 장소를 수색하고, 잠근 문과 기구를 여는 등 적절한 조치를 할 수 있다.

제24조(강제집행과 종국판결)

강제집행은 확정된 종국판결이나 가집행의 선고가 있는 종국판결에 기초하여 한다.

Life
and Law

> **Q [81] 교회도 상가건물임대차보호법의 적용을 받을 수 있는지**
>
> : 저는 최근에 상가건물 2층에 임대차계약을 하고 교회 목사로서 목회활동을 하고자 합니다. 이런 경우 교회의 임차보증금에 대한 우선변제권을 취득하기 위해 확정일자를 받으면 교회도 상가건물임대차보호법에 의하여 보호를 받을 수 있는지 궁금합니다.

A 상가건물임대차보호법은 상가건물 임대차의 공정한 거래질서 확립과 영세상인들이 안정적으로 생업에 종사할 수 있도록 세입자의 권리를 보장하기 위한 법이므로 그 적용 대상은 영세상인에 한정됩니다. 판례에 의하면 "상가건물에 해당하는지 여부는 공부상 표시가 아닌 건물의 현황, 용도 등에 비추어 영업용으로 사용하느냐에 따라 실질적으로 판단하여야 하고, 사실행위와 더불어 영리를 목적으로 하는 활동이 함께 이루어진다면 상가건물임대차보호법 적용대상인 상가건물에 해당한다고 판시하고 있습니다〈대법원 2009다40967 판결〉.

한편 상가건물임대차보호법은 상가건물 임차인 중에서 임차보증금이 일정 금액 이하인 영세상인만을 그 보호대상으로 하고 있으며, 보호 대상금액은 해당 지역의 경제여건 및 상가규모를 고려하여 시행령에서 구체적으로 정하고 있습니다. 월세로 상가건물을 임차한 경우에는 임차보증금에 월세환산액을 더한 금액을 환산보증금으로 하여 그 보호대상 여부를 정하게 되어 있습니다.

결과적으로 교회는 상인으로 보지 않기 때문에 상가건물임대차보호법의 적용을 받을 수 없습니다. 그러나 교회가 부대사업으로 일정공간을 분리하여 영리사업을 운영하는 경우에는 별도로 사업자등록을 할 수 있고, 이런 경우에는 영업용 건물 부분의 임차보증금에 한정되기 때문에 영업용 건물 부분에 대한 임대차계약서는 따로 작성하여야 법의 보호를 받을 수 있을 것으로 보입니다.

관련 법 조항 및 판례
상가건물임대차보호법 제1조, 제2조. 대법원 2009다40967 판결 각 참조

제1조(목적)
이 법은 상가건물 임대차에 관하여 「민법」에 대한 특례를 규정하여 국민 경제생활의 안정을 보장함을 목적으로 한다.

제2조(적용범위)
① 이 법은 상가건물(제3조제1항에 따른 사업자등록의 대상이 되는 건물을 말한다)의 임대차(임대차 목적물의 주된 부분을 영업용으로 사용하는 경우를 포함한다)에 대하여 적용한다. 다만, 제14조의2에 따른 상가건물임대차위원회의 심의를 거쳐 대통령령으로 정하는 보증금액을 초과하는 임대차에 대하여는 그러하지 아니하다.
② 제1항 단서에 따른 보증금액을 정할 때에는 해당 지역의 경제 여건 및 임대차목적물의 규모 등을 고려하여 지역별로 구분하여 규정하되, 보증금 외에 차임이 있는 경우에는 그 차임액에 「은행법」에 따른 은행의 대출금리 등을 고려하여 대통령령으로 정하는 비율을 곱하여 환산한 금액을 포함하여야 한다.
③ 제1항 단서에도 불구하고 제3조, 제10조제1항, 제2항, 제3항 본문, 제10조의2부터 제10조의9까지의 규정, 제11조의2 및 제19조는 제1항 단서에 따른 보증금액을 초과하는 임대차에 대하여도 적용한다.

Life
and Law

> **Q [82] 공유부동산을 공유자 1인이 나머지 공유자의 동의 없이 단독으로 임대한 경우**
>
> : 지방 소도시 근교에 A, B, C가 1/3씩 각 지분을 가지고 있는 부동산이 있는데 A가 공유자인 B와 C의 동의 없이 단독으로 D에게 임대하고 2년 동안 월 100만 원씩 임대료를 받아왔던 사실을 최근에 알고서, 공유자 B, C는 그동안 A가 받은 수익을 배분해 줄 것을 요청했으나 이를 거절하고 있습니다. 이런 경우 나머지 공유자들은 A를 상대로 어떤 법적 조치를 취해야 하는지요?

A 물건(동산, 부동산)을 2인 이상이 공동으로 소유하는 형태를 공유라고 합니다. 공유자는 각자 지분이 주어지는데 약정이 없으면 지분은 서로 균등한 것으로 봅니다〈민법 제262조〉. 결국 공유자는 자기 지분만큼 공유물을 소유하게 되며 그 지분을 처분할 수 있고, 공유물 전부를 지분의 비율로 사용, 수익할 수 있습니다〈민법 제263조〉. 그리고 공유자간에 신뢰나 이해관계가 무너져 지분 비율대로 사용, 수익이 불가능할 때에는 공유 관계를 해소하는 수밖에 없을 것입니다. 이것을 공유물의 분할이라고 합니다.

위 사안의 경우에는 공유자 A의 부당이득을 생각해 볼 수 있는데, 같은 법 제741조는 "법률상 원인 없이 타인의 재산 또는 노무로 인하여 이익을 얻고 이로 인하여 타인에게 손해를 가한 자는 그 이익을 반환하여야 한다."라고 규정하고 있고, 부당이득 수익자의 반환범위에 관하여 같은 법 제748조는 "선의의 수익자는 그 받은 이익이 현존하는 한도에서 이득을 반환하고, 악의의 수익자는 그 받은 이익에 이자를 붙여 반환하고 손해가 있으면 이를 배상하여야 한다"고 규정하고 있습니다.

▣ 그런데 공유자 중 일부가 공유물의 특정부분을 배타적으로 점유, 사용하는 행위가 부당이득을 구성하는지에 관하여 판례는 "토지의 공유자는 각자의 지분비율에 따라 토지 전체를 사용, 수익할 수 있지만 그 구체적인 사용, 수익방법에 관하여 공유자들 사이에 지분 과반수의 합의가 없는 이상, 1인이 특정부분을 배타적으로 점유, 사용할 수 없는 것이므로, 공유자 중의 일부가 특정부분을 배타적으로 점유, 사용하고 있다면, 그들은 비록 그 특정부분의 면적이 자신들의 지분비율에 상당하는 면적범위 내라고 할지라도 다른 공유자들 중 지분은 있으나 사용, 수익은 전혀 하고 있지 아니하고 있는 자에 대하여는 그 지분에 상응하는 부당이득을 하고 있다고 보아야 할 것이다."라고 하였습니다〈대법원 2000다13948 판결〉.

▣ 또한 공유자 중 1인이 다른 공유자의 동의 없이 부동산을 임대한 경우, 반환하여야 할 부당이득의 범위에 관하여 판례는 "부동산의 공유자 중 1인이 다른 공유자의 동의 없이 그 부동산을 타에 임대하였다면 이로 인한 수익 중 자신의 지분을 초과하는 부분에 대하여는 법률상 원인 없이 취득한 부당이득이 되어 이를 반환할 의무가 있고, 이 경우 반환하여야 할 범위는 그 부동산의 임대차로 인한 차임 상당액이며, 임대차의 내용이 미등기 전세이거나 보증금이 있는 경우에는 전세금이나 보증금의 이자 상당액이 차임에 해당되거나 차임에 보태어지는 것이다". 임대차에 보증금이 있는 경우 차임에 해당하는 이자 상당액의 계산에 있어서는 간주 임대료에 관한 세법의 규정을 그대로 적용 또는 준용할 수는 없을 것이지만, 임대차 기간이 1년 이상인 경우에는 임대인의 특별한 재능이나 노력이 없더라도 시중 은행의 계약기간 1년의 정기예금 이자율에 의한 금액 정도는 당연히 취득할 수 있을 것이라는 이유로, 세법의 규정과 같이 계약기간 1년의 정기예금 이자율에 의하여 산정한 경우가 있습니다〈대법원 94다15318 판결〉.

▣ 그리고 공유물로부터 발생하는 임대소득의 경우, 각 공유자가 그 지분의 비율에 따라 안분계산한 소득금액에 대한 종합소득세 등을 개별적으로 납부할 의

무를 부담하는지 여부에 대해 공유자는 공유물 전부를 지분의 비율로 사용·수익할 수 있으므로, 공유물로부터 발생하는 임대소득 역시 지분비율대로 귀속되어야 하는 점, 공유물인 건물의 임대소득 금액이 공유자별로 동일하더라도, 종합소득세의 특성상 공유자의 다른 소득 유무에 따라 납부하여야 할 세액은 공유자별로 달라질 수 있는 점 등을 고려해보면 공유물로부터 발생하는 임대소득의 경우 공동사업에서 발생한 소득금액과 마찬가지로 각 공유자가 그 지분의 비율에 따라 안분계산한 소득금액에 대한 종합소득세 등을 개별적으로 납부할 의무를 부담한다고 하였습니다〈대법원 2022다282500, 2022다28517 판결〉.

결과적으로 위 사안의 경우 A는 공유자인 B와 C의 동의 없이 임의로 공유부동산을 임대한 행위는 부당이득에 해당한다 할 것이고, 이로 인한 부당이득의 반환범위는 위 부동산의 임대료 상당액이 될 것입니다. 따라서 A와 잘 협상해보고 타협이 이뤄지지 않는다면 공유자 B와 C는 부득이 A를 상대로 부당이득금 반환청구의 소를 제기하여 수익금을 반환받을 수밖에 없을 것으로 보입니다.

관련 법 조항 및 판례
민법 제262조, 제263조, 제741조, 제748조, 대법원 94다15318, 2000다13948 판결, 2022다282500 판결, 2022다28517 판결 각 참조

제262조(물건의 공유)
① 물건이 지분에 의하여 수인의 소유로 된 때에는 공유로 한다.
② 공유자의 지분은 균등한 것으로 추정한다.
제263조(공유지분의 처분과 공유물의 사용, 수익)
공유자는 그 지분을 처분할 수 있고 공유물 전부를 지분의 비율로 사용, 수익할 수 있다.
제265조(공유물의 관리, 보존)
공유물의 관리에 관한 사항은 공유자의 지분의 과반수로써 결정한

다. 그러나 보존행위는 각자가 할 수 있다.

제268조(공유물의 분할청구)

① 공유자는 공유물의 분할을 청구할 수 있다. 그러나 5년내의 기간으로 분할하지 아니할 것을 약정할 수 있다.

② 전항의 계약을 갱신한 때에는 그 기간은 갱신한 날로부터 5년을 넘지 못한다.

③ 전2항의 규정은 제215조, 제239조의 공유물에는 적용하지 아니한다.

제269조(분할의 방법)

① 분할의 방법에 관하여 협의가 성립되지 아니한 때에는 공유자는 법원에 그 분할을 청구할 수 있다.

② 현물로 분할할 수 없거나 분할로 인하여 현저히 그 가액이 감손될 염려가 있는 때에는 법원은 물건의 경매를 명할 수 있다.

제741조(부당이득의 내용)

법률상 원인없이 타인의 재산 또는 노무로 인하여 이익을 얻고 이로 인하여 타인에게 손해를 가한 자는 그 이익을 반환하여야 한다.

제748조(수익자의 반환범위)

① 선의의 수익자는 그 받은 이익이 현존한 한도에서 전조의 책임이 있다.

② 악의의 수익자는 그 받은 이익에 이자를 붙여 반환하고 손해가 있으면 이를 배상하여야 한다.

Life
and Law

> Q [83] 임차아파트 경매로 인해 전세금의 일부를 반환받지 못한 경우, 공동소유자(임대인)의 전세금 반환의무
>
> : 저는 A와 B가 공유하고 있는 서울 소재 아파트를 전세금 8억 원에 임차하였으나 선순위 근저당권자의 경매로 전세금 중 7천만 원을 반환받지 못했습니다. 임차당시 아파트 가격의 상승으로 전세금의 확보에는 지장이 없을 것으로 보고 입주했으나 결과적으로 아파트 가격의 하락으로 현저히 낮은 가격으로 낙찰되어 전세금을 전부 배당받지 못하여 A와 B를 상대로 전세금의 반환을 요구하게 되었는데, A는 변제 자력이 없고 B는 변제 자력이 있음에도 자신은 명의수탁자이므로 전세금 반환의무가 없다고 합니다. 이런 경우 명의수탁자라고 주장하는 B를 상대로 전세금반환청구를 할 수 없는지요?

A 공유자는 전세금반환채무도 공동으로 지고 있어 누구에게라도 전세금반환청구가 가능합니다. 판례의 입장은 "건물의 공유자가 공동으로 건물을 임대하고 보증금을 수령한 경우, 특별한 사정이 없는 한 그 임대는 각자 공유지분을 임대한 것이 아니고 임대목적물을 다수의 당사자로서 공동으로 임대한 것이고 그 보증금반환채무는 성질상 불가분채무에 해당한다고 보아야 할 것이다"라고 판시하고 있어 불가분채무자인 A와 B, 누구에게나 전세보증금 전액의 반환을 청구할 수 있을 것으로 보입니다〈대법원 98다43137 판결〉.

한편 B는 부동산등기부상 1/2 지분의 형식상 소유자이기는 하나, A가 세금을 절약하기 위해 명의대여를 부탁하여 그렇게 한 것이고 임차인이 이러한 사실을 전세계약 당시 알았으므로 전세금반환책임은 없다고 합니다. 그러나 부동산실권리자명의 등기에 관한 법률 제4조 제3항에 따르면 제3자의 선의나 악

의를 불문하고 제3자에게 명의신탁의 무효를 대항할 수 없으므로 귀하가 임대인간의 사실관계를 알았든 몰랐든 임차인에게는 대항할 수 없습니다. 따라서 임차인은 변제 자력이 있는 B에게 나머지 전세금의 반환을 청구할 수 있을 것으로 보입니다.

관련 법 조항 및 판례
민법 제263조, 제265조, 대법원 98다43137 판결 각 참조

제263조(공유지분의 처분과 공유물의 사용, 수익)
공유자는 그 지분을 처분할 수 있고 공유물 전부를 지분의 비율로 사용, 수익할 수 있다.

제265조(공유물의 관리, 보존)
공유물의 관리에 관한 사항은 공유자의 지분의 과반수로써 결정한다. 그러나 보존행위는 각자가 할 수 있다.

Life and Law

> **Q〖84〗경매로 아파트 공유지분 1/2을 매수한 공유물에 대한 구체적인 사용·수익의 방법 〈공유물분할청구소송〉**
>
> : 저는 남편과 배우자가 각 2분의 1씩 공유하고 있는 남편(채무자) 명의로 되어 있는 지분 2분의 1을 경매를 통해 매수했습니다. 그런데 매수 후 법원의 인도명령을 받아 집행을 하려고 했는데, 1/2 지분을 가지고 있는 공유자(채무자의 배우자)가 집행을 거부하여 현재 집행 불능 상태에 있습니다. 이런 경우 제가 가지고 있는 지분 1/2 공유물에 대한 구체적인 사용·수익의 방법은 어떤 방식을 통해 행사해야 하는지요?

A 공유지분은 지분의 효력이 전체 부동산에 미치고, 부동산을 특정할 수 없기 때문에 지분권을 가지고는 강제집행을 할 수 없는 것이 원칙입니다. 다만, 민법 제263조 후단에 따라 각 공유자는 공유물 전부를 지분의 비율로 사용·수익할 수 있고, 공유물 관리 사항을 지분의 과반수로 결정할 수 있습니다.

■ 이와 관련된 판례 역시 물건을 공유자 두 사람이 각 1/2 지분씩 균분하여 공유하고 있는 경우, 1/2 지분권자로서는 다른 1/2 지분권자와의 협의 없이는 이를 배타적으로 독점 사용할 수 없고, 나머지 지분권자는 공유물 보존행위로서 그 배타적 사용의 배제, 즉 점유배제를 구할 권리가 있다고 판시하였으며 〈대법원 93다9392, 9408 전원합의체 판결〉. 공유물의 구체적인 사용·수익의 방법에 있어서는 공유자들 사이에 지분 과반수의 합의 없이 공유자 중의 1인이 이를 배타적으로 점유·사용하고 있다면 다른 공유자에 대하여는 그 지분에 상응하는 부당이득을 하고 있는 것으로 보고 있습니다〈대법원 2000다13948 판결〉.

■ 분할의 방법에 있어서 공유물분할은 이른바 형식적 형성의 소로서 법원은 공유물분할을 청구하는 측이 구하는 방법에 구애받지 아니하고 자유로운 재량에 따라 공유관계나 그 객체인 물건의 제반 상황에 따라 공유자의 지분비율에 따른 합리적인 분할을 할 수 있습니다. 공유자 상호 간에 금전으로 경제적 가치의 과부족을 조정하여 분할을 하는 것도 현물분할의 한 방법으로 허용되며, 공유물을 공유자 중의 1인의 단독소유 또는 수인의 공유로 하되 현물을 소유하게 되는 공유자로 하여금 다른 공유자에 대하여 그 지분의 적정하고도 합리적인 가격을 배상시키는 방법에 의한 분할도 현물분할의 하나로 허용하고 있습니다. 단순히 공유자들 사이에 분할의 방법에 관하여 의사가 합치하고 있지 않다는 등의 사정을 들어 함부로 경매분할을 명하는 것은 허용될 수 없다고 하였습니다〈대법원 2020다260025 판결〉.

따라서 경매로 아파트의 지분소유권을 취득한 귀하 역시 대금 납부와 동시에 법률의 규정에 의하여 등기 없이도 소유권을 취득하기 때문에 아파트를 점유하고 있는 공유자(채무자의 배우자)에 대하여 임대료 상당의 부당이득금을 청구할 수 있으며, 지분권자를 상대로 법원에 공유물분할청구소송을 제기할 수도 있습니다. 소송이 제기되면 법원은 조정을 시도하여 어느 일방이 상대방 소유의 1/2 지분권을 매수할 수 있는지 확인하고, 조정이 성립되지 않는 경우에는 아파트를 경매처분하여 분할하는 형식적 경매를 통해 현금분할을 하게 될 것으로 보입니다.

관련 법 조항 및 판례
민법 제263조, 제265조, 제269조, 대법원 93다9392, 9408 전원합의체 판결, 대법원 2000다13948, 2020다260025 판결 각 참조

제263조(공유지분의 처분과 공유물의 사용, 수익)
공유자는 그 지분을 처분할 수 있고 공유물 전부를 지분의 비율로 사

용, 수익할 수 있다.

제265조(공유물의 관리, 보존)
공유물의 관리에 관한 사항은 공유자의 지분의 과반수로써 결정한다. 그러나 보존행위는 각자가 할 수 있다.

제269조(분할의 방법)
① 분할의 방법에 관하여 협의가 성립되지 아니한 때에는 공유자는 법원에 그 분할을 청구할 수 있다.
② 현물로 분할할 수 없거나 분할로 인하여 현저히 그 가액이 감손될 염려가 있는 때에는 법원은 물건의 경매를 명할 수 있다.

Life
and Law

> **Q [85] 임차계약 종료 시 전 임차인이 시설한 부분에 대한 원상회복의무**
>
> : 노래방을 하던 상가를 임차하여 새롭게 일식집을 운영하다 임차계약이 종료하여 건물을 반환해주려고 합니다. 그런데 임대인이 "계약종료 시 임차건물을 원상회복하여 임대인에게 반환하고 이와 동시에 임대인은 보증금을 임차인에게 반환하여야한다"는 계약조항을 근거로 전 임차인이 시설한 노래방의 방음시설까지 원상회복해 놓아야만 임대인이 보증금을 반환하여 주겠다고 합니다. 아무리 계약조항이 있다지만 너무 무리한 요구라 생각하는데 이런 경우 임대인의 요구에 따라야 하는지요?

A 이전 시설과 업종 상이하고, 영업양도 사실도 없으므로 임차인이 직접 시설한 것만 원상회복하여 주면 될 것으로 보입니다. 임대차보증금은 임대차계약에서 발생하는 손해를 임대인을 위하여 담보하는 성격을 가지고 있으며, 이 손해에는 원상회복 의무에 따른 손해도 포함됩니다. 따라서 원상회복 의무를 이행하지 않아 발생하는 손해금도 임차보증금에서 충당할 수 있다 하겠습니다. 다만, 상가임대차 종료 시 임차인의 원상회복의무에 대한 대법원의 판례를 살펴보면, 아래와 같이 상반된 두 판례가 동시에 존재합니다.

■ 직접 시설한 것에 한해 원상회복 의무를 인정하는 판례

전 임차인이 무도유흥음식점으로 경영하던 점포를 임차인이 소유자로부터 임차하여 내부시설을 개조 단장하였다면 임차인에게 임대차 종료로 인하여 목적물을 원상회복하여 반환할 의무가 있다고 하여도 별도의 약정이 없는 한 그것은 임차인이 개조한 범위 내의 것으로서 임차인이 그가 받았을 때의 상태로 반환하면 되는 것이지 그 이전의 사람이 시설을 한 것까지 원상회복할 의무가 있다고 할 수는 없다〈대법원 90다카12035 판결〉.

▣ 전 임차인이 시설한 부분까지 원상회복 의무를 인정하는 판례

임차인이 임대인에게 임차목적물을 반환할 때에는 원상회복의무가 있다. 임차인이 임차목적물을 수리하거나 변경한 때에는 원칙적으로 수리, 변경부분을 철거하여 임대 당시의 상태로 사용할 수 있도록 해야 한다. 다만 원상회복의 내용과 범위는 임대차계약 체결경위와 내용, 임대 당시 목적물의 상태, 임차인이 수리하거나 변경한 내용 등을 고려하여 구체적, 개별적으로 정한다〈대법원 2017다26814 판결〉.

대법원 판례가 위와 같이 모순적인 것처럼 보이지만 이는 두 판례의 사실관계가 다르기 때문입니다. 즉 임차인의 원상회복의무는 별도의 약정이 없는 한 직접 개조한 범위 내의 것으로 임차 받을 당시의 상태로 반환하면 되고〈90다카12035 판결〉, 기존의 임대차계약 관계 및 임대차보증금 반환채권을 완전히 소멸시키고 신규 임차인과 새로운 임대차보증금 반환채권을 발생시킨 것인지, 아니면 기존 임대차계약상 권리의무를 포괄적으로 양도하거나 기존의 임대차보증금 반환채권을 양도하는 것인지 구체적인 사실관계에 따라 종합적으로 판단하여야 한다〈2017다26814판결〉는 기본원칙을 밝히고 있습니다.

첫 번째 90다카12035 판결에서는 별도의 약정을 인정할 수 없어 임차인의 원상회복 의무가 직접 시설물에만 국한된 것이고, 두 번째 2017다26814 판결에서는 사업자체를 포괄 양도 양수했다고 판단하여 사업의 동일성과 임차인 지위의 양도가 인정되어 전 임차인의 시설물에 대해서도 원상회복 의무가 인정된 것입니다. 따라서 귀하의 경우는 전 임차인의 노래방과는 업종이 상이하고, 영업양도 사실도 없으며, 임차계약시 특약으로 '전 임차인에게 인수받은 시설물 및 인테리어에 대해서도 원상회복 의무를 부담한다'는 사항이 없는 등 특별한 사정이 보이지 않으므로, 귀하께서 시설한 시설물에 대해서만 원상회복 의무를 부담하며, 그 한도에서 원상회복 의무를 이행하면 보증금을 반환받을 권리를 취득할 것으로 보입니다.

이상으로 상반된 대법원 판례를 살펴보면, 임차인의 원상회복의무는 사안에 따라 여러 사정을 종합하여 구체적, 개별적으로 원상회복의 범위를 정해야 한다는 결론에 이르게 됩니다. 사실 거의 모든 임대차계약서에는 임차인의 원상회복의무에 관한 내용이 있지만 민법상 강행규정은 아닙니다. 따라서 **임대차계약서에 원상회복의 범위에 관한 특약을 정확하고 구체적으로 잘 적어 놓는 것 하나만으로도 대부분 원상회복에 대한 분쟁을 미연에 방지**할 수 있다고 생각합니다.

예를 들어 "임차인이 설치한 시설물 및 인테리어는 기간 만료 시 원상복구를 원칙으로 한다", **"임차인의 필요에 의해 전 임차인에게 인수받은 시설물 및 인테리어에 대해서도 원상복구를 원칙으로 한다"**는 특약사항의 기재를 명확하게 기재해 두거나 상가나 사무실을 임차했을 당시, 원상회복에 대해 중요한 부분으로 보이는 시설이 있다면 특약으로 그 내용을 기재해 두는 동시에 사진 또는 동영상을 촬영하여 미리 그 증거를 확보해 두는 것도 좋은 해결책이 될 수 있을 것이라 생각합니다.

관련 법 조항 및 판례
대법원 90다카12035, 2017다26814 판결 각 참조

Life
and Law

Q [86] 임차주택 손상의 수선의무와 임차인의 필요비 상환청구권

: 임차아파트의 계약일이 곧 종료되어 이사를 앞두고 있어 집주인에게 보일러 수리비용과 욕실 수리비용을 청구하였더니 자기가 공사를 허락한 바 없어 수리비용을 줄 수 없다고 주장하면서 오히려 저한테 안방의 벽지와 장판을 새로 해놓고 나가라고 합니다. 벽지와 장판은 약간의 홈이 나있기는 하지만 외관상 아무 이상이 없는 상태인데 무리한 요구를 하고 있어 임차주택의 수선유지의무가 누구한테 있는지 알고 싶고, 수리비용의 경우 필요비로 인정받아 임대인에게 청구가 가능한지요?

A 목적물의 수선유지의무에 대해 살펴보면 임대차의 경우, 임대인은 임차인으로 하여금 임차목적물을 사용하고 수익하는데 필요한 상태를 유지해 주어야 할 의무〈민법 제623조〉가 있는 반면에 전세권(전세권의 등기가 되어 있는 경우)의 경우에는 전세권자가 목적물의 현상을 유지하고 그 통상의 관리에 속한 수선을 할 의무가 있습니다〈민법 제309조〉. 즉, 임대차에서는 임대인에게 수선유지의무가 있어 그와 관련한 비용은 임대인이 부담해야 하고, 전세권의 경우에는 전세권자에게 수선유지 의무가 있어 전세권자가 그 비용을 부담해야 합니다.

■ 귀하의 경우에는 전세권자가 아닌 임차인이므로 집주인이 임차목적물인 아파트를 사용하고 수익하는데 필요한 상태, 즉 기본적인 유지관리를 해주어야 할 의무가 있습니다. 보일러 수리와 욕실 수리에 들어간 비용들은 임대인이 임대차관계에서 임차인이 목적물을 사용할 수 있도록 하는 기본적인 수선유지의무의 범위에 해당한다고 보이므로 임대인이 부담해야 할 것으로 보입니다〈민법 제626조〉. 또한 장판과 벽지도 귀하와 가족들이 고의나 과실이 아닌 자

연발생적으로 생길 수 있는 마모에 의한 것이라면 임대인의 요구에 따라 장판과 벽지를 교체해 줄 필요는 없을 것으로 보입니다.

관련 법 조항
민법 제309조, 제623조, 제626조 각 참조

제309조(전세권자의 유지수선의무)
전세권자는 목적물의 현상을 유지하고 그 통상의 관리에 속한 수선을 하여야 한다.

제623조(임대인의 의무)
임대인은 목적물을 임차인에게 인도하고 계약존속 중 그 사용, 수익에 필요한 상태를 유지하게 할 의무를 부담한다.

제626조(임차인의 상환청구권)
① 임차인이 임차물의 보존에 관한 필요비를 지출한 때에는 임대인에 대하여 그 상환을 청구할 수 있다.
② 임차인이 유익비를 지출한 경우에는 임대인은 임대차종료시에 그 가액의 증가가 현존한 때에 한하여 임차인이 지출한 금액이나 그 증가액을 상환하여야 한다. 이 경우에 법원은 임대인의 청구에 의하여 상당한 기간을 허여할 수 있다.

Life
and Law

> **Q [87] 임대인이 매수인의 실거주를 이유로 계약갱신을 거절하고 있을 때 임대차갱신 여부**
>
> : 저는 임대차계약만료일을 앞두고 계약기간을 2년 더 연장하기 위해 집주인에게 임대차계약갱신을 요구했습니다. 그런데 집주인 A는 "B에게 아파트를 매도했으며, B가 실제 거주해야하기 때문에 임대차를 갱신할 수 없다"는 취지의 내용증명 우편을 보내왔습니다. 이런 경우 저는 집주인 A의 말대로 계약갱신 청구를 할 수 없는지요?

A 판례에 따라 계약갱신 거절 기간 내에 집을 파는 사람은 계약갱신을 거절할 수 있으므로, 계약 만료일에 임차주택을 인도해야 합니다. 주택임대차보호법에서는 임대인은 임차인의 계약갱신 요구에 대해 임대차기간 만료 6개월 전부터 2개월 전까지의 기간 내에 거절을 통지해야 하며 정당한 사유 없이는 계약갱신 요구를 거절하지 못하도록 하고 있습니다. 여기서 계약갱신 요구를 거절할 수 있는 정당한 사유에는 여러 가지가 있으나 대표적으로는 임대인(직계존비속 포함)이 목적 주택에 실제 거주하려는 경우(제6조의3 제1항 단서 제8호)라 할 수 있겠습니다.

■ 그런데 위 사안의 경우는 임대인이 갱신거절 기간에 임차주택을 매매, 새 임대인이 된 매수인이 실거주를 이유로 계약갱신을 거절할 수 있는지가 문제됩니다. 이와 관련하여 원심과 대법원 판례가 있습니다. 먼저 원심에서는 "임대인의 실제 거주를 이유로 한 계약갱신 거절 가능 여부는 임차인이 계약갱신을 요구할 당시의 임대인만을 기준으로 보아야 한다"며 주택임대차보호법 제6조의3 제1항 단서 제8호의 계약갱신 거절 사유가 존재하지 않는다고 임차인의 손을 들어주었습니다.

■ 그러나 대법원은 "주택임대차보호법 제6조의3 제1항 단서 제8호가 정한 임대인을 임차인이 갱신을 요구할 당시의 임대인만으로 제한하여 해석하기 어렵고, 구 임대인이 갱신거절 기간 내〈만료전 6개월에서 2개월 사이〉에 실거주 여부를 자유롭게 결정할 수 있다면, 그 기간 내에 실거주가 필요한 새로운 임대인에게 매각할 수도 있다고 보아야 할 것인 점 등을 고려하면, 위 기간 내에 같은 법 제3조 제4항에 의하여 임대인의 지위를 승계한 양수인이 목적 주택에 실제 거주하려는 경우에는 위 제8호 사유를 주장할 수 있다고 본다"라며 매수인의 손을 들어주었습니다.

따라서 위 사안에서도 매수인 B의 갱신 거절은 정당하다고 볼 수 있으므로 그에 따라 임차인은 임차주택을 임대차 종료일에 인도해야 할 것입니다. 위 대법원 판례에 따라 앞으로는 계약갱신 거절 기간 내에 집을 파는 사람은 임차인의 눈치를 볼 필요가 없고 매수하는 사람은 거주 목적의 매수가 가능하며, 임차인은 임대인이 집을 파는지 여부에 대해 신경을 써야 할 것으로 보입니다.

최근 의정부지방법원은 임차인이 갱신요구권을 행사하지 않고 있던 중 임대인이 선제적으로 실거주를 이유로 임대차 갱신을 거절하였고 이로 인해 임차인이 갱신요구권 행사를 단념할 수밖에 없었던 경우라고 하더라도, 이후 임대인이 실거주하지 않고 제3자에게 임대하였다면 임대인에게 주택임대차보호법 제6조의3 제5항 소정의 손해배상책임을 인정한 판결이 있으므로 임대인이나 임차인 모두 참고하시기 바랍니다〈의정부지법 2023나203178 판결〉.

관련 법 조항 및 판례
주택임대차보호법 제3조 제4항, 제6조 제1항, 제6조의3 제1항 단서 제8호, 대법원 2021다266631 판결 각 참조

제3조(대항력 등)

①항 ~ ③항 생략

④ 임차주택의 양수인(讓受人)(그 밖에 임대할 권리를 승계한 자를 포함한다)은 임대인(賃貸人)의 지위를 승계한 것으로 본다.

⑤항 ~ ⑥항 이하 생략

제6조(계약의 갱신)

① 임대인이 임대차기간이 끝나기 6개월 전부터 2개월 전까지의 기간에 임차인에게 갱신거절(更新拒絶)의 통지를 하지 아니하거나 계약조건을 변경하지 아니하면 갱신하지 아니한다는 뜻의 통지를 하지 아니한 경우에는 그 기간이 끝난 때에 전 임대차와 동일한 조건으로 다시 임대차한 것으로 본다. 임차인이 임대차기간이 끝나기 2개월 전까지 통지하지 아니한 경우에도 또한 같다.

② 제1항의 경우 임대차의 존속기간은 2년으로 본다.

③ 2기(期)의 차임액(借賃額)에 달하도록 연체하거나 그 밖에 임차인으로서의 의무를 현저히 위반한 임차인에 대하여는 제1항을 적용하지 아니한다.

제6조의3(계약갱신 요구 등)

① 제6조에도 불구하고 임대인은 임차인이 제6조제1항 전단의 기간 이내에 계약갱신을 요구할 경우 정당한 사유 없이 거절하지 못한다. 다만, 다음 각 호의 어느 하나에 해당하는 경우에는 그러하지 아니하다.

1. 임차인이 2기의 차임액에 해당하는 금액에 이르도록 차임을 연체한 사실이 있는 경우
2. 임차인이 거짓이나 그 밖의 부정한 방법으로 임차한 경우
3. 서로 합의하여 임대인이 임차인에게 상당한 보상을 제공한 경우
4. 임차인이 임대인의 동의 없이 목적 주택의 전부 또는 일부를 전대(轉貸)한 경우
5. 임차인이 임차한 주택의 전부 또는 일부를 고의나 중대한 과

실로 파손한 경우

6. 임차한 주택의 전부 또는 일부가 멸실되어 임대차의 목적을 달성하지 못할 경우

7. 임대인이 다음 각 목의 어느 하나에 해당하는 사유로 목적 주택의 전부 또는 대부분을 철거하거나 재건축하기 위하여 목적 주택의 점유를 회복할 필요가 있는 경우

   가. 임대차계약 체결 당시 공사시기 및 소요기간 등을 포함한 철거 또는 재건축계획을 임차인에게 구체적으로 고지하고 그 계획에 따르는 경우

   나. 건물이 노후·훼손 또는 일부 멸실되는 등 안전사고의 우려가 있는 경우

   다. 다른 법령에 따라 철거 또는 재건축이 이루어지는 경우

8. 임대인(임대인의 직계존속·직계비속을 포함한다)이 목적 주택에 실제 거주하려는 경우

9. 그 밖에 임차인이 임차인으로서의 의무를 현저히 위반하거나 임대차를 계속하기 어려운 중대한 사유가 있는 경우

②항 ~ ⑥항 이하 생략

Life and Law

> **Q [88] 임차인(채무자)의 임대차보증금에 채권압류 및 전부명령이 송달된 경우**
>
> : 임차인(채무자)의 임대차보증금에 채권압류 및 전부명령을 받은 채권자입니다. 채무자인 임차인은 임대차기간이 만료되었는데도 그대로 살고 있습니다. 제3채무자인 집주인은 세입자가 나가지 않고 있는데 임대차기간이 만료되었다고 해서 무조건 채권자에게 보증금을 내줄 수 없다고 하면서 지급을 거부하고 있습니다. 임차인과 집주인은 서로 잘 아는 사이라 집주인이 임차인 편을 들어주고 있는 것 같은데 이런 상태가 계속된다면 채권압류 및 전부명령은 아무 의미가 없는 것인지요?

A 임차인의 임대차보증금 반환청구채권에 관하여 전부명령이 있은 경우에, 임대차가 종료되더라도 제3채무자인 임대인으로서는 채무자인 임차인이 임대차목적물을 반환하기까지는 보증금반환청구채권의 지급을 거절할 동시이행의 항변권을 행사할 수 있으므로 채무자인 임차인이 임대목적물을 반환할 때까지는 전부받은 임대차보증금반환청구권을 행사할 수 없고, 극단적으로는 위 임대차보증금에서 차임 내지 차임 상당의 손해배상액이 공제되어 임대차보증금이 한 푼도 남지 않게 되는 결과도 생길 수 있어 문제가 됩니다.

이러한 경우 판례는 채권자대위권의 법리에 의하여 전부채권자로서는 제3채무자인 임대인을 대위하여 그가 무자력이 아니더라도 그의 임차인에 대한 임대차목적물 명도청구권을 대위하여 행사할 수 있다고 판시하였습니다〈대법원 88다카4253, 4260 판결〉.

따라서 임대차기간이 만료되었음에도 집주인이 적극적인 자세를 취하지 않는다면 귀하가 집주인을 대위하여 채무자인 세입자를 상대로 건물명도 소송을 제기할 수 있을 것으로 보입니다. 소송 제기 후 승소판결이 나면 집행문을 부여받아 집행관을 통하여 강제집행하고, 집주인에게 보증금반환을 청구하면 되며. 제3채무자(집주인)가 보증금을 임의로 변제하지 않을 때에는 그에 대하여 민사집행법 제238조에 따라 이행을 구하는 전부금 청구소송을 제기할 수 있습니다.

■ 대법원 87다68 판결

임대차보증금반환채권이 압류·전부된 경우에 그 임대차보증금은 임대인이 임차인의 목적물 명도 시 까지 임대차계약에 의하여 임차인에 대하여 가지는 일체의 채권을 담보하는 것이라는 이유로, 제3채무자인 임대인은 전부명령 송달 시 까지 발생한 임차인에 대한 채권뿐만 아니라 그 이후에 발생한 채권도 공제한 나머지를 전부채권자에게 지급하면 된다.

관련 법 조항 및 판례

민법 제317조, 민사집행법 제223조, 제229조, 제231조, 제238조, 대법원 88다카4253, 4260, 대법원 87다68 판결 각 참조

〈민법〉
제317조(전세권의 소멸과 동시이행)
전세권이 소멸한 때에는 전세권설정자는 전세권자로부터 그 목적물의 인도 및 전세권설정등기의 말소등기에 필요한 서류의 교부를 받는 동시에 전세금을 반환하여야 한다.

〈민사집행법〉
제223조(채권의 압류명령)
제3자에 대한 채무자의 금전채권 또는 유가증권, 그 밖의 유체물의 권리이전이나 인도를 목적으로 한 채권에 대한 강제집행은 집행법원의 압류명령에 의하여 개시한다.

제229조(금전채권의 현금화방법)
① 압류한 금전채권에 대하여 압류채권자는 추심명령(推尋命令)이나 전부명령(轉付命令)을 신청할 수 있다.
② 추심명령이 있는 때에는 압류채권자는 대위절차(代位節次) 없이 압류채권을 추심할 수 있다.
③ 전부명령이 있는 때에는 압류된 채권은 지급에 갈음하여 압류채권자에게 이전된다.
④ 추심명령에 대하여는 제227조제2항 및 제3항의 규정을, 전부명령에 대하여는 제227조제2항의 규정을 각각 준용한다.
⑤ 전부명령이 제3채무자에게 송달될 때까지 그 금전채권에 관하여 다른 채권자가 압류·가압류 또는 배당요구를 한 경우에는 전부명령은 효력을 가지지 아니한다.
⑥ 제1항의 신청에 관한 재판에 대하여는 즉시항고를 할 수 있다.
⑦ 전부명령은 확정되어야 효력을 가진다.
⑧ 전부명령이 있은 뒤에 제49조제2호 또는 제4호의 서류를 제출한 것을 이유로 전부명령에 대한 즉시항고가 제기된 경우에는 항고법원은 다른 이유로 전부명령을 취소하는 경우를 제외하고는 항고에 관한 재판을 정지하여야 한다.

제231조(전부명령의 효과)
전부명령이 확정된 경우에는 전부명령이 제3채무자에게 송달된 때에 채무자가 채무를 변제한 것으로 본다. 다만, 이전된 채권이 존재하지 아니한 때에는 그러하지 아니하다.

제238조(추심의 소제기)
채권자가 명령의 취지에 따라 제3채무자를 상대로 소를 제기할 때에는 일반규정에 의한 관할법원에 제기하고 채무자에게 그 소를 고지하여야 한다. 다만, 채무자가 외국에 있거나 있는 곳이 분명하지 아니한 때에는 고지할 필요가 없다.

Life
and Law

Q〚89〛층간소음이 있다는 트집을 잡아, 벽과 천장을 두드리며 불안과 공포심을 유발하는 경우

: 아래층에 거주하는 임차인 A가 최근에 이사를 왔는데, 우리 집 아이가 쿵쿵 뛰어다닌다고 해서 거실에 완충재와 층간소음 방지매트를 깔고 소음이 발생하지 않도록 조심조심 생활하고 있습니다. 그럼에도 불구하고 A는 위층에서 소음이 끊이지 않는다며 트집을 잡고 과민반응을 보이면서 2~3일에 한 번씩 찾아와 협박성 항의는 물론이고, 2달 간 한 밤중이나 새벽에 도구를 이용해 벽과 천장을 두드려 쿵쿵 소리를 내거나 음향기기를 틀어 불안과 공포심을 유발하고 있는데 어떻게 처벌할 수 있는 방법이 없는지요?

A 현대 도시생활에서 층간소음은 많은 사람들이 겪는 불편한 문제 중 하나입니다. 층간소음 갈등은 대부분 전화 및 방문 상담 등을 통해 해소되지만, 욕설, 폭력, 소송, 심지어 범죄로 이어질 개연성도 존재합니다. 공동주택의 층간소음에 불만을 품고 불상의 도구로 벽과 천장을 두드려 객관적으로 불안과 공포 유발에 충분한 행위라면 스토킹 행위에 해당될 수 있으며, 이와 같은 행위가 지속될 경우 '스토킹범죄의 처벌 등에 관한 법률'에 의해 처벌받을 수도 있습니다.

■ 최근 대법원 판례에서도 스토킹 범죄는 행위자의 어떠한 행위를 인식한 상대방에게 불안감 또는 공포심을 일으킴으로써 그의 자유로운 의사결정의 자유 및 생활형성의 자유와 평온을 침해하는 것이라며 객관적 일반적으로 볼 때 이를 인식한 상대방으로 하여금 불안감 또는 공포심을 일으키기에 충분한 정도라고 평가될 수 있다면, 현실적으로 상대방이 불안감 내지 공포심을 되었는지 여부와 관계없이 스토킹 행위에 해당하고, 나아가 그와 같은 일련의 스토킹행위가 지속

되거나 반복되면 스토킹 범죄가 성립된다고 하였으며, 또한 위와 같은 행위가 발생했다고 해서 곧바로 스토킹 행위에 해당한다고 단정할 수는 없지만 수개월 걸쳐 늦은 밤부터 새벽 사이에 반복해 도구로 벽을 치거나 음향기기를 트는 등으로 피해자를 비롯한 주변 이웃들에게 큰 소리가 전달되게 하고, 이렇게 반복된 행위로 다수의 이웃은 수개월 내에 이사할 수밖에 없었다고 하는 것은 스토킹 범죄에 해당한다고 판시하였습니다〈대법원 2023도10313 판결〉.

■ 층간소음을 고의로 유발하는 행위는 그 자체가 상대방에게 음향을 도달하게 하는 행위로서 스토킹 행위의 유형 중 하나에 해당한다고 인정하여 스토킹 범죄에 해당한다고 판단한 최초의 사례입니다. 따라서 귀하는 아래층에 거주하는 임차인의 행위가 위와 같이 형사처벌의 대상이 될 수 있으며, 민사상 정신적 고통으로 인한 피해보상을 청구할 수 있음을 내용증명 등으로 고지하여 불법행위를 멈춰줄 것을 간곡하게 다시 한 번 호소한 다음, 그럼에도 불구하고 위와 같은 행위를 멈추지 않고 계속한다면 갈등의 효과적 봉합을 위해서 대법원 판결의 사실관계나 판단내용을 참조하여 형사상 문제나 민사상 정신적 손해배상청구 등을 고려해 보시기 바랍니다.

관련 법 조항 및 판례
스토킹범죄의처벌등에관한법률 제2조, 제18조, 대법원 2023도10313 판결 각 참조

제2조(정의)

이 법에서 사용하는 용어의 뜻은 다음과 같다. 〈개정 2023. 7. 11.〉
  1. "스토킹행위"란 상대방의 의사에 반(反)하여 정당한 이유 없이 다음 각 목의 어느 하나에 해당하는 행위를 하여 상대방에게 불안감 또는 공포심을 일으키는 것을 말한다.
    가. 상대방 또는 그의 동거인, 가족(이하 "상대방등"이라 한다)에

게 접근하거나 따라다니거나 진로를 막아서는 행위
나. 상대방등의 주거, 직장, 학교, 그 밖에 일상적으로 생활하는 장소(이하 "주거등"이라 한다) 또는 그 부근에서 기다리거나 지켜보는 행위
다. 상대방등에게 우편·전화·팩스 또는 「정보통신망 이용촉진 및 정보보호 등에 관한 법률」 제2조제1항제1호의 정보통신망(이하 "정보통신망"이라 한다)을 이용하여 물건이나 글·말·부호·음향·그림·영상·화상(이하 "물건등"이라 한다)을 도달하게 하거나 정보통신망을 이용하는 프로그램 또는 전화의 기능에 의하여 글·말·부호·음향·그림·영상·화상이 상대방등에게 나타나게 하는 행위
라. 상대방등에게 직접 또는 제3자를 통하여 물건 등을 도달하게 하거나 주거등 또는 그 부근에 물건 등을 두는 행위
마. 상대방등의 주거 등 또는 그 부근에 놓여져 있는 물건 등을 훼손하는 행위
바. 다음의 어느 하나에 해당하는 상대방등의 정보를 정보통신망을 이용하여 제3자에게 제공하거나 배포 또는 게시하는 행위
　　1) 「개인정보 보호법」 제2조제1호의 개인정보
　　2) 「위치정보의 보호 및 이용 등에 관한 법률」 제2조제2호의 개인위치정보
　　3) 1) 또는 2)의 정보를 편집·합성 또는 가공한 정보(해당 정보주체를 식별할 수 있는 경우로 한정한다)
사. 정보통신망을 통하여 상대방등의 이름, 명칭, 사진, 영상 또는 신분에 관한정보를 이용하여 자신이 상대방등인 것처럼 가장하는 행위
2. "스토킹범죄"란 지속적 또는 반복적으로 스토킹행위를 하는 것을 말한다.
3. "피해자"란 스토킹범죄로 직접적인 피해를 입은 사람을 말한다.

4. "피해자등"이란 피해자 및 스토킹행위의 상대방을 말한다.

제18조(스토킹범죄)

① 스토킹범죄를 저지른 사람은 3년 이하의 징역 또는 3천만 원 이하의 벌금에 처한다.

② 흉기 또는 그 밖의 위험한 물건을 휴대하거나 이용하여 스토킹범죄를 저지른 사람은 5년 이하의 징역 또는 5천만 원 이하의 벌금에 처한다.

PART 3

가족법

유언·상속 관련

Life
and Law

> Q〖90〗태아도 유언에 따라 재산을 증여받거나 상속인으로서 유류분을 받을 권리가 있는지
>
> : 주변에서 임신 중에 있는 태아는 아직 상속받을 권리가 없으므로 유언에 따라 재산을 증여받거나 상속인으로서 유류분을 받을 권리가 없다고 하는데 사실인지요?

A 사람은 그 신체가 모체로부터 완전히 분리되어 출생할 때부터 법적으로 사람이 되고 생존 기간 동안 권리와 의무의 주체가 됩니다. 하지만 태아는 상속순위에 관해서는 이미 출생한 것으로 봅니다. 우리 민법에서는 원칙적으로 태아에게 사람으로서의 권리능력을 인정하지 않지만 모든 경우에 태아의 권리능력을 인정하지 않으면 태아에게 불리하거나 공평에 반하는 경우가 생길 수 있습니다. 예를 들어 아버지가 사망한 경우에 태아임을 이유로 재산을 상속받지 못한다면 태어난 후 상당히 불리한 위치에 놓일 수 있습니다. 그래서 상속이 될 직계비속 또는 형제자매가 상속개시 전에 사망하거나 결격자가 된 경우, 그 직계비속인 태아가 있으면 태아는 사망하거나 결격된 사람의 순위에 갈음해서 상속인이 됩니다.

■ 다만 이러한 권리능력은 태아가 **살아서 출생하는 것을 전제하여 인정되는 것이기 때문에 태아가 살아서 출생해야만 인정받을 수 있습니다.** 만약 태아가 모체와 같이 사망하거나 또는 모체 내에서 사망하는 등 출생하기 전에 사망하였다면 재산상속권은 인정되지 않습니다. 즉, 태아로 있는 동안은 권리능력을 취득하지 못하나 살아서 출생하면 권리능력을 취득하고 그 취득의 효과가 문제의 사건시기까지 소급해서 생긴다고 보고 있습니다.

그리고 '유류분'이란 상속재산 중에서 상속인 등 특정 사람이 받을 수 있는

일정 몫을 말하며 재산을 상속하지 않는다고 유언을 한 경우에도 이 유류분은 유언보다 우선해 보호되는 법적 권리입니다. 유증이란 유언을 통해 재산을 타인에게 무상으로 증여하는 것을 말합니다. 아직 뱃속에 있는 태아도 이 유류분이나 유증에 관해서는 이미 출생한 것으로 권리능력을 인정해 태아의 이익을 보호하고 있습니다.

관련 법 조항 및 판례
민법 제3조, 제1000조 제3항, 제1001조, 제1064조, 제1118조 각 참조

제3조(권리능력의 존속기간)

사람은 생존한 동안 권리와 의무의 주체가 된다.

제1000조(상속의 순위)

① 상속에 있어서는 다음 순위로 상속인이 된다.
  1. 피상속인의 직계비속
  2. 피상속인의 직계존속
  3. 피상속인의 형제자매
  4. 피상속인의 4촌 이내의 방계혈족

② 전항의 경우에 동순위의 상속인이 수인인 때에는 최근친을 선순위로 하고 동친 등의 상속인이 수인인 때에는 공동상속인이 된다.

③ 태아는 상속순위에 관하여는 이미 출생한 것으로 본다.

제1001조(대습상속)

전조 제1항 제1호와 제3호의 규정에 의하여 상속인이 될 직계비속 또는 형제자매가 상속개시전에 사망하거나 결격자가 된 경우에 그 직계비속이 있는 때에는 그 직계비속이 사망하거나 결격된 자의 순위에 갈음하여 상속인이 된다.

제1064조(유언과 태아, 상속결격자)

제1000조제3항, 제1004조의 규정은 수증자에 준용한다.

제1008조(특별수익자의 상속분)

공동상속인 중에 피상속인으로부터 재산의 증여 또는 유증을 받은 자가 있는 경우에 그 수증재산이 자기의 상속분에 달하지 못한 때에는 그 부족한 부분의 한도에서 상속분이 있다.

제1010조(대습상속분)

① 제1001조의 규정에 의하여 사망 또는 결격된 자에 갈음하여 상속인이 된 자의 상속분은 사망 또는 결격된 자의 상속분에 의한다.

② 전항의 경우에 사망 또는 결격된 자의 직계비속이 수인인 때에는 그 상속분은 사망 또는 결격된 자의 상속분의 한도에서 제1009조의 규정에 의하여 이를 정한다. 제1003조제2항의 경우에도 또한 같다.

제1118조(준용규정)

제1001조, 제1008조, 제1010조의 규정은 유류분에 이를 준용한다.

Life
and Law

Q [91] 사실혼관계에서 임신 중에 있는 태아를 잃게 된 경우, 태아의 재산상속권과 손배배상청구권

: 저는 A와 혼인신고를 하지 않은 상태에서 동거생활을 하던 중 A와 같이 자동차를 타고 가다가 타인(B)의 잘못으로 사고를 당해 A가 사망하였고, 저는 사고당시 충격으로 임신중절을 하였습니다. 주위 사람들에게 들으니 태아인 경우에도 상속권이 있다고 하던데 A의 재산과 위 사고로 인한 손해배상청구권은 어떻게 되는지요?

A 민법상 태아에게도 재산상속권과 불법행위에 대한 손해배상청구권이 있습니다. 그러나 태아의 재산상속권과 불법행위에 대한 손해배상청구권은 태아가 살아서 출생하는 것을 전제하여 인정되는 것이므로 만약 태아가 모체와 같이 사망하거나 또는 모체 내에서 사망하는 등 출생하기 전에 사망하였다면 재산상속권과 불법행위에 대한 손해배상청구권은 인정되지 않습니다. 따라서 귀하가 태아인 상태에서 임신중절수술을 받았다면 태아는 상속순위에서도 상속인이 되지 못하는 것이고 불법행위에 대한 손해배상청구권도 발생하지 않습니다.

▣ 참고로 태아가 교통사고로 사망한 경우에 관한 대법원 판례를 보면 "태아가 손해배상청구권에 관하여는 이미 태어난 것으로 본다는 민법 제762조의 취지는 태아가 살아서 출생한 때에 출생시기가 문제의 사건의 시기까지 소급하여 그때에 태아가 출생한 것과 같이 법률상 보여진다고 해석함이 상당하므로 그가 모체와 같이 사망하여 출생의 기회를 못가졌다면 배상청구권을 논할 여지가 없다"고 한 바 있습니다.

▣ 또한 귀하는 A와 혼인신고를 하지 않은 상태이기 때문에 사실혼관계 해소가 당사자간의 의사로 종료된 것이 아닌 일방의 사망으로 인한 종료시에는 상속권

은 물론 재산분할청구권도 발생하지 않으므로 A의 상속인이 되지 못합니다. 2024. 3. 헌법재판소도 사실혼 배우자에 대한 상속권을 인정하지 않은 것이 위헌이 아니라는 결정을 내렸으며, 상속에서의 불안정한 법률관계를 인정하지 않으려는 입법자의 의도를 존중한 것으로 보이며, 사실혼의 경우에도 증여나 유언제도를 활용할 수 있고, 근로기준법이나 국민연금법 등에 근거한 수급권이 인정되는 점도 고려되었습니다. 따라서 A의 사망당시 재산과 위 사고로 인한 B에 대한 손해배상청구권은 A의 부모가 상속하게 될 것입니다. 다만 귀하도 교통사고를 당하였으므로 그로 인하여 입은 치료비손해와 사실혼관계에 있던 A의 사망에 따른 정신적 고통에 대한 위자료는 B에 대하여 청구할 수 있습니다.

최근 가치관과 의식의 변화로 법률상 혼인을 택하지 않는 커플이 급격히 늘고 있습니다. 신문 보도에 의하면 20대와 30대에서는 '결혼하지 않고도 함께 살 수 있다'는 설문에 동의하는 견해가 80%가 넘는다고 하니 놀라울 따름입니다. 바람직한 가족 형태가 무엇인지는 사람마다 생각이 다르겠지만 더 이상 전통적 가치관으로 시대적 변화를 막을 수 없음은 분명하므로 사실혼을 법률혼과 마찬가지로 가족 구성의 한 형태로 인정함으로서, 현실과 규범의 괴리를 좁혀 나가는 노력과 함께 가족의 정의에서 혼인, 혈연, 입양 외에 사실혼을 추가하여 사실혼을 법적 가족의 개념에 포함시키고 관련 법률을 순차적으로 개정해 나가는 논의가 그 어느 때보다 필요해 보입니다.

관련 법 조항 및 판례
민법 제1000조 제3항, 제762조, 대법원 76다1365 판결 각 참조

제1000조(상속의 순위)
③ 태아는 상속순위에 관하여는 이미 출생한 것으로 본다.
제762조(손해배상청구권에 있어서의 태아의 지위)
태아는 손해배상의 청구권에 관하여는 이미 출생한 것으로 본다.

Life and Law

Q [92] 사실혼관계에 있는 배우자도 공무원유족연금 지급신청이 가능한지

: 저는 공무원인 A와 결혼한 후, 혼인신고를 하지 않은 상태로 10년 이상 동거생활을 계속해 오던 중 A는 불치의 병으로 사망하였습니다. 이런 경우 사실혼관계에 있는 제가 공무원연금공단에 A의 배우자로서 유족연금 지급을 신청할 수 있는지요?

A 혼인신고를 하지 않은 사실혼의 경우에 배우자는 서로 상속권이 없습니다. 이 점이 법률혼에 비해 결정적으로 불리하다고 할 수 있습니다. 다만 **민법이 규정하는 상속권은 없지만 다른 법률에서는 실질적으로 생계를 같이 하고 있었던 사실혼 배우자를 법률상의 배우자와 동일하게 취급하는 경우도 있습니다.** 예를 들면 근로기준법상의 유족보상금, 산업재해보상보험법상의 유족보상연금, 공무원연금법상의 유족급여, 군인연금법상의 유족급여, 사립학교 교직원연금법상의 유족급여, 선원법상의 유족수당에 관하여는 사실혼의 배우자도 유족으로 포함시키고 있어서 이러한 보상금 등을 받을 수 있지만 엄밀한 의미에서 상속은 아닙니다.

■ 그런데 유족급여 등 법률상 급여를 받기 위해서는 사실혼 배우자임을 주장하여도 해당 기관이나 보험사에서 그냥 돈을 지급해주지는 않습니다. 법률혼 배우자는 혼인관계증명서 등에 배우자와 혼인사실관계가 명확하게 기재되어 있기 때문에 다툼이 없지만 사실혼 배우자는 지급을 요청하는 사람이 정말 사실혼 배우자인지 아닌지 근거가 부족하기 때문입니다. 이럴 때 사실혼 배우자는 관할 가정법원에 "원고와 망인 사이에 사실혼관계가 존재하였음을 확인한다"라는 '사실혼관계존재확인의 소'를 제기하여 판결을 받은 다음 이를 지급기관이나 보험사에 제출해야 합니다.

■ 사실혼관계존재확인의 소는 가사소송법상 나류 사건에 해당되어 조정전치주의가 적용되며, 이와 같은 소송은 민법 제863조, 제865조의 규정을 유추적용 하여 생존당사자가 그 사망을 안 날로부터 2년 내에 검사를 상대로 소를 제기해야 합니다〈대법원 94므1447 판결〉.

공무원연금에서는 국민연금과 마찬가지로 사망당시 사실혼 관계에 있는 배우자도 유족연금을 지급받을 수 있습니다. 이때 수령 자격은 연금의 종류마다 다르게 적용됩니다. 그러나 여기에는 특별한 조건이 더해집니다. 공무원이 재직 중 사망한 경우, 재직 기간이 10년 이상이어야 유족이 유족연금을 받을 수 있습니다. 또한, 1995년 12월 31일 이전에 퇴직하고 동일한 시기에 혼인한 배우자만이 유족연금을 수령할 수 있습니다.

공무원연금의 유족연금은 복잡한 제도와 규정을 가지고 있습니다. 이때 수령 자격은 연금의 종류마다 다르게 적용됩니다. 연금을 받을 수 있는 유족의 범위와 순위, 그리고 그에 따른 수령액과 조건 등을 정확하게 이해하는 것이 중요합니다. 특히 연금 수령에 있어서는 다양한 제한사항과 주의할 점이 있으므로, 공무원연금공단 측에 문의하여 처리하시는 것이 좋습니다. 참고로 재혼한 배우자의 경우에도 유족연금을 지급받을 수 있는데 혼인 시기와 사망 당시의 혼인 상태가 중요한 변수로 작용합니다. 혼인 시기가 1995년 12월 31일 이전이고, 사망 당시 혼인관계를 유지하고 있다면 재혼 여부와 관계없이 유족연금의 대상자가 될 수 있습니다.

관련 법 조항 및 판례
민법 제863조, 제865조, 가사소송법 제50조, 대법원 94므1447 판결 각 참조

〈공무원연금법〉

제57조(퇴직유족연금의 수급권 상실 및 이전)

① 퇴직유족연금을 받을 권리가 있는 사람이 다음 각 호의 어느 하나에 해당할 때에는 그 권리를 상실한다.

1. 사망한 때
2. 재혼한 때(사실상 혼인관계에 있는 경우를 포함한다)
3. 사망한 공무원이었던 사람과의 친족관계가 종료된 때
4. 대통령령으로 정하는 정도의 장해 상태에 있지 아니한 자녀 또는 손자녀가 19세가 되었을 때
5. 대통령령으로 정하는 정도의 장해 상태로 퇴직유족연금을 받고 있던 사람의 장해상태가 해소되었을 때

② 퇴직유족연금을 받을 권리가 있는 사람이 그 권리를 상실한 경우에 같은 순위자가 있을 때에는 그 같은 순위자에게 그 권리가 이전되고, 같은 순위자가 없을 때에는 다음 순위자에게 그 권리가 이전된다.

〈가사소송법〉

제50조(조정 전치주의)

① 나류 및 다류 가사소송사건과 마류 가사비송사건에 대하여 가정법원에 소를 제기하거나 심판을 청구하려는 사람은 먼저 조정을 신청하여야 한다.

② 제1항의 사건에 관하여 조정을 신청하지 아니하고 소를 제기하거나 심판을 청구한 경우에는 가정법원은 그 사건을 조정에 회부하여야 한다. 다만, 공시송달의 방법이 아니면 당사자의 어느 한쪽 또는 양쪽을 소환할 수 없거나 그 사건을 조정에 회부하더라도 조정이 성립될 수 없다고 인정하는 경우에는 그러하지 아니하다.

Life
and Law

Q [93] 재산상속에 있어서 법정상속인의 상속순위

: 처자식과 노부모, 시동생이 있는 남편이 여행 중에 교통사고를 당해 사망하게 되었습니다. 이런 경우 남편의 재산 및 교통사고배상금의 상속에 관해 알고 싶습니다. 노부모도 함께 상속을 받는 경우가 있다고 하는데 어떤 경우에 노부모와 함께 상속을 받게 되는지요?

A 민법상 법정상속인의 순위를 말씀드리자면 **제1순위**는 사망한 자의 직계비속, 즉 자식을 말합니다〈촌수가 같으면 동순위로 되고 촌수가 다르면 가까운 쪽이 선순위이며, 자연혈족, 법정혈족(양자), 혼인중의 출생자, 혼인외의 출생자를 불문하며, 태아의 상속순위는 이미 출생한 것으로 봅니다〉. **제2순위**는 사망한 자의 직계존속, 즉 부모, 조부모 등을 말합니다〈직계존속은 부계, 모계, 양가, 생가를 불문하며, 친생부모와 양부모는 동 순위입니다〉. **제3순위**는 사망한 자의 형제자매이며, **제4순위**는 사망한 자의 4촌 이내의 방계혈족입니다〈민법 제1000조〉.

자기의 직계존속과 직계비속을 직계혈족이라 하고, 형제자매와 형제자매의 직계비속(조카), 직계존속의 형제자매(삼촌·고모 등)와 그 형제자매의 직계비속(4촌·6촌 등)을 방계혈족이라 합니다. 또한 아버지 계통(친가)의 혈족을 부계혈족, 어머니 계통(외가)의 혈족을 모계혈족이라 합니다. 민법상 혈족은 모두 친족이지만〈민법 제767조〉, 친족관계로 인한 법률상 효력이 미치는 범위는 8촌 이내의 혈족으로 한정되고 있습니다〈민법 제777조〉.

■ **피상속인의 배우자〈혼인신고를 한 법률상의 배우자〉**는 제1000조 제1항 제1호와 제2호의 규정에 의한 상속인이 있는 경우에는 그 상속인과 동순위로 공동상속인이 되고 그 상속인이 없는 때에는 단독상속인이 됩니다〈민법 제1003

조〉. 따라서 상속순위는 배우자인 귀하와 직계비속인 귀하의 자가 될 것이므로 노부모와 시동생은 상속인이 되지 못합니다. 다만, 남편의 노모와 시동생은 아들 또는 형이 사망함으로 인한 정신적 고통에 대한 위자료청구권은 그들 고유의 권리로 인정받게 될 것입니다.

■ 또한 공동상속인 중에 상당한 기간 동거·간호 그 밖의 방법으로 피상속인을 특별히 부양하거나 피상속인의 재산의 유지 또는 증가에 특별히 기여한 자가 있을 때에는 상속개시 당시의 피상속인의 재산가액에서 공동상속인의 협의로 정한 그 자의 기여분을 공제한 것을 상속재산으로 보고 민법 제1009조 및 제1010조에 의하여 산정한 상속분에 기여분을 가산한 액으로써 그 자의 상속분으로 할 수 있으며, 서로 협의가 되지 아니하거나 협의할 수 없는 때에는 가정법원은 기여자의 청구에 의하여 기여의 시기·방법 및 정도와 상속재산의 액 기타의 사정을 참작하여 기여분을 정할 수 있다는 것을 참고하시기 바랍니다.

관련 법 조항

민법 제1000조, 제1003조 제1008조의2 각 참조

제767조(친족의 정의)
배우자, 혈족 및 인척을 친족으로 한다.
제768조(혈족의 정의)
자기의 직계존속과 직계비속을 직계혈족이라 하고 자기의 형제자매와 형제자매의 직계비속, 직계존속의 형제자매 및 그 형제자매의 직계비속을 방계혈족이라 한다.〈개정 1990. 1. 13.〉
제777조(친족의 범위)
친족관계로 인한 법률상 효력은 이 법 또는 다른 법률에 특별한 규정이 없는 한 다음 각호에 해당하는 자에 미친다.
　1. 8촌 이내의 혈족

    2. 4촌 이내의 인척
    3. 배우자

제1000조(상속의 순위)

① 상속에 있어서는 다음 순위로 상속인이 된다.
    1. 피상속인의 직계비속
    2. 피상속인의 직계존속
    3. 피상속인의 형제자매
    4. 피상속인의 4촌 이내의 방계혈족

② 전항의 경우에 동순위의 상속인이 수인인 때에는 최근친을 선순위로 하고 동친등의 상속인이 수인인 때에는 공동상속인이 된다.

③ 태아는 상속순위에 관하여는 이미 출생한 것으로 본다.

제1001조(대습상속)

전조 제1항 제1호와 제3호의 규정에 의하여 상속인이 될 직계비속 또는 형제자매가 상속개시전에 사망하거나 결격자가 된 경우에 그 직계비속이 있는 때에는 그 직계비속이 사망하거나 결격된 자의 순위에 갈음하여 상속인이 된다.

제1003조(배우자의 상속순위)

① 피상속인의 배우자는 제1000조제1항 제1호와 제2호의 규정에 의한 상속인이 있는 경우에는 그 상속인과 동순위로 공동상속인이 되고 그 상속인이 없는 때에는 단독상속인이 된다.

② 제1001조의 경우에 상속개시전에 사망 또는 결격된 자의 배우자는 동조의 규정에 의한 상속인과 동순위로 공동상속인이 되고 그 상속인이 없는 때에는 단독상속인이 된다.

제1008조의2(기여분)

① 공동상속인 중에 상당한 기간 동거·간호 그 밖의 방법으로 피상속인을 특별히 부양하거나 피상속인의 재산의 유지 또는 증가에 특별히 기여한 자가 있을 때에는 상속개시 당시의 피상속인의 재산가액에서 공동상속인의 협의로 정한 그 자의 기여분을 공제한 것을 상속재산으

로 보고 제1009조 및 제1010조에 의하여 산정한 상속분에 기여분을 가산한 액으로써 그 자의 상속분으로 한다.

② 제1항의 협의가 되지 아니하거나 협의할 수 없는 때에는 가정법원은 제1항에 규정된 기여자의 청구에 의하여 기여의 시기·방법 및 정도와 상속재산의 액 기타의 사정을 참작하여 기여분을 정한다.

③ 기여분은 상속이 개시된 때의 피상속인의 재산가액에서 유증의 가액을 공제한 액을 넘지 못한다.

④ 제2항의 규정에 의한 청구는 제1013조제2항의 규정에 의한 청구가 있을 경우 또는 제1014조에 규정하는 경우에 할 수 있다.

Life
and Law

Q [94] 재산을 상속받을 시, 세대를 건너뛰는 세대생략 상속등기가 가능한지

: 아버지가 돌아가신 후 저와 남동생 앞으로 상속등기를 해야 하는데 저와 남동생의 상속등기를 생략하고 곧바로 저의 아들과 남동생의 딸 앞으로 상속등기를 하고 싶습니다. 이렇게 세대를 건너뛰는 상속등기가 가능한지요?

A 세대를 건너뛰는 상속등기는 상속인이 되는 직계존속이 법원에 상속포기심판청구를 하여 상속포기결정을 받은 후, 그 후순위 상속인들이 상속을 받도록 하는 것을 의미합니다. 이를 세법에서는 '세대생략 상속'이라 하며, 세대생략 상속은 2대에 걸쳐 이루어지는 재산 이전을 한 번으로 단축함으로써 재산 이전에 따른 상속세와 취득세를 절세할 수 있습니다. 그러나 자녀가 생존해 있음에도 불구하고 세대를 건너뛰어 세대생략 상속으로 상속 대상이 바뀌는 경우 상속공제한도가 감소되어 과세표준액이 늘어날 수 있으므로 주의할 필요가 있습니다.

▣ 세대생략상속의 경우 상속 시 사망자의 1순위 상속인인 직계비속 자녀가 아니고, 1순위 상속인의 자녀인 손자에게 유증될 경우 상속인만이 받을 수 있는 기초일괄공제(현행: 5억 원)가 공제되는지 여부에 대해 찬반으로 견해가 대립되나 국세청은 공제되지 않는다는 입장을 취하고 있는 것으로 보이며, 세대생략 상속등기는 상속세 및 증여세법에 따라 30%(미성년자가 받는 증여 또는 상속재산가액이 20억 원 초과 시 40% 할증) 할증된 상속세율이 적용되기도 합니다〈상속세 및 증여세법 제27조〉. 때문에 할아버지와 손주간의 세대생략 상속의 경우 상속세가 일반상속(상속세) 후, 증여(증여세)를 거친 경우보다 더 많은 경우가 발생할 수 있어 반드시 세무전문가와 법률전문가 등과 충분한 논

의를 거친 후 결정을 하셔야 합니다.

　최근 부동산가격이 급상승하면서 위와 같은 30% 할증과세를 감수하고도 상속세를 한 번만 내는 것을 선택하는 경우가 늘어나고 있습니다. 세대생략 상속등기를 위해서는 선순위 상속인 전원의 상속포기 판결을 받거나 생전에 피상속인이 세대를 생략한 유증을 한 경우이어야 합니다. 앞으로 이와 같은 상속·증여 문제는 우리 사회의 부의 이전문제와 관련하여 많은 관심사가 될 것으로 보입니다.

관련 법 조항
민법 제1019조, 상속세 및 증여세법 제27조 각 참조

〈민법〉
제1019조(승인, 포기의 기간)
① 상속인은 상속개시있음을 안 날로부터 3월내에 단순 승인이나 한정승인 또는 포기를 할 수 있다. 그러나 그 기간은 이해관계인 또는 검사의 청구에 의하여 가정법원이 이를 연장할 수 있다.
② 상속인은 제1항의 승인 또는 포기를 하기 전에 상속재산을 조사할 수 있다.
③ 제1항에도 불구하고 상속인은 상속채무가 상속재산을 초과하는 사실(이하 이 조에서 "상속채무 초과사실"이라 한다)을 중대한 과실 없이 제1항의 기간 내에 알지 못하고 단순승인(제1026조제1호 및 제2호에 따라 단순승인한 것으로 보는 경우를 포함한다. 이하 이 조에서 같다)을 한 경우에는 그 사실을 안 날부터 3개월 내에 한정승인을 할 수 있다.
④ 제1항에도 불구하고 미성년자인 상속인이 상속채무가 상속재산을 초과하는 상속을 성년이 되기 전에 단순승인한 경우에는 성년이 된 후

그 상속의 상속채무 초과사실을 안 날부터 3개월 내에 한정승인을 할 수 있다. 미성년자인 상속인이 제3항에 따른 한정승인을 하지 아니하였거나 할 수 없었던 경우에도 또한 같다〈신설 2022. 12. 13.〉.

〈상속세 및 증여세법〉
제27조(세대를 건너뛴 상속에 대한 할증과세)
상속인이나 수유자가 피상속인의 자녀를 제외한 직계비속인 경우에는 제26조에 따른 상속세산출세액에 상속재산(제13조에 따라 상속재산에 가산한 증여재산 중 상속인이나 수유자가 받은 증여재산을 포함한다. 이하 이 조에서 같다) 중 그 상속인 또는 수유자가 받았거나 받을 재산이 차지하는 비율을 곱하여 계산한 금액의 100분의 30(피상속인의 자녀를 제외한 직계비속이면서 미성년자에 해당하는 상속인 또는 수유자가 받았거나 받을 상속재산의 가액이 20억원을 초과하는 경우에는 100분의 40)에 상당하는 금액을 가산한다. 다만, 「민법」 제1001조에 따른 대습상속(代襲相續)의 경우에는 그러하지 아니하다.〈개정 2015. 12. 15., 2016. 12. 20.〉

Life and Law

Q [95] 민법 개정에 따른 연도별 법정상속 관계 법령은 어떻게 되는지

: 수십 년 전에 돌아가신 부친 명의로 된 임야 중에 아직 상속등기를 하지 않은 임야가 있어 자식들이 상속등기를 하고 싶은데 이런 경우 법정상속지분은 저의 부친이 사망한 때의 규정에 따라야 한다고 하는데, 민법 개정에 따른 연도별 법정상속지분은 어떻게 되는지 알고 싶습니다.

A 상속이 개시되었을 때(사망시에) 그 상속재산을 물려받을 수 있는 지위에 있는 사람을 상속인이라고 합니다. 상속인이 한 사람인 경우에는 상속재산 모두가 그 사람에게 상속되겠지만 상속인이 여러 명 있게 되면 상속재산은 상속인들끼리 나누어 가져야 합니다. 이와 같이 공동상속인 사이에 누가 어느 만큼의 상속을 받는가에 관하여 정한 비율을 법정상속분이라 하며, **상속은 상속인의 사망일을 기준으로 사망 당시의 상속관계 법령이 적용됩니다.**

구민법 당시부터 현재에 이르기까지 법의 개정에 따라 상속인, 상속순위, 상속지분이 변경되었는데, 특히 1991. 1. 1.부터는 민법의 친족의 변경으로 계모자관계와 적모서자의 법정혈족관계의 폐지로 상속관계가 단절되었으므로 주의가 필요합니다. 특히 구민법당시에 실종기간이 만료되었더라도 신민법당시에 실종선고가 되었으면 신민법이 적용된다는 점을 유의하시기 바랍니다. 따라서 위 사안의 법정상속분도 귀하의 부친이 사망한 때의 민법 규정에 의하여 산정되어야 하며〈민법 부칙 제12조〉, 민법 개정에 따른 연도별 법정상속 지분은 아래와 같습니다.

■ 민법 개정에 따른 연도별 법정상속 지분 – 편의상 균등상속분을 1로 표시하였음

1. 1959. 12. 31. 이전
   - 호주 사망시는 호주상속인이 재산전부를 단독상속(대법원 56다2105 판결)
   - 호주 아닌 가족이 사망 시는 직계비속(출가녀 제외)이 평등하게 공동상속함(대법원 80다2346 판결)
2. 1960. 1. 1. 이후 1978. 12. 31. 까지
   - 호주상속인 1.5, 동일가적내 여자는 0.5, 출가녀, 분가녀는 각 0.25, 기타 상속인은 1의 비율로 상속
   - 처는 직계비속과 공동상속시는 0.5, 직계존속과 공동상속시는 1의 비율로 상속
3. 1979. 1. 1. 이후 1990. 12. 31. 까지
   - 장남 1. 5, 출가녀 0.25, 기타자녀 1, 처 1.5의 비율로 상속
4. 1991. 1. 1. 이후 현재까지
   - 장남, 차남, 출가녀 등의 구분없이 각 1의 비율로 상속
   - 처는 1.5의 비율로 상속

관련 법 조항 및 판례

민법 부칙 제12조, 대법원 56다2105 판결, 80다2346 판결 각 참조

민법 부칙 법률 제4199호, 1990. 1. 13. 제12조 (상속에 관한 경과조치)
① 이 법 시행일전에 개시된 상속에 관하여는 이 법 시행일후에도 구법의 규정을 적용한다.
② 실종선고로 인하여 상속이 개시되는 경우에 그 실종기간이 구법 시행기간중에 만료되는 때에도 그 실종이 이 법 시행일후에 선고된 때에는 상속에 관하여는 이 법의 규정을 적용한다.

Life and Law

Q [96] 수십 년 전에 돌아가신 아버지 명의 임야에 대한 법정상속 지분

: 저의 부친은 1988. 1. 15. 사망하셨는데 부친 명의로 된 임야를 최근에 재판을 통해 찾게 되었습니다. 그동안 모친과 형제들이 아무런 문제없이 살았으나 현재 상속문제로 약간의 다툼이 있습니다. 상속인으로 모친과 아들 3형제, 부친 사망 전에 출가한 장녀가 있습니다. 이런 경우 법정상속지분은 어떻게 되는지요?

A 상속은 사망으로 인하여 개시되므로 위 사안의 법정상속분도 귀하의 부친이 사망한 때의 규정에 의하여 산정되어야 합니다〈민법 부칙 제12조〉. 따라서 1988. 1. 15.의 재산상속의 법정상속분을 보면 다음과 같습니다. 재산상속에 있어서 상속인 수인으로 공동상속을 할 경우 상속분은 균분으로 함을 원칙으로 합니다. 그러나 재산상속인 동시에 호주상속을 할 경우에는 그 고유의 상속분의 5할을 가산하며, 동일가적 내에 없는 여자의 상속분은 남자의 상속분의 4분의1로 하고 피상속인의 배우자 상속분은 직계비속(자녀)과 공동으로 상속하는 때에는 동일가적 내에 있는 직계비속의 상속분의 5할을 가산하며, 직계존속(부모)과 공동으로 상속하는 때에는 직계존속의 상속분의 5할을 가산합니다.

▶ 1979. 1. 1. 이후 1990. 12. 31. 까지 법정상속 지분
  : 장남 1.5, 출가녀 0.25, 기타자녀 1, 처 1.5의 비율로 상속

따라서 공동상속인의 균분 상속분을 1로 할 때 처는 1.5, 장남〈호주인〉은 1.5, 출가녀는 0.25, 그 외 형제자매는 1의 비율로 법정상속이 됩니다. 그러므로 위 사례를 보면 모친 1.5, 장남〈호주상속인〉 1.5, 출가한 장녀 0.25, 2

남·3남 각 1의 비율로 되어 모친 6/21, 장남 6/21, 출가한 장녀 1/21, 2남 4/21, 3남 4/21의 비율로 법정상속이 이루어지게 됩니다.

◼ 기타 참고사항

공동상속인 중에 상당한 기간 동거·간호 그 밖의 방법으로 피상속인을 특별히 부양하거나 피상속인의 재산의 유지 또는 증가에 특별히 기여한 자가 있을 때에는 상속개시 당시의 피상속인의 재산가액에서 공동상속인의 협의로 정한 그 자의 기여분을 공제한 것을 상속재산으로 보고 제1009조 및 제1010조에 의하여 산정한 상속분에 기여분을 가산한액으로써 그 자의 상속분으로 한다〈민법 제1008조의2 제1항〉.
제1항의 협의가 되지 아니하거나 협의할 수 없는 때에는 가정법원은 제1항에 규정된 기여자의 청구에 의하여 기여의 시기·방법 및 정도와 상속재산의 액 기타의 사정을 참작하여 기여분을 정한다〈민법 제1008조의2 제2항〉.

관련 법 조항 및 판례
민법 제1000조 제1항 제1-4호, 제1003조, 제1008조의2, 민법 부칙 제12조, 대법원 56다2105, 80다2346 판결 각 참조

▶ **민법 부칙 법률 제4199호, 1990. 1. 13. 제12조 (상속에 관한 경과조치)**
① 이 법 시행일 전에 개시된 상속에 관하여는 이 법 시행일후에도 구법의 규정을 적용한다.
② 실종선고로 인하여 상속이 개시되는 경우에 그 실종기간이 구법 시행기간 중에 만료되는 때에도 그 실종이 이 법 시행일후에 선고된 때에는 상속에 관하여는 이 법의 규정을 적용한다.

Life
and Law

Q [97] 피상속인 재산의 유지 또는 증가에 관하여 기여한 상속인의 기여분

: 저는 시부모를 모시고 시댁 근처에서 음식점을 운영하고 있는데 일정한 직업 없이 가끔씩 음식점 일을 도와주던 남편이 최근에 사망하였습니다. 그런데 본인이 온갖 고생하여 마련한 음식점이 남편 명의로 되어 있었던 관계로 가족 간 상속문제가 발생하였는데 이런 경우 기여분을 주장할 수 있는지요?

A 기여분이란 공동상속인 중에서 피상속인재산의 유지 또는 증가에 관하여 특별히 기여하였거나, 피상속인을 특별히 부양하는 자가 있을 경우에는 이를 상속분의 산정에 고려하는 제도입니다. 즉, 공동상속인 사이에 실질적인 공평을 기하려는 제도인데 민법에 규정되어 있는 제도입니다. 예를 들어 부모님을 도와서 가게 일을 돌보거나 농사를 지을 때, 소득이 없는 부모님을 모시고 살 때, 부모님을 위한 치료비, 요양비의 지급 등 자녀의 노력과 비용에 의하여 부모의 재산이 유지 또는 증가된 경우 상속인의 기여가 인정될 수 있는 것입니다. 기여분의 산정방식은 피상속인이 상속개시 당시에 가지고 있던 재산의 가액에서 기여상속인의 기여분을 공제한 것을 상속재산으로 보고 상속분을 산정하여 이 산정된 상속분에다 기여분을 보탠 액을 기여상속인의 상속분으로 하는 것입니다〈민법 제1008조의2 제1항〉.

■ 기여분권리자는 공동상속인에 한하므로 공동상속인이 아닌 자는 아무리 피상속인의 재산의 유지 또는 증가에 기여하였더라도 기여분의 청구를 할 수 없습니다. 예컨대 사실상의 배우자, 포괄적 수증자 등은 상속인이 아니므로 기여분권리자가 아닙니다. 기여의 정도는 통상의 기여가 아니라 특별한 기여이어야만 되며, 특별한 기여라 함은 본래의 상속분에 따라 분할하는 것이 기여자

에게 불공평한 것으로 명백히 인식되는 경우입니다.

■ 기여분은 원칙적으로 공동상속인의 협의로 정하되, 기여분에 관하여 공동상속인간에 협의가 되지 않거나 협의할 수 없을 때는 기여분을 받고자 하는 상속인이 가정법원에 기여분을 정해줄 것을 청구하게 되면 심판으로 결정합니다. 협의가 되지 않는 경우에는 기여자의 청구에 의해 기여의 시기, 방법 및 정도와 상속재산의 액, 기타의 사정을 참작하여 기여분을 정합니다〈민법 제1008조의2 제2항〉. 이때 기여분을 주장하는 상속인은 기여에 관한 증거자료, 예컨대 부모에 대한 치료비, 요양비 등의 영수증이나 부모를 도와 일한 사실에 관한 자료를 법원에 제출하여야 합니다. 기여분은 상속이 개시된 때의 피상속인의 재산가액에서 유증의 액수를 공제한 액을 넘지 못하며, 이 제한은 기여분보다는 유증을 우선시키기 위한 것으로 보입니다.

따라서 귀하의 경우에는 기여분에 대한 권리를 상속인들에게 주장할 수 있으며, 먼저 공동상속인끼리 협의를 하여 협의가 이루어지면 다행이지만, 협의가 되지 않거나 협의가 불가능한 경우에 가정법원에 청구하여 기여분을 인정받을 수 있을 것으로 보입니다.

관련 법 조항
민법 제1008조의2 제1항, 제2항, 제3항 각 참조

제1008조의2(기여분)
① 공동상속인 중에 상당한 기간 동거·간호 그 밖의 방법으로 피상속인을 특별히 부양하거나 피상속인의 재산의 유지 또는 증가에 특별히 기여한 자가 있을 때에는 상속개시 당시의 피상속인의 재산가액에서 공동상속인의 협의로 정한 그 자의 기여분을 공제한 것을 상속재산으로 보고 제1009조 및 제1010조에 의하여 산정한 상속분에 기여분을

가산한 액으로써 그 자의 상속분으로 한다.
② 제1항의 협의가 되지 아니하거나 협의할 수 없는 때에는 가정법원은 제1항에 규정된 기여자의 청구에 의하여 기여의 시기·방법 및 정도와 상속재산의 액 기타의 사정을 참작하여 기여분을 정한다.
③ 기여분은 상속이 개시된 때의 피상속인의 재산가액에서 유증의 가액을 공제한 액을 넘지 못한다.

Life and Law

> **Q [98] 상속재산의 분할에 관하여 공동상속인들과 협의가 성립되지 아니하거나 협의할 수 없는 경우**
>
> : 아버지가 남기고 가신 상속재산으로 상가건물과 토지 등이 있습니다. 공동상속인으로 2남 2녀가 있는데 서로 현금흐름이 좋은 상가건물을 선호하고 있는데다 형제 중에는 아버지 생전에 생전증여를 받은 특별수익자도 있고, 기여분을 인정해달라고 요구하는 여동생도 있어 도저히 협의분할을 할 수가 없는데 이런 경우 어떻게 해야 되는지요?

A 공동상속인 사이에 상속재산의 분할에 관하여 협의가 성립되지 아니하거나 도저히 협의가 이루어질 수 없다면 가사소송법이 정하는 바에 따라 전속관할로 되어 있는 가정법원에 **상속재산분할심판을 청구**하면 될 것으로 보입니다〈민법 제1013조 제2항, 가사소송법 제2조 제1항〉. 참고로 상속재산분할심판 청구소송은 가사소송법 제2조 제1항에서 정한 '마'류 가사비송사건에 해당되어 위 심판을 청구하려는 사람은 먼저 조정을 신청하여야 합니다〈가사소송법 제50조〉.

■ 일반적으로 상속이 개시되고 상속인이 여러 명인 경우 상속재산분할협의에 따라 상속재산을 나누게 되는데, 협의가 잘 이루어지지 않거나 도저히 협의가 이루어질 수 없다면 가정법원에 상속재산분할심판청구를 통해 법원의 판결에 따라 상속재산을 나눌 수 밖에 없습니다〈대법원 2015다18367 판결〉. 위와 같이 상속재산분할소송이 제기되면, 상속인들은 구체적 상속분에 따라 각 상속인의 특별수익〈민법 제1008조〉과 기여분〈민법 제1008조의2〉을 반영하여 상속재산분할을 주장하게 되고, 법원은 관련사실을 종합적으로 판단하여 적절한 분할방법으로 판결을 내리게 됩니다.

■ 법원의 분할 방법으로는 현물분할이 원칙이지만, 상속재산이 토지나 부동산

인 경우에는 구체적 상속분에 따라 공유지분 등기를 하라는 결정을 할 수도 있습니다. 만약 가정법원 결정에 따라 이와 같이 상속인들이 공유지분 등기를 하게 되었음에도, 이후 공유부동산에 대한 권리를 마음대로 행사하지 못한다면 민법 제268조의 규정에 따라 민사소송을 통해 공유물분할청구의 소를 제기할 수 있습니다〈공유물분할청구의 소는 가정법원에 소장을 제출하는 것이 허용되지 아니하므로 일반 민사소송 절차에 따라 관할 법원에 소장을 제출하여야 함〉.

관련 법 조항 및 판례

민법 제268조, 제269조, 제1008조, 제1008조의2, 제1013조, 가사소송법 제2조, 제50조, 대법원 2015다18367 판결 각 참조

〈민법〉

제268조(공유물의 분할청구)

① 공유자는 공유물의 분할을 청구할 수 있다. 그러나 5년내의 기간으로 분할하지 아니할 것을 약정할 수 있다.

② 전항의 계약을 갱신한 때에는 그 기간은 갱신한 날로부터 5년을 넘지 못한다.

③ 전2항의 규정은 제215조, 제239조의 공유물에는 적용하지 아니한다.

제269조(분할의 방법)

① 분할의 방법에 관하여 협의가 성립되지 아니한 때에는 공유자는 법원에 그 분할을 청구할 수 있다.

② 현물로 분할할 수 없거나 분할로 인하여 현저히 그 가액이 감손될 염려가 있는 때에는 법원은 물건의 경매를 명할 수 있다.

제1008조(특별수익자의 상속분)

공동상속인 중에 피상속인으로부터 재산의 증여 또는 유증을 받은 자가 있는 경우에 그 수증재산이 자기의 상속분에 달하지 못한 때에는 그 부족한 부분의 한도에서 상속분이 있다.

제1008조의2(기여분)
① 공동상속인 중에 상당한 기간 동거·간호 그 밖의 방법으로 피상속인을 특별히 부양하거나 피상속인의 재산의 유지 또는 증가에 특별히 기여한 자가 있을 때에는 상속개시 당시의 피상속인의 재산가액에서 공동상속인의 협의로 정한 그 자의 기여분을 공제한 것을 상속재산으로 보고 제1009조 및 제1010조에 의하여 산정한 상속분에 기여분을 가산한 액으로써 그 자의 상속분으로 한다.
② 제1항의 협의가 되지 아니하거나 협의할 수 없는 때에는 가정법원은 제1항에 규정된 기여자의 청구에 의하여 기여의 시기·방법 및 정도와 상속재산의 액 기타의 사정을 참작하여 기여분을 정한다.
③ 기여분은 상속이 개시된 때의 피상속인의 재산가액에서 유증의 가액을 공제한 액을 넘지 못한다.
④ 제2항의 규정에 의한 청구는 제1013조 제2항의 규정에 의한 청구가 있을 경우 또는 제1014조에 규정하는 경우에 할 수 있다.

제1013조(협의에 의한 분할)
① 전조의 경우 외에는 공동상속인은 언제든지 그 협의에 의하여 상속재산을 분할할 수 있다.
② 제269조의 규정은 전항의 상속재산의 분할에 준용한다.

〈가사소송법〉
제50조(조정 전치주의)
① 나류 및 다류 가사소송사건과 마류 가사비송사건에 대하여 가정법원에 소를 제기하거나 심판을 청구하려는 사람은 먼저 조정을 신청하여야 한다.
② 제1항의 사건에 관하여 조정을 신청하지 아니하고 소를 제기하거나 심판을 청구한 경우에는 가정법원은 그 사건을 조정에 회부하여야 한다. 다만, 공시송달의 방법이 아니면 당사자의 어느 한쪽 또는 양쪽을 소환할 수 없거나 그 사건을 조정에 회부하더라도 조정이 성립될 수 없다고 인정하는 경우에는 그러하지 아니하다.

Life and Law

> **Q [99] 재산분할협의로 이미 상속등기를 마친 상태인데, 다시 협의분할을 통해 상속지분을 바꿀 수 있는지**
>
> : 얼마 전 아버지가 돌아가셨는데 상속인으로 A, B, C가 있습니다. 아버지가 남기고 가신 유산(부동산)은 상속인들끼리 협의하여 돌아가신지 3개월 후에 장남A 앞으로 상속등기를 마쳤습니다. 그런데 주변 아파트 단지 개발문제로 인해 다시 협의분할을 통해 차남B와 장녀C앞으로 변경해야 되는 문제가 발생하였는데, 이런 경우 협의분할에 의한 상속등기를 이미 마친 상태에서 다시 협의분할을 통해 상속지분을 바꿀 수 있는지요?

A 협의분할에 따른 상속재산의 귀속은 확정적이지 않고 일시적인 것이어서 법률로 상속인 전원이 다시 구체적 상속지분의 귀속을 합의하여 확정할 수 있도록 하고 있으며, 그 합의의 효력은 사망 시로 소급하도록 되어 있습니다〈민법 제1013, 제1015조〉. 따라서 이미 협의분할에 의한 상속등기가 경료되어 있는 경우에도 상속개시 당시의 상속인 전원이 다시 상속재산 분할을 합의한다면 그 효력은 상속개시 시로 소급되어 현재 협의분할로 등기된 내용을 경정등기의 방법으로 지분 조정을 할 수 있습니다. 다만, 경정등기는 애초의 상속인이 변경되지 않아야 하며, 상속인 전원의 합의가 있어야 합니다.

다만, 지방세와 국세 납부문제가 발생하게 되는데 원칙적으로 상속을 받게 되면 이와 관련된 세금 납무의무가 발생하게 되며, 상속인들은 지방세법에 규정되어 있는 취득세와 국세인 상속세를 납부해야 됩니다. 취득세는 상속개시일인 사망일로부터 6개월 내에 신고납부하지 않으면 가산세를 물게 되며, 상속세는 상속받은 재산의 가액에 따라 역시 상속개시일로부터 6개월 내에 신고납부하지 않으면 가산세를 물게 되어 있습니다.

■ 위와 같은 사례의 경정등기 시에는 개별적으로 상속인들 간의 증여나 매매를 통해 지분을 이전하는 경우와 달리 상속에 대한 신고납부기한인 6개월 이내에 재분할하여 지분이 증가하는 경우에는 취득세를 다시 납부하지 않아도 되고, 정률에 의한 경정등기 등록세만 납부하면 되지만, **신고기간(상속개시일이 속하는 달의 말일부터 6개월)이후 재협의 분할의 경우에는 취득세를 납부해야 합니다〈지방세법 제7조 제13항〉. 국세 역시 재협의분할이 된다고 하여도 상속세신고기한 후에 정당한 사유 없이 재분할하는 경우에 증여세가 과세될 수 있으므로 반드시 세무전문가와 상담**해 주시기 바랍니다.

■ 또한 경정등기는 한 번만 허용된다는 규정이 없으므로 상속인의 변경 없이 상속인의 전원의 합의가 있다면 여러 번 할 수도 있지만, 취득세 신고납부기한이냐 아니냐에 따라 위와 같이 취득세 부담이 추가로 발생하고 협의분할에 의하여 재산의 변동이 발생하면 증여세를 납부해야 하는 문제가 발생할 수 있으므로 반드시 세무전문가와 상담을 거친 후에 일처리를 진행해야 안전할 것으로 보입니다.

따라서 귀 사례의 경우에도 위와 같은 사실을 참고하여 취득세나 국세의 추가분담 여부 상담을 거쳐, 상속인의 변경이나 이해관계인이 없다면 상속인 전원의 합의를 거쳐 다시 상속재산분할협의를 한 다음, 이를 기초로 종전의 법정지분에 의한 상속등기에 대하여 경정등기를 하는 방식으로 상속 지분 조정이 가능할 것으로 보입니다.

관련 법 조항
민법 제1013조, 제1015조, 등기예규, 지방세법 제7조 제13항, 상속세 및 증여세법 제31조 제3항, 같은 법 시행령 제24조 제2항 각 참조

〈민법〉

제1013조(협의에 의한 분할)

① 전조의 경우 외에는 공동상속인은 언제든지 그 협의에 의하여 상속재산을 분할할 수 있다.

② 제269조의 규정은 전항의 상속재산의 분할에 준용한다.

제1015조(분할의 소급효)

상속재산의 분할은 상속개시된 때에 소급하여 그 효력이 있다. 그러나 제삼자의 권리를 해하지 못한다.

〈지방세법〉

제7조(납세의무자 등)

① 취득세는 부동산, 차량, 기계장비, 항공기, 선박, 입목, 광업권, 어업권, 양식업권, 골프회원권, 승마회원권, 콘도미니엄 회원권, 종합체육시설 이용회원권 또는 요트회원권(이하 이 장에서 "부동산등"이라 한다)을 취득한 자에게 부과한다.

②항~ ⑩항 이하 생략

⑪ 배우자 또는 직계존비속의 부동산등을 취득하는 경우에는 증여로 취득한 것으로 본다. 다만, 다음 각 호의 어느 하나에 해당하는 경우에는 유상으로 취득한 것으로 본다.

1. 공매(경매를 포함한다. 이하 같다)를 통하여 부동산 등을 취득한 경우
2. 파산선고로 인하여 처분되는 부동산 등을 취득한 경우
3. 권리의 이전이나 행사에 등기 또는 등록이 필요한 부동산 등을 서로 교환한 경우
4. 해당 부동산 등의 취득을 위하여 그 대가를 지급한 사실이 다음 각 목의 어느 하나에 의하여 증명되는 경우

　가. 그 대가를 지급하기 위한 취득자의 소득이 증명되는 경우
　나. 소유재산을 처분 또는 담보한 금액으로 해당 부동산을 취득

한 경우
다. 이미 상속세 또는 증여세를 과세(비과세 또는 감면받은 경우를 포함한다) 받았거나 신고한 경우로서 그 상속 또는 수증재산의 가액으로 그 대가를 지급한 경우
라. 가목부터 다목까지에 준하는 것으로서 취득자의 재산으로 그 대가를 지급한 사실이 입증되는 경우

⑫ 증여자의 채무를 인수하는 부담부(負擔附) 증여의 경우에는 그 채무액에 상당하는 부분은 부동산등을 유상으로 취득하는 것으로 본다. 다만, 배우자 또는 직계존비속으로부터의 부동산등의 부담부 증여의 경우에는 제11항을 적용한다.

⑬ 상속개시 후 상속재산에 대하여 등기·등록·명의개서(名義改書) 등(이하 "등기등"이라 한다)에 의하여 각 상속인의 상속분이 확정되어 등기 등이 된 후, 그 상속재산에 대하여 <u>공동상속인이 협의하여 재분할한 결과 특정 상속인이 당초 상속분을 초과하여 취득하게 되는 재산가액은 그 재분할에 의하여 상속분이 감소한 상속인으로부터 증여받아 취득한 것으로 본다.</u> 다만, 다음 각 호의 어느 하나에 해당하는 경우에는 그러하지 아니하다.〈신설 2014. 1. 1., 2018. 12. 31.〉

1. 제20조제1항에 따른 신고·납부기한 내에 재분할에 의한 취득과 등기 등을 모두 마친 경우
2. 상속회복청구의 소에 의한 법원의 확정판결에 의하여 상속인 및 상속재산에 변동이 있는 경우
3. 「민법」 제404조에 따른 채권자대위권의 행사에 의하여 공동상속인들의 법정상속분대로 등기 등이 된 상속재산을 상속인사이의 협의분할에 의하여 재분할하는 경우

⑭항 ~ ⑯항 이하 생략

Life and Law

Q [100] 일부 법정상속인의 상속지분만 분할협의하여 등기신청이 가능한지

: 부친이 최근 사망하셨는데 상속재산으로 아파트 1채를 남겼습니다. 상속인으로 저와 모친, 남동생 2명, 출가한 누이 2명 등 모두 6명이 있으며, 모친과 남동생들은 제가 부모님을 모시고 있었다는 이유로 본인들의 상속지분을 저에게 양보하겠다고 하지만 누이 2명은 본인들의 법정상속지분보다도 더 요구하고 있어서 재산분할협의가 되지 않고 있습니다. 이런 경우 저를 포함하여 모친과 남동생 2명의 법정 상속지분만 분할협의하여 상속받는 등기신청이 가능한지요?

A 상속재산의 분할은 상속개시로 인하여 생긴 공동상속인간에 있어서 상속재산의 공유관계를 종료시키고 상속분에 응하여 그 배분, 귀속을 목적으로 하는 일종의 청산행위를 의미하며, 각 공동상속인은 언제든지 협의로 상속재산을 분할할 수 있습니다. 다만 재산상속의 협의분할은 공동상속인 전원이 참가하지 않으면 안 되므로, 상속인의 일부를 제외하고 협의분할을 하거나 무자격자인 상속인이 참가한 협의분할은 원칙상 무효입니다. 이에 관한 대법원 판례는 **"상속재산의 협의분할은 공동상속인간의 일종의 계약으로서 공동상속인 전원이 참여하여야 하고 일부 상속인만으로 한 협의분할은 무효이다"**라고 판시한 바 있습니다〈대법원 93다54736 판결〉.

따라서 귀하의 경우에도 모친과 남동생들의 지분을 귀하가 상속받으려면 나머지 상속인 전원이 함께 모여 이에 동의하는 상속재산분할협의서를 작성하지 못한다면 귀하의 생각대로 일부 상속등기를 할 수 없습니다. 대법원도 이러한 경우 "공동상속인 중 일부 상속등기만은 경료할 수 없다'라고 결정한 바 있습니다〈대법원 94마2116 결정〉. 또한 법원의 등기실무에서도 재산상속으로 인한 소유권이전등기신청 시 상속을 증명하는 서면의 일부로써 공동상속인 연명으로 작성한 상속재산분할협의서를 첨부서류로 요구하고 있습니다.

■ 다만, 끝까지 공동상속인간의 분할협의가 이루어지지 않을시, 공동상속인 중 한 사람이 법정상속지분으로 공동상속등기를 신청할 수 있는데, 이 경우 등기신청서에는 상속인 전원의 법정상속분이 표시되어야 하며, 법원에서 요구하는 상속인들의 주민등록초본, 가족관계증명서 등 소명자료를 첨부해 주어야 합니다. 이와 같이 법정상속분의 상속등기를 필한 후, 모친과 동생의 소정 법정지분을 귀하에게 이전하는 절차를 밟을 수밖에 없을 것으로 보입니다. 다만, 위 사례의 경우 출가한 누이 2명이 분할협의에 응하지 않고 있어, 누이 2명이 등기신청서에 첨부할 상속인에 관한 소명자료를 발급해주지 않는 한 결과적으로 등기가 어려울 수 있다는 점과 등기신청에 필요한 취득세의 부담문제, 등기신청이 경료된다고 하여도 향후 예상치 못한 상속세 문제 등이 불거질 수 있으므로 등기신청 전에 법률전문가, 세무전문가와 충분한 상담이 필요할 것으로 보입니다(**공동상속인 중 1인의 상속등기 신청가부 - 85. 4. 30. 등기선례 제1-314호** : 상속인 중의 한 사람이 나머지 상속인의 상속등기까지 신청할 수 있다).

참고로 공동상속인 중 한 사람이 보존행위로서 공동상속인 모두를 위하여 상속등기를 신청한 경우, 등기관이 위 신청에 따른 등기를 마치고 신청인 외에 다른 공동상속인에 대한 등기필정보를 작성하였다고 하더라도, 다른 상속인들로부터 등기필정보 수령행위에 대한 위임을 받았다고 볼 수 있는 특별한 사정이 없는 한, 그 상속인이 다른 공동상속인의 등기필정보를 수령할 수는 없습니다.

관련 법 조항 및 판례
부동산등기법 제23조 제3항, 제48조 제4항, 제50조 제1항, 부동산등기규칙 제108조 제1항, 등기예규 제1749호 4. 가. 대법원 93다54736 판결, 94마2116 결정 각 참조

〈부동산등기법〉

제23조(등기신청인)

① 등기는 법률에 다른 규정이 없는 경우에는 등기권리자와 등기의무자가 공동으로 신청한다.

② 소유권보존등기 또는 소유권보존등기의 말소등기는 등기명의인으로 될 자 또는 등기명의인이 단독으로 신청한다.

③ 상속, 법인의 합병, 그 밖에 대법원규칙으로 정하는 포괄승계에 따른 등기는 등기권리자가 단독으로 신청한다.

④항 ~ ⑧항 이하 생략

제48조(등기사항)

① 등기관이 갑구 또는 을구에 권리에 관한 등기를 할 때에는 다음 각 호의 사항을 기록하여야 한다.

   1. 순위번호 2. 등기목적 3. 접수연월일 및 접수번호 4. 등기원인 및 그 연월일 5. 권리자

② 제1항 제5호의 권리자에 관한 사항을 기록할 때에는 권리자의 성명 또는 명칭 외에 주민등록번호 또는 부동산등기용등록번호와 주소 또는 사무소 소재지를 함께 기록하여야 한다.

③ 제26조에 따라 법인 아닌 사단이나 재단 명의의 등기를 할 때에는 그 대표자나 관리인의 성명, 주소 및 주민등록번호를 함께 기록하여야 한다.

④ 제1항 제5호의 권리자가 2인 이상인 경우에는 권리자별 지분을 기록하여야 하고 등기할 권리가 합유(合有)인 때에는 그 뜻을 기록하여야 한다.

〈부동산등기규칙〉

제108조(등기필정보 통지의 상대방)

① 등기관은 등기를 마치면 등기필정보를 등기명의인이 된 신청인에게 통지한다. 다만, 관공서가 등기권리자를 위하여 등기를 촉탁한 경

우에는 대법원예규로 정하는 바에 따라 그 관공서 또는 등기권리자에게 등기필정보를 통지한다.

② 법정대리인이 등기를 신청한 경우에는 그 법정대리인에게, 법인의 대표자나 지배인이 신청한 경우에는 그 대표자나 지배인에게, 법인 아닌 사단이나 재단의 대표자나 관리인이 신청한 경우에는 그 대표자나 관리인에게 등기필정보를 통지한다.

Life
and Law

> **Q [101] 사실혼 관계 중에 상속인이 없는 남편이 사망 시 (상속인이 없는 상태에서 사망), 남편 명의의 상속재산과 배상금을 상속 받을 수 있는지**
>
> : 저는 상속인이 없는 남편과 7년 전에 만나 혼인신고 없이 동거하고 있었는데 얼마 전 회사에서 일을 끝마치고 귀가하던 도중 남편이 교통사고를 당해 사망하였습니다. 그동안 사실혼 관계를 유지하면서 취득한 남편 명의의 부동산 및 교통사고 배상금에 대하여 제가 상속받을 수 있는 방법이 없는지요?

A 실무상 흔하지 않지만 앞으로 형제자매와 4촌 이내의 방계혈족에 대한 상속순위 제외에 대한 민법 개정 논의〈유류분에 대하여는 2024. 4. 25 헌법재판소 위헌결정으로 즉시 효력정지 되어 유류분 대상에서 제외되었음에 유의하시기 바라며, 자세한 설명은 Q[117] 문항을 참고하시기 바랍니다〉. 혼인 형태의 변화와 1인 세대의 증가, 무자녀 가정이 늘어나면서 상속인 없이 사망하는 사례는 더욱 늘어날 것으로 보입니다. 원칙적으로 상속은 피상속인의 직계비속, 직계존속, 형제자매, 4촌 이내의 방계혈족 및 배우자에 한하여 상속인이 될 수 있으며, 이러한 상속인이 없는 상속재산은 국가에 귀속하도록 규정하고 있습니다〈민법 제1058조 제1항〉.

■ 그러나 위와 같이 상속인이 없을 경우에 법률상의 배우자나 양자가 아닌 사실상의 배우자나 사실상의 양자도 피상속인과 생계를 같이 하고 있거나 피상속인의 요양간호를 한 자, 기타 피상속인과 특별한 연고가 있던 자는 민법 제1057조의 기간 내에 상속권을 주장하는 자가 없는 때에는 가정법원은 그들의 청구에 의하여 상속재산의 전부 또는 일부를 분여할 수 있다고 되어 있습니

다〈민법 제1057조의2〉. 이는 법률상 상속인이 아니기 때문에 피상속인의 재산을 상속할 길이 없다면 이는 대단히 가혹한 일이기 때문에 이와 같은 불합리를 시정하기 위하여 민법은 **특별연고자에 대한 분여를 인정**하게 되었습니다.

■ 상속인의 존부가 분명하지 아니한 때에는 법원은 피상속인의 친족 기타 이해관계인 또는 검사의 청구에 의하여 상속재산관리인을 선임하고 지체 없이 이를 공고한 후에 공고가 있는 날로부터 3월내에 상속인의 존부를 알 수 없는 때에는 관리인은 지체 없이 일반 상속채권자와 유증받은 자에 대하여 2월 이상의 기간을 정하여 그 기간 내에 그 채권 또는 유증받은 사실을 신고할 것을 공고하여야 하며〈민법 제1056조 제1항〉,

공고기간 내에 상속권을 주장하는 자가 없는 때에는 가정법원은 피상속인과 생계를 같이하고 있던 자, 피상속인인의 요양 간호를 한 자, 기타 피상속인과 특별한 연고가 있던 자의 청구에 의하여 상속재산의 전부 또는 일부를 분여할 수 있는데, 이 청구는 가정법원이 상속인 수색의 공고에서 정한 상속권 주장의 최고기간이 만료된 후 2월 이내에 하여야 합니다〈민법 제1057조의2 제2항〉. 그리고 가정법원에서 분여청구를 인용하는 경우에도 그 분여의 범위는 법원의 자유로운 판단에 의하여 결정될 것입니다.

관련 법 조항
민법 제1056조 제1항, 제1057조의2, 제1058조 제1항 각 참조

제1056조(상속인없는 재산의 청산)
① 제1053조 제1항의 공고있은 날로부터 3월내에 상속인의 존부를 알 수 없는 때에는 관리인은 지체없이 일반상속채권자와 유증받은 자에 대하여 일정한 기간 내에 그 채권 또는 수증을 신고할 것을 공고하여야 한다. 그 기간은 2월 이상이어야 한다.

② 제88조제2항, 제3항, 제89조, 제1033조 내지 제1039조의 규정은 전항의 경우에 준용한다.

제1057조(상속인수색의 공고)

제1056조제1항의 기간이 경과하여도 상속인의 존부를 알 수 없는 때에는 법원은 관리인의 청구에 의하여 상속인이 있으면 일정한 기간내에 그 권리를 주장할 것을 공고하여야 한다. 그 기간은 1년 이상이어야 한다.

제1057조의2(특별연고자에 대한 분여)

① 제1057조의 기간내에 상속권을 주장하는 자가 없는 때에는 가정법원은 피상속인과 생계를 같이 하고 있던 자, 피상속인의 요양간호를 한 자 기타 피상속인과 특별한 연고가 있던 자의 청구에 의하여 상속재산의 전부 또는 일부를 분여할 수 있다.

② 제1항의 청구는 제1057조의 기간의 만료후 2월 이내에 하여야 한다.

제1058조(상속재산의 국가귀속)

① 제1057조의2의 규정에 의하여 분여(分與)되지 아니한 때에는 상속재산은 국가에 귀속한다.

② 제1055조제2항의 규정은 제1항의 경우에 준용한다.

Life and Law

Q [102] 양자로 입양된 자도 생부모와 양부모로부터 재산을 상속받을 수 있는지

: 저는 큰아버지 댁에 자녀가 없어 양자로 입양되었습니다. 그 후 저를 낳아주신 생모는 사망하고 생부는 재혼을 하여 혼인신고도 하였습니다. 생부와 혼인을 한 새어머니는 타인과 낳은 아들을 데리고 왔고 생부는 최근에 사망하였습니다. 그런데 새어머니는 제가 다른 집에 양자로 갔기 때문에 상속권이 없다고 주장합니다. 이런 경우 저는 양부모에 대해서만 상속권을 가지게 되는지, 아니면 양부모와 친생부모에 대하여 양쪽으로 1순위의 상속인이 되어 재산을 상속받을 수 있는지 궁금합니다?

A 상속순위에 있어서 제1순위 상속인은 피상속인의 직계비속입니다. 여기서 직계비속이란 자연혈족이건 법정혈족이건 차별이 없으므로 양자이건, 혼인 중의 출생자이건, 혼인외의 출생자이건, 남녀, 기혼, 미혼, 가족관계등록 유무 등을 따지지 않습니다. 그래서 양자는 양부모와 친생부모에 대하여 양쪽으로 1순위의 상속인이 됩니다. 그러나 여기서 새어머니가 생부와 혼인 당시 데려온 아들은 피상속인의 혈족이 아니므로 상속인이 되지 못합니다.

그리고 피상속인의 배우자는 직계비속 또는 직계존속이 있는 경우에는 그 상속인과 동순위로 공동상속인이 되고 그 상속인이 없을 때에는 단독상속인이 됩니다. 여기서의 배우자는 혼인신고가 된 법률상의 배우자를 말하며, 사실상의 배우자는 부 또는 처로서의 상속권이 인정되지 않습니다. 법원에서도 상속인의 범위를 정확하게 확정하기 위해 상속등기 시 망인의 ■기본증명서 ■가족관계증명서 ■혼인관계증명서 ■입양관계증명서 ■친양자입양관계증명서 ■제적등본 등을 상속인으로부터 제출받아 심사하고 있습니다.

따라서 위 사안의 경우 귀하는 제1순위의 상속인으로서 직계비속에 해당되어 양가든 생가든 상속권이 있습니다. 새어머니가 생부와 재혼당시 데리고 온 가봉자의 경우는 혈족이 아니므로 상속권이 없으나 새어머니는 혼인신고를 한 법률상의 배우자이기 때문에 상속권이 있습니다. 결론적으로 귀하는 새어머니와 공동상속인이 되며, 양부모와 친생부모에 대하여 양쪽으로 1순위의 상속인이 될 수 있습니다.

관련 법 조항
민법 제1000조 제1항 제1-4호, 제1003조 각 참조

제1000조(상속의 순위)
① 상속에 있어서는 다음 순위로 상속인이 된다.
  1. 피상속인의 직계비속
  2. 피상속인의 직계존속
  3. 피상속인의 형제자매
  4. 피상속인의 4촌 이내의 방계혈족

② 전항의 경우에 동순위의 상속인이 수인인 때에는 최근친을 선순위로 하고 동친 등의 상속인이 수인인 때에는 공동상속인이 된다.
③ 태아는 상속순위에 관하여는 이미 출생한 것으로 본다.

제1003조(배우자의 상속순위)
① 피상속인의 배우자는 제1000조 제1항 제1호와 제2호의 규정에 의한 상속인이 있는 경우에는 그 상속인과 동순위로 공동상속인이 되고 그 상속인이 없는 때에는 단독상속인이 된다.
② 제1001조의 경우에 상속개시 전에 사망 또는 결격된 자의 배우자는 동조의 규정에 의한 상속인과 동순위로 공동상속인이 되고 그 상속인이 없는 때에는 단독상속인이 된다.

Life
and Law

Q [103] 미혼인 아들과 남편이 동시 사망한 경우 남편 재산을 시부모와 함께 상속받아야 하는지

: 저는 시아버지를 모시고 남편과의 사이에 1남을 두고 단란한 가정생활을 유지하고 있었는데 얼마 전 남편과 미혼인 아들이 고향집을 내려가다가 버스가 수몰되어 버스 안에 있던 사람이 모두 사망하였습니다. 그런데 얼마 전 시누이가 찾아와 시아버지가 남편에게 사준 주택 전부와 보상금의 1/2을 시아버지에게 돌려주라고 합니다. 이런 경우 어떻게 처리해야 되는지요?

A 상속의 대원칙은 상속은 처만 있으면 처가 단독으로, 자식과 처가 있으면 공동으로, 자식이 없으면 부모와 처가 공동으로 받게 되는 것이 민법이 정한 원칙입니다. 그렇지만 위와 같은 동시 사망에 관하여 민법은 2인 이상이 동일한 위난으로 사망한 경우 동시에 사망한 것으로 추정하여 문제를 해결하고 있습니다〈민법 제30조〉.

동시 사망의 경우에 있어서 사망의 시기는 상속문제 등과 관련하여 중대한 의미를 갖고 있기 때문에 2인 이상이 동일한 위난으로 사망한 경우, 시간상으로 누가 먼저 사망하였는가를 입증하는 것은 대단히 곤란하거나 불가능하기 때문에 동시에 사망한 것으로 추정함으로써 사망자 상호간에는 상속이 개시되지 않도록 법에 규정을 마련한 것으로 보입니다. 다만 동시 사망의 추정되는 경우 그 효과는 말 그대로 추정에 불과하므로 반증을 들어 그 추정을 번복할 수 있으나, 반증은 거의 불가능하므로 이 경우의 추정은 사실상 간주에 가깝다고 할 것이며, 민법 제30조는 상속뿐만 아니라 대습상속 및 유증에도 적용됩니다.

- 위 사안에서 동시사망이 아니고, 남편이 먼저 사망했다고 가정하면 남편의 주택 및 보상금은 1순위 상속인인 아들과 귀하가 상속하고, 아들의 사망으로 귀하가 다시 상속하게 되며, 아들의 보상금 역시 귀하가 단독상속하게 되므로 시아버지는 상속권이 전혀 없게 됩니다.
- 만약 아들이 먼저 사망하였다면 아들의 보상금을 귀하와 남편이 공동상속하고, 남편의 사망으로 남편의 상속분을 귀하와 시아버지가 공동상속하게 되며, 남편의 주택과 보상금도 귀하와 시아버지가 공동상속하게 됩니다.
- 남편과 아들이 동시에 사망하였다면 아들의 보상금은 귀하가 단독상속하게 되지만 남편의 주택과 보상금은 귀하와 시아버지가 공동상속하게 됩니다.
- 남편과 아들이 동시에 사망하고 귀하가 만약 임신 중이라면 귀하와 태아가 공동으로 상속하고 시아버지는 상속권이 없게 됩니다.

결과적으로 남편과 아들이 동일한 위난으로 동시에 사망한 경우가 아니라는 반증이 없는 한 동시 사망이 추정되어 ※ **아들에 대한 사고의 보상금**은 귀하가 단독으로 상속하며, ※ **남편에 대한 사고의 보상금**은 시아버지와 귀하가 공동상속하나 그 상속분은 동일하지 않고 귀하가 3/5, 시아버지가 2/5 상속을 받게 됩니다. ※ **남편이 소유자로 되어 있는 주택** 역시 시아버지와 귀하가 공동상속인이 되어 그 상속분은 귀하가 3/5, 시아버지가 2/5 상속을 받게 될 것으로 보입니다.

관련 법 조항
민법 제30조, 제1000조, 제1001조 각 참조

제30조(동시사망)
2인 이상이 동일한 위난으로 사망한 경우에는 동시에 사망한 것으로 추정한다.

Life
and Law

> **Q [104] 피상속인이 과다한 채무를 남겨놓고 돌아가셨을 때, 상속인들에게 피해가 가지 않는 가장 최선의 상속처리 방법**
>
> : 작은 사업체를 운영하던 아버지가 갑자기 운명을 달리하셨습니다. 상속인으로는 어머니와 저를 포함해 3남매가 있습니다. 그런데 아버지의 장례를 치른 후 사망신고하면서 안심상속 원스톱 서비스 결과를 통보받았는데, 아버지가 운영하던 회사가 회사를 처분해도 감당할 수 없을 정도로 많은 채무를 지고 있다는 사실을 알게 되었습니다. 주변에선 상속처리를 잘못하면 남은 가족들이 빚을 전부 떠안을 수도 있으니 잘 알아보고 하라고 하는데 이런 경우 상속처리는 어떻게 진행해야 하는지?

A 최근 전원합의체 판례 변경에 따라 상속인 중 1명은 한정상속, 나머지는 상속포기를 가정법원에 신청하여 진행하면 무난한 상속처리 방법이 될 것입니다. 상속인이 상속을 포기할 때는 민법 제1019조 제1항의 기간(3개월) 내에 가정법원에 포기의 신고를 해야 하며, 포기한 상속재산의 귀속에 대해 규정한 제1043조에서는 상속인이 수인인 경우 어느 상속인이 상속을 포기한 때에는 그 상속분을 다른 상속인 상속분의 비율로 그 상속인에게 귀속되도록 하고 있습니다.

그동안 각 법원에서는 상속을 포기한 자는 상속개시된 때부터 상속인이 아니었던 것과 같은 지위에 놓이게 되므로, 피상속인의 배우자와 자녀 중 자녀 전부가 상속을 포기한 경우에는 그 배우자와 피상속인 손자녀 또는 직계존속이 공동으로 상속인이 되고 피상속인의 손자녀와 직계존속이 존재하지 아니하면 배우자가 단독으로 상속인이 된다는 대법원 판례에 따라 상속포기자의 자녀가 있을 경우 그 자녀에게 상속되도록 한 바, 실질적인 한정상속과 상속포기의 효력에 혼선이 빚어졌던 것이 사실입니다.

■ 그러나 최근 대법원 전원합의체에서 위 판례를 변경〈대법원 2020그42〉했는데 그 내용은 민법 제1043조에서 공동상속인 중 어느 상속인이 상속을 포기한 경우, 그 사람의 상속분이 다른 상속인에게 귀속된다고 정하고 있는데, 여기서 다른 상속인에는 배우자도 포함되며, 피상속인의 배우자와 자녀들 중 자녀 전부가 상속을 포기하면 그 상속분이 배우자에게 귀속되는 것으로 봐야 한다는 것입니다.

그간 일선 법원에서 민법 제1043조의 해석을 달리하여 서로 다른 판결이 내려지는 등 혼선이 있었는데 이를 대법원 전원합의체에서 판례 변경을 통해 정리한 것이라 하겠습니다. 따라서 위 사례에서도 한정승인을 신청하되, 상속인 중 1명을 한정상속인으로 정하고, 나머지는 상속포기하는 것으로 신청한다면, 제2순위 상속인들에게 선의의 피해가 가지 않아 가장 무난한 방법이 될 것으로 보입니다.

관련 법 조항 및 판례
민법 제1019조 제1항, 민법 제1043조, 대법원 2020그42 판결 각 참조

제1019조(승인, 포기의 기간)
① 상속인은 상속개시있음을 안 날로부터 3월내에 단순승인이나 한정승인 또는 포기를 할 수 있다. 그러나 그 기간은 이해관계인 또는 검사의 청구에 의하여 가정법원이 이를 연장할 수 있다.
② 상속인은 제1항의 승인 또는 포기를 하기 전에 상속재산을 조사할 수 있다.
③ 제1항에도 불구하고 상속인은 상속채무가 상속재산을 초과하는 사실(이하 이 조에서 "상속채무 초과사실"이라 한다)을 중대한 과실 없이 제1항의 기간 내에 알지 못하고 단순승인(제1026조제1호 및 제2호에 따라 단순승인한 것으로 보는 경우를 포함한다. 이하 이 조에서 같

다)을 한 경우에는 그 사실을 안 날부터 3개월 내에 한정승인을 할 수 있다.〈개정 2022. 12. 13.〉

④ 제1항에도 불구하고 미성년자인 상속인이 상속채무가 상속재산을 초과하는 상속을 성년이 되기 전에 단순승인한 경우에는 성년이 된 후 그 상속의 상속채무 초과사실을 안 날부터 3개월 내에 한정승인을 할 수 있다. 미성년자인 상속인이 제3항에 따른 한정승인을 하지 아니하였거나 할 수 없었던 경우에도 또한 같다.〈신설 2022. 12. 13.〉

제1043조(포기한 상속재산의 귀속)

상속인이 수인인 경우에 어느 상속인이 상속을 포기한 때에는 그 상속분은 다른 상속인의 상속분의 비율로 그 상속인에게 귀속된다.

Life
and Law

> Q [105] 상속포기 신청을 준비 중에 있는 상황에서 망인이 소유하고 있던 토지를 매매하거나 예금 인출을 해도 되는지
>
> : 얼마 전에 부친이 돌아가셨는데 카드빚 등 은행채무가 많아 상속포기 신청을 준비 중에 있습니다. 그런데 아버지가 소유하고 있던 시골 토지를 사겠다는 사람이 나타나 매매하고 싶은데, 상속포기 신청을 하려는 상황에서 매매해도 괜찮을지 궁금하고, 아버지의 은행 계좌에도 몇 백만원 정도의 예금이 있는데 이를 인출해도 되는지요?

A 상속포기 전에 상속재산을 처분하거나 예금을 인출하면 상속포기신고가 무효가 되어 상속채무를 부담해야 합니다. 민법 제1026조에서는 법정단순승인이라고 해서 3가지 사유가 있는 경우에는 상속포기나 한정승인을 신고하더라도 그 효력을 부정하고, 단순승인, 즉 망자(피상속인)의 모든 재산과 채무를 포괄 승계하는 것으로 간주하도록 규정하고 있습니다. 그 3가지 사유 중 하나가 바로 상속인이 상속재산에 대한 처분행위를 하였을 경우입니다. 만약 아버지 명의의 부동산을 제3자에게 매매한다면, 위 규정에서의 상속재산에 대한 처분행위가 될 것입니다. 절차상으로도 망인의 사망일 이후 인감발급 등 행위가 형사적인 문제가 되어 형사처벌을 받을 수 있습니다.

■ 또한 대법원 판례〈2009다84936 판결〉에 따르면 채권추심행위에 대하여 민법 제1026조 제1호를 적용한 사례가 있어, 예금이 금전채권이라면 은행에 가서 예금을 회수하는 행위를 단순한 채권 형태의 변경으로 보기는 어렵다고 볼 때, 위 판례를 예금 회수에도 적용할 수 있다고 봐야 할 것입니다. 결국 상속포기나 한정승인을 하기 전에 상속재산을 움직이는 행위를 한다는 것은 법적으로 대단히 무모한 행위로서 법률상 상속포기 행위를 무효로 만들게 되고

당사자로서도 아무런 실익이 없게 되는 잘못된 행위인 것으로 판단됩니다.

관련 법 조항 및 판례
민법 제1026조 제1호, 대법원 2009다84936 판결 각 참조

제1026조(법정단순승인)
다음 각호의 사유가 있는 경우에는 상속인이 단순승인을 한 것으로 본다.
1. 상속인이 상속재산에 대한 처분행위를 한 때
2. 상속인이 제1019조 제1항의 기간내에 한정승인 또는 포기를 하지 아니한 때
3. 상속인이 한정승인 또는 포기를 한 후에 상속재산을 은닉하거나 부정소비하거나 고의로 재산목록에 기입하지 아니한 때

Life
and Law

> **Q〖106〗1년 전에 아버지가 돌아가셨는데, 새로운 채권자가 나타나 피상속인의 빚을 대신 갚으라고 독촉하는 경우**
>
> : 아버지가 돌아가신 후, 친척에게 빌린 돈을 제가 아버지를 대신하여 매달 50만 원씩 1년 동안 갚아 나가고 있는 도중에 전혀 알지 못하는 사람이 느닷없이 저를 찾아와, 아버지 명의 차용증을 보여주면서 부모의 빚도 상속인들에게 상속되니 저보고 3,000만 원을 대신 갚으라고 독촉을 합니다. 아버지가 돌아가신 날로부터 3개월 이내에 상속포기나 한정승인을 하지 않고 제가 단순승인을 한 걸로 되어, 아버지의 빚을 대신해서 갚아주어야 한다고 하는데 사실인지 알고 싶습니다.

A 아버지가 사망한 후에도 아버지의 채무를 갚아나갈 생각으로 별도의 상속처리를 하지 않았는데, 이런 경우를 법에서는 단순승인이라고 합니다. 한정승인은 상속인이 물려받는 재산의 한도 내에서 돌아가신 분의 빚을 갚겠다는 것을 조건으로 하여 상속을 받아들이는 것을 말합니다. 민법에서는 "상속인은 상속개시 있음을 안 날로부터 3개월 내에 단순승인이나 한정승인 또는 포기를 할 수 있다"고 규정하고 있으며, 단순승인은 특별한 신고를 요하지 않습니다. 그런데 귀하는 아버지가 돌아가신 후 1년이 지나 아버지가 남긴 재산보다 빚이 훨씬 많다는 것을 알게 된 것으로 보입니다.

◘ 바로 이런 경우를 대비하여 민법 제1019조 제1항에서 "상속인이 상속개시 있음을 안 날로부터 3월내에 '단순승인'이나 '한정승인' 또는 '포기'할 수 있다"고 규정하고 있고, 동법 제3항은 "제1항의 규정에도 불구하고 상속인은 상속채무가 상속재산을 초과하는 사실을 중대한 과실 없이 제1항의 기간 내에 알지 못하고 단순승인을 한 경우에는 그 사실을 안 날로부터 3월 내 한정승인을

할 수 있다"고 규정함으로써 **특별한정승인 제도**를 두고 있습니다.

■ 따라서 귀하는 단순승인을 했으나 아버지 사망 후 3개월이 지난 시점에 중대한 과실없이 우연히 상속채무 초과사실을 알게 되었으므로 지금이라도 특별한정승인을 신청할 수 있습니다. 이때는 증빙자료의 제출이 필요하므로 상속재산조회서비스를 가까운 동사무소에 신청하여 제출받은 상속재산조회결과와 채권자로부터 제출받은 차용증 사본을 법원에 제출해야 합니다.

이후 법원에서 '상속인이 상속으로 인하여 취득한 재산의 한도에서 피상속인의 채무와 유증을 변제할 것을 조건으로 상속을 승인 한다'라는 결정이 내려지게 되면, 한정승인자는 한정승인수리심판 결정문을 수령한 날로부터 5일 내에 상속채권자와 유증을 받은 사람에게 한정승인 사실과 채권 및 수증을 신고할 것을 2개월 내의 기간을 정하여 일간지 신문에 공고하여야 합니다. 그 후 상속받은 재산의 범위 내에서 청산하게 됨으로 귀하가 아버지의 빚을 변제할 의무는 없을 것으로 보입니다.

관련 법 조항
민법 제1019조 제1항, 제3항, 민법 제1032조 각 참조

제1019조(승인, 포기의 기간)
① 상속인은 상속개시있음을 안 날로부터 3월내에 단순승인이나 한정승인 또는 포기를 할 수 있다. 그러나 그 기간은 이해관계인 또는 검사의 청구에 의하여 가정법원이 이를 연장할 수 있다.
② 상속인은 제1항의 승인 또는 포기를 하기 전에 상속재산을 조사할 수 있다.
③ 제1항에도 불구하고 상속인은 상속채무가 상속재산을 초과하는 사실(이하 이 조에서 "상속채무 초과사실"이라 한다)을 중대한 과실 없

이 제1항의 기간 내에 알지 못하고 단순승인(제1026조제1호 및 제2호에 따라 단순승인한 것으로 보는 경우를 포함한다. 이하 이 조에서 같다)을 한 경우에는 그 사실을 안 날부터 3개월 내에 한정승인을 할 수 있다.〈개정 2022. 12. 13.〉

④ 제1항에도 불구하고 미성년자인 상속인이 상속채무가 상속재산을 초과하는 상속을 성년이 되기 전에 단순승인한 경우에는 성년이 된 후 그 상속의 상속채무 초과사실을 안 날부터 3개월 내에 한정승인을 할 수 있다. 미성년자인 상속인이 제3항에 따른 한정승인을 하지 아니하였거나 할 수 없었던 경우에도 또한 같다.〈신설 2022. 12. 13.〉

제1032조(채권자에 대한 공고, 최고)

① 한정승인자는 한정승인을 한 날로부터 5일내에 일반상속채권자와 유증받은 자에 대하여 한정승인의 사실과 일정한 기간 내에 그 채권 또는 수증을 신고할 것을 공고하여야 한다. 그 기간은 2월 이상이어야 한다.

② 제88조제2항, 제3항과 제89조의 규정은 전항의 경우에 준용한다.

제1033조(최고기간 중의 변제거절)

한정승인자는 전조 제1항의 기간만료전에는 상속채권의 변제를 거절할 수 있다.

Life and Law

Q [107] 상속한정승인을 받게 되었는데 생명보험금도 상속재산에 포함되는지

: 어머니가 남기고 간 채권과 채무가 엇비슷하여 법원에 한정상속 승인을 받았는데 상속받은 채권 중에는 어머니에 대한 생명보험금이 포함되어 있습니다. 어머니의 사망에 대비해 사망보험금을 받을 수 있는 생명보험 가입은 제가 직접 가입하였으며, 보험료도 제가 납부하였습니다. 이런 경우 어머니의 사망으로 인해 지급받은 생명보험금이 상속재산에 속하는지 아니면 상속인의 고유재산에 해당되어 어머니의 보험금으로 어머니의 빚을 변제하는데 사용하지 않아도 되는지 알고 싶습니다.

A 생명보험금과 관련된 대법원 판례에 의하면 보험계약자가 피보험자의 상속인을 보험수익자로 하여 맺은 생명보험계약에 있어서 피보험자의 상속인은 피보험자의 사망이라는 보험사고가 발생한 때에는 보험수익자의 지위에서 보험자에 대하여 보험금 지급을 청구할 수 있고, 이 권리는 보험계약의 효력으로 당연히 생기는 것으로서 상속재산이 아니라 상속인의 고유재산이라고 할 것이라고 판시하였으며,

또, 생명보험의 보험계약자가 보험수익자의 지정권을 행사하기 전에 보험사고가 발생하여, 상법 제733조에 의하여 피보험자의 상속인이 보험수익자가 되는 경우에도 마찬가지라고 판시하고 있으므로 어머니의 보험금은 상속인의 고유재산으로써 상속재산에 포함되지 않는다는 점을 채권자들에게 설득하여 수긍한다면 어머니의 보험금으로 어머니의 빚을 변제하는 데 사용하지 않아도 될 것으로 보입니다.

관련 법 조항 및 판례
상법 제733조, 대법원 2003다29463 판결 각 참조

제733조(보험수익자의 지정 또는 변경의 권리)
① 보험계약자는 보험수익자를 지정 또는 변경할 권리가 있다.
② 보험계약자가 제1항의 지정권을 행사하지 아니하고 사망한 때에는 피보험자를 보험수익자로 하고 보험계약자가 제1항의 변경권을 행사하지 아니하고 사망한 때에는 보험수익자의 권리가 확정된다. 그러나 보험계약자가 사망한 경우에는 그 승계인이 제1항의 권리를 행사할 수 있다는 약정이 있는 때에는 그러하지 아니하다.
③ 보험수익자가 보험존속 중에 사망한 때에는 보험계약자는 다시 보험수익자를 지정할 수 있다. 이 경우에 보험계약자가 지정권을 행사하지 아니하고 사망한 때에는 보험수익자의 상속인을 보험수익자로 한다.
④ 보험계약자가 제2항과 제3항의 지정권을 행사하기 전에 보험사고가 생긴 경우에는 피보험자 또는 보험수익자의 상속인을 보험수익자로 한다.

Life
and Law

> **Q [108] 선순위 상속인들의 상속포기 후, 차순위 상속인에 해당하는 동생이 피상속인(형님)의 채무를 대신 갚아주어야 하는지**
>
> : 어느 날 갑자기 채권추심회사에서 저를 찾아와, 선순위 상속인들이 상속포기를 했으니 차순위 상속인에 해당하는 동생이 형님이 진 채무를 대신해서 갚아주어야 할 의무가 있다고 하면서 변제를 독촉합니다. 형수에게 물어보니 형님의 가족(배우자와 딸 1명, 아들 1명)들은 전부 법원에 상속포기심판청구를 통해 법원으로부터 상속포기에 관한 결정을 받았다고 하며, 자기 가족들만 상속포기하면 채무관계가 전부 해결이 된 줄로 알고 있었기 때문에 가족들에게 이런 사실을 알리지 않았다고 합니다. 이런 경우 제가 구제받을 방법이 없는지요?

A 민법은 피상속인의 직계비속과 직계존속, 형제자매, 4촌 이내의 방계혈족의 순으로 재산상속 순위를 정하고, 동순위 상속인이 여러 명일 경우에는 최근친을 선순위로 한다고 규정하고 있습니다. 다만 위 사안과 관련된 대법원 판례에 의하면 민법 제1019조 제1항은 상속인은 상속개시 있음을 안 날로부터 3월내에 상속포기를 할 수 있다고 규정하고 있는바, 여기서 상속개시 있음을 안 날이라 함은 상속개시의 원인이 되는 사실의 발생을 알고 이로써 자기가 상속인이 되었음을 안 날을 말한다. 한편 선순위 상속인인 피상속인의 처와 자녀들, 부모가 모두 적법하게 상속을 포기한 경우 누가 상속인이 되는지는 상속의 순위에 관한 민법 제1000조 제1항과 상속포기의 효과에 관한 민법 제1042조 내지 제1044조의 규정들에 따라서 정해질 터인데,

일반인의 입장에서 피상속인의 처와 자녀, 부모가 상속을 포기한 경우 피상속인의 형제자매가 이로써 자신들이 상속인이 되었다는 사실까지 안다는 것은

이례에 속하므로 이와 같은 과정을 거쳐 피상속인의 형제자매가 상속인이 된 경우에는 상속인이 상속개시의 원인사실을 아는 것만으로 자신이 상속인이 된 사실을 알기 어려운 특별한 사정이 있다고 보는 것이 상당하다. 따라서 이러한 때에는 법원으로서는 '상속개시 있음을 안 날'을 확정함에 있어 상속개시의 원인사실뿐 아니라 더 나아가 그로써 자신의 상속인이 된 사실을 안 날이 언제인지까지도 심리·규명하여야 마땅하다고 판시하였습니다〈대법원 2003다43681, 2012다59367 판결〉.

■ 상속개시 있음을 안 날을 확정함에 있어 상속개시의 원인사실뿐 아니라 더 나아가 그로써 상속인이 된 사실을 안 날이 언제인지도 심리, 규명하여야 한다고 판시함으로써 자신이 상속인이 된 사실을 몰랐다면 알게 된 날로부터 3개월 내에 상속포기 신청을 할 수 있도록 받아들여 주고 있습니다. 따라서 귀하의 경우 형님 사망 후 3개월이 지났다고 해도 선순위 상속인들의 상속포기로 인해 형님의 채무를 상속하게 되는 사실을 몰랐다면, 그 사실을 안 날로부터 3개월 내에 귀하가 한정승인 또는 상속포기신고를 통해 형님의 빚을 변제하지 않아도 될 것으로 보입니다.

이때 재산상속인은 피상속인의 상속재산에 대하여 단순승인, 한정승인, 상속포기를 할 수 있는데, 상속포기심판제도는 제1순위 상속인이 상속포기를 한 경우 차순위 상속인이 순차적으로 피상속인의 채무를 상속받게 되므로, 차순위 상속인 전부가 상속포기심판을 청구해야 하는 절차상의 번거로움과 어려움이 있습니다. 결과적으로 제1순위 상속인이 한정승인심판제도를 이용하는 것이 차순위 상속인들에게 피해를 주지 않고 피상속인의 상속채무 정리에 더 효과적이라 할 수 있겠습니다.

관련 법 조항 및 판례

민법 제1000조, 대법원 2003다43681, 2012다59367 판결 각 참조

제1000조(상속의 순위)

① 상속에 있어서는 다음 순위로 상속인이 된다.
    1. 피상속인의 직계비속
    2. 피상속인의 직계존속
    3. 피상속인의 형제자매
    4. 피상속인의 4촌 이내의 방계혈족

② 전항의 경우에 동순위의 상속인이 수인인 때에는 최근친을 선순위로 하고 동친 등의 상속인이 수인인 때에는 공동상속인이 된다.

③ 태아는 상속순위에 관하여는 이미 출생한 것으로 본다.

Life
and Law

Q [109] 상속포기 후 10년이 지나서 상속채무 소송이 제기된 경우

: 아버지가 돌아가시고 나서 상속포기를 한 후, 일자리를 찾아 이리저리 옮겨 다니다 주소가 직권말소 되어 제3자가 제기한 상속채무청구소장을 송달받지 못해 나도 모르는 사이에 공시송달로 판결이 진행되었고, 원고 승소로 확정되었습니다(이하, '전소'라 칭함). 이후 제3자(원고)는 소멸시효 중단을 위해 저를 상대로 같은 내용의 소송을 제기했습니다(이하, '후소'라 칭함). 이에 본인은 후소에 대해 법원에 상속포기 사실을 답변서로 제출했으나, 법원에서는 "이미 전소가 확정되었으므로 후소에서 이런 주장을 하는 것은 의미가 없다"는 안내를 해왔습니다. 이런 경우 저는 달리 대응할 방법이 없는지요?

A 후소의 소장을 받은 날로부터 2주 내 전소에 대한 추완항소를 제기, 상속포기 사실을 입증해야 합니다. 귀하가 상속포기를 받은 사실만으로 모든 소송에서 당연히 면책이 되는 것은 아니고, 그 소송에서 이를 주장, 입증하여 그에 맞는 판결을 받아야 합니다. 그런데 주민등록이 말소되어 전소에 대한 소송서류를 송달받지 못하고 자신도 모르는 사이에 망인의 채무가 상속된 것으로 판결이 확정되어 버렸습니다. 또한 이러한 판결도 그 확정된 날로부터 10년이 지나면 소멸시효가 완성되므로 원고는 이를 중단하기 위해 후소를 법원에 제기한 것으로 보입니다.

그런데 본인은 이를 모르고 후소에 대한 답변서에서 피고의 상속포기 사실을 주장한 것인데, 이는 확정된 전소판결의 기판력에 의해 후소에서 주장할 수 없는 것이고, 전소가 확정되기 전에 주장하거나 전소판결이 송달된 날부터 2주 내에 항소를 제기하여 주장해야 하는 사안으로 보입니다.

■ 그러나 민사소송법은 제173조(소송행위의 추후 보완)에서 "당사자가 책임질 수 없는 사유로 말미암아 불변기간을 지킬 수 없었던 경우에는 그 사유가 없어진 날부터 2주 이내에 게을리 한 소송행위를 보완할 수 있다"고 규정하고 있으므로, 피고는 후소가 공시송달로 진행된 전소의 소멸시효 중단을 위해 제기된 동일한 소송임을 안 날, 즉 소송서류를 열람한 날 또는 법원의 석명을 통해 자초지종을 안 날부터 2주 내에 추완항소를 제기해 항소가 받아들여지면 그 항소심에서 상속포기를 주장 입증하고 항소심에서 원판결을 뒤집은 후, 후소에서 이를 주장해야 할 것입니다.

이때 주의할 점은 항소기간과 마찬가지로 추완항소 기간도 2주의 불변기간이란 제약이 있으므로 기간을 도과하지 않도록 해야 합니다. 또, 항소기간을 지키지 못한데 과실이 없었음을 주장 입증해야 하고, 그 사유를 안 날이 언제인지도 중요해서 대개는 후소의 소장을 받아보거나 열람한 날이 기준이 되므로, 그날로부터 2주 안에 추완항소장을 제출해야 합니다.

관련 법 조항
민사소송법 제173조 참조

제173조(소송행위의 추후보완)
① 당사자가 책임질 수 없는 사유로 말미암아 불변기간을 지킬 수 없었던 경우에는 그 사유가 없어진 날부터 2주 이내에 게을리 한 소송행위를 보완할 수 있다. 다만, 그 사유가 없어질 당시 외국에 있던 당사자에 대하여는 이 기간을 30일로 한다.
② 제1항의 기간에 대하여는 제172조의 규정을 적용하지 아니한다.

Life
and Law

Q〖110〗상속한정승인을 받은 후, 부동산 강제경매신청을 당한 경우

: 아버지 사망 이후 상속포기를 하려고 했는데 빚도 순차적으로 상속되기 때문에 아버지의 형제자매들까지 상속포기를 해야 한다고 해서 법원에 상속포기가 아닌 상속한정승인신청을 하여 결정을 받았습니다. 그런데 얼마 후 아버지의 채권자가 저를 상대로 대여금청구소송을 제기했습니다. 저는 이미 상속한정승인을 받았고, 실제 상속받은 재산도 없어 별 생각 없이 대응을 하지 않았습니다. 그런데 법원에서 한정승인 받은 재산 내에서 집행하라는 조건 없이 이행판결을 했고, 채권자는 제 고유재산에 강제경매 신청을 했습니다. 이런 경우 저는 어떻게 대응해야 하는지요?

A 소송에 대응해 상속한정승인 사실을 적극적으로 주장하지 않았기 때문에 '청구이의의 소'를 통해 다투어야 합니다. 상속한정승인은 채무의 존재를 한정하는 것이 아니라 단순히 그 책임의 범위를 한정하는 것에 불과하기 때문에 상속의 한정승인이 인정되는 경우에도 상속채무가 존재하는 것으로 인정됩니다. 따라서 위 채권자의 대여금청구소송에서 법원은 당연히 귀하의 상속채무 전부에 대한 이행판결을 선고한 것으로 보입니다. 다만, 그 채무가 상속인인 귀하의 고유재산(망인의 상속재산이 아닌 상속인 본래의 재산)에 대해서는 강제집행을 할 수 없는 성질을 가지고 있으므로 채권자의 집행력을 제한하기 위해 법원은 이행판결 주문에 "상속재산의 한도 내에서만 집행할 수 있다(유보부 조건)"는 취지의 판결을 하게 됩니다.

■ 그런데 위 소송에서는 채권자나 재판부가 귀하의 상속한정승인 사실을 알 수 없으니 귀하가 소송에 적극적으로 대응하여 한정승인 사실을 입증하는 결

정문을 첨부한 답변서를 제출했어야 했지만, 그러지 못했기 때문에 법원은 유보부 조건을 기재하지 않은 채 판결을 한 것입니다. 따라서 위와 같은 경우에는 귀하가 법원에 **'청구이의의 소'를 제기**하여 다툴 수 있습니다.

만약 유보부 판결을 받았는데도 고유재산에 강제집행이 들어왔다면 '청구이의의 소'가 아닌 '제3자이의의 소'를 제기해야 하지만, 귀하처럼 무유보부 판결을 받은 경우에는 '청구이의의 소'를 제기할 수 있습니다. 결론적으로 번거로운 절차를 거쳐야 하겠지만, 법원에 소를 제기하여 승소판결을 받은 후, 상속재산의 한도 내에서 강제집행이 되도록 해결할 수 있을 것입니다.

관련 법 조항
민사집행법 제44조, 제46조, 제48조 각 참조

제44조(청구에 관한 이의의 소)
① 채무자가 판결에 따라 확정된 청구에 관하여 이의하려면 제1심 판결법원에 청구에 관한 이의의 소를 제기하여야 한다.
② 제1항의 이의는 그 이유가 변론이 종결된 뒤(변론 없이 한 판결의 경우에는 판결이 선고된 뒤)에 생긴 것이어야 한다.
③ 이의이유가 여러 가지인 때에는 동시에 주장하여야 한다.

제46조(이의의 소와 잠정처분)
① 제44조 및 제45조의 이의의 소는 강제집행을 계속하여 진행하는 데에는 영향을 미치지 아니한다.
② 제1항의 이의를 주장한 사유가 법률상 정당한 이유가 있다고 인정되고, 사실에 대한 소명(疎明)이 있을 때에는 수소법원(受訴法院)은 당사자의 신청에 따라 판결이 있을 때까지 담보를 제공하게 하거나 담보를 제공하게 하지 아니하고 강제집행을 정지하도록 명할 수 있으며, 담보를 제공하게 하고 그 집행을 계속하도록 명하거나 실시한 집행처

분을 취소하도록 명할 수 있다.

③ 제2항의 재판은 변론 없이 하며 급박한 경우에는 재판장이 할 수 있다.

④ 급박한 경우에는 집행법원이 제2항의 권한을 행사할 수 있다. 이 경우 집행법원은 상당한 기간 이내에 제2항에 따른 수소법원의 재판서를 제출하도록 명하여야 한다.

⑤ 제4항 후단의 기간을 넘긴 때에는 채권자의 신청에 따라 강제집행을 계속하여 진행한다.

제48조(제3자이의의 소)

① 제3자가 강제집행의 목적물에 대하여 소유권이 있다고 주장하거나 목적물의 양도나 인도를 막을 수 있는 권리가 있다고 주장하는 때에는 채권자를 상대로 그 강제집행에 대한 이의의 소를 제기할 수 있다. 다만, 채무자가 그 이의를 다투는 때에는 채무자를 공동피고로 할 수 있다.

② 제1항의 소는 집행법원이 관할한다. 다만, 소송물이 단독판사의 관할에 속하지 아니할 때에는 집행법원이 있는 곳을 관할하는 지방법원의 합의부가 이를 관할한다.

③ 강제집행의 정지와 이미 실시한 집행처분의 취소에 대하여는 제46조 및 제47조의 규정을 준용한다. 다만, 집행처분을 취소할 때에는 담보를 제공하게 하지 아니할 수 있다.

Life
and Law

> **Q [111]** 저를 돌봐주고 있는 자녀에게 부동산을 상속해 주고 싶은데, 유언에 의한 방법이나 유언공증 외에 다른 방법이 없는지〈유언대용신탁〉
>
> : 저는 두 명의 자녀를 두고 있는데, 한 명은 직장도 안정적이고 생활형편도 넉넉한 편이어서 저와 함께 기거하면서 나를 돌봐주고 있는 자녀에게 제 소유 부동산을 상속해 주고 싶은데, 증여는 증여세가 너무 많이 나오고 유언장 공증은 4촌 이내의 친척이 아닌 보증인을 찾아 본인의 집안 사정을 다 설명해야 해서 꺼려집니다. 이런 경우 다른 좋은 방법은 없을까요?

A '유언대용신탁등기'를 활용하면 보증인 없이도 유언과 같은 효과를 볼 수 있습니다. 상속을 둘러싸고 자녀들 간에 여러 분란이 있을 것 같아 유언장을 작성하고 싶지만, 유언장 공증은 보증인이 필요할 뿐 아니라 그 작성도 법에 정해진 대로 엄격히 하지 않으면 자칫 효력이 상실될 수도 있기 때문에 거부감을 느끼는 경우가 많습니다. 바로 이런 경우에 유용하게 활용할 수 있는 제도가 바로 "유언대용신탁등기"입니다.

▶ 유언대용신탁이란

① 위탁자가 신탁회사 등 수탁자와 신탁계약을 하고

② 위탁자 본인 재산의 소유권을 수탁자에게 이전하며

③ 위탁자 살아생전에는 위탁자 본인이 신탁계약의 수익자로서 신탁에서 발생하는 이익 등을 향유하다가

④ 위탁자가 사망할 경우 다른 법정상속인들의 협의 절차를 거치지 않고

⑤ 신탁계약에 근거해 위탁자가 지정한 사후 수익자에게 신탁재산을 이전하는 제도를 말합니다. 유언대용신탁은 2012. 7. 26. 시행된 신탁법 제59조에

근거를 두고 있습니다.

◾ 이는 살아생전에 부동산의 소유권을 특정인(수탁자)에게 이전하고, 생전수익은 위탁자(유언자)가 받다가 사후수익은 수탁자 등에게 승계시키는 것이 가능하도록 설계하여 등기할 수 있어, 증여와 상속이 결합된 형태로서 유언이 아니면서도 유언과 같은 효과를 볼 수 있는 제도입니다. 유언대용신탁은 위탁자와 수탁자간 합의만으로 계약이 성립하고, 약관 이외 계약서상 문구와 방식도 특별한 제한이 없으므로 증인 없이 계약할 수 있고, 신탁계약 내용을 변경할 수 있습니다. 유언대용신탁 계약서는 신탁재산이 부동산인 경우에는 신탁원부로 등기되어 있고, 금전 및 증권 등의 경우에는 신탁회사 등 수탁자의 전산 시스템 및 별도 금고에 안전하게 보관하기 때문에 위조·변조·분실의 위험이 적습니다.

◾ 특히 이 제도는 증여세가 아닌 상속세의 과세대상이기 때문에 위탁자의 사망 시 상속세로 신고해 세금을 크게 절감할 수 있다는 점, 유언장 공증은 유증자와 수증자 외 유언집행인과 보증인 2명이 필요하고, 이때 보증인은 4촌 이내의 친인척은 자격이 없기 때문에 제3자에게 개인적인 재산상황 등이 노출될 우려가 있는 반면, 유언대용신탁은 신탁자와 수탁자, 그리고 수익자만 있으면 되기 때문에 재산상황이나 가족관계 사항이 다른 사람에게 노출될 염려가 없다는 점, 그리고 위탁자가 원한다면 언제든지 등기를 말소할 수 있다는 점 등이 큰 장점입니다.

◾ 또 다른 유언대용신탁의 방법은 금융권의 유언대용신탁을 이용하는 방법입니다. 신탁재산은 위탁자의 다양한 요구와 지시 등에 따라 자산관리에 전문화된 신탁회사 등 수탁자가 관리, 운용 등의 업무를 수행하며, 특히 위탁자 생전은 물론 사후에도 사후수익자가 재산을 받아가기 전까지 일정한 재산 관리가 이뤄지게 됩니다. 금융기관과 신탁계약방식 역시 생전 수익자는 본인이지만 사후엔 자녀 등 특정인에게 분쟁 없이 원활한 상속이 가능하도록 설계되어 있

습니다. 부모 사후에 유산을 둘러싸고 상속인들 간에 분쟁이 생기는 사례가 워낙 빈번하기 때문에 자신의 의지대로 자산 승계를 마치고 가족 간 유산 다툼을 방지하고자 한다면 상속에 대한 사전 설계가 필수적이기 때문에 자산가들이 많이 이용하고 있으며, 현재 제1금융권 상품으로 출시되어 있습니다.

따라서 귀하의 경우도 유언장 작성이 꺼려진다면 법률전문가를 찾아가 상담 후 유언대용신탁등기를 이용하는 것도 좋은 방법이 될 수 있습니다. 이와 같이 유언대용신탁등기를 하면, 위탁자 사망시 신탁은 종료되고, 사후수익자는 위탁자의 사망 사실을 입증하는 가족관계증명서를 첨부하여 자신에게로 소유권을 이전할 수 있습니다.

다만 유언대용신탁등기는 대부분 가족 간에 신탁관계가 이루어지기 때문에 신탁수수료나 유지관리에 필요한 비용이 거의 들어가지 않는 반면에 금융권의 유언대용신탁은 사전 설계가 자유로운 반면에 신탁수수료나 유지관리에 필요한 비용이 들어간다는 차이점이 있습니다.

관련 법 조항
신탁법 제59조, 제101조 각 참조

제59조(유언대용신탁)
① 다음 각 호의 어느 하나에 해당하는 신탁의 경우에는 위탁자가 수익자를 변경할 권리를 갖는다. 다만, 신탁행위로 달리 정한 경우에는 그에 따른다.
    1. 수익자가 될 자로 지정된 자가 위탁자의 사망 시에 수익권을 취득하는 신탁
    2. 수익자가 위탁자의 사망 이후에 신탁재산에 기한 급부를 받는 신탁

② 제1항제2호의 수익자는 위탁자가 사망할 때까지 수익자로서의 권리를 행사하지 못한다. 다만, 신탁행위로 달리 정한 경우에는 그에 따른다.

제101조(신탁종료 후의 신탁재산의 귀속)

① 제98조제1호, 제4호부터 제6호까지, 제99조 또는 제100조에 따라 신탁이 종료된 경우 신탁재산은 수익자(잔여재산수익자를 정한 경우에는 그 잔여재산수익자를 말한다)에게 귀속한다. 다만, 신탁행위로 신탁재산의 잔여재산이 귀속될 자(이하 "귀속권리자"라 한다)를 정한 경우에는 그 귀속권리자에게 귀속한다.

② 수익자와 귀속권리자로 지정된 자가 신탁의 잔여재산에 대한 권리를 포기한 경우 잔여재산은 위탁자와 그 상속인에게 귀속한다.

③ 제3조제3항에 따라 신탁이 종료된 경우 신탁재산은 위탁자에게 귀속한다.

④ 신탁이 종료된 경우 신탁재산이 제1항부터 제3항까지의 규정에 따라 귀속될 자에게 이전될 때까지 그 신탁은 존속하는 것으로 본다. 이 경우 신탁재산이 귀속될 자를 수익자로 본다.

⑤ 제1항 및 제2항에 따라 잔여재산의 귀속이 정하여지지 아니하는 경우 잔여재산은 국가에 귀속된다.

Life
and Law

Q [112] 새어머니가 상속권자 없이 돌아가신 경우, 계모자관계에 있는 자식이 상속받을 수 있는지

: 제가 어렸을 때 생모가 돌아가셨고, 이후 아버지가 재혼을 하여 저와 동생은 새어머니 밑에서 성장하였습니다. 새어머니와 아버지 사이 출생한 자녀는 없으며, 새어머니 친정에도 상속권자가 없을 경우 새어머니의 재산을 저와 동생이 상속받을 수 있는지 궁금합니다.

A 민법 규정에서 1991. 1. 1. 계모자관계 조문이 삭제되어 원칙적으로 상속받을 수 없지만 특별한 경우 새어머니의 재산을 상속받을 수가 있습니다. 1991. 이전의 구「민법」에 의하면 부의 혼인외 자와 배우자간의 적모서자관계와 부의 친자와 계모와의 계모자관계를 법정혈족으로 인정하여 친생자와 동일하게 상속권이 인정되었습니다. 그러나 1991. 1. 1.「민법」이 개정 시행되면서 종전의 계모자·적모서자관계 조문이 삭제됨에 따라 지금은 계모와 적모는 혈족관계가 아닌, 직계존속의 배우자로서 인척관계로만 인정되고 있습니다. 따라서 계모자관계와 적모서자관계에서는 상속권이 발생할 수 없으며, 계모의 재산은 친정으로 상속권이 넘어가게 됩니다. 즉 귀하와 동생은 계모의 재산을 상속받을 수 없지만 만약 계모의 친정에 상속권자가 없다면 상속을 받을 수도 있습니다.

새어머니 친정의 상속권자를 찾기 위해 검사의 청구에 의해 상속재산관리인을 선임하고, 일정한 공고기간과 절차를 거쳐 상속인의 존부를 수색하거나 일반상속채권자와 유증 받은 자에 대하여 일정한 기간 내에 그 채권 또는 수증을 신고할 것을 2개월 이상 공고를 했음에도 **상속인의 존부를 알 수 없는 경우에 피상속인과 생계를 같이 하고 있던 자, 피상속인의 요양간호를 한 자, 기타 피상속인과 특별한 연고가 있던 자의 청구에 의하여 가정법원이 상속재산의 전부 또는 일부를 분여**하는 특별한 경우도 있으므로 답변에 참고하시기 바랍니다.

관련 법 조항

민법 제1000조 제1항 제1호, 제1003조 제1항 각 참조

제1000조(상속의 순위)

① 상속에 있어서는 다음 순위로 상속인이 된다.
  1. 피상속인의 직계비속
  2. 피상속인의 직계존속
  3. 피상속인의 형제자매
  4. 피상속인의 4촌 이내의 방계혈족

② 전항의 경우에 동순위의 상속인이 수인인 때에는 최근친을 선순위로 하고 동친 등의 상속인이 수인인 때에는 공동상속인이 된다.

제1003조(배우자의 상속순위)

① 피상속인의 배우자는 제1000조제1항 제1호와 제2호의 규정에 의한 상속인이 있는 경우에는 그 상속인과 동순위로 공동상속인이 되고 그 상속인이 없는 때에는 단독상속인이 된다.

②항 생략

Life
and Law

> **Q [113] 상속을 위해 가족관계등록부를 발급받았는데 모르는 사람이 형제로 기재되어 있는 경우**
>
> : 어머니가 돌아가신 후 부동산을 상속받기 위해 제적등본과 망인의 가족관계증명서를 발급받았는데 제적등본에는 어머니의 법정상속인으로 직계비속인 저(A)만 등재되어 있는 반면, 가족관계증명서에는 제가 전혀 모르는 사람(B)이 제 어머니의 자녀로 등재되어 있습니다. 관할 관청에서는 제적이 연결되지 않아 간이직권정정신청에 해당되지 않아 가족관계등록부를 직권으로 정정해 줄 수 없다고 합니다. 어머니는 저 이외에 다른 직계비속이 없고 제적등본에도 다른 배우자와 혼인한 사실이나 그 배우자와의 사이에서 출생자가 있었던 기록이 전혀 없습니다. 이를 바로잡아 제가 단독으로 상속할 방법이 없는지요?

A 실무상 상속등기를 하기 위해서는 법원에 망인의 기본증명서, 가족관계증명서, 혼인관계증명서, 입양관계증명서, 친생자입양관계증명서, 제적등본 등을 법원에 제출해 주어야 하는데, 현재의 가족관계등록제도는 2008. 11. 가(家) 중심의 호주제가 폐지되고, 개인별 편제로 편제방법이 바뀌면서 당시 최종 제적(구 호적)에 기재된 사항을 기초로 개인별 가족관계등록부로 이기, 작성하는 과정에서 오기, 누락 등이 종종 확인되고, 이에 따라 이해관계인의 신청 혹은 가족관계등록관서의 직권 정정이 일어나고 있습니다.

그러나 귀하의 사례와 같이 제적이 연결되지 않아 제적을 관할하는 시·구·읍·면 사무소에 간이직권정정을 신청할 수 없는 경우에는, (B)가 망인의 가족관계등록부상 혼인 중의 자로 등재되어 있다 하더라도 그의 친생부모가 호적상 부모와 다른 사실이 객관적으로 명백한 경우, 즉 허위의 친생자 출생신고로 인하여 가족관계등록부 상의 부모와 자(B) 사이에 친생자관계가 존재하지 않는 경우에는 친생자추정이 미치지 아니하므로 가정법원에 **친생자관계부존재확인의 소를 제기**할 수 있고, 호적상 자로 등재되어 있는 (B)이외에 이를 바로잡아 단독상속을 받고자하는 귀하(A)에게도 그 확인의 이익이 있으므로 원고의 자격으로 소 제기가 가능합니다.

이때 피고는 부모와 자인 (B)를 모두 상대방으로 하여야 하나, 부모가 모두 사망하였으므로 생존하고 있는 다른 한쪽, 즉 (B)를 피고로 하여 소를 제기할 수 있습니다. 부존재확인의 소는 친생부인의 소와 달리 조정전치주의가 적용되지 않으므로 조정신청을 할 필요 없이 바로 소를 제기할 수 있습니다. 또한 직권주의가 적용되므로 법원이 필요한 경우 유전자검사나 혈액검사 등의 수검명령을 내릴 수 있고, 변호인을 선임한 경우에도 반드시 변론기일에 본인이 출석해야 합니다.

관련 법 조항
민법 제865조 참조

제865조(다른 사유를 원인으로 하는 친생관계존부확인의 소)
① 제845조, 제846조, 제848조, 제850조, 제851조, 제862조와 제863조의 규정에 의하여 소를 제기할 수 있는 자는 다른 사유를 원인으로 하여 친생자관계존부의 확인의 소를 제기할 수 있다.
② 제1항의 경우에 당사자일방이 사망한 때에는 그 사망을 안 날로부터 2년 내에 검사를 상대로 하여 소를 제기할 수 있다.

Life
and Law

> **Q [114] 유언장(자필증서에 의한 유언)은 어떻게 작성해야 유언의 효력을 인정받을 수 있는지**
>
> : 저는 오래전부터 A의 동거인으로 살고 있는데 연로한 A는 최근에 그의 사후에 본인의 경제적 생활안정을 고려하여 A소유 아파트 한 채를 사후에 저에게 증여하겠다는 취지의 유언장과 비슷한 각서 1매를 자필로 작성하여 저에게 교부하여 주었습니다. 그런데 주변에서 유언장이라는 제목으로 유언서가 작성이 되지 않아서 유언의 효력이 발생하지 않을 수도 있다고 하는데 사실인지요. 그리고 유언장의 작성요건은 어떻게 되는지요?

A 상속 분쟁은 상속자가 사망 전 재산에 대해 남긴 말만 있을 뿐 실제 문서가 작성되어 있지 않아서 일어나거나, **문서작성이 법에서 정한 요건에 맞지 않게 작성되어 유언의 효력을 인정받지 못하는 경우가 대부분**인데, 정확한 유언을 문서로 미리 남겨두면 피상속자 간 싸움을 벌일 일이 줄어들기 때문에 유언장 쓰기는 상속 분쟁을 줄일 대안으로 떠오르고 있습니다. 부동산 가치 상승, 비혼 및 고령 1인 가족 증가로 친족 등 상속인이 없는 사망이 늘어나면서 상속 분쟁 확산의 원인으로 지목되고 있습니다.

하지만 유언서가 제대로 작성되었다 하더라도 유언자가 유언서를 장롱 속에 넣어두거나 수증자 또는 유언집행자에게 맡기는 것이 보통인데 이 때문에 자필증서 유언의 멸실, 훼손, 위조, 변조의 우려 작성과 내용의 진정성에 관한 의문이 제기돼 오히려 유언장의 존재가 분쟁의 불씨가 되기도 합니다.

이웃 일본은 고령인구 비율이 높아지면서 상속재산의 처리가 사회 문제로 떠오르자 2019. 7.부터 자필 유언을 용이하게 하는 개정 상속법을 시행하고 이듬 해 법무국(한국의 등기소에 해당)이 자필유언장 보관을 주관하는 법률을 시행하기에 이르렀습니다. 이와 같은 사유로 국내에서도 누구나 간편하게 유언을 할 수 있도록 하기 위해서는 유언장의 공적 보관제도 도입이 절실하다고 강조합니다.

◼ 법률적으로 유언은 사람이 그의 사후에 있어서의 일정한 법률관계를 정하려는 생전의 최종적 의사표시로서 일정한 방식에 따라 행해야 하는 상대방 없는 단독의 사후행위라 할 수 있습니다. 따라서 상속재산은 민법에서 규정하고 있는 법정상속분〈민법 제1009조〉과 달리 원칙적으로 돌아가신 분(유언자 : 피상속인)의 뜻에 따라 처리하게 됩니다. 피상속인은 돌아가시기 전에 자기 재산의 처분에 관하여 이른바 유언을 할 수 있고, 그 유언은 민법상 이른바 유류분 제도〈같은 법 제1112조〉에 의하여 제한이 있기는 하나 상속인이 아닌 특정 상속인에게 재산 전부를 상속하도록 결정할 수 있습니다.

◼ 다만 민법은 유언의 존재여부를 분명히 하고 위조, 변조를 방지할 목적으로 일정한 방식에 의한 유언에 대해서만 그 효력을 인정하고 있으므로 **법률적으로 유효하기 위해서는 법률이 정하는 방식을 갖추고 있어야** 합니다〈같은 법 제1060조〉. 유언은 **17세에 달하면 법정대리인의 동의 없이도 유효한 유언을 할 수 있으며**, 그 경우에 법정대리인이 미성년자의 유언을 취소할 수 없습니다〈같은 법 제1061조, 제1062조〉. 피성년후견인은 의사능력이 회복된 때에만 유언을 할 수 있고, 이 경우에는 의사가 심신 회복 상태임을 유언서에 부기하고 서명 날인하여야 합니다〈같은 법 제1063조〉.

◼ 민법에 규정된 유언의 방식으로는 **자필증서에 의한 유언, 녹음에 의한 유언, 공정증서에 의한 유언, 비밀증서에 의한 유언, 구수증서에 의한 유언**이 있습니다〈같은 법 제1065조〉. 위 5가지 유언의 방식 중 자필증서에 의한 유언이 가장 간단한 방식이며, 자필증서로 유언을 하는 경우 유언자가 유언서를 작성하면 유언이 성립되지만 그 효력은 유언자가 사망한 후에 발생하기 때문에 이미 작성한 유언을 철회할 수도 있고, 자필증서 방식에 의한 유언서를 작성했다

가 다른 방식에 의한 유언으로 변경하여 할 수도 있습니다. 자필증서 방식에 의한 유언은 유언자가 유언의 내용이 되는 전문과 연월일, 주소 성명을 자신이 쓰고 날인한 유언서를 의미하며 아래 요건을 갖추어서 작성되어야 자필유언증서로서 법적 효력을 인정받게 됩니다〈같은 법 제1066조〉.

▶ **본인이 직접 자필로 전체 내용을 작성**하여야 합니다.

유언은 자필하는 것이 절대적 요건이므로, 타인에게 구수하여 필기시킨 것, 일부에 대해 타인이 필기한 것, 타이프라이터나 점자기를 사용한 것, 전자복사기를 이용해 작성한 복사본 등은 자필증서로서 인정되지 않으며 따라서 무효입니다. 다만, 자기 스스로 본인이 직접 썼다면 외국어나 속기문자를 사용한 것도, 그리고 가족에게 의문의 여지가 없는 정도의 의미가 명확한 관용어나 약자, 약호를 사용한 유언도 유효합니다.

▶ **유언서 작성시 연·월·일도 반드시 자필로 기재**하여야 합니다.

유언서 말미나 봉투에 기재하여도 무방하나 연월일이 없는 유언은 무효입니다. 연·월·일의 자필이 중요시 되는 것은 언제 유언이 성립되었느냐를 명확히 하는 이외에 유언자의 유언능력을 판단하는 표준시기를 알기 위한 것이며, 혹은 유언이 2통으로 작성된 경우에 전후의 유언내용이 저촉되는 때에는 뒤의 유언으로써 그 저촉되는 부분의 앞의 유언을 취소한 것으로 볼 수 있으므로, 유언장에 연·월·일이 없으면 어느 유언이 전후의 것인지 불명확하기 때문입니다. 연·월만 표시하고 날의 기재를 하지 않은 유언은 무효입니다〈대법원 2009다9768 판결〉. 예를 들어 2023년 5월 금낭화 피는 날과 같은 기재는 날짜의 기재가 없는 것으로 무효가 됩니다.

▶ **주소와 성명을 반드시 자필로 기재**하여야 합니다.

유언자의 성명의 기재가 없는 유언서 또는 성명을 다른 사람이 쓴 유언서는 무효입니다. 여기서 성명의 기재는 그 유언서가 누구의 것인가를 알 수 있는 정도면 되므로 호나 자, 예명 같은 것도 상관없습니다. 성과 이름을 다 쓰지 않더라도 유언자 본인의 동일성을 알 수 있는 경우에는 유효하지만, 성명의 자서 대신 자서를 기호화한 인형 같은 것을 날인한 것은 안 됩니다. 주소 기재 시에는 후일 유언집행사무를 처리할 때 동일인 소명에 애로사항이 발생하지 않도록 주민등록상의 주소를 기재하는 것이 좋습니다.

▶ **성명을 자서한 곳에 반드시 날인을 하여야** 합니다.

성명만을 자서한 것으로는 자필유언증서 작성이 완성되지 않습니다. 자필증서에 의한 유언은 유언서의 전문과 연월일, 성명을 자서하고 도장 찍는 것을 요건으로 하되 도장은 인감증명이 되어 있는 실인일 필요는 없으며, 막도장도 좋고 무인도 무방합니다〈대법원 97다38510 판결〉. 유언서 작성 이후 문자의 삽입, 삭제, 변경을 할 때에는 유언자가 자서하고 날인하여야 합니다.

▶ **유언집행자 선임에 관한 사항을 기재**해 놓으시기 바랍니다.

유언장에 유언취지를 기재해 놓고 유언집행자 선임은 하지 않는 경우가 많은데, 그렇게 되면 상속인들 전원이 공동으로 유언집행자가 되고〈민법 제1095조〉, 유언집행사무는 상속인 과반수 찬성으로 하게 되어 있기 때문에〈같은 법 제1102조〉, 수증을 받지 못하는 상속인들이 유언집행사무에 비협조적으로 나오는 경우에는 복잡한 법률문제가 발생할 수 있습니다. 따라서 자필유언서에 "위 유언의 사무를 집행할 유언집행자로서 OOO를 선임한다"라는 문구를 기재해 두면 향후 유언자가 지정한 신뢰할 만한 사람이 유언집행사무를 처리할 수 있게 되어 원활한 유언집행사무가 가능할 것입니다.

따라서 위 사안의 경우, A가 작성한 각서가 요식성의 흠결 없이 위와 같은 작성요건을 갖추고 사후에 아파트 1채를 귀하에게 유증한다는 내용이라면 민법 제1066조의 자필증서에 의한 유언에 해당하여 유언의 효력이 있을 것으로 보입니다. 만약에 **요식성에 흠결이 있다면 유언장이라는 표제를 붙였다 하더라도 유언으로서의 효력이 발생하지 않습니다.** 그리고 위와 같은 자필증서를 보관한 자 또는 이를 발견한 자는 **유언자의 사망 후 지체 없이 그 증서를 법원**

에 제출하여 검인을 청구하여야 합니다〈같은 법 제1091조 제1항〉.

유언장의 효력은 피상속인의 사망 후 발생하는 것이기에 유언장을 둘러싸고 그 효력을 다투는 상속 관련 분쟁은 유언자의 사후에 발생할 수밖에 없으므로, 유산 상속 과정에서 유언자의 뜻에 따라 유언이 잘 집행되고 법적 효력 분쟁을 줄이기 위해서는 반드시 법에 규정된 유언방식과 정해진 요건에 맞춰 유언장을 작성하여야 하며, 법률자문을 받아 유언장을 작성하는 것도 상속분쟁을 줄이는 대안이 될 수 있습니다.

관련 법 조항 및 판례

민법 제1060조, 제1061조, 1063조, 제1065조, 제1066조, 제1091조 제1항, 제1112조, 대법원 2009다9768 판결, 97다38510 판결 각 참조

제1060조(유언의 요식성)
유언은 본법의 정한 방식에 의하지 아니하면 효력이 생하지 아니한다.

제1061조(유언적령)
17세에 달하지 못한 자는 유언을 하지 못한다.

제1062조(제한능력자의 유언)
유언에 관하여는 제5조, 제10조 및 제13조를 적용하지 아니한다.

제1063조(피성년후견인의 유언능력)
① 피성년후견인은 의사능력이 회복된 때에만 유언을 할 수 있다.
② 제1항의 경우에는 의사가 심신 회복의 상태를 유언서에 부기(附記)하고 서명날인하여야 한다.

제1065조(유언의 보통방식)
유언의 방식은 자필증서, 녹음, 공정증서, 비밀증서와 구수증서의 5종으로 한다.

제1066조(자필증서에 의한 유언)

① 자필증서에 의한 유언은 유언자가 그 전문과 연월일, 주소, 성명을 자서하고 날인하여야 한다.
② 전항의 증서에 문자의 삽입, 삭제 또는 변경을 함에는 유언자가 이를 자서하고 날인하여야 한다.

제1091조(유언증서, 녹음의 검인)

① 유언의 증서나 녹음을 보관한 자 또는 이를 발견한 자는 유언자의 사망 후 지체없이 법원에 제출하여 그 검인을 청구하여야 한다.
② 전항의 규정은 공정증서나 구수증서에 의한 유언에 적용하지 아니한다.

제1112조(유류분의 권리자와 유류분)

상속인의 유류분은 다음 각호에 의한다.
1. 피상속인의 직계비속은 그 법정상속분의 2분의 1
2. 피상속인의 배우자는 그 법정상속분의 2분의 1
3. 피상속인의 직계존속은 그 법정상속분의 3분의 1
4. 피상속인의 형제자매는 그 법정상속분의 3분의 1
   (※ 피상속인의 형제자매는 2024.4.25. 헌법재판소 위헌결정으로 즉시 효력정지 되어 유류분 대상에서 제외됨)

Life
and Law

> **Q [115] 제한능력자**(미성년자, 피한정후견인, 피성년후견인)도 유언이 가능하며, 성년후견제도란 무엇인지
>
> : 유언자가 미성년자, 피한정후견인일 경우에는 유언이 가능한 것으로 알고 있는데, 피성년후견인의 경우에는 의사능력이 없는 것이 보통이므로 유언을 할 수 없다고 하는데 사실인지 알고 싶으며, 몇 세부터 유언이 가능한지도 알고 싶습니다.

A 미성년자와 달리 개정민법(2011. 3. 7. 법률 제10429호로 개정)에서는 정신적 제약을 가진 성년자에 대하여 일률적으로 행위능력을 박탈하거나 제한하던 금치산·한정치산 제도를 폐지하고 성년후견제도를 도입하였으며, 성년후견제도는 후견인과 후견개시의 시기, 후견인에게 위탁할 사무의 범위 등을 <u>후견을 받을 사람의 의사에 따라 계약으로 정하는</u> **임의후견제도**와 <u>가정법원의 재판을 통해 정하는</u> **법정후견제도(성년후견, 한정후견, 특정후견)**를 두었습니다.

법정후견제도 중에서 **성년후견**은 노령, 질병, 사고, 장애 등을 이유로 스스로 사무처리 및 법률행위 등을 할 수 없을 정도로 일상생활이 어려운 자(중증치매, 뇌사상태, 입원이 필요한 정신병 등)들을 위한 제도이며, **한정후견**은 정신적 제약으로 사무처리 능력이 부족한 때, **특정후견**은 정신적 제약으로 일시적 후견 또는 특정 사무 후견이 필요한 경우에 이용할 수 있는 제도입니다. 이와 같이 후견인은 스스로 사무처리를 할 수 없는 자들을 위해 도입된 제도이지만 민법 규정에 따라 적합한 후견인 신청을 해야만 법원의 승인을 받을 수 있습니다. 후견인으로 지정되면 법률대리인 권한으로 이들을 대신해 많은 사무처리를 할 수 있습니다.

◼ 위와 같이 미성년자, 피성년후견인, 피한정후견인과 같은 제한능력자도 17

세 이상으로 유언능력을 갖추면 유언을 할 수 있습니다. 일반적으로 미성년자가 법률행위를 할 때에는 법정대리인의 동의를 얻어야 하지만, **17세 이상**의 미성년자의 유언행위에는 법정대리인이 필요 없습니다〈민법 제5조1항, 제1061조〉. 피한정후견인도 후견인의 동의 없이 모든 유언상황에 대해 유언을 할 수 있고, 후견인의 동의가 없는 유언이라고 해서 취소하지 못합니다〈민법 제13조, 제1062조〉.

▣ 다만, 피성년후견인의 경우에는 의사능력이 없는 것이 보통이므로 유언을 하려면 반드시 의사가 의사능력을 회복하고 있음을 입증해야 하며, 이를 명확히 하기 위해 의사가 유언서에 심신회복의 상태를 부기하고 서명날인해야 합니다〈민법 제1063조 제2항〉. 만약 녹음에 의한 유언을 하는 경우에는 부기, 서명날인에 대신하여 말로 녹음해야 합니다〈민법 제1067조〉.

▣ 법원은 유언능력에 대해 유언의 취지를 이해할 수 있는 의사식별능력으로서 그 성격 등에 비추어 재산적 행위에 요구되는 정도의 능력을 의미하는 것은 아니고, 유언능력의 유무는 사실 인정의 문제로서 유언자가 유언의 내용과 그에 따른 법률효과를 이해하고 판단하는 데 필요한 능력을 갖추고 있었는지 즉, 유언자의 유언 당시의 판단능력, 질병의 상태, 유언의 내용, 유언 작성 당시의 상황, 유언에 대한 종래의 의향, 수증자와의 관계 등을 고려해 구체적인 사안에 따라 개별적으로 판단해야 한다는 입장을 취하고 있습니다.

경제성장에 따른 자산가치의 급격한 상승으로 자산을 축적한 고령인구의 증가, 유언자의 치매나 건강상 문제, 동등한 분배를 원하는 사회적 분위기 등과 맞물려 유언자와 관련된 후견이나 상속재산과 관련된 법률적 행위에 대한 효력을 다투는 상속 분쟁이 증가하고 있습니다. 유산상속 과정에서 가족 간 다툼이 없도록 생전에 세심한 준비가 필요한 때입니다.

관련 법 조항
민법 제5조 제1항, 제13조, 제1061조, 제1062조, 제1063조 제2항, 제1067조, 가사소송법 제44조 각 참조

제5조(미성년자의 능력)
① 미성년자가 법률행위를 함에는 법정대리인의 동의를 얻어야 한다. 그러나 권리만을 얻거나 의무만을 면하는 행위는 그러하지 아니하다.
② 전항의 규정에 위반한 행위는 취소할 수 있다.

제10조(피성년후견인의 행위와 취소)
① 피성년후견인의 법률행위는 취소할 수 있다.
② 제1항에도 불구하고 가정법원은 취소할 수 없는 피성년후견인의 법률행위의 범위를 정할 수 있다.
③ 가정법원은 본인, 배우자, 4촌 이내의 친족, 성년후견인, 성년후견감독인, 검사 또는 지방자치단체의 장의 청구에 의하여 제2항의 범위를 변경할 수 있다.
④ 제1항에도 불구하고 일용품의 구입 등 일상생활에 필요하고 그 대가가 과도하지 아니한 법률행위는 성년후견인이 취소할 수 없다.

제13조(피한정후견인의 행위와 동의)
① 가정법원은 피한정후견인이 한정후견인의 동의를 받아야 하는 행위의 범위를 정할 수 있다.
② 가정법원은 본인, 배우자, 4촌 이내의 친족, 한정후견인, 한정후견감독인, 검사 또는 지방자치단체의 장의 청구에 의하여 제1항에 따른 한정후견인의 동의를 받아야만 할 수 있는 행위의 범위를 변경할 수 있다.
③ 한정후견인의 동의를 필요로 하는 행위에 대하여 한정후견인이 피한정후견인의 이익이 침해될 염려가 있음에도 그 동의를 하지 아니하는 때에는 가정법원은 피한정후견인의 청구에 의하여 한정후견인의 동의를 갈음하는 허가를 할 수 있다.

④ 한정후견인의 동의가 필요한 법률행위를 피한정후견인이 한정후견인의 동의 없이 하였을 때에는 그 법률행위를 취소할 수 있다. 다만, 일용품의 구입 등 일상생활에 필요하고 그 대가가 과도하지 아니한 법률행위에 대하여는 그러하지 아니하다.

제1061조(유언적령)
17세에 달하지 못한 자는 유언을 하지 못한다.

제1062조(제한능력자의 유언)
유언에 관하여는 제5조, 제10조 및 제13조를 적용하지 아니한다.

제1063조(피성년후견인의 유언능력)
① 피성년후견인은 의사능력이 회복된 때에만 유언을 할 수 있다.
② 제1항의 경우에는 의사가 심신 회복의 상태를 유언서에 부기(附記)하고 서명날인하여야 한다.

제1067조(녹음에 의한 유언)
녹음에 의한 유언은 유언자가 유언의 취지, 그 성명과 연월일을 구술하고 이에 참여한 증인이 유언의 정확함과 그 성명을 구술하여야 한다.

Life
and Law

> **Q [116] 가족관계에 관한 사항도 유언으로 법적 인정을 받을 수 있는지**
>
> : 유언자가 친생부인이나 혼인외의 출생자에 대한 인지 등 가족관계에 대한 사항을 유언으로 남겼을 때, 그 효력을 전부 인정받을 수 있는지 알고 싶습니다.

A 유언으로 법적인 인정을 받는 가족관계에 관한 사항으로는 친생부인, 인지, 후견인의 지정, 미성년후견감독인 지정 등이 있습니다. 친생부인이란 친생추정을 받는 자녀가 있는 경우, 그 자녀가 친생자가 아님을 표시하는 것을 말하며, 이는 민법상 소로서만 가능합니다〈민법 제844조〉. 남편 또는 아내는 유언으로 이러한 친생부인을 표시할 수 있는데, 유언한 남편 또는 아내가 사망한 경우, 유언집행자는 친생부인의 소를 제기해야 합니다.

인지란 혼인 외의 출생자에 대해 생부 또는 생모가 자신의 아이라고 인정하거나 재판에 의해 부 또는 모임을 확인함으로써 그들 사이에 법률상의 친자관계를 형성하는 것인데, 이 인지는 유언으로 할 수도 있습니다. 이 경우에는 유언집행자가 이를 신고해야 합니다〈민법 제859조 제2항〉.

■ 후견인의 지정에서 후견인은 친권자가 없는 미성년자나 친권에 의한 보호를 받지 못하는 무능력자(피성년후견인 및 피한정후견인)의 법률행위를 대리하는 법정대리인을 말하는 데, 미성년자에 대해 친권을 행사하는 부모는 유언으로 미성년자의 후견인을 지정할 수 있습니다. 그러나 친권자라 하더라도 법률행위 대리권과 재산관리권이 없는 경우에는 후견인을 지정할 수 없습니다〈민법 제931조〉.

미성년후견감독인의 지정에서 후견감독인은 제한능력자를 보호하기 위해 지정 또는 선임되는 사람을 말합니다. 후견감독인은 후견인의 사무를 감독하고, 후견인이 없는 경우 가정법원에 후견인의 선임을 청구합니다. 또한 피후견인의 신상이나 재산에 대해 급박한 사정이 있는 경우에 필요한 행위나 처분을 할 수 있으며, 후견인과 피후견인 사이에 이해가 상반되는 행위에 관해 피후견인을 대리합니다. 미성년후견인을 지정할 수 있는 친권자는 유언으로 미성년 후견감독인을 지정할 수 있습니다〈민법 제940조의2〉.

관련 법 조항
민법 제844조, 제859조 제2항, 제931조, 제940조의2 각 참조

제844조(남편의 친생자의 추정)
① 아내가 혼인 중에 임신한 자녀는 남편의 자녀로 추정한다.
② 혼인이 성립한 날부터 200일 후에 출생한 자녀는 혼인 중에 임신한 것으로 추정한다.
③ 혼인관계가 종료된 날부터 300일 이내에 출생한 자녀는 혼인 중에 임신한 것으로 추정한다.

제859조(인지의 효력발생)
① 인지는「가족관계의 등록 등에 관한 법률」의 정하는 바에 의하여 신고함으로써 그 효력이 생긴다.
② 인지는 유언으로도 이를 할 수 있다. 이 경우에는 유언집행자가 이를 신고하여야 한다.

제931조(유언에 의한 미성년후견인의 지정 등)
① 미성년자에게 친권을 행사하는 부모는 유언으로 미성년후견인을 지정할 수 있다. 다만, 법률행위의 대리권과 재산관리권이 없는 친권자는 그러하지 아니하다.
② 가정법원은 제1항에 따라 미성년후견인이 지정된 경우라도 미성년

자의 복리를 위하여 필요하면 생존하는 부 또는 모, 미성년자의 청구에 의하여 후견을 종료하고 생존하는 부 또는 모를 친권자로 지정할 수 있다.

제940조의2(미성년후견감독인의 지정)
미성년후견인을 지정할 수 있는 사람은 유언으로 미성년후견감독인을 지정할 수 있다.

Life
and Law

Q [117] 유류분 제도와 유류분 권리자의 범위, 유류분의 비율

: 얼마 전에 아버지가 세상을 떠나셨는데 상속재산을 불공평하게 남기고 간 일로 인해 형제간에 불화와 대립이 있었습니다. 상속재산에 대한 공평한 분배를 위해 지금이라도 유류분에 대한 권리를 주장하고 싶은데, 유류분 제도란 어떤 것이며, 유류분 권리자의 범위와 그 비율, 유류분 반환청구권의 기한 등에 대해 알고 싶습니다.

A 유류분이란 망인의 의사와 상관없이 배우자 자녀 등 상속인들이 받을 수 있는 최소한의 유산비율을 말합니다. 누구나 자신이 소유하고 있는 재산을 자유롭게 처분할 수 있음은 물론 유언에 의한 사후 처분도 할 수 있지만 이 원칙을 그대로 적용하게 되면 여러 가지 문제점이 생길 수가 있습니다. 즉 유언자의 재산이라 할지라도 가족들의 노력의 결과가 어느 정도 포함되어 있다고 보아야 할 경우가 많기 때문입니다. 우리 민법은 이러한 경우에 있어서 개인재산 처분의 자유, 거래의 안전과 가족생활의 안정, 가족재산의 공평한 분배라고 하는 서로 대립되는 요구를 타협, 조정하기 위해 1977년에 유류분 제도를 신설하였습니다.

■ 사망으로 인해 상속이 개시되면 일정한 범위의 상속인은 피상속인 재산의 일정한 비율을 확보할 수 있는 지위를 가지게 됩니다. 이것을 유류분권이라고 하는데, 이 유류분권으로부터 유류분을 침해하는 유증, 증여의 효력을 빼앗는 반환청구권이라는 구체적, 파생적 권리가 생기게 됩니다. 유류분을 가지는 사람은 1.피상속인의 직계비속, 2.배우자, 3.직계존속, 4.형제자매입니다〈다만, 민법 제1112조 제1호~제4호에 규정된 유류분 권리자 중 **제4호 형제자매는 2024.4.25. 헌법재판소 위헌결정으로 즉시 무효가 되어 유류분 대상에서 제외**

되었으며, 제1호~제3호는 헌법불합치 결정으로 2025. 12. 31.까지 법 개정을 앞두고 있음에 유의하시기 바랍니다〉. 그 중 유류분권을 행사할 수 있는 사람은 상속의 순위상 상속권이 있는 사람이어야 합니다. 예를 들어 제1순위 상속인인 직계비속이 있는 경우에는 제2순위 상속인인 직계존속은 유류분권을 행사 수 없습니다. 피상속인의 배우자가 있는 경우에는 1순위 또는 2순위 유류분 권리자와 함께 유류분 권리를 갖게 되며, 그의 유류분율은 법정상속분의 1/2입니다. 태아도 살아서 출생하면 직계비속으로서 유류분권을 갖게 되며, 대습상속인도 피대습자의 상속분의 범위 안에서 유류분을 가지게 됩니다〈민법 제1118조에 의한 제1001조, 제1010조 준용〉.

■ 다만, 유류분 역시 법정상속권에 기초하고 있는 것이므로 상속권의 상실원인인 상속인의 결격, 상속인의 상속포기에 의하여 상속권을 상실한 때에는 유류분권도 당연히 잃게 됩니다. 유류분의 비율은 *피상속인의 직계비속은 법정상속분의 2분의 1 * 피상속인의 배우자는 법정상속분의 2분의 1 *피상속인의 직계존속은 법정상속분의 3분의 1 *피상속인의 형제자매는 법정상속분의 3분의 1과 같은 차이가 있습니다〈**민법 제1112조에 규정된 유류분 권리자 중 피상속인의 형제자매는 2024. 4. 25. 헌법재판소 위헌결정으로 즉시 효력정지 되어 유류분 대상에서 제외됨**〉. 피상속인의 배우자가 있는 경우에는 1순위 또는 2순위 유류분 권리자와 함께 유류분 권리를 갖게 되며, 그의 유류분율은 법정상속분의 1/2입니다. 또한 유류분권에 기한 반환청구권은 유류분권리자가 상속의 개시와 반환하여야 할 증여 또는 유증을 한 사실을 안 때로부터 1년 내에 하지 않으면 시효에 의하여 소멸하고 상속이 개시된 때로부터 10년을 경과한 때에도 동일합니다〈민법 제1117조〉.

그러나 시대적 변화에 따라 이러한 유류분제도 개선에 대한 공감대가 형성되고 목소리가 높아짐에 따라 2024. 4. 25. 헌법재판소는 유류분 권리자에서 형제자매에 대해 위헌결정을 내려 형제자매는 유류분 대상에서 제외되었으며, 나머지 법적 유류분 권리자〈민법 제1112조 제1호~제3호〉라 하더라도 재산 형성과정에 기여가 없고 패륜적인 행위를 일삼은 권리자까지 상속인의 유류분을 인정하는 것은 일반 국민의 법감정과 상식에 반한다는 이유로 2025. 12. 31. 까지 입법 보완이 필요하다는 헌법 불합치 결정을 내렸습니다. 또한 민법 제1118조에 대해서도 기여상속인은 비기여상속인의 유류분반환청구에 응해 증여재산을 반환해야 하는 부당 불합리한 상황이 발생할 수 있으므로 2025. 12. 31.까지 입법 보완이 필요하다는 헌법 불합치 결정을 내린 바 있으므로 유류분 산정에 참고하시기 바랍니다.

관련 법 조항 및 판례

민법 제1112조, 제1113조, 제1114조, 제1115조, 제1117조, 제1118조, 2020헌가4 각 참조

제1112조(유류분의 권리자와 유류분)

상속인의 유류분은 다음 각호에 의한다.

1. 피상속인의 직계비속은 그 법정상속분의 2분의 1
2. 피상속인의 배우자는 그 법정상속분의 2분의 1
3. 피상속인의 직계존속은 그 법정상속분의 3분의 1
4. 피상속인의 형제자매는 그 법정상속분의 3분의 1 - 2024. 4. 25. 헌법재판소의 단순위헌결정으로 즉시 효력 정지 됨.

- [단순위헌, 2020헌가4, 2024. 4.25, 민법(1977. 12. 31. 법률 제3051호로 개정된 것) 제1112조 제4호는 헌법에 위반된다.]
- [헌법불합치, 2020헌가4, 2024.4.25, 민법(1977. 12. 31. 법률 제3051호로 개정된 것) 제1112조 제1호부터 제3호 및 제1118조는 모두 헌법에 합치되지 아니한다. 위 조항들은 2025. 12. 31.을 시한으로 입법자가 개정할 때까지 계속 적용된다.]

제1113조(유류분의 산정)

① 유류분은 피상속인의 상속개시시에 있어서 가진 재산의 가액에 증

여재산의 가액을 가산하고 채무의 전액을 공제하여 이를 산정한다.
② 조건부의 권리 또는 존속기간이 불확정한 권리는 가정법원이 선임한 감정인의 평가에 의하여 그 가격을 정한다.

제1114조(산입될 증여)

증여는 상속개시전의 1년간에 행한 것에 한하여 제1113조의 규정에 의하여 그 가액을 산정한다. 당사자 쌍방이 유류분권리자에 손해를 가할 것을 알고 증여를 한 때에는 1년 전에 한 것도 같다.

제1115조(유류분의 보전)

① 유류분권리자가 피상속인의 제1114조에 규정된 증여 및 유증으로 인하여 그 유류분에 부족이 생긴 때에는 부족한 한도에서 그 재산의 반환을 청구할 수 있다.
② 제1항의 경우에 증여 및 유증을 받은 자가 수인인 때에는 각자가 얻은 유증가액의 비례로 반환하여야 한다.

제1117조(소멸시효)

반환의 청구권은 유류분권리자가 상속의 개시와 반환하여야 할 증여 또는 유증을 한 사실을 안 때로부터 1년내에 하지 아니하면 시효에 의하여 소멸한다. 상속이 개시한 때로부터 10년을 경과한 때도 같다.

제1118조(준용규정)

제1001조, 제1008조, 제1010조의 규정은 유류분에 이를 준용한다.

Life
and Law

Q [118] 유류분 산정방법과 관련해 산입될 증여의 범위

: 저의 아버지는 어머니와 저를 포함한 자식 2명을 남기고 2개월 전에 사망하였습니다. 그런데 알고보니 아버지는 돌아가시기 2년 전에 자신의 명의로 되어있는 공시가 15억원 상당의 단독주택을 형 명의로 이전해 주었습니다. 상속재산이 없는 저와 어머니는 생계유지가 막연하여 형을 상대로 유류분 청구를 하려고 합니다. 이런 경우 2년 전에 증여한 재산도 유류분청구의 대상이 되는지요?

A "증여는 상속 개시 전 1년간에 행한 것에 한해 민법 제1113조의 규정에 의해 그 가액을 산정한다. 당사자 쌍방이 유류분 권리자에게 손해를 가할 것을 알고 증여를 한 때에는 1년 전에 한 것도 같다"고 정하고 있습니다〈민법 제1114조〉. 유류분 소송에서 가장 치열하게 다투는 부분이 바로 이러한 생전 증여의 인정 여부입니다.

그러나 대법원이 '공동상속인 중에 피상속인으로부터 재산의 생전 증여에 의해 특별수익을 한 자가 있는 경우에는 민법 제1114조의 규정은 그 적용이 배제되고, 따라서 그 증여는 상속 개시 1년 이전의 것인지 여부, 당사자 쌍방의 손해를 가할 것을 알고서 했는지 여부에 관계없이 유류분 산정을 위한 기초재산에 산입된다'고 판시한 이래 공동상속인에게 행해진 증여의 경우, 상속인이 행한 모든 증여가 유류분 산정의 기초가 되는 재산에 포함될 수 있게 되었습니다〈대법원 93다11715, 95다17885 판결〉.

유류분은 배우자나 직계비속은 법정상속분의 2분의 1, 직계존속은 3분의 1이며, 상속재산이 유류분에 미치지 못할 경우 반환청구소송을 통해 돌려받을 수 있습니다. 따라서 귀하와 귀하의 어머니는 각 상속지분의 2분의 1에 상당한 유류분을 청구할 수 있을 것으로 보이며, 그 유류분 산정에 있어서 형이 2년 전에 아버지로부터 증여받은 대지와 주택을 포함하여 산정되어야 할 것입니다. 다만, 반환청구권은 상속의 개시 및 증여 또는 유증을 한 사실을 안 때로부터 1년 내에 행사하지 아니하거나, 상속이 개시한 때로부터 10년 내에 행사하지 아니하면 소멸되므로 규정된 기간 내에 청구해야 합니다〈민법 제1117조〉.

관련 법 조항 및 판례
민법 제1114조, 제1117조, 대법원 93다11715, 95다17885 판결 각 참조

제1114조(산입될 증여)
증여는 상속개시전의 1년간에 행한 것에 한하여 제1113조의 규정에 의하여 그 가액을 산정한다. 당사자 쌍방이 유류분권리자에 손해를 가할 것을 알고 증여를 한 때에는 1년 전에 한 것도 같다.

제1117조(소멸시효)
반환의 청구권은 유류분권리자가 상속의 개시와 반환하여야 할 증여 또는 유증을 한 사실을 안 때로부터 1년 내에 하지 아니하면 시효에 의하여 소멸한다. 상속이 개시한 때로부터 10년을 경과한 때도 같다.

Life and Law

Q [119] 비용의 일부를 부담한 주택을 동생의 소유로 한다는 유언장의 효력

: 저는 학교를 졸업 후 부모님과 함께 거주하면서 생활비를 일부 보태왔고 제가 번 돈의 일부를 부담하여 현재 살고 있는 아파트를 아버지 명의로 구입하게 되었습니다. 그런데 얼마 전 아버지는 자신의 명의로 되어 있는 아파트를 일정한 직업 없이 힘들게 살고 있는 동생의 소유로 전부 넘겨준다는 유언장을 남기고 돌아가셨습니다. 돌아가신 아버지가 너무 야속하지만 이런 경우 제가 유언장 내용에 꼭 따라야 하는지요?

A 상속인들과 상속재산에 대한 분할협의가 되지 않는 한, 아버지의 유언장을 따라야 할 것으로 보입니다. 다만, 우리 민법은 상속인 개개인이 상속분에 대해 최소한으로 가지는 지분인 유류분을 인정하고 있어 상속인의 권리 또한 보호하고 있습니다〈민법 제1115조〉. 유류분은 배우자나 직계비속은 법정상속분의 2분의 1, 직계존속은 3분의 1이며, 상속재산이 유류분에 미치지 못할 경우 반환청구소송을 통해 돌려받을 수 있습니다. 다만, 청구는 상속의 개시와 유류분 침해사실을 인지하게 된 시점에서 1년 혹은 상속이 개시된 시점에서 10년 안에 제기해야 합니다〈민법 제1117조〉.

■ 이와 더불어 피상속인에 대한 특별한 부양, 또는 피상속인 재산유지나 증식에 특별한 기여가 있는 경우에는 기여분의 청구도 가능합니다〈민법 제1008조의2〉. 그런데 기여분은 용돈을 드린다거나 짧은 시간 간병 정도로는 인정받기 힘들고, 희생이 요구되는 높은 수준의 부양이나 기여가 있어야 하며, 기여분 인정에 있어 가장 좋은 조건은 재산상의 직접적인 기여입니다.

따라서 귀하의 경우에는 집값의 일부를 부담하고 생계를 지원하는 등 금전적 기여가 있었으므로 동생에게 유류분 제도나 기여분 제도가 있다는 사실을 알려주고 상속재산 분할에 관한 협의를 다시 시도해보는 것도 좋은 방법이라 생각됩니다. 만약 동생이 이를 거부한다면 법원에 이를 증명하여 그에 상응하는 기여분을 인정받을 수도 있을 것입니다.

관련 법 조항
민법 제1008조의2, 제1114조, 제1115조, 제1117조 각 참조

제1008조의2(기여분)
① 공동상속인 중에 상당한 기간 동거·간호 그 밖의 방법으로 피상속인을 특별히 부양하거나 피상속인의 재산의 유지 또는 증가에 특별히 기여한 자가 있을 때에는 상속개시 당시의 피상속인의 재산가액에서 공동상속인의 협의로 정한 그 자의 기여분을 공제한 것을 상속재산으로 보고 제1009조 및 제1010조에 의하여 산정한 상속분에 기여분을 가산한 액으로써 그 자의 상속분으로 한다.
② 제1항의 협의가 되지 아니하거나 협의할 수 없는 때에는 가정법원은 제1항에 규정된 기여자의 청구에 의하여 기여의 시기·방법 및 정도와 상속재산의 액 기타의 사정을 참작하여 기여분을 정한다.
③ 기여분은 상속이 개시된 때의 피상속인의 재산가액에서 유증의 가액을 공제한 액을 넘지 못한다.
④ 제2항의 규정에 의한 청구는 제1013조제2항의 규정에 의한 청구가 있을 경우 또는 제1014조에 규정하는 경우에 할 수 있다.

제1114조(산입될 증여)
증여는 상속개시전의 1년간에 행한 것에 한하여 제1113조의 규정에 의하여 그 가액을 산정한다. 당사자 쌍방이 유류분권리자에 손해를 가할 것을 알고 증여를 한 때에는 1년 전에 한 것도 같다.

제1115조(유류분의 보전)

① 유류분권리자가 피상속인의 제1114조에 규정된 증여 및 유증으로 인하여 그 유류분에 부족이 생긴 때에는 부족한 한도에서 그 재산의 반환을 청구할 수 있다.
② 제1항의 경우에 증여 및 유증을 받은 자가 수인인 때에는 각자가 얻은 유증가액의 비례로 반환하여야 한다.

제1117조(소멸시효)
반환의 청구권은 유류분권리자가 상속의 개시와 반환하여야 할 증여 또는 유증을 한 사실을 안 때로부터 1년내에 하지 아니하면 시효에 의하여 소멸한다. 상속이 개시한 때로부터 10년을 경과한 때도 같다.

PART 4

가족법

혼인 · 부모와 자 관련

Life and Law

Q [120] 미성년 자녀의 부동산 담보제공과 특별대리인 선임

: 저는 남편과 사별 후, 인쇄업을 운영하다가 경기침체로 자금조달이 되지 않아 채권자에 시달리고 있어 미성년 자녀 A명의로 되어 있는 부동산을 담보로 근저당권을 설정하여 채무를 변제하고 싶습니다. 제가 친권자로서 자녀 A를 대리하여 A소유의 부동산에 근저당권을 설정하여도 법적으로 문제가 없는지요?

A 귀하는 A의 단독 친권자로서 친권자는 법정대리인으로서 미성년자인 자녀의 재산에 관한 법률행위를 대리할 권한이 있지만, 친권자와 그 자녀 사이에 이해가 상반되는 행위에 있어서는 제한을 받습니다. 즉, 친권자가 그 자녀와 이해상반되는 행위를 대리하고자 하는 경우에는 친권자가 직접 그 자녀를 대리할 수는 없고, 법원에 특별대리인의 선임을 청구하여 그로 하여금 그 자녀를 대리하게 하여야 합니다〈민법 제921조〉.

◼ 여기서 이해상반되는 행위라 함은 "행위의 객관적 성질상 친권자와 그 자 사이 또는 친권에 복종하는 수인의 자 사이에 이행의 대립이 생길 우려가 있는 행위를 가리키는 것으로써 친권자의 의도나 그 행위의 결과 실제로 이해의 대립이 생겼는가의 여부는 묻지 아니한다"고 하였으며〈대법원 94다6680 판결〉, "친권자가 제3자로부터 금원을 차용하면서 미성년인 자의 재산을 담보로 제공하는 것을 이해상반되는 행위"로 보고 있습니다〈대법원 71다113 판결〉.

◼ 참고로 친권자의 대리권이 제한되는 이해상반행위로 보는 경우는 ● 친권자가 자기의 채무에 관하여 자를 대리하여 중첩적 채무인수를 한 행위 ● 친권자의 채무에 관하여 미성년자인 자를 연대채무자로 한 경우 ● 친권자가 자기의

채무를 위하여 미성년자인 자의 부동산을 담보로 제공한 행위 • 친권자가 자기의 채무를 자에게 전가하기 위하여 자를 대리하여 한 경개계약 • 합명회사 사원이 자기의 친권에 복종하는 미성년인 자를 그 회사에 새로 입사시키는 행위 등이 있습니다.

따라서 귀하가 자기의 채무를 위하여 자녀 A의 부동산에 근저당권설정계약을 체결하기 전에 법원에 특별대리인선임절차를 밟아야 할 것으로 보입니다.

관련 법 조항 및 판례
민법 제921조, 대법원 71다1113 판결, 대법원 94다6680 판결 각 참조

제921조(친권자와 그 자간 또는 수인의 자간의 이해상반행위)
① 법정대리인인 친권자와 그 자사이에 이해상반되는 행위를 함에는 친권자는 법원에 그 자의 특별대리인의 선임을 청구하여야 한다.
② 법정대리인인 친권자가 그 친권에 따르는 수인의 자 사이에 이해상반되는 행위를 함에는 법원에 그 자 일방의 특별대리인의 선임을 청구하여야 한다.

Life
and Law

Q 〖121〗 미성년 자녀의 상속재산분할협의와 특별대리인 선임

: 저는 배우자가 남기고 간 아파트 1채가 있는데, 아파트는 배우자 단독 명의로 되어 있으며 슬하에 자녀 2명이 있습니다. 자녀들은 아직 나이가 어린 관계로 상속재산분할협의를 거쳐 위 아파트를 본인 명의로 해두고 싶습니다. 이런 경우 제가 친권자로서 미성년 자녀들을 대리하여 상속재산분할협의서를 작성하여도 법적인 문제가 없는지 알고 싶습니다.

A 민법 제921조와 관련된 판례를 보면 "이해상반행위란 행위의 객관적 성질상 친권자와 자 사이 또는 친권에 복종하는 수인의 자 사이에 이해의 대립이 생길 우려가 있는 행위를 가리키는 것으로서 친권자의 의도나 그 행위의 결과 실제로 이해의 대립이 생겼는가의 여부는 묻지 아니한다"고 하였고, 공동상속재산 분할협의는 행위의 객관적 성질상 상속인 상호간 이해의 대립이 생길 우려가 있는 행위라고 할 것이므로, 공동상속인인 친권자와 미성년인 수인의 자 사이에 상속재산분할협의를 하게 되는 경우에는 미성년자 각자마다 특별대리인을 선임하여 각 특별대리인이 각 미성년자를 대리하여 상속재산분할협의를 한다"고 하였으며,

"친권자가 수인의 미성년자의 법정대리인으로서 상속재산분할협의를 한 것이라면, 이는 민법 제921조에 위반된 것으로써 이러한 대리행위에 의하여 성립된 상속재산분할협의는 피대리자 전원에 의한 추인이 없는 한 무효이다"라고 판시하였습니다〈대법원 92다54524 판결〉. 따라서 귀하는 법원에 특별대리인 선임을 거쳐 상속재산분할협의를 진행하여야 할 것으로 보입니다.

관련 법 조항 및 판례
민법 제921조, 대법원 92다54524 판결 각 참조

제921조(친권자와 그 자간 또는 수인의 자간의 이해상반행위)
① 법정대리인인 친권자와 그 자사이에 이해상반되는 행위를 함에는 친권자는 법원에 그 자의 특별대리인의 선임을 청구하여야 한다.
② 법정대리인인 친권자가 그 친권에 따르는 수인의 자 사이에 이해상반되는 행위를 함에는 법원에 그 자 일방의 특별대리인의 선임을 청구하여야 한다.

Life
and Law

Q〖122〗노모의 부양의무자와 부양료 청구

: 저의 가족은 2남1녀로 건강이 좋지 않으신 85세 노모를 둘째인 제가 5년 동안 모시고 있습니다. 현재 저는 생활형편이 좋지 않아 월세를 살면서 노모를 모시고 있는데, 저보다 월등하게 형편이 나은 형님과 여동생을 상대로 노모의 부양료 청구가 가능한지 알고 싶습니다.

A 민법이 규정하는 부양의무는 친족적 부양에 관한 것인데, 자녀 또는 친족의 부양의무는 도덕상의 의무인 동시에 법률상의 의무이기도 합니다. 부양의 의무에 관한 민법 규정에 의하면 직계혈족 및 배우자간 그리고 기타 친족간(생계를 같이 하는 경우에 한함)에는 서로 부양할 의무가 있습니다〈민법 제974조〉. 여기서 직계혈족이라 함은 자연혈족은 물론 법정혈족을 포함한다고 보아서 양부모 및 그 직계존속과 양자 사이에도 서로 부양의무가 있으며, 타가에 입양했거나 출가 또는 분가를 한 자녀도 생가, 친가 또는 본가의 부모를 부양할 의무를 지고 있으므로 귀하는 형님과 동생을 상대로 노모의 부양료 청구가 가능합니다.

■ 부양의 순위에 관해서는 부양의무 있는 자가 수인인 경우에 부양을 할 자의 순위에 관하여 당사자간에 협정이 없는 때에는 법원은 당사자(부양의무자 또는 부양청구권자)의 청구에 의하여 이를 정한다고 규정하고 있습니다〈민법 제976조〉. 따라서 부모가 노령이 되어 부양할 필요가 발생한 경우 부양의무자인 자와의 사이에는 일단 모두가 동순위의 부양의무를 지게 되는 것입니다. 장남이든 차남이든 또 출가한 딸이나 양자로 간 자도 똑 같이 부양의무가 있는 것입니다.

■ 부양의 수준과 방법은 부양 의무자들이 먼저 협의해서 정하되, 각자의 부양

능력에는 차이가 있으며 생활관계에 차이가 있으므로 노모의 부양료는 귀하의 자력과 형님, 여동생의 자력을 비교해보고 그 자력에 따라 분담을 결정하여야 합니다〈같은 법 제975조〉. 만약 부양의무자들과 적절한 협정이 이루어지지 않는다면 당사자의 부양료 청구에 의하여 법원이 결정하게 되는데 이때 법원은 부양을 받을 자의 생활정도와 부양의무자의 능력, 생활수준, 수입, 신분과 지위, 기타 제반사정을 참작하여 결정하게 됩니다〈민법 제977조〉.

이와 같이 자력에 따라 협의가 되거나 법원의 결정이 있은 후에 사정의 변경(부양의무자의 사망이나 파산 등)이 있으면 기존의 협의나 결정을 취소하거나 변경하는 것도 가능합니다〈같은 법 제978조〉.

관련 법 조항

민법 제974조, 제975조, 제976조, 제977조 각 참조

제974조(부양의무)

다음 각호의 친족은 서로 부양의 의무가 있다.
1. 직계혈족 및 그 배우자간
2. 삭제 〈1990. 1. 13.〉
3. 기타 친족간(생계를 같이 하는 경우에 한한다.)

제975조(부양의무와 생활능력)

부양의 의무는 부양을 받을 자가 자기의 자력 또는 근로에 의하여 생활을 유지할 수 없는 경우에 한하여 이를 이행할 책임이 있다.

제976조(부양의 순위)

① 부양의 의무있는 자가 수인인 경우에 부양을 할 자의 순위에 관하여 당사자간에 협정이 없는 때에는 법원은 당사자의 청구에 의하여 이를 정한다. 부양을 받을 권리자가 수인인 경우에 부양의무자의 자력이 그 전원을 부양할 수 없는 때에도 같다.

② 전항의 경우에 법원은 수인의 부양의무자 또는 권리자를 선정할 수 있다.

제977조(부양의 정도, 방법)

부양의 정도 또는 방법에 관하여 당사자간에 협정이 없는 때에는 법원은 당사자의 청구에 의하여 부양을 받을 자의 생활정도와 부양의무자의 자력 기타 제반사정을 참작하여 이를 정한다.

제978조(부양관계의 변경 또는 취소)

부양을 할 자 또는 부양을 받을 자의 순위, 부양의 정도 또는 방법에 관한 당사자의 협정이나 법원의 판결이 있은 후 이에 관한 사정변경이 있는 때에는 법원은 당사자의 청구에 의하여 그 협정이나 판결을 취소 또는 변경할 수 있다.

Life
and Law

Q [123] 남편의 귀책사유로 별거중인 아내의 부양료 청구

: 저는 IT기업에 다니는 남편과 10년 전에 결혼식을 올리고 아들 하나를 두고 있는데, 최근 2년 전부터 남편의 귀가가 늦어지면서 집에 들어오지 않고 외박하는 날이 많아 티격태격 다툼이 잦아지면서 남편은 가정을 팽개치고 시부모 집에서 회사로 출근을 하고 있습니다. 남편은 저에게 성격상 차이를 핑계로 더 이상 같이 살 수 없다고 이혼을 요구하면서 생활비조차 보내주지 않아, 몸이 아픈 저는 하는 수 없이 월세로 살던 집을 내놓고 아이와 함께 친정집에 와 있습니다. 이런 경우 제가 남편을 상대로 부양료 청구가 가능한지요?

A 결혼하면 부부는 동거하면서 부양하고 협조해야 하며, 부부공동생활에 필요한 비용은 특별한 약정이 없는 한 부부가 공동으로 부담하여야 하므로 남편이 병이 들거나 실직하면 아내가 가족을 부양해야 되고, 부부 사이에 태어난 자식에 대하여는 자립이 가능할 때까지 양육할 의무가 있습니다〈민법 제826조, 제833조, 제974조〉.

이와 같이 부부일방이 정당한 사유 없이 이러한 의무를 저버린 때에는 의무를 위반한 배우자를 상대로 부양료와 양육비 청구를 할 수 있으며, 재판상 이혼을 청구할 수도 있습니다. 이는 귀하의 선택사항으로 선택에 따라 남편을 상대로 부양료와 양육비 청구만 할지 아니면 재판상 이혼을 청구할 수도 있습니다. 만약 귀하가 재판상 이혼을 선택하지 않고 가정법원에 귀하의 부양료청구와 함께 아이에 대한 양육비 청구소송만을 제기하고 싶다면 귀하의 자력 또는 근로에 의하여 생활을 유지할 수 없다는 것을 소명하여 부양료와 아이의 양육비를 청구하여 매월 생활비와 양육비를 남편의 월급에서 지급받을 수 있습니다.

또한 부부일방이 정당한 이유 없이 고의로 다른 일방을 돌보지 않고 유기하거나, 부정한 행위를 한 때, 기타 혼인을 계속하기 어려운 중대한 사유가 있는 경우에는 재판상 이혼사유에 해당하며, 귀하의 사례에서 남편이 정당한 이유 없이 아내를 저버림으로써 결혼생활이 파탄에 이르게 된 것으로 보여지고 그 책임이 남편에게 있는 것으로 보이기 때문에 남편을 상대로 재판상 이혼소송도 가능할 것으로 보입니다. 위자료 및 재산분할, 아이에 대한 양육비와 양육자 지정, 면접교섭권은 이혼소송을 제기할 때 동시에 신청이 가능합니다. 아무쪼록 법률적인 판단만이 최선의 방법은 아니라는 것을 염두에 두고 현명한 판단으로 고민을 해결하시기 바랍니다.

관련 법 조항

민법 제826조, 제833조, 제974조, 제975조, 제977조 각 참조

제826조(부부간의 의무)
① 부부는 동거하며 서로 부양하고 협조하여야 한다. 그러나 정당한 이유로 일시적으로 동거하지 아니하는 경우에는 서로 인용하여야 한다.
② 부부의 동거장소는 부부의 협의에 따라 정한다. 그러나 협의가 이루어지지 아니하는 경우에는 당사자의 청구에 의하여 가정법원이 이를 정한다.

제833조(생활비용) 부부의 공동생활에 필요한 비용은 당사자간에 특별한 약정이 없으면 부부가 공동으로 부담한다.

제974조(부양의무)
다음 각호의 친족은 서로 부양의 의무가 있다.
  1. 직계혈족 및 그 배우자간
  2. 삭제 〈1990. 1. 13.〉
  3. 기타 친족간(생계를 같이 하는 경우에 한한다)

제975조(부양의무와 생활능력)

부양의 의무는 부양을 받을 자가 자기의 자력 또는 근로에 의하여 생활을 유지할 수 없는 경우에 한하여 이를 이행할 책임이 있다.

제977조(부양의 정도, 방법)

부양의 정도 또는 방법에 관하여 당사자간에 협정이 없는 때에는 법원은 당사자의 청구에 의하여 부양을 받을 자의 생활정도와 부양의무자의 자력 기타 제반사정을 참작하여 이를 정한다.

Life and Law

Q [124] 위자료 지급의무와 이행명령

: 저는 남편인 피고 A를 상대로 재판상이혼을 제기하여 "원고와 피고 A는 이혼함과 동시에 A는 원고에게 위자료 5000만 원을 지급하라"는 판결을 받았습니다. 그런데 A는 저에게 위자료를 지급하지 않고 있고, 저는 A가 가지고 있는 재산을 찾아 강제집행을 하고 싶은데, 이런 경우 효과적인 방법으로 어떤 제도가 있는지 알고 싶습니다.

A 이혼소송 및 위자료청구 소송에서 승소하였으나 위자료를 지급받지 못하였을 경우 상대방 재산이 파악되지 않거나 아예 없을 경우에는 문제가 됩니다. 그런데 가정법원은 판결, 심판, 조정조서, 조정을 갈음하는 결정 또는 양육비부담조서에 의하여 금전의 지급 등 재산상의 의무를 이행하지 아니한 때에는 당사자의 신청에 의하여 일정한 기간 내에 그 의무를 이행할 것을 명할 수 있는 이행명령을 신청할 수 있도록 규정되어 있습니다〈가사소송법 제64조 제1항〉.

당사자 또는 관계인이 정당한 이유 없이 이러한 명령에 위반한 때는 가정법원, 조정위원회, 또는 조정담당판사는 직권 또는 권리자의 신청에 의하여 결정으로 1천만 원 이하의 과태료에 처할 수 있게 되어 있으며〈같은 법 제67조 제1항〉, 금전의 정기적 지급을 명령받은 사람이 정당한 이유 없이 3기(期) 이상 그 의무를 이행하지 아니한 경우 가정법원은 결정으로 30일의 범위에서 그 의무를 이행할 때까지 의무자에 대한 감치를 명할 수 있습니다. 따라서 귀하는 A를 상대로 가정법원에 가사소송법상의 '이행명령'을 청구해보는 것이 효과적인 방법이 될 수 있을 것으로 보입니다.

관련 법 조항
가사소송법 제64조 제1항, 제67조 제1항, 제68조 제1항 제1호 각 참조

제64조(이행 명령)
① 가정법원은 판결, 심판, 조정조서, 조정을 갈음하는 결정 또는 양육비부담조서에 의하여 다음 각 호의 어느 하나에 해당하는 의무를 이행하여야 할 사람이 정당한 이유 없이 그 의무를 이행하지 아니하는 경우에는 당사자의 신청에 의하여 일정한 기간 내에 그 의무를 이행할 것을 명할 수 있다.
  1. 금전의 지급 등 재산상의 의무
  2. 유아의 인도 의무
  3. 자녀와의 면접교섭 허용 의무
② 제1항의 명령을 할 때에는 특별한 사정이 없으면 미리 당사자를 심문하고 그 의무를 이행하도록 권고하여야 하며, 제67조제1항 및 제68조에 규정된 제재를 고지하여야 한다.

제67조(의무 불이행에 대한 제재)
① 당사자 또는 관계인이 정당한 이유 없이 제29조, 제63조의2 제1항, 제63조의3 제1항·제2항 또는 제64조의 명령이나 제62조의 처분을 위반한 경우에는 가정법원, 조정위원회 또는 조정담당판사는 직권으로 또는 권리자의 신청에 의하여 결정으로 1천만 원 이하의 과태료를 부과할 수 있다.
②항 ~ ③항 이하 생략

제68조(특별한 의무 불이행에 대한 제재)
① 제63조의3 제4항 또는 제64조의 명령을 받은 사람이 다음 각 호의 어느 하나에 해당하면 가정법원은 권리자의 신청에 의하여 결정으로 30일의 범위에서 그 의무를 이행할 때까지 의무자에 대한 감치를 명할 수 있다.
  1. 금전의 정기적 지급을 명령받은 사람이 정당한 이유 없이 3기

(期) 이상 그 의무를 이행하지 아니한 경우
 2. 유아의 인도를 명령받은 사람이 제67조제1항에 따른 제재를 받고도 30일 이내에 정당한 이유 없이 그 의무를 이행하지 아니한 경우
 3. 양육비의 일시금 지급명령을 받은 사람이 30일 이내에 정당한 사유 없이 그 의무를 이행하지 아니한 경우
② 제1항의 결정에 대하여는 즉시항고를 할 수 있다.

Life
and Law

> **Q [125] 이행명령신청은 어떤 경우에 할 수 있는지**
>
> : 저는 유아인도를 거부하고 있는 남편을 상대로 어떻게 해야 할지 고민하고 있는데 주변에서 가정법원에 이행명령신청을 해보라고 권유하고 있는데 정당한 이유 없이 유아인도를 거부하는 경우에도 이행명령이 가능한지 알고 싶으며, 의무 불이행에 대한 법적 제재는 어떻게 되는지 알고 싶습니다.

A 판결 또는 심판에 의하여 **유아의 인도의무**를 이행하여야 할 자가 정당한 이유 없이 그 의무를 이행하지 아니할 때에는 일정한 기간 내에 그 의무를 이행하라는 이행명령을 법원에 신청할 수 있습니다〈가사소송법 제64조 제1항〉. 그 외에도 **금전의 지급 등 재산상의 의무, 자녀와의 면접교섭 허용 의무를 정당한 이유 없이 그 의무를 이행하지 아니하는 경우**에도 당사자의 신청에 의하여 일정한 기간 내에 그 의무를 이행할 것을 명할 수 있습니다. 법원은 이와 같은 명령을 할 때에는 특별한 사정이 없으면 미리 당사자를 심문하고 그 의무를 권고하여야 하며, 의무 불이행에 대한 제재와 특별한 의무 불이행에 대한 제재를 고지하도록 되어 있습니다〈같은 법 제64조 제2항〉.

당사자 또는 관계인이 정당한 이유 없이 이러한 명령에 위반한 때는 가정법원, 조정위원회, 또는 조정담당판사는 직권 또는 권리자의 신청에 의하여 결정으로 1천만 원 이하의 과태료에 처할 수 있게 되어 있으며〈같은 법 제67조 제1항〉, 금전의 정기적 지급을 명령받은 사람이 정당한 이유 없이 3기(期) 이상 그 의무를 이행하지 아니한 경우, 유아의 인도를 명령받은 사람이 제67조 제1항에 따른 제재를 받고도 30일 이내에 정당한 이유 없이 그 의무를 이행하지 아니한 경우, 양육비의 일시금 지급명령을 받은 사람이 30일 이내에 정당한 사유 없이 그 의무를 이행하지 아니한 경우에 가정법원은 결정으로 30일의 범위에서 그 의무를 이행할 때까지 의무자에 대한 감치를 명할 수 있습니다 〈같은 법 제68조 제1항〉.

관련 법 조항
가사소송법 제64조, 제67조 제1항, 제68조 제1항 각 참조

제64조(이행 명령)
① 가정법원은 판결, 심판, 조정조서, 조정을 갈음하는 결정 또는 양육비부담조서에 의하여 다음 각 호의 어느 하나에 해당하는 의무를 이행하여야 할 사람이 정당한 이유 없이 그 의무를 이행하지 아니하는 경우에는 당사자의 신청에 의하여 일정한 기간 내에 그 의무를 이행할 것을 명할 수 있다.
  1. 금전의 지급 등 재산상의 의무
  2. 유아의 인도 의무
  3. 자녀와의 면접교섭 허용 의무
② 제1항의 명령을 할 때에는 특별한 사정이 없으면 미리 당사자를 심문하고 그 의무를 이행하도록 권고하여야 하며, 제67조제1항 및 제68조에 규정된 제재를 고지하여야 한다.

제67조(의무 불이행에 대한 제재)
① 당사자 또는 관계인이 정당한 이유 없이 제29조, 제63조의2제1항, 제63조의3제1항·제2항 또는 제64조의 명령이나 제62조의 처분을 위반한 경우에는 가정법원, 조정위원회 또는 조정담당판사는 직권으로 또는 권리자의 신청에 의하여 결정으로 1천만 원 이하의 과태료를 부과할 수 있다.
② 제29조에 따른 수검 명령을 받은 사람이 제1항에 따른 제재를 받고도 정당한 이유없이 다시 수검 명령을 위반한 경우에는 가정법원은 결정으로 30일의 범위에서 그 의무를 이행할 때까지 위반자에 대한 감

치(監置)를 명할 수 있다.

③ 제2항의 결정에 대하여는 즉시항고를 할 수 있다.

제68조(특별한 의무 불이행에 대한 제재)

① 제63조의3제4항 또는 제64조의 명령을 받은 사람이 다음 각 호의 어느 하나에 해당하면 가정법원은 권리자의 신청에 의하여 결정으로 30일의 범위에서 그 의무를 이행할 때까지 의무자에 대한 감치를 명할 수 있다.

1. 금전의 정기적 지급을 명령받은 사람이 정당한 이유 없이 3기(期) 이상 그 의무를 이행하지 아니한 경우
2. 유아의 인도를 명령받은 사람이 제67조 제1항에 따른 제재를 받고도 30일 이내에 정당한 이유 없이 그 의무를 이행하지 아니한 경우
3. 양육비의 일시금 지급명령을 받은 사람이 30일 이내에 정당한 사유 없이 그 의무를 이행하지 아니한 경우

② 제1항의 결정에 대하여는 즉시항고를 할 수 있다.

Life
and Law

Q [126] 아내와 사별 후, 처제와 결혼이 가능한지

: 저는 결혼한 지 5년 만에 갑작스럽게 교통사고를 당해 세상을 떠난 아내와 사별한 지 7년이 되어 가고 있습니다. 그동안 처제가 아이들이 어렸을 때부터 정성스럽게 돌봐주어 아이들이 처제를 친 엄마처럼 따르고 있는데 법적으로 처제와 결혼이 가능한지 알고 싶습니다.

A 결혼하면 부부는 배우자라는 신분을 얻게 되는 동시에 남편이나 아내의 친족과도 인척관계가 형성됩니다. 인척의 범위는 혈족의 배우자〈며느리와 사위〉, 배우자의 혈족〈장인, 장모, 시부모, 처제, 시동생 등〉, 배우자의 혈족의 배우자〈동서 등〉입니다〈민법 제769조〉. 현행 민법 규정에서는 근친혼 등을 금지하고 있으며, 배우자와 6촌 이내의 혈족인 인척이거나 이러한 인척이었던 사람과는 결혼할 수 없도록 규정하고 있습니다〈같은 법 제809조 제2항〉. 결혼이 취소되거나 이혼하면 배우자 관계와 인척관계가 종료됩니다. 부부 중 한 명이 사망해도 인척관계는 소멸되지 않지만 생존한 배우자가 재혼을 한다면 그때는 소멸됩니다〈같은 법 제775조〉.

처제는 사망한 아내와 2촌의 혈족인 인척에 해당되며 **처제와 결혼을 한다 해도 혼인 무효사유는 아니지만 취소사유에 해당**되어 당사자나 그 직계존속 또는 4촌 이내의 방계혈족이 취소를 청구할 수 있기 때문에 처제와의 결혼을 말리는 부모가 있어 결혼을 취소한다면 그 결혼은 취소될 것으로 보입니다〈같은 법 제816조 제1호, 제817조〉. 다만 혈족의 배우자의 혈족은 1990년 가족법 개정으로 친족에서 제외, 처제가 자신의 혈족과 결혼해 '겹사돈'이 되는 것은 가능합니다.

관련 법 조항

민법 제769조, 제775조, 제809조 제2항, 제816조 제1호, 제817조 각 참조

제769조(인척의 계원)

혈족의 배우자, 배우자의 혈족, 배우자의 혈족의 배우자를 인척으로 한다.

제775조(인척관계 등의 소멸)

① 인척관계는 혼인의 취소 또는 이혼으로 인하여 종료한다.

② 부부의 일방이 사망한 경우 생존 배우자가 재혼한 때에도 제1항과 같다.

제809조(근친혼 등의 금지)

① 8촌 이내의 혈족(친양자의 입양 전의 혈족을 포함한다) 사이에서는 혼인하지 못한다.

② 6촌 이내의 혈족의 배우자, 배우자의 6촌 이내의 혈족, 배우자의 4촌 이내의 혈족의 배우자인 인척이거나 이러한 인척이었던 자 사이에서는 혼인하지 못한다.

③ 6촌 이내의 양부모계(養父母系)의 혈족이었던 자와 4촌 이내의 양부모계의 인척이었던 자 사이에서는 혼인하지 못한다.

제816조(혼인취소의 사유)

혼인은 다음 각 호의 어느 하나의 경우에는 법원에 그 취소를 청구할 수 있다.

 1. 혼인이 제807조 내지 제809조(제815조의 규정에 의하여 혼인의 무효사유에 해당하는 경우를 제외한다. 이하 제817조 및 제820조에서 같다) 또는 제810조의 규정에 위반한 때
 2. 혼인당시 당사자 일방에 부부생활을 계속할 수 없는 악질 기타 중대사유 있음을 알지 못한 때
 3. 사기 또는 강박으로 인하여 혼인의 의사표시를 한 때

제817조(나이위반 혼인 등의 취소청구권자)

혼인이 제807조, 제808조의 규정에 위반한 때에는 당사자 또는 그 법정대리인이 그 취소를 청구할 수 있고 제809조의 규정에 위반한 때에는 당사자, 그 직계존속 또는 4촌 이내의 방계혈족이 그 취소를 청구할 수 있다.

Life and Law

Q [127] 이혼하기로 사전에 합의한 사항이 재판상 이혼사유가 되는지

: 저는 A와 혼인하여 1남1녀를 두고 있는데, 성격상 차이로 가정불화가 심하여 더 이상 혼인생활이 어렵다고 판단하여 5개월 전 남편과 헤어지기로 합의하고 위자료로 1억 원을 지급받아 아이들과 함께 별거에 들어갔습니다. 그러나 아빠를 기다리는 자녀들을 생각하면 참고 살아야 할 것 같아서 A에게 재결합할 것을 요구하였으나 A는 서로 이혼하기로 합의한 사실만으로도 재판상 이혼사유가 된다며 재결합에 응하지 않고 있습니다. 남편의 말대로 이혼하기로 합의한 사항이 어떤 법적 효력을 갖고 있는지 알고 싶습니다.

A 부부 쌍방이 이혼에 대한 합의가 있었고 위자료를 지급해주었다는 사실이 재판상 이혼사유에 해당되는지 여부와 관련하여 관련 판례는 "혼인생활 중 부부가 일시 이혼에 합의하고 위자료 명목의 금전을 지급하거나 재산분배를 하였다고 하더라도, 그것으로 인하여 부부관계가 돌이킬 수 없을 정도로 파탄되어 부부쌍방이 이혼의사로 사실상 부부관계의 실체를 해소한 채 생활하여 왔다는 등의 특별한 사정이 없다면, 그러한 이혼 합의사실의 존재만으로는 이를 민법 제840조 제6호의 재판상 이혼사유인 혼인을 계속할 수 없는 중대한 사유에 해당한다고 할 수 없는 것이다"라고 하였습니다〈대법원 96므226 판결〉.

따라서 귀하는 단순하게 위와 같은 사유만으로 재판상 이혼사유가 된다고 할 수 없을 것으로 보이지만, 만약 A가 귀하를 상대로 재판상이혼청구를 제기한다면 법률전문가와 충분한 상담을 거쳐 소송에 응하시기 바라며, 귀하와 A 중 누구에게 귀책사유가 있는지를 심리해봐야 재판상 이혼사유 해당여부를 알 수 있을 것으로 보입니다.

관련 법 조항 및 판례

민법 제840조 제6호, 대법원 96므226 판결 각 참조

제840조(재판상 이혼원인)

부부의 일방은 다음 각호의 사유가 있는 경우에는 가정법원에 이혼을 청구할 수 있다.

1. 배우자에 부정한 행위가 있었을 때
2. 배우자가 악의로 다른 일방을 유기한 때
3. 배우자 또는 그 직계존속으로부터 심히 부당한 대우를 받았을 때
4. 자기의 직계존속이 배우자로부터 심히 부당한 대우를 받았을 때
5. 배우자의 생사가 3년 이상 분명하지 아니한 때
6. 기타 혼인을 계속하기 어려운 중대한 사유가 있을 때

Life
and Law

> **Q [128] 이혼청구권에도 권리의 소멸(제척기간)을 주장할 수 있는지**
>
> : 2년 전 남편의 외도를 알게 되었습니다. 그 당시 자녀들이 초등학교에 재학 중에 있어 사후용서를 해주었지만 이제라도 남편의 외도에 대해 이혼 및 위자료 청구소송을 하고 싶은데, 이혼청구권에도 제한사유가 있어 이혼소송을 제기할 수 없다고 하는데 사실인지 알고 싶습니다.

A 위와 같은 배우자의 외도에 대해 내담자(來談者)들은 사전동의나 사후용서를 한 때 또는 이를 안 날로부터 6월, 그 사유 있은 날로부터 2년을 경과한 때에는 이혼을 청구하지 못한다는 사실에 대해 잘 모르고 있는 경우가 대부분이었습니다〈민법 제841조〉. 위 사안의 경우 역시 내담자가 배우자의 외도를 알게 되었지만 사후용서를 한 때에 해당되어 종전 외도행위를 이유로 제기한 재판상 이혼 청구는 받아들일 수 없을 것으로 보입니다.

▣ "사전에 동의한다"는 것은 배우자가 부정한 행위를 했더라도 '이의 없다'는 명시적, 묵시적 의사표시를 의미하는 것으로 부정행위를 승낙, 종용, 교사, 방조하는 것이 이에 해당되며, "사후에 용서를 한다"는 것은 배우자의 부정행위를 알고도 그것을 문책하지 않겠다는 묵시적, 명시적 감정표시를 의미합니다. 감정을 표현하는 어떤 행동이나 의사의 표시가 유서로 인정되기 위하여는, 첫째 배우자의 간통사실을 확실하게 알면서 자발적으로 한 것이어야 하고, 둘째 그와 같은 간통사실에도 불구하고 혼인관계를 지속시키려는 진실한 의사가 명백하고 믿을 수 있는 방법으로 표현되어야 합니다〈대법원 2000도868 판결〉.

▣ 따라서 배우자의 외도행위가 있었을 때 경제적인 이유로 또는 어린 자녀들이 있어서 용서를 했다가 다시 재결합 후 다시 이혼이나 위자료청구를 하고

싶은 경우에는 배우자 일방의 사전 동의나 사후용서 행위 여부, 제척기간의 도과 여부 등을 잘 살펴보아야 합니다. 다만 배우자의 외도를 귀하가 용서해 주었음에도 다시 외도를 저질렀다면, 두 번째 외도행위 역시 재판상 이혼사유에 해당하기 때문에 이혼청구권 제척기간 내에 다시 이혼 및 위자료 청구가 가능합니다.

▣ 기타 혼인을 계속하기 어려운 중대한 사유가 있을 때에도 다른 일방이 안 날로부터 6월, 그 사유 있은 날로부터 2년을 경과하면 이혼을 청구하지 못한다는 규정〈민법 제842조〉에도 이혼청구권의 제척기간이 있음을 참고 하시기 바라며, 상간자에 대한 위자료청구소송은 배우자의 외도를 용서한 것과 별개로 진행이 가능하나 이혼청구권과 마찬가지로 '불법행위를 안 날로부터 3년, 불법행위가 있은 날로부터 10년 이내' 상간소송을 제기해야하기 때문에 시효기간을 잘 따져보고 진행해야 합니다〈민법 제766조〉. 위에서 말하는 **이혼청구권의 제척기간**은 법률이 규정하는 권리의 존속기간 또는 법률상 권리를 행사할 수 있는 기간을 말하고, 권리의 존속기간인 제척기간이 만료하게 되면 그 권리는 당연히 소멸하는 점에서는 소멸시효와 유사하지만 소멸시효와 달리 **제척기간에는 시효와 같은 포기, 중단, 정지에 대한 규정이 없다**는 점에서 차이점이 있습니다.

▣ 어떤 사유가 되었든 이혼 소송을 진행하게 되면 당사자도 고통스럽지만 자녀에게 마음의 큰 상처를 주기 때문에 소송의 승패를 떠나서 아이들 보호를 최우선해야 합니다. 아이들은 이혼소송이 시작되기 전 부모가 다투는 과정, 이혼에 이르는 과정에서부터 이미 많은 상처를 받으며 자신에게 다가올 변화를 두려워하고 심지어 부모의 이혼이 자신 때문이라거나, 이혼 후 부모가 더 이상 자신을 사랑하지 않을 것이라는 등의 터무니없는 결론에 도달하기도 합니다. 따라서 이혼 당사자는 아이들이 사랑하는 엄마, 아빠에 대하여 험담을 하는 일이 없어야 하겠으며, 가사조사를 받는 것을 제외하고는 아이들을 소송 과정에 개입시키는 일이 없도록 최선을 다해야 합니다.

소송을 진행하게 되면 자녀 양육문제와 친권행사, 면접교섭, 위자료, 재산분할 문제 등이 발생하며, 자칫하면 감정적으로 행동하여 영원히 건널 수 없는 강을 건너게 되는 상황에 처할 수도 있기 때문에 한 번 더 신중하게 이혼에 대해 생각보시기 바라며, 어쩔 수 없이 꼭 결별을 해야 하는 상황이라면 합법적으로 유효한 증거 확보부터 본인 상황에 가장 적절한 단계별 대응 방안까지 전문가의 도움을 받아 준비하시기 바랍니다.

관련 법 조항 및 판례
민법 제841조, 제842조, 대법원 2000도868 판결 각 참조

제766조(손해배상청구권의 소멸시효)
① 불법행위로 인한 손해배상의 청구권은 피해자나 그 법정대리인이 그 손해 및 가해자를 안 날로부터 3년간 이를 행사하지 아니하면 시효로 인하여 소멸한다.
② 불법행위를 한 날로부터 10년을 경과한 때에도 전항과 같다.
③ 미성년자가 성폭력, 성추행, 성희롱, 그 밖의 성적(性的) 침해를 당한 경우에 이로인한 손해배상청구권의 소멸시효는 그가 성년이 될 때까지는 진행되지 아니한다.

제841조(부정으로 인한 이혼청구권의 소멸)
전조 제1호의 사유는 다른 일방이 사전동의나 사후 용서를 한 때 또는 이를 안 날로부터 6월, 그 사유있은 날로부터 2년을 경과한 때에는 이혼을 청구하지 못한다.

제842조(기타 원인으로 인한 이혼청구권의 소멸)
제840조 제6호〈기타 혼인을 계속하기 어려운 중대한 사유가 있을 때〉의 사유는 다른 일방이 이를 안 날로부터 6월, 그 사유있은 날로부터 2년을 경과하면 이혼을 청구하지 못한다.

Life
and Law

Q [129] 동거남의 지속적 폭력으로 사실혼관계가 깨진 경우 위자료청구

: 저는 친구의 소개로 B를 만나 서로 호감을 느껴 교제를 시작했으며 이듬해 3월, B의 가게로 주민등록을 옮겨 주민등록상에는 B의 동거인으로 등재되어 있습니다. 두 사람은 식사도 함께하고 성관계도 가지는 등 사실혼관계를 유지해 왔습니다. 동거기간 동안 B씨 가족들과는 직접 대면한 적이 없으며, 가족모임에 직접 참석한 적은 없었습니다. 그러던 중 다음 해 6월 두 사람이 말다툼을 벌이다 B가 저에게 폭력을 행사하였으며 이후 지속적으로 폭력을 행사하여 사실혼관계가 깨지게 되었습니다. 이런 경우 저는 B의 지속적인 폭력 등으로 사실혼관계가 깨졌으므로 가정법원에 B를 상대로 사실혼 관계 부당파기로 인해 입은 정신적 고통에 대한 손해배상(위자료)을 청구할 수 있는지요?

A 법률혼주의를 채택하고 있는 우리나라에서는 혼인의 실질적 요건과 형식적 요건을 모두 갖추어야 비로소 법률상의 부부로 인정받습니다. 그러나 사실혼은 혼인하겠다는 의사의 합치, 혼인적령, 근친혼금지, 중혼금지 등 혼인의 실질적 요건은 충족하지만, 혼인신고라는 형식적 요건을 갖추지 않은 채 부부공동생활을 하는 것으로 법률혼과 달리 부부의 권리와 의무 중 일부만을 법률로 보호받습니다. 사실혼 부부는 법률상의 부부가 아니므로 헤어질 때 법원의 이혼확인, 이혼신고 등의 법적 절차를 밟을 필요가 없습니다. 따라서 사실혼은 당사자간 합의에 의해 해소할 수도 있고, 일방의 통보에 의해 해소할 수도 있습니다. 합의 또는 통보를 할 때 일정한 형식이 요구되는 것은 아니며, 구두, 전화, 서신 등 자유로운 방법으로 하면 됩니다.

위 사례에서 거론되는 위자료는 가사사건에서만 적용되는 것은 아닌 바, 가해자가 고의 또는 과실로 어떠한 불법행위를 하여 그로 인하여 피해자가 정신적 충격이나 고통을 입게 되는 경우 그러한 피해자의 고통 받은 부분을 위로하기 위하여 지급되는 금전을 의미합니다. 가해자의 불법행위는 재산의 손실이나 손상 등 물질적 피해를 입히는 것도 있지만 타인의 신체에 위해를 가하는 인적 피해도 있으며, 관계를 파탄나게 한다든지, 정신적 충격을 가한다든지 등 정신적 피해를 입히는 경우도 있습니다.

이 중에서 부부의 혼인생활과 관련된 불법행위는 부부 일방이 상대방에게 폭언, 폭행을 가하는 등 신체적 정신적으로 학대를 하거나 동거나 부양의 의무를 거절하거나, 정조의 의무를 무시하고 타인과 간통을 하는 등 다양한 양상을 띠고 있는 바, 신체나 정신 등에 고통을 가한 경우 신체적 정신적 고통에 대한 손해배상으로 위자료를 청구하게 됩니다〈민법 제750조, 제751조〉.

■ 이처럼 **실질적인 혼인 관계의 부부 이혼 시 법률혼 관계에 있는 부부와 마찬가지로 재산분할이나 사실혼위자료청구 권한이 주어지고 있지만**, 헤어질 때 재산분할이나 손해배상을 법적으로 인정받기 위해서는 먼저 단순 동거관계인지, 재판부에서 인정하는 실질적인 혼인 관계에 있는 동거관계인지부터 명확하게 짚고 넘어가는 것이 중요합니다. 법적으로 기준을 정해놓은 조문은 없지만 판례에 따르면 재판부가 어떠한 관계를 실질적인 혼인 관계로 인정하고 있는지 알 수 있는 바, 재판부에서는 자녀의 유무, 결혼식, 상견례 등을 치렀는지의 여부, 신혼여행을 갔다 온 기록이 있는지, 약혼의 여부, 양가 가족 행사에 지속해서 참여하였는지, 생활비 등 공금을 어떻게 관리해 왔는지 등 여러 부분을 종합적으로 고려하여 판단하고 있습니다.

재산분할 청구시에는 사업체도 재산분할 대상에 포함시킬 수 있으며, 개인사업인 경우에는 사업체의 가치를 파악해서 분할 대상에 포함시킬 수 있고 법인인 경우에는 주식을 재산분할에 포함시킬 수 있습니다. 또한 대출을 대신해서 받아줬다든가, 사업자금을 대줬다든가, 일정 기간 남편 업무를 도와서 대신 처리해

준 적이 있다면 이러한 것들도 직접적인 기여로 주장할 수 있습니다.

◼ 참고로 상대방에게 **사실혼 파기로 인해 입은 정신적 고통을 배상할 손해배상 책임**에 관하여 법원은 "사실혼 관계에 있어서도 부부는 민법 제826조 제1항 소정의 동거하며 서로 부양하고 협조하여야 할 의무가 있으므로 혼인생활을 함에 있어 부부는 서로 협조하고 애정과 인내로써 상대방을 이해하며 보호하여 혼인생활의 유지를 위한 최선의 노력을 기울여야 하는 것인바, 사실혼 배우자의 일방이 정당한 이유 없이 서로 동거, 부양, 협조해야 할 부부로서의 의무를 포기한 경우에는 그 배우자는 악의의 유기에 의해 사실혼 관계를 부당하게 파기한 것이 된다고 할 것이므로 상대방 배우자에게 재판상 이혼원인에 상당하는 귀책사유 있음이 밝혀지지 아니하는 한 원칙적으로 사실혼 관계 부당 파기로 인한 손해배상 책임을 면할 수 없다"고 판단하였습니다〈대법원 97므544 판결, 551 판결〉.

◼ **사실혼 파기의 정당한 사유**로 법원은 사실혼 배우자가 부정한 행위를 한 경우〈대법원 66므39 판결〉, 사실혼 배우자가 악의로 다른 일방을 유기한 경우〈대법원 97므544, 551 판결〉, 사실혼 배우자 또는 그 직계존속으로부터 심히 부당한 대우를 받은 경우〈대법원 83므26 판결〉 등을 인정하고 있습니다. 만약 사실혼 파탄의 원인이 배우자가 아닌 제3자에게 있는 경우에는 그 제3자에 대해서도 위자료를 청구할 수 있습니다〈가사소송법 제2조 제1항 제1호 다류사건〉. 판례는 사실혼 배우자 일방이나 제3자(예를 들어 시부모, 장인·장모 등)에게 책임 있는 사유로 사실혼이 파기된 경우에는 그 배우자 또는 제3자에게 그에 따른 정신적 고통에 대한 배상, 즉 위자료를 청구할 수 있는 것으로 보고 있습니다〈대법원 97므544, 551 판결, 98므961 판결 등〉.

위와 비슷한 사례에서 법원은 **사실혼에 해당해 법률혼에 준하는 보호를 받기 위해서는 단순히 동거하거나 간헐적으로 성관계를 맺고 있다는 사정만으로는 부족하다**며 당사자 사이에 주관적 혼인의사가 있고, 객관적으로도 부부 공동생활을 인정할 만한 혼인생활의 실체가 있어야 한다고 밝혔으며〈부산가정법원 2018드단212159, 2020느단201260 판결〉, 서울가정법원 판결에서도 "두 사람은 결혼식을 올린 적도 없고 부부로 호칭하지도 않았으며, 가족들에게 사실혼관계라고 알리거나 서로의 가족모임에 함께 참석한 적도 없으며, 두 사람이 함께 주민등록이 돼 있던 척추교정실도 상가 건물로 구조상 혼인생활을 영위하기에 적합하지 않다"고 인정하여 사실혼 관계로 보기 어렵다고 판시하였습니다. 따라서 위와 같은 판결 등을 감안해 볼 때 귀하가 B씨를 상대로 사실혼 파기로 인해 입은 정신적 고통을 전제로 한 위자료를 지급받기는 어려울 것으로 보입니다.

관련 법 조항 및 판례
민법 제750조, 제751조, 부산가정법원 2018드단212159, 2020느단201260 판결, 대법원 97므544, 551 판결, 98므961 판결 각 참조

제750조(불법행위의 내용) 고의 또는 과실로 인한 위법행위로 타인에게 손해를 가한자는 그 손해를 배상할 책임이 있다.

제751조(재산 이외의 손해의 배상)
① 타인의 신체, 자유 또는 명예를 해하거나 기타 정신상 고통을 가한 자는 재산 이외의 손해에 대하여도 배상할 책임이 있다.
② 법원은 전항의 손해배상을 정기금채무로 지급할 것을 명할 수 있고 그 이행을 확보하기 위하여 상당한 담보의 제공을 명할 수 있다.

Life
and Law

> **Q 〖 130 〗 사실혼관계에 있는 처의 유체동산에 대해서도 강제집행이 가능한지**
>
> : 저는 친구 A에게 2,000만 원을 빌려주고 돌려받지 못해서 소액심판을 청구하여 승소판결을 받았습니다. 그러다가 얼마 전 지인을 통해 A가 결혼을 했다는 소식을 전해 듣고 사실관계를 확인해 본 바, A는 B와 사실혼관계를 유지하면서 전세보증금계약도 B명의로 해두고 함께 거주하고 있는 것을 알게 되어서 부득이 주택 내의 유체동산(가재도구)을 강제집행하려고 합니다. 이런 경우 사실혼 관계에 있는 처(B)의 재산에 대해서도 강제집행이 가능한지요?

A 법률혼주의를 채택하고 있는 우리나라에서는 혼인의 실질적 요건과 형식적 요건을 모두 갖추어야 비로소 법률상의 부부로 인정받습니다. 그러나 사실혼은 혼인하겠다는 의사의 합치, 혼인적령, 근친혼금지, 중혼금지 등 혼인의 실질적 요건은 충족하지만, 혼인신고라는 형식적 요건을 갖추지 않은 채 부부공동생활을 하는 것으로 법률혼과 달리 부부의 권리와 의무 중 일부만을 법률로 보호받습니다.

■ 유체동산의 강제집행에 있어서 채무자와 그 배우자의 공유로서 채무자가 점유하거나 그 배우자와 공동으로 점유하고 있는 유체동산은 압류할 수 있다고 민사집행법에 규정하고 있습니다. 즉, 채무자의 집에 있는 유체동산은 그것이 채무자의 특유재산인지, 배우자와의 공유재산인지 알기 어려우므로 부부가 공동으로 사용하고 있는 유체동산은 그것이 특별히 배우자의 소유에 속하는 것이 명백한 경우를 제외하고는 압류를 통해 현금화 할 수 있도록 한 것입니다.

■ 문제는 법률상 부부가 아닌 사실혼 관계에 있는 배우자와의 사이에도 위와 같은 규정이 적용될 수 있는지 여부인데, 이에 관한 대법원판례는 민사집행법 제190조의 규정은 부부 공동생활의 실체를 갖추고 있으면서 혼인신고만을 하지 아니한 **사실혼 관계에 있는 부부의 공유 유체동산에 대하여도 유추 적용된다**고 판시하고 있습니다〈대법원 97다34273 판결〉.

따라서 귀하는 채무자인 친구와 사실혼관계에 있는 처의 재산에도 강제집행이 가능할 것으로 보입니다. 다만 이 경우 유체동산에 대한 압류 및 환가는 각 채무자의 지분이 아니라 그 전체에 대하여 행해지고, 다만 타방 배우자에게는 '우선매수권'과 매각대금 중 자기의 지분에 상당한 금액의 지급을 요구할 수 있는 **'공유지분지급요구권'**을 행사할 수 있습니다. 이와 더불어 타방 배우자는 공유관계에 대하여 이의가 있는 경우에는 채권자에게 이의의 소를 제기할 수 있고, 채권자도 그 배우자를 상대로 공유가 아님을 주장하는 소를 제기할 수 있습니다〈민사집행법 제206조, 제221조〉.

결론적으로 귀하는 A와 B의 유체동산에 대하여 강제집행을 할 수 있으며, 사실혼 관계에 있는 B가 공유관계에 관해서 이의가 없으며, 공유지분지급요구권을 행사하지 않는다면 유체동산 매각대금 전액에 대해 배당받을 수 있지만, 만약 B가 자신의 공유지분지급요구권을 행사한다면 귀하는 매각대금 중 1/2에 해당하는 금액에 한해 배당받을 수 있습니다.

관련 법 조항 및 판례
민사집행법 제190조, 제206조, 제221조, 대법원 97다34273 판결 각 참조

제190조(부부공유 유체동산의 압류)
채무자와 그 배우자의 공유로서 채무자가 점유하거나 그 배우자와

공동으로 점유하고 있는 유체동산은 제189조의 규정에 따라 압류할 수 있다.

제206조(배우자의 우선매수권)
① 제190조의 규정에 따라 압류한 유체동산을 매각하는 경우에 배우자는 매각기일에 출석하여 우선매수할 것을 신고할 수 있다.
② 제1항의 우선매수신고에는 제140조 제1항 및 제2항의 규정을 준용한다.

제221조(배우자의 지급요구)
① 제190조의 규정에 따라 압류한 유체동산에 대하여 공유지분을 주장하는 배우자는 매각대금을 지급하여 줄 것을 요구할 수 있다.
② 제1항의 지급요구에는 제218조 내지 제220조의 규정을 준용한다.
③ 제219조의 통지를 받은 채권자가 배우자의 공유주장에 대하여 이의가 있는 때에는 배우자를 상대로 소를 제기하여 공유가 아니라는 것을 확정하여야 한다.
④ 제3항의 소에는 제154조 제3항, 제155조 내지 제158조, 제160조 제1항 제5호 및 제161조 제1항·제2항·제4항의 규정을 준용한다.

Life
and Law

Q [131] 법률혼 배우자가 동거의무를 위반했을 때, 강제집행이 가능한지

: 남편과 시댁 문제로 심하게 다툰 후, 남편이 저와 함께 살던 집을 떠나서 1년 넘게 시댁에서 거주하고 있습니다. 아이들과는 서로 통화하면서 다시 집에 들어오겠다고 하면서도 여러 핑계를 대며 돌아오지 않고 있어 별거생활을 지속하고 있는데 이런 경우 남편을 집으로 돌아오게 할 수 있는 강제집행 방법은 없는지요?

A 혼인의 효력이란 부부가 됨으로써 갖게 되는 권리와 의무를 의미합니다. 예를 들어 부부가 되면 상속권이 생기거나, 배우자를 보호하거나 도와줘야 하는 의무가 생기며, 부부가 법률상 혼인을 하게 되면 부부 공동생활에 관한 동거·부양·정조의 의무가 발생합니다. 이런 권리와 의무는 결혼 신고를 함으로써 발생하게 됩니다. 그래서 출장이나 전근, 입원 등 일시적으로 동거를 하지 못하는 경우에는 서로 이를 인용해야 합니다〈민법 제826조 제1항〉. 만일 배우자가 동거 의무를 이행하지 않으면 법원에 심판청구를 할 수 있고〈가사소송법 제2조 제1항〉, 악의적으로 유기했다는 것을 이유로 이혼청구 사유가 될 수도 있습니다〈민법 제840조 제2호〉. 부부의 동거 장소는 부부가 협의해서 결정하는 것이 원칙이지만 협의가 이루어지지 않으면 당사자의 청구에 의해 가정법원이 이를 정하게 됩니다.

위 사안과 비슷한 대법원 판결례에 의하면 집을 나가 수년 동안 돌아오지 않는 남편을 상대로 동거의무 이행심판청구를 통해 동거하라는 취지의 조정을 받았음에도 여전히 돌아오지 않는 남편을 상대로 위자료 청구소송을 낸 사안에서 배우자(부인)에게 위자료 지급을 판시한 바 있습니다. 대법원은 "부부의 동거 의무도 엄연히 법적인 의무이고 보면, 그 위반에 대해서는 법적인 제재가 따라야 한다. 그 제재의 내용을 혼인 관계의 소멸이라는 과격한 효과를 가지는 이혼에 한정하는 것이 언제나 적절하다고 단정할 수 없다. 특히 1회적인 위자료의 지급을 명하는 것이 인격을 해친다거나 부부 관계의 본질상 허용되지 않는다고 말할 수 없다"고 밝혔습니다〈대법원 2009다32454 판결〉.

따라서 배우자가 동거의무를 이행하지 않았을 때 법원에 심판청구를 할 수 있지만, 동거의무를 거부하는 배우자를 집으로 돌아오도록 하는 강제집행을 할 수는 없을 것으로 보이지만 위자료(손해배상) 청구를 통해 동거의무 위반에 대한 제재는 할 수 있을 것으로 보입니다.

관련 법 조항 및 판례

민법 제826조, 제840조 제2호, 가사소송법 제2조 제1항 제2호 나목 1), 대법원 2009다32454 판결 각 참조

〈민법〉

제826조(부부간의 의무)
① 부부는 동거하며 서로 부양하고 협조하여야 한다. 그러나 정당한 이유로 일시적으로 동거하지 아니하는 경우에는 서로 인용하여야 한다.
② 부부의 동거장소는 부부의 협의에 따라 정한다. 그러나 협의가 이루어지지 아니하는 경우에는 당사자의 청구에 의하여 가정법원이 이를 정한다.

제840조(재판상 이혼원인)
부부의 일방은 다음 각호의 사유가 있는 경우에는 가정법원에 이혼을 청구할 수 있다.
    1. 배우자에 부정한 행위가 있었을 때
    2. 배우자가 악의로 다른 일방을 유기한 때
    3. 배우자 또는 그 직계존속으로부터 심히 부당한 대우를 받았

을 때
　4. 자기의 직계존속이 배우자로부터 심히 부당한 대우를 받았을 때
　5. 배우자의 생사가 3년 이상 분명하지 아니한 때
　6. 기타 혼인을 계속하기 어려운 중대한 사유가 있을 때

〈가사소송법〉
제2조(가정법원의 관장 사항)
① 다음 각 호의 사항(이하 "가사사건"이라 한다)에 대한 심리와 재판은 가정법원의 전속관할로 한다.
　1. 가사소송사건
　　가.항 ~ 다.항 이하 생략
　2. 가사비송사건
　　가.항 생략
　　나. 마류(類) 사건
　　　1) 「민법」 제826조 및 제833조에 따른 부부의 동거·부양·협조 또는 생활비용의 부담에 관한 처분
　　　2) ~ 10) 이하 생략
②항 ~ ③항 이하 생략

Life
and Law

Q [132] 양육비부담조서는 무엇이고 양육비를 주지 않을 경우 별도의 판결 없이 법적 강제가 가능한지

: 남편과 이혼할 당시 위자료 1억 원과 미성년 자녀에 대한 양육비로 매월 100만 원씩을 남편으로부터 지급받기로 협의하고 법원에서 양육비부담조서를 작성하였습니다. 이후 전 남편(비양육자)은 1년간 매월 말일 양육비를 지급해주다가 최근에는 아무 말 없이 6개월 이상 양육비를 지급해주지 않아 경제적으로 많은 고통을 겪고 있습니다. 이런 경우 별도의 판결 없이 양육비부담조서를 집행권원으로 법적강제가 가능하다고 하는데, 어떤 방법으로 법적 강제가 가능한지요?

A 양육비 미지급 문제는 단순한 경제적 문제가 아니라 자녀의 복지와 직결된 심각한 사안입니다. 부득이한 사정으로 부부가 이혼을 할 경우 재산분할이나 자녀에 대한 면접교섭, 친권행사 등에 관하여 협의가 되지 않을 시는 재판상이혼을 청구할 수밖에 없으나 위 사항 등에 대하여 부부간 협의가 원만하게 이루어지게 되면 협의이혼을 선택하게 됩니다. 이와 같이 쌍방이 협의이혼을 선택한 경우 부부 사이에 미성년 자녀가 있다면 필수적으로 미성년 자녀에 대한 양육자를 누구로 할지 결정하고, 양육비용의 부담, 면접교섭의 내용을 정해야 하므로 가정법원은 위와 같이 당사자간 협의된 양육비에 관하여 '양육비부담조서'를 작성하게 됩니다.

'양육비부담조서'는 재판상 이혼의 판결과는 다르지만 그 자체로 집행력이 있으므로 비양육자가 양육자에게 양육비를 지급하지 않을 경우 '양육비부담조서'를 집행권원으로 가사소송법에 의한 방법으로 법적 강제가 가능합니다〈가사소송법 제41조〉. 상대가 양육비를 지급하지 않을 경우 양육권자는 가정법원에 이행명령을 신청할 수 있으며〈가사소송법 제64조〉, 상대방이 이행명령에 응하지 않을 경우 가정법원은 직권으로 1천만 원 이하의 과태료를 부과할 수 있으며〈가사소송법 제67조〉, 정당한 이유 없이 3기 이상 그 의무를 이행하지 않은 경우 결정으로서 30일의 범위에서 그 의무를 이행할 때까지 유치장 감치를 명할 수 있습니다〈가사소송법 제68조〉.

또한 채권의 만족을 얻기 위한 준비절차로서 상대방의 집행 대상 재산을 찾는 재산명시신청이나 재산조회신청, 그 재산에 대한 압류명령신청도 가능하고, 양육비지급의무자가 급여소득자라면 급여에서 양육비를 자동으로 차감하는 직접지급명령을 신청할 수 있으며, 자영업자로 고정된 수입이 없다면 담보제공명령을 통하여 양육비채권의 만족을 얻을 수 있습니다. 그 밖에 여성가족부 장관은 양육비 지급 이행이 완전하지 못할 경우에는 국세청장 및 지방자치단체의 장에 대하여 양육비 채무자의 국세 및 지방세 환급 예정금액의 압류를 요청할 수 있으며〈양육비이행확보및지원에관한법률 제20조 제1항〉, 양육비 채무자가 감치명령을 받았음에도 이를 이행하지 않는 경우 운전면허정지처분을 요청하거나〈위 같은 법 제21조의3 제1항〉, 출국금지요청, 명단 공개 등도 요청할 수 있습니다〈위 같은 법 제21조의 4, 5 각 제1항〉.

최근 법적 조치와 형사처벌의 강화는 양육비 미지급 문제를 해결하기 위한 중요한 발걸음이라 할 것입니다. 따라서 부모들은 이혼 후에도 자녀에 대한 양육비 지급의 의무를 성실히 이행하도록 최선을 다하여 양육비 미지급으로 인한 피해를 최소화하는 노력이 필요할 것으로 보입니다.

관련 법 조항
민법 제836조의2 제4~5항, 제837조, 가사소송법 제41조, 64조, 67조, 68조, 양육비이행확보및지원에관한법률 제20조 제1항, 제21조의3 제1항, 제21조의4 제1항, 제21조의5 제1항 각 참조

〈민법〉

제836조의2(이혼의 절차)

① 협의상 이혼을 하려는 자는 가정법원이 제공하는 이혼에 관한 안내를 받아야 하고, 가정법원은 필요한 경우 당사자에게 상담에 관하여 전문적인 지식과 경험을 갖춘 전문상담인의 상담을 받을 것을 권고할 수 있다.

② 가정법원에 이혼의사의 확인을 신청한 당사자는 제1항의 안내를 받은 날부터 다음 각 호의 기간이 지난 후에 이혼의사의 확인을 받을 수 있다.

   1. 양육하여야 할 자(포태 중인 자를 포함한다. 이하 이 조에서 같다)가 있는 경우에는 3개월

   2. 제1호에 해당하지 아니하는 경우에는 1개월

③ 가정법원은 폭력으로 인하여 당사자 일방에게 참을 수 없는 고통이 예상되는 등 이혼을 하여야 할 급박한 사정이 있는 경우에는 제2항의 기간을 단축 또는 면제할 수 있다.

④ 양육하여야 할 자가 있는 경우 당사자는 제837조에 따른 자(子)의 양육과 제909조제4항에 따른 자(子)의 친권자결정에 관한 협의서 또는 제837조 및 제909조제4항에 따른 가정법원의 심판정본을 제출하여야 한다.

⑤ 가정법원은 당사자가 협의한 양육비부담에 관한 내용을 확인하는 양육비부담조서를 작성하여야 한다. 이 경우 양육비부담조서의 효력에 대하여는 「가사소송법」 제41조를 준용한다.

제837조(이혼과 자의 양육책임)

① 당사자는 그 자의 양육에 관한 사항을 협의에 의하여 정한다.

② 제1항의 협의는 다음의 사항을 포함하여야 한다.

   1. 양육자의 결정

   2. 양육비용의 부담

   3. 면접교섭권의 행사 여부 및 그 방법

③ 제1항에 따른 협의가 자(子)의 복리에 반하는 경우에는 가정법원은 보정을 명하거나 직권으로 그 자(子)의 의사(意思)·나이와 부모의 재산상황, 그 밖의 사정을 참작하여 양육에 필요한 사항을 정한다.
④ 양육에 관한 사항의 협의가 이루어지지 아니하거나 협의할 수 없는 때에는 가정법원은 직권으로 또는 당사자의 청구에 따라 이에 관하여 결정한다. 이 경우 가정법원은 제3항의 사정을 참작하여야 한다.
⑤ 가정법원은 자(子)의 복리를 위하여 필요하다고 인정하는 경우에는 부·모·자(子) 및 검사의 청구 또는 직권으로 자(子)의 양육에 관한 사항을 변경하거나 다른 적당한 처분을 할 수 있다.
⑥ 제3항부터 제5항까지의 규정은 양육에 관한 사항 외에는 부모의 권리의무에 변경을 가져오지 아니한다.

〈가사소송법〉
제41조(심판의 집행력)
금전의 지급, 물건의 인도(引渡), 등기, 그 밖에 의무의 이행을 명하는 심판은 집행권원(執行權原)이 된다.

Life
and Law

> **Q [133] 이혼 당시 판결받은 양육비가 부족한 경우 법원에 추가 신청이 가능한지**
>
> : 남편과 이혼할 당시 위자료 1억 원과 3살 된 자녀에 대한 양육비로 매월 35만 원씩 지급받는 것으로 판결을 받았습니다. 하지만 5년이 지난 지금은 자녀의 교육비가 늘어나고 있어, 매월 35만 원으로는 양육비가 턱없이 모자란 상태입니다. 현재 남편은 이혼 당시보다 경제적 능력이 좋아지고 연봉이 많이 오른 것으로 알고 있는데, 추가로 양육비를 청구할 수 있는지 궁금합니다.

A 자녀를 양육하는데 드는 비용의 부담은 이미 청구인과 피청구인 사이에 공동부담으로 하되, 친권행사와 양육은 청구인이 부담하기로 하였고, 피청구인은 매달 35만 원씩을 주기로 하는 판결이 확정되었을지라도 그 금액만으로 교육과 양육이 어렵다면 피청구인의 주소지를 관할하는 가정법원에 추가 양육비를 지급해 달라는 '양육비 변경신청'을 하여 가정법원의 판단을 구해볼 수 있습니다. 대법원 판례도 법원의 결정이나 당사자 간의 협의에 의해 자의 양육에 관한 사항이 정해진 후 특별한 사정변경이 없더라도 그 사항이 민법 제837조의 제1, 2항 소정의 제반 사정에 비추어 부당하다고 인정되는 경우에 가정법원은 그 사항을 변경할 수 있다는 적극적인 태도를 취하고 있습니다.

청구의 취지를 초과하여 의무이행을 명할 수는 없지만, 가정법원이 자의 복리를 위해서는 가능하도록 하는 단서규정도 신설되었습니다. 이런 경우 귀하는 귀하가 자녀를 양육하면서 지출되는, 자녀에 대한 평균적 교육비, 생활비, 의류비 등을 자료로 제출하시고, 피청구인의 회사에서 피청구인에게 지급되는 연봉을 입증하여 가정법원의 판단을 받아보시면 좋을 것으로 판단됩니다.

관련 법 조항 및 판례

민법 제837조의 제1,2항, 가사소송법 제2조 제1항 제2호 나목, 제63조의2, 가사소송규칙 제93조 제2항, 제99조, 대법원 90므699 판결, 2005스18,19 결정 각 참조

〈민법〉

제837조(이혼과 자의 양육책임)

① 당사자는 그 자의 양육에 관한 사항을 협의에 의하여 정한다.

② 제1항의 협의는 다음의 사항을 포함하여야 한다.

   1. 양육자의 결정

   2. 양육비용의 부담

   3. 면접교섭권의 행사 여부 및 그 방법

③ 제1항에 따른 협의가 자(子)의 복리에 반하는 경우에는 가정법원은 보정을 명하거나 직권으로 그 자(子)의 의사(意思)·나이와 부모의 재산상황, 그 밖의 사정을 참작하여 양육에 필요한 사항을 정한다.

④ 양육에 관한 사항의 협의가 이루어지지 아니하거나 협의할 수 없는 때에는 가정법원은 직권으로 또는 당사자의 청구에 따라 이에 관하여 결정한다. 이 경우 가정법원은 제3항의 사정을 참작하여야 한다.

⑤ 가정법원은 자(子)의 복리를 위하여 필요하다고 인정하는 경우에는 부·모·자(子) 및 검사의 청구 또는 직권으로 자(子)의 양육에 관한 사항을 변경하거나 다른 적당한 처분을 할 수 있다.

⑥ 제3항부터 제5항까지의 규정은 양육에 관한 사항 외에는 부모의 권리의무에 변경을 가져오지 아니한다.

〈가사소송법〉

제2조(가정법원의 관장 사항)

① 다음 각 호의 사항(이하 "가사사건"이라 한다)에 대한 심리와 재판은 가정법원의 전속관할로 한다.

1. 가사소송사건

    가.항 ~ 다.항 이하 생략

2. 가사비송사건

    가.항 생략

    나. 마류(類) 사건

    1) ~ 2) 이하 생략

    3) 「민법」 제837조 및 제837조의2(같은 법 제843조에 따라 위 각 조항이 준용되는 경우 및 혼인의 취소 또는 인지를 원인으로 하는 경우를 포함한다)에 따른 자녀의 양육에 관한 처분과 그 변경, 면접교섭권의 처분 또는 제한·배제·변경

    4) ~ 10) 이하 생략

②항 ~ ③항 이하 생략

Life
and Law

> **Q [134] 이혼한 전 남편을 상대로 성인이 된 자녀의 양육비 청구가 가능한지**
>
> : 15년 전 남편과 이혼하고 혼자서 아이를 양육하며 힘들게 생활해왔습니다. 하지만 이제 일용직으로 다니던 직장도 그만두고 몸이 아파서 이전과는 비교할 수 없을 정도로 생활비와 교육비는 늘어가고 아이는 곧 성년이 되어 양육의무가 종료되어 갑니다. 이런 경우 이혼한 전 남편을 상대로 성년이 된 아이의 과거 양육비 청구권 행사가 가능하며, 이에 대한 소멸시효는 어떻게 되는지요?

A 부부가 이혼을 하는 경우 자녀양육에 대해 "당사자는 그 자녀의 양육에 관한 사항을 협의에 의하여 정한다. 양육에 관한 사항의 협의가 되지 아니하거나 협의할 수 없을 때에는 가정법원은 당사자의 청구 또는 직권에 의하여 그 자녀의 연령, 부모의 재산상황 기타 사정을 참작하여 양육에 필요한 사항을 정하여 언제든지 그 사항을 변경 또는 다른 적당한 처분을 할 수 있다고 규정하고 있습니다〈민법 제837조〉.

이때 자녀의 양육비를 부담해야 하는 기간은 원칙적으로 미성년자인 자녀가 성인이 될 때까지로 만 19세 이전까지는 생활비와 교육비 등을 지원할 의무가 있습니다. 그러나 가정환경에 따라 자녀가 성인이 되어 대학을 졸업한 후 병역의무를 마치고 취직하여 자립할 수 있는 시점까지 양육비 지급을 약정할 수 있습니다.

따라서 귀하의 전 남편이 자녀가 성인이 되어도 양육비를 준다는 별도의 약정이 없는 한, 만 19세 이후 성인이 되고부터는 자녀의 양육비 청구가 어려울 것으로 보이지만 부모의 자녀 양육의무는 특별한 사정이 없는 한 자녀의 출생과 동시에 발생하기 때문에 미성년 자녀가 성인이 될 때까지, 즉 만 19세 이전까지는 전 남편에게 과거의 양육비 청구는 가능할 것으로 보이며,

과거 양육비 청구권의 소멸시효에 관하여 종전 판례는 자녀가 미성년인 동안 과거 양육비에 관한 권리에 대하여 소멸시효가 진행한다고 보는 것은 자녀의 복리에 부합하지 않는다고 하여 소멸시효가 진행하지 않는다고 보았으나, 최근 대법원은 자녀가 성년이 된 후에도 협의나 가정법원 심판에 의해 확정되지 않은 과거 양육비에 관한 권리에 대해 소멸시효가 진행되지 않는다면 과거 양육비에 관한 권리를 행사하지 않은 사람이 적극적인 권리행사를 한 사람보다 훨씬 유리한 지위에 서게 되는 부조리한 결과가 발생하므로 지출한 과거 양육비를 청구하려면 자녀가 성인된 뒤 10년 내 청구해야 되는 것으로 판례가 변경되었음을 참고하시기 바랍니다〈대법원 2008스67, 2018스724 판결〉.

관련 법 조항 및 판례

민법 제837조의 제1항, 제2항, 대법원 2008스67, 2018스724 판결 각 참조

제837조(이혼과 자의 양육책임)
① 당사자는 그 자의 양육에 관한 사항을 협의에 의하여 정한다.
② 제1항의 협의는 다음의 사항을 포함하여야 한다.
  1. 양육자의 결정
  2. 양육비용의 부담
  3. 면접교섭권의 행사 여부 및 그 방법
③ 제1항에 따른 협의가 자(子)의 복리에 반하는 경우에는 가정법원은 보정을 명하거나 직권으로 그 자(子)의 의사(意思)·나이와 부모의 재산상황, 그 밖의 사정을 참작하여 양육에 필요한 사항을 정한다.
④ 양육에 관한 사항의 협의가 이루어지지 아니하거나 협의할 수 없는

때에는 가정법원은 직권으로 또는 당사자의 청구에 따라 이에 관하여 결정한다. 이 경우 가정법원은 제3항의 사정을 참작하여야 한다.

⑤ 가정법원은 자(子)의 복리를 위하여 필요하다고 인정하는 경우에는 부·모·자(子) 및 검사의 청구 또는 직권으로 자(子)의 양육에 관한 사항을 변경하거나 다른 적당한 처분을 할 수 있다.

⑥ 제3항부터 제5항까지의 규정은 양육에 관한 사항 외에는 부모의 권리의무에 변경을 가져오지 아니한다.

Life and Law

> **Q [135] 종전 양육비의 분담이 과다한 경우, 감액청구가 가능한지**
>
> : 저는 아내와 이혼하고 법원에서 정해준 아이의 양육비를 10년 이상 지급해 왔으나 종전 직장이 폐쇄되어 다니던 직장을 그만두고 새로운 직장을 찾아 계약직으로 근무하고 있습니다. 그러나 현 직장에서 매월 지급받고 있는 보수가 종전에 비해 절반 가까이 줄어서 혼자 살아가기도 힘든 형편에 있는데, 이런 경우 가정법원에 아이의 양육비 감액청구가 가능한지 알고 싶습니다.

A 이와 관련하여 대법원은 종전에 정해진 양육비의 분담이 과다하게 되었다고 주장하며 감액을 청구하는 경우, 법원은 자녀들의 성장에도 불구하고 양육비의 감액이 필요할 정도로 청구인의 소득과 재산이 실질적으로 감소하였는지 심리·판단하여야 하는지 여부에 대해 다음과 같이 판시하였습니다.

가정법원이 '재판 또는 당사자의 협의로 정해진 양육비 부담 내용이 제반 사정에 비추어 부당하게 되었다'고 인정하는 때에는 그 내용을 변경할 수 있지만, 종전 양육비 부담이 부당한지 여부는 친자법을 지배하는 기본이념인 '자녀의 복리를 위하여 필요한지를 기준으로 판단하여야 한다. 양육비의 감액은 일반적으로 자녀의 복리를 위하여 필요한 조치라고 보기 어려우므로, 양육비 감액이 자녀에게 미치는 영향을 우선적으로 고려하되,

종전 양육비가 정해진 경위와 액수, 줄어드는 양육비 액수, 당초 결정된 양육비 부담 외에 혼인관계 해소에 수반하여 정해진 위자료, 재산분할 등 재산상 합의의 유무와 내용, 그러한 재산상 합의와 양육비 부담과의 관계, 쌍방 재산상태가 변경된 경우, 그 변경이 당사자의 책임으로 돌릴 사정이 있는지 유무,

자녀의 수, 연령 및 교육정도, 부모의 직업, 건강, 소득, 자금능력, 신분관계의 변동, 물가의 동향 등 여러 사정을 종합적으로 참작하여 양육비 감액이 불가피하고 그러한 조치가 궁극적으로 자녀의 복리에 필요한 것인지에 따라 판단하여야 한다.

또한 통상적으로 자녀가 성장함에 따라 양육에 소요되는 비용 또한 증가한다고 봄이 타당하다. 따라서 종전에 정해진 양육비의 분담이 과다하게 되었다고 주장하며 감액을 청구하는 경우 법원은 자녀들의 성장에도 불구하고 양육비의 감액이 필요할 정도로 청구인의 소득과 재산이 실질적으로 감소하였는지 심리·판단하여야 한다〈대법원 2022스646 결정〉고 판시하였습니다. 따라서 귀하는 법원에 양육비 감액청구를 할 수 있을 것으로 보입니다.

관련 법 조항 및 판례
민법 제837조, 대법원 2022스646 결정 각 참조

Life
and Law

Q [136] 사실혼이 파기될 경우 재산분할청구가 가능한지

: 저는 A와 사실혼 관계를 유지하던 중 여러 가지 문제로 사실혼이 파탄에 이르러 헤어지게 되었습니다. 제가 A와 헤어질 경우 사실혼의 계속 중 마련한 재산에 대해서도 법률혼인 이혼의 경우를 준용하여 재산분할 청구가 가능한지요?

A 재산분할청구권의 성격은 혼인 중의 재산을 이혼 후 청산하려는 의미와 그 밖에도 이혼 후 경제능력이 없는 쪽에 대한 부양의 의미를 동시에 갖고 있습니다. 이 권리는 이혼 시 가정파탄에 잘못이 있는 쪽이 부담하는 위자료와는 성질을 달리 합니다. 즉 서로 별개의 권리이므로 이혼당사자는 위자료청구권과 분할청구권을 동시에 행사할 수 있습니다. 재산분할청구는 협의이혼 하는 경우는 물론 재판상 이혼하는 경우 모두 적용되며, 협의의 대상은 원칙적으로 혼인 중에 취득한 재산입니다. 만일 협의가 되지 않거나 협의할 수 없을 때에는 법원에 재산분할을 청구할 수 있습니다.

재산분할 청구는 재판상 이혼청구와 동시에 할 수도 있고, 이혼은 협의이혼의 방식으로 하고, 재산분할청구는 소송의 형식으로 할 수도 있습니다. 법원은 부부의 혼인 중의 취득재산의 분할을 결정함에 있어서 당사자 쌍방의 협력으로 이룩한 재산의 액수, 그 밖에 사정을 모두 참작하여 분할의 액수와 방법을 정하게 되며, 분할 대상이 부동산인 경우 경매에 붙여 그 대금을 나누게 하거나, 공동명의로 등기할 것을 명할 수도 있는데 그 방법은 당사자의 청구를 기초로 하되 그 비율은 법원이 일체의 사정을 고려하여 자유재량으로 결정하게 됩니다.

■ 위 사안의 경우 법률혼이 아닌 **사실혼의 경우에도 재산분할청구가 가능한**

지 여부가 문제인 바, 대법원 판례에 의하면 "사실혼이란 당사자 사이에 혼인의 의사가 있고, 객관적으로 사회관념상으로 가족질서적인 면에서 부부공동생활을 인정할 만한 혼인생활의 실체가 있는 경우이므로 법률혼에 대한 민법의 규정 중 혼인신고를 전제로 하는 규정은 유추적용할 수 없으나 부부재산의 청산의 의미를 갖는 재산분할에 관한 규정은 부부의 생활공동체라는 실질에 비추어 인정되는 것이므로, 사실혼관계에도 준용 또는 유추적용할 수 있다"고 판시하였습니다.

■ 먼저 사실혼임을 증명하기 위해서 상견례 여부, 생활비를 공동으로 관리하는지 여부, 주민등록등본상 동일 주소로 등록되어 있는지 여부, 동거사실을 각자의 가족들이 알고 있는지 여부, 함께 동거하는 기간 등을 입증하여야 합니다. 이러한 점을 법원에서 인정해야만 재산분할 및 위자료 청구를 할 수 있으며, 사실혼임을 입증하게 되면 재산취득, 유지의 기여도, 자녀의 수, 혼인기간 등을 통해 재산분할 청구를 할 수 있으며, 사실혼 관계를 해소할 수 있습니다.

따라서 사실혼관계에 있는 부부가 파탄으로 인하여 헤어질 경우 사실혼의 기간 중 공동으로 마련한 재산은 당사자 일방의 명의로 되어 있다고 하더라도 재산분할청구가 가능할 것으로 보입니다. 재산분할청구권은 이혼한 날부터 2년을 경과한 때에는 소멸하므로 반드시 법에 정해진 기간 내에 청구해야 된다는 걸 참고하시기 바랍니다.

관련 법 조항 및 판례
민법 제839조의2, 대법원 94므1379, 94므1584 판결 참조

제839조의2(재산분할청구권)
① 협의상 이혼한 자의 일방은 다른 일방에 대하여 재산분할을 청구할 수 있다.

② 제1항의 재산분할에 관하여 협의가 되지 아니하거나 협의할 수 없는 때에는 가정법원은 당사자의 청구에 의하여 당사자 쌍방의 협력으로 이룩한 재산의 액수 기타 사정을 참작하여 분할의 액수와 방법을 정한다.
③ 제1항의 재산분할청구권은 이혼한 날부터 2년을 경과한 때에는 소멸한다.

Life
and Law

Q 〖 137 〗 혼인취소의 경우에도 위자료와 재산분할청구가 가능한지

: 저는 여행지에서 만난 A와 혼인신고를 마치고 법률혼 관계를 유지해 오던 중 남편이 운행하던 차안을 청소하다가 '체포통지' 등의 서류를 발견하고 남편이 혼인 전부터 미성년에 대한 성추행의 전과가 있었으며, 동종전과가 여러 번 있었음에도 이러한 사실을 완벽하게 속이고 저와 결혼했다는 사실을 알게 되었습니다. 현재 저는 남편인 A와 혼인취소 소송을 하려고 하는데 이혼과 달리 혼인취소의 경우에도 재산분할청구와 위자료청구가 가능한지요?

A 가정파탄의 책임 있는 당사자는 그렇지 않은 배우자의 이혼청구에 응하여야 할 뿐만 아니라 가정파탄을 일으킨 사유로 인하여 상대 배우자가 입은 정신적 고통에 대한 손해도 배상하여야 합니다. 이처럼 이혼 시 유책배우자가 상대방에게 끼친 정신적 고통에 대한 손해를 금전으로 배상하는 것을 이혼 위자료라고 합니다. 종전에는 이혼 시 재산분할은 주로 위자료로써 해결해왔으나 개정 민법은 부부가 이혼할 때 그 책임유무에 관계없이 함께 노력하여 이룩한 재산을 분할할 수 있도록 하기 위하여 재산분할청구권에 관한 규정을 별도로 신설하였습니다〈민법 제839조의2〉.

판례도 위자료청구권과 재산분할청구권은 그 성질을 달리하기 때문에 위자료청구와 함께 재산분할청구를 할 수도 있고, 혼인 중에 부부가 협력하여 이룩한 재산이 있는 경우에는 혼인관계의 파탄에 책임이 있는 배우자라도 재산의 분할을 청구할 수 있다고 판시하였습니다〈대법원 93스6 결정〉.

청산의 비율이나 방법은 일률적인 기준이 있는 것이 아니고 재산형성에 있어서의 기여도, 혼인의 기간, 혼인 중 생활정도, 유책성, 현재의 생활상황, 장래의 전망, 피부양자 유무, 이혼위자료의 유무 등을 고려하여 정하게 되며, 예컨대 남편이 가사에 불충실한 행위를 하였다고 하더라도 그 사정은 재산분할 액수와 방법을 정함에 있어서 참작사유가 될 수 있을지언정 그 사정만으로 남편이 재산형성에 기여하지 않았다고 단정할 수 없으며, 재산분할액 산정의 기초가 되는 재산가액을 반드시 시가감정에 의하여 인정하여야 하는 것도 아닙니다〈대법원 95므175 판결, 96므1397 판결〉.

■ 따라서 혼인을 결정하는데 배우자의 거짓말이 큰 영향을 미쳤다면 이는 혼인취소 사유가 될 수 있으며, 혼인 취소는 소급효가 적용되지 않고, 장래에 혼인의 효력이 소멸되는 것이기 때문에 그간의 혼인 생활은 유효하다고 보며, 혼인 기간 동안 재산관계를 정리하는 방법은 이혼과 동일합니다. 배우자 쌍방이 혼인기간 중 형성 또는 유지한 재산에 대해서 재산형성 경위를 살펴 기여도에 따라 재산분할청구가 가능하고 혼인취소의 과실이 있는 상대방에게 손해배상이나 위자료를 청구할 수 있습니다〈민법 제825조〉.

■ 여기서 주의할 점은 혼인취소 사유에 해당되는 경우라도 악질 등 사유에 의한 혼인취소청구권은 상대방이 그 사유 있음을 안 날로부터 6월을 경과한 때에는 그 취소를 청구하지 못하며〈같은 법 제822조〉, 배우자의 사기 행위를 알게 된 날 또는 강박을 면한 날로부터 3개월이 지난 경우에는 혼인취소를 청구하지 못한다는 사실을 염두에 두시기 바랍니다〈민법 제823조〉.

■ 하지만 정해진 기간을 경과하여 혼인취소를 청구하지 못한다 할지라도 재판상 이혼소송을 통해 이혼 판결은 물론 위자료 및 재산분할 청구가 가능합니다. 혼인취소의 경우는 혼인 관계가 취소 판결을 난 이후부터 정리되는 것이기에 혼인관계증명서에는 혼인 해소 사유에 이혼이 아닌 '혼인 취소'로 기재됩니다.

또 혼인이 취소되더라도 자녀는 혼외자가 되지 않으며, 혼인 중 출생자가 되기 때문에 혼인 취소로 부부 관계가 정리되더라도 친권 및 양육권 지정은 물론 비양육친에 대해 양육비 지급 청구를 구할 수 있습니다〈민법 제824조의2〉.

관련 법 조항 및 판례

민법 제822조, 제823조, 제824조, 제824조의2, 제825조, 대법원 93스6 결정, 95므175, 96므1397 판결 각 참조

제816조(혼인취소의 사유)

혼인은 다음 각 호의 어느 하나의 경우에는 법원에 그 취소를 청구할 수 있다.

1. 혼인이 제807조 내지 제809조(제815조의 규정에 의하여 혼인의 무효사유에 해당하는 경우를 제외한다. 이하 제817조 및 제820조에서 같다) 또는 제810조의 규정에 위반한 때
2. 혼인당시 당사자 일방에 부부생활을 계속할 수 없는 악질 기타 중대 사유 있음을 알지 못한 때
3. 사기 또는 강박으로 인하여 혼인의 의사표시를 한 때

제822조(악질 등 사유에 의한 혼인취소청구권의 소멸)

제816조 제2호의 규정에 해당하는 사유있는 혼인은 상대방이 그 사유 있음을 안 날로부터 6월을 경과한 때에는 그 취소를 청구하지 못한다.

제823조(사기, 강박으로 인한 혼인취소청구권의 소멸)

사기 또는 강박으로 인한 혼인은 사기를 안 날 또는 강박을 면한 날로부터 3월을 경과한 때에는 그 취소를 청구하지 못한다.

제824조(혼인취소의 효력)

혼인의 취소의 효력은 기왕에 소급하지 아니한다.

제824조의2(혼인의 취소와 자의 양육 등)

제837조 및 제837조의2의 규정은 혼인의 취소의 경우에 자의 양육책임과 면접교섭권에 관하여 이를 준용한다.

제825조(혼인취소와 손해배상청구권)

제806조의 규정은 혼인의 무효 또는 취소의 경우에 준용한다.

Life
and Law

> **Q [138] 이혼 당사자 일방의 고유재산도 재산분할청구 대상에 포함되는지**
>
> : 저는 A와 10년간 법률상 부부였으나 가정불화가 잦아서 협의이혼을 하기로 하였습니다. A에게는 혼인 전에 취득한 주택 1채가 있는데, 주택도 재산분할 대상에 포함시켜 줄 것을 요구하였으나, 주택은 본인의 특유재산이라 주장하며 분할대상이 아니라고 주장합니다. 이런 경우 저는 위 주택에 대하여 재산분할청구를 요구할 수 없는지요?

A 혼인의 해소 시 재산분할의 청산대상에 관한 대법원 판결에 의하면 민법 제843조, 제839조의2의 규정에 의한 재산분할의 경우 부부일방의 특유재산은 원칙적으로 분할대상이 되지 아니하나, 특유재산일지라도 다른 일방이 적극적으로 특유재산의 유지에 협력하여 감소를 방지하였거나 증식에 협력하였다고 인정되는 경우에는 분할대상이 될 수 있고, 또 부부일방이 혼인 중 제3자에게 부담한 채무는 일상가사에 관한 것 이외에는 원칙적으로 개인채무로서 청산대상이 되지 않으나 공동재산의 형성에 수반하여 부담한 채무인 경우에는 청산대상이 된다고 하였습니다.

따라서 귀하의 경우에도 단순히 위 주택이 A가 혼인 전에 취득한 재산이라는 것만으로 재산분할청구 대상에서 제외된다고는 할 수 없으며, 그 재산을 유지 또는 감소방지에 기여한 바가 크다는 사실을 증명하여 재산분할의 청산 대상에 포함시킬 수 있을 것으로 보입니다.

관련 법 조항 및 판례
민법 제843조, 제839조의2, 대법원 92므501 판결 각 참조

제839조의2(재산분할청구권)
① 협의상 이혼한 자의 일방은 다른 일방에 대하여 재산분할을 청구할 수 있다.
② 제1항의 재산분할에 관하여 협의가 되지 아니하거나 협의할 수 없는 때에는 가정법원은 당사자의 청구에 의하여 당사자 쌍방의 협력으로 이룩한 재산의 액수 기타 사정을 참작하여 분할의 액수와 방법을 정한다.
③ 제1항의 재산분할청구권은 이혼한 날부터 2년을 경과한 때에는 소멸한다.

제839조의3(재산분할청구권 보전을 위한 사해행위취소권)
① 부부의 일방이 다른 일방의 재산분할청구권 행사를 해함을 알면서도 재산권을 목적으로 하는 법률행위를 한때에는 다른 일방은 제406조 제1항을 준용하여 그 취소 및 원상회복을 가정법원에 청구할 수 있다.
② 제1항의 소는 제406조 제2항의 기간 내에 제기하여야 한다.

제843조(준용규정)
재판상 이혼에 따른 손해배상책임에 관하여는 제806조를 준용하고, 재판상 이혼에 따른 자녀의 양육책임 등에 관하여는 제837조를 준용하며, 재판상 이혼에 따른 면접교섭권에 관하여는 제837조의2를 준용하고, 재판상 이혼에 따른 재산분할청구권에 관하여는 제839조의2를 준용하며, 재판상 이혼에 따른 재산분할청구권 보전을 위한 사해행위취소권에 관하여는 제839조의3을 준용한다.

Life
and Law

Q〖139〗협의이혼을 전제로 재산분할의 약정을 한 후, 재판상 이혼이 이루어진 경우 재산분할약정서의 효력

: 저는 혼인기간 중 남편인 A의 부정행위를 원인으로 협의이혼하기로 하면서 재산분할로 A명의로 되어있는 아파트 1채를 본인 앞으로 명의 이전해주겠다는 약정을 하였습니다. 이후 A는 갑자기 여러 핑계를 대면서 협의이혼에 응하지 않아 부득이 재판상 이혼을 통해 서로 헤어지게 되었습니다. 이혼 이후 저는 A에게 위 약정서의 내용을 이행하는데 협조해 줄 것을 촉구하였으나 응하지 않고 있습니다. 이런 경우 위 약정서가 재산분할협의서로 효력을 인정받을 수 있는지 알고 싶고, 인정받을 수 없다면 약정서를 근거로 민사소송을 제기하여 본인 명의로 아파트를 이전받을 수는 없는지요?

A 대법원 판례에 의하면 "재산분할에 관한 협의는 혼인 중 당사자쌍방의 협력으로 이룩한 재산의 분할에 관하여 이미 이혼을 마친 당사자 또는 아직 이혼하지 않은 당사자 사이에 행하여지는 협의를 가리키는 것인 바, 그 중 아직 이혼하지 않은 당사자가 장차 협의상 이혼할 것을 약정하면서 이를 전제로 하여 위 재산분할에 관한 협의를 하는 경우에 있어서는 특별한 사정이 없는 한, 장차 당사자 사이에 협의상 이혼이 이루어질 것을 조건으로 하여 조건부의 사표시가 행하여지는 것이라 할 것이므로,

그 협의 후 당사자가 약정한 대로 협의상 이혼이 이루어진 경우에 한하여 그 협의의 효력이 발생하는 것이지, 어떠한 원인으로든지 협의상 이혼이 이루어지지 아니하고 혼인관계가 존속하게 되거나 당사자 일방이 제기한 이혼청구의 소에 의하여 재판상 이혼〈화해 또는 조정에 의한 이혼을 포함〉이 이루어진

경우에 그 협의는 조건의 불성취로 인하여 효력이 발생하지 않는다"고 하였습니다.

또한 "협의이혼을 전제로 재산분할의 약정을 한 후 재판상 이혼이 이루어진 경우, 재판상 이혼 또는 재판상 이혼과 함께 재산분할을 원하는 당사자로서는, 이혼성립 후 새로운 합의가 이루어지지 아니하는 한, 이혼소송과 별도의 절차로 또는 이혼소송절차에 병합하여 가정법원에 재산분할에 관한 심판을 청구하여야 하는 것이지, 당초의 재산분할에 관한 협의의 효력이 유지됨을 전제로 하여 민사소송으로써 그 협의내용 자체의 이행을 구할 수는 없다"고 판시하였습니다.

따라서 귀하는 민사소송을 제기하여 아파트를 이전받을 수 없고 가정법원에 재산분할에 관한 심판청구를 하여야 할 것으로 보입니다. 그리고 재산분할청구권은 이혼한 날로부터 2년을 경과한 때에는 소멸되므로 참고하시기 바랍니다.

관련 법 조항 및 판례
민법 제839조의2, 대법원 95다23156 판결 각 참조

Life
and Law

> **Q [140] 이혼 후 현 남편을 친아빠처럼 따르는 아이를 위한 친양자 입양제도**
>
> : 전 남편과 이혼 후, 아이 두 명을 재혼한 남편의 집에서 양육하고 있는데 아이들은 현 남편을 친아빠처럼 따르며 잘 지내고 있습니다. 현재 재혼한지 2년이 되었으며, 시부모님들도 아이들을 아끼고 사랑해 주시다 보니 아이들은 현 남편이 자신들의 친아빠였으면 좋겠다고 합니다. 저는 이런 아이들을 위해 친양자 입양을 하고 싶은데 3년 이상 혼인 중인 부부여야 친양자 입양이 가능하다고 하는데 사실인지요?

A 답변에 앞서 일반양자 입양에 따라 입양된 양자(「민법」 제866조부터 제908조에 규정)와 친양자(「민법」 제908조의2부터 제908조의8에 규정)는 법적 요건과 효력에서 많은 차이점이 있으므로 일반양자와 친양자에 대한 구별이 필요하다는 점을 염두에 두시기 바라며, 일반양자와 달리 친양자(親養子)를 입양하려는 사람은 법이 정한 요건을 갖추어 가정법원에 친양자 입양을 청구하여야 합니다. 친양자 입양은 3년 이상 혼인 중인 부부로서 공동으로 입양할 것을 원칙으로 하지만 1년 이상 혼인 중인 부부의 한쪽이 그 배우자의 친생자를 친양자로 하는 경우에는 그러하지 아니하다고 규정되어 있습니다〈민법 제908조의2〉. 따라서 귀하는 재혼한 지 2년이 경과되었으므로 귀하의 현 남편이 가정법원에 친양자 입양을 청구할 수 있습니다.

친양자 입양을 위한 법적 요건은 • 친양자가 될 사람이 미성년자 일 것 • 친양자가 될 사람의 친생부모가 친양자 입양에 동의할 것 등입니다. 다만, 부모가 친권상실 선고를 받거나 소재불명 또는 그 밖의 사유로 동의할 수 없는 경우에는 친생부모의 동의 없이도 친양자 입양이 가능합니다.

▣ 귀 사례의 경우 먼저 아이의 친생부모가 친양자 입양에 동의하는 경우라면 입양동의서에 친생부모의 인감도장을 날인하고, 각각의 인감증명서와 주민등록표초본을 첨부해야 합니다. 친양자가 될 사람이 13세 이상이라면 법정대리인의 동의를 받아 입양을 승낙해야 하고, 13세 미만인 경우에는 법정대리인이 그를 갈음하여 입양을 승낙합니다. 그 외에도 현 남편이 친양부모로서 적합한지 여부를 심사하기 위하여 사업자등록증이나 재직증명서, 근로소득증명원, 재산세납세증명원 등 소득확인자료를 가정법원에 제출해야 합니다.

▣ 친생부모의 동의를 받기 어려운 경우라면 법원에 자녀의 복리를 위해 친양자 입양이 반드시 필요하다는 합리적 사유와 근거를 제시하여 법원으로부터 친양자입양허가를 받아야 합니다. 친생부모의 3년 이상 자녀에 대한 부양의무 이행여부, 자녀와의 면접교섭권, 친생부모가 자녀를 학대 또는 유기하거나 자녀의 복리를 현저히 해친 경우가 있는지, 정서적으로 부정적인 영향이 있는지 등 여부와 자녀들이 재혼한 배우자를 친 아빠처럼 따르며 신뢰관계가 돈독하다는 점 등을 잘 피력한다면 친부의 동의 없이도 친양자 입양 허가를 받을 수 있을 것으로 보입니다.

친양자 입양을 받게 되면 양친의 성과 본으로 변경되고, 친양자는 부부의 혼인중 출생자로 보며, 친양자의 입양 전의 친족관계는 제908조의2 제1항의 청구에 의한 친양자 입양이 확정된 때에 종료합니다. 다만, 부부의 일방이 그 배우자의 친생자를 단독으로 입양한 경우에 있어서의 배우자 및 그 친족과 친생자간의 친족관계는 그러하지 아니하다고 규정되어 있습니다. 이와 같이 친양자는 부부의 혼인중 출생자로 보기 때문에 일반양자와 차이점이 있으니 참고하시기 바랍니다〈민법 제908조의3〉.

관련 법 조항

민법 제908조의2, 제908조의3 각 참조

제908조의2(친양자 입양의 요건 등)

① 친양자(親養子)를 입양하려는 사람은 다음 각호의 요건을 갖추어 가정법원에 친양자 입양을 청구하여야 한다.

1. 3년 이상 혼인 중인 부부로서 공동으로 입양할 것. 다만, 1년 이상 혼인 중인 부부의 한쪽이 그 배우자의 친생자를 친양자로 하는 경우에는 그러하지 아니하다.
2. 친양자가 될 사람이 미성년자일 것
3. 친양자가 될 사람의 친생부모가 친양자 입양에 동의할 것. 다만, 부모가 친권상실의 선고를 받거나 소재를 알 수 없거나 그 밖의 사유로 동의할 수 없는 경우에는 그러하지 아니하다.
4. 친양자가 될 사람이 13세 이상인 경우에는 법정대리인의 동의를 받아 입양을 승낙 할 것
5. 친양자가 될 사람이 13세 미만인 경우에는 법정대리인이 그를 갈음하여 입양을 승낙할 것

② 가정법원은 다음 각 호의 어느 하나에 해당하는 경우에는 제1항 제3호·제4호에 따른 동의 또는 같은 항 제5호에 따른 승낙이 없어도 제1항의 청구를 인용할 수 있다. 이 경우 가정법원은 동의권자 또는 승낙권자를 심문하여야 한다.

1. 법정대리인이 정당한 이유 없이 동의 또는 승낙을 거부하는 경우. 다만, 법정대리인이 친권자인 경우에는 제2호 또는 제3호의 사유가 있어야 한다.
2. 친생부모가 자신에게 책임이 있는 사유로 3년 이상 자녀에 대한 부양의무를 이행하지 아니하고 면접교섭을 하지 아니한 경우
3. 친생부모가 자녀를 학대 또는 유기하거나 그 밖에 자녀의 복리를 현저히 해친 경우

③ 가정법원은 친양자가 될 사람의 복리를 위하여 그 양육상황, 친양자 입양의 동기, 양부모의 양육능력, 그 밖의 사정을 고려하여 친양자 입양이 적당하지 아니하다고 인정하는 경우에는 제1항의 청구를 기각할 수 있다.

제908조의3(친양자 입양의 효력)

① 친양자는 부부의 혼인중 출생자로 본다.

② 친양자의 입양 전의 친족관계는 제908조의2제1항의 청구에 의한 친양자 입양이 확정된 때에 종료한다. 다만, 부부의 일방이 그 배우자의 친생자를 단독으로 입양한 경우에 있어서의 배우자 및 그 친족과 친생자간의 친족관계는 그러하지 아니하다.

Life
and Law

> **Q [141] 친아버지의 성·본을 따르고 있는데, 어머니와 재혼하신 분의 성·본으로 변경이 가능한지**
>
> : 제가 어렸을 적 어머니와 아버지가 이혼하였고, 몇 년 후 어머니가 다른 분과 재혼하면서 저도 어머니를 따라 계부의 집에서 함께 살게 되었습니다. 그러던 중 저는 계부의 양자로 입양신고를 마치고 현재까지 계부의 집에서 동거생활을 지속해 오고 있습니다. 그런데 저 혼자만 성이 ㅁ씨로 되어있어 장래 배우자가 될 시가 쪽 부모와 친척, 친구, 직장 동료 등으로부터 많은 오해와 사회적 편견 등으로 사회생활 하는데 많은 어려움을 받고 있습니다. 이런 경우 저의 성·본을 현재 살고 있는 계부의 성·본으로 변경 신청하고 싶은데 가능한지요? 그리고 현재 저는 미성년자가 아닌데 성인도 변경신청이 가능한지 알고 싶습니다.

A 자의 복리를 위하여 자의 성과 본을 변경할 필요가 있을 때에는 부, 모 또는 자의 청구에 의하여 법원의 허가를 받아 이를 변경할 수 있습니다〈민법 제781조〉. 법 규정에 따라 부, 모 또는 자의 청구에 의하여도 할 수 있기 때문에 귀하가 미성년자가 아니더라도 가정법원에 '성과 본의 변경허가 심판청구서'를 제출하고, 귀하의 복리를 위해 성과 본의 변경이 반드시 필요하다는 것을 적극 소명한다면 변경이 가능할 것으로 보입니다.

다만 성과 본을 쉽게 변경할 수 있다면 범죄자나 신용불량자 등 떳떳하지 못한 사람들의 신분세탁에 악용되거나, 친족관계에 혼란과 갈등이 야기되는 등 부작용이 생길 소지가 크기 때문에 법원은 '자의 복리를 위하여 필요한 때'를 엄격히 해석하여 매우 제한적으로 허용하고 있습니다. 따라서 귀하의 경우에도 복리를 위해 반드시 성과 본의 변경이 필요하다는 주장과 그로 인해 친족이나 제3자와의 갈등이 생길 소지가 없다는 것을 법원이 납득할 수 있도록 소명해야만 합니다.

　법원에 신청서를 제출할 때는 귀하의 출생, 어머니와 친부의 혼인과 이혼, 귀하가 양자로 입양하게 된 경위와 과정, 혼자만 성이 달라서 어려움을 겪고 있다는 것을 상세하게 기술, 소명하고 그 자료로 사건본인의 기본증명서, 가족관계증명서, 입양관계증명서, 주민등록등본, 친모, 친부와 계부의 가족관계증명서, 친모의 혼인관계증명서, 제적등본, 주민등록등본, 계부의 동의서와 인감증명서, 그리고 귀하가 처한 상황에 대한 인우인 진술서 등을 첨부하셔야 합니다.

　또한 계부의 자녀들이 귀하의 성과 본을 자신들과 같이 변경함으로 인한 갈등이 없다는 사실을 소명하여야 하며, 그들과 함께 찍은 사진도 첨부하여 제출하면 좋습니다. 경우에 따라서는 법원에서 사실조회를 통해 친부에게 친자의 성과 본의 변경에 대한 의견을 묻거나 범죄경력증명서나 금융거래증명서 제출을 요구하는 법원도 있고 아니면 직접 조회를 실시하는 경우도 있으니 참고하시기 바랍니다.

관련 법 조항 및 판례
민법 제781조 제6항, 가사소송법 제2조 제1항 2호 가목 6) 각 참조

〈민법〉

제781조(자의 성과 본)
① 자는 부의 성과 본을 따른다. 다만, 부모가 혼인신고시 모의성과 본을 따르기로 협의한 경우에는 모의 성과 본을 따른다.
② 부가 외국인인 경우에는 자는 모의 성과 본을 따를 수 있다.
③ 부를 알 수 없는 자는 모의 성과 본을 따른다.
④ 부모를 알 수 없는 자는 법원의 허가를 받아 성과 본을 창설한다.

다만, 성과 본을 창설한 후 부 또는 모를 알게 된 때에는 부 또는 모의 성과 본을 따를 수 있다.

⑤ 혼인외의 출생자가 인지된 경우 자는 부모의 협의에 따라 종전의 성과 본을 계속 사용할 수 있다. 다만, 부모가 협의할 수 없거나 협의가 이루어지지 아니한 경우에는 자는 법원의 허가를 받아 종전의 성과 본을 계속 사용할 수 있다.

⑥ 자의 복리를 위하여 자의 성과 본을 변경할 필요가 있을 때에는 부, 모 또는 자의 청구에 의하여 법원의 허가를 받아 이를 변경할 수 있다. 다만, 자가 미성년자이고 법정대리인이 청구할 수 없는 경우에는 제777조의 규정에 따른 친족 또는 검사가 청구할 수 있다.

〈가사소송법〉

제2조(가정법원의 관장 사항)

① 다음 각 호의 사항(이하 "가사사건"이라 한다)에 대한 심리와 재판은 가정법원의 전속관할로 한다.

   1. 가사소송사건

  가.항 ~ 다.항 이하 생략

   2. 가사비송사건

  가. 라류(類) 사건

    1) ~ 5) 이하 생략

    6)「민법」제781조 제6항에 따른 자녀의 성과 본의 변경허가

    7) ~ 48) 이하 생략

  나.항 생략

②항 ~ ③항 생략

Life
and Law

> Q [142] 잠정적으로 협의이혼을 했는데 남편이 다른 여자와 혼인신고를 한 경우, 이혼의 무효와 취소
>
> : 미성년 자녀 2명을 두고 있는 결혼 10년차 주부입니다. 박스제작 공장을 운영하는 남편의 사업이 어려워져 채권자들의 채무변제 독촉이 심해지자 남편의 제안으로 채권채무관계가 해결될 때까지만 서류상 이혼을 해놓자고 하여 협의 이혼을 했습니다. 그런데 믿었던 남편이 최근 다른 여자와 동거생활을 하면서 혼인신고까지 마쳤다는 사실을 알게 되었습니다. 아이들 양육비마저 모른 체하고 있으면서 저를 철저하게 속이고 재혼을 했다는 사실이 너무 억울하고 분한데, 이런 경우 남편과의 이혼을 되돌릴 방법은 없는지요?

A 재판상 이혼과 달리 협의에 의한 이혼의 경우에는 두 사람 사이에 자유의사에 따른 협의가 있었다면 두 사람의 이혼은 아무 문제없이 성립되는 것이 원칙입니다. 다만, 협의에 대하여 당사자 모두에게 진정으로 이혼하고자 하는 의사가 있어야 하며, 일방이라도 의사합치에 흠결이 있었다면 그 이혼은 무효라고 할 수 있습니다.

하지만 대법원은 위 무효인 이혼에 대하여 일시적으로나마 법률상 부부관계를 해소하려는 당사자 간의 합의하에 협의이혼 신고가 된 이상 협의이혼에 다른 목적이 있더라도 양자 간에 이혼의사가 없다고는 말할 수 없고, 이와 같은 협의이혼은 무효로 되지 않는다고 하면서 다른 목적으로 이혼하려 했다 하여도 이혼의사 자체가 부정되는 가장이혼으로 보기 어렵다고 판시하여 이혼의 무효를 엄격하게 인정하고 있습니다〈대법원 93므171, 80므77. 76도107 판결〉.

■ 또한 그 입증에 대하여도 대법원은 단지 강제집행회피 기타 어떤 다른 목적

을 위한 방편으로 일시적으로 이혼신고를 하기로 하는 합의가 있었음에 불과하다고 인정하려면 누구나 납득할 만한 충분한 증거가 있어야 하고, 그렇지 않으면 이혼 당사자 간에 일시나마 법률상 적법한 이혼을 할 의사가 있었다고 인정함이 이혼신고의 법률상 및 사실상의 중대성에 비추어 상당하다고 판시하여 오로지 강제집행 회피 등의 목적만으로 이혼신고를 한 것으로 합의했다는 사실에 대하여 구체적이고 충분한 증거를 요하고 있습니다〈대법원 75도1712 판결〉.

■ 따라서 귀하의 남편이 오로지 그 당시 만나던 다른 여자와의 혼인을 목적으로 귀하에게 협의이혼을 권유한 것이라면 협의이혼의 원인이 남편의 사기임을 이유로 이혼취소청구를 하거나 협의이혼 합의 흠결을 이유로 이혼무효를 주장할 수는 있지만 두 가지 경우 모두 귀하가 그러한 주장을 입증해야 하는데, 그에 대한 충분한 증거가 필요하며, 현실적으로 받아들여지기 어려울 수 있습니다. 다만 주장이 인정되어 이혼이 취소된다면 본래의 혼인관계는 부활하고 다른 혼인관계는 중혼이 되어 후혼의 취소를 청구할 수 있습니다.

자녀의 양육비는 위와 별개로 남편에게 자녀 양육의 의무가 있는 것은 변하지 않으므로 남편을 상대로 양육비지급청구를 구할 수 있으며, 사기 또는 강박으로 인한 이혼의 취소는 사기를 안 날 또는 강박을 면한 날로부터 3월을 경과한 때에는 그 취소를 청구하지 못한다고 규정되어 있으므로 참고하시기 바랍니다〈민법 제823조, 제839조〉.

관련 법 조항 및 판례
민법 제823조, 제838조, 제839조, 대법원 93므171, 80므77, 76도107, 75도1712 판결 각 참조

제823조(사기, 강박으로 인한 혼인취소청구권의 소멸)

사기 또는 강박으로 인한 혼인은 사기를 안 날 또는 강박을 면한 날로부터 3월을 경과한 때에는 그 취소를 청구하지 못한다.

제838조(사기, 강박으로 인한 이혼의 취소청구권)

사기 또는 강박으로 인하여 이혼의 의사표시를 한 자는 그 취소를 가정법원에 청구할 수 있다.

제839조(준용규정)

제823조의 규정은 협의상 이혼에 준용한다.

Life
and Law

> **Q [143] 스마트폰을 통해 협박성 비난문자 등에 계속해서 시달리고 있는 경우**
>
> : 친구 소개로 몇 년간 남친을 사귀어 왔던 저는 서로간의 성격 차이와 남친의 도발적 언행이 있은 후 말다툼을 하고 헤어졌습니다. 그런데 남친이 그 날 이후부터 6개월 이상 스마트 폰으로 불안감을 유발하는 이상한 문자를 보내 저를 괴롭히고 있습니다. 상대의 인격을 존중해달라고 부탁했음에도 요즘은 더욱 입에 담기조차 부끄러운 협박성 비난 문자도 계속해서 보내오고 있습니다. 주변에서 괴롭힘이 심한 정도가 아니라서 법적 처벌이 어려울 것 같다고 해서 대응을 하지 않고 있지만 불안감과 정신적 고통으로 스트레스가 너무 심해져서 병원의 치료까지 받고 있는데 어떻게 해야 하는지요?

A 남친에게 공포심이나 불안감을 조성하는 문자를 멈춰달라는 경고문자를 반복적으로 보냈음에도 불구하고 언어, 정서적 폭력을 멈추지 않고 있다면, 남친을 상대로 법에 의한 형사고소와 정신적 손해배상 청구가 가능할 것으로 보입니다. 이런 경우 일단은 남친이 스마트폰으로 반복해서 보내온 불안감을 조성하는 문자와 협박성 비난 문구 등을 지우지 말고 증거로 남겨둔 후, 민사상 정신적인 고통에 대한 손해배상 청구와 형사상 처벌을 받게 하겠다는 경고를 하시기 바랍니다.

만일 그럼에도 불구하고 멈추지 않는다면 계속적으로 반복해서 보내온 문자 등의 증거를 바탕으로 남친을 협박죄나 스토킹 법죄의 처벌 등에 관한 법률위반, 정보통신망이용촉진 및 정보보호 등에 관한 법률위반죄로 형사고소 할 수 있습니다. 「정보통신망이용촉진 및 정보보호등에 관한 법률」 제44조의7 제1항 제3호에는 "공포심이나 불안감을 유발하는 부호, 문언, 음향, 화상 또는 영상을 반복적으로 상대방에게 도달하도록 하는 경우"를 금하고 있으며, 위의 경우 1년 이하의 징역 또는 1천만 원 이하의 벌금에 처하도록 규정되어 있으며, 만약 상대방의 행위가 전화 스토킹 범죄혐의로 인정되어 유죄가 확정되면 「스토킹범죄의 처벌 등에 관한 법률」에 의해 3년 이하의 징역 또는 3천만 원 이하의 벌금에 처하도록 규정되어 있으니 참고하시기 바라며, 정보통신망을 이용한 범죄행위는 사안에 따라 적용가능한 죄목이 다를 수 있고 혼자서 법적대응을 하는 것으로는 부족할 수 있으므로 신속히 법률전문가의 도움을 통해서 심리적 지원과 긴급응급조치를 받으신 다음, 적극적으로 민·형사상 절차를 취하시길 권장드립니다.

관련 법 조항 및 판례

민법 제751조, 스토킹범죄의처벌등에관한법률 제2조, 제3조. 제4조, 제18조, 정보통신망이용촉진및정보보호등에 관한 법률 제44조의7 제1항 제3호, 제74조 제1항 제3호, 대법원 2023도5814 판결 각 참조

〈민법〉

제751조(재산 이외의 손해의 배상)
① 타인의 신체, 자유 또는 명예를 해하거나 기타 정신상 고통을 가한 자는 재산 이외의 손해에 대하여도 배상할 책임이 있다.
② 법원은 전항의 손해배상을 정기금채무로 지급할 것을 명할 수 있고 그 이행을 확보하기 위하여 상당한 담보의 제공을 명할 수 있다.

〈스토킹범죄의처벌등에관한법률〉

제2조(정의)
이 법에서 사용하는 용어의 뜻은 다음과 같다.
1. "스토킹행위"란 상대방의 의사에 반(反)하여 정당한 이유 없이 다음 각 목의 어느 하나에 해당하는 행위를 하여 상대방에게 불

안감 또는 공포심을 일으키는 것을 말한다.

가. 상대방 또는 그의 동거인, 가족(이하 "상대방등"이라 한다)에게 접근하거나 따라다니거나 진로를 막아서는 행위

나. 상대방등의 주거, 직장, 학교, 그 밖에 일상적으로 생활하는 장소(이하 "주거등"이라 한다) 또는 그 부근에서 기다리거나 지켜보는 행위

다. 상대방등에게 우편·전화·팩스 또는 「정보통신망 이용촉진 및 정보보호 등에 관한 법률」 제2조제1항제1호의 정보통신망(이하 "정보통신망"이라 한다)을 이용하여 물건이나 글·말·부호·음향·그림·영상·화상(이하 "물건등"이라 한다)을 도달하게 하거나 정보통신망을 이용하는 프로그램 또는 전화의 기능에 의하여 글·말·부호·음향·그림·영상·화상이 상대방등에게 나타나게 하는 행위

라. 상대방등에게 직접 또는 제3자를 통하여 물건등을 도달하게 하거나 주거등 또는 그 부근에 물건등을 두는 행위

마. 상대방등의 주거등 또는 그 부근에 놓여져 있는 물건등을 훼손하는 행위

바. 다음의 어느 하나에 해당하는 상대방등의 정보를 정보통신망을 이용하여 제3자에게 제공하거나 배포 또는 게시하는 행위

  1) 「개인정보 보호법」 제2조제1호의 개인정보
  2) 「위치정보의 보호 및 이용 등에 관한 법률」 제2조제2호의 개인위치정보
  3) 1) 또는 2)의 정보를 편집·합성 또는 가공한 정보(해당 정보주체를 식별할 수 있는 경우로 한정한다)

사. 정보통신망을 통하여 상대방등의 이름, 명칭, 사진, 영상 또는 신분에 관한 정보를 이용하여 자신이 상대방등인 것처럼 가장하는 행위

2. "스토킹범죄"란 지속적 또는 반복적으로 스토킹행위를 하는 것

을 말한다.
3. "피해자"란 스토킹범죄로 직접적인 피해를 입은 사람을 말한다.
4. "피해자등"이란 피해자 및 스토킹행위의 상대방을 말한다.

제3조(스토킹행위 신고 등에 대한 응급조치)

사법경찰관리는 진행 중인 스토킹행위에 대하여 신고를 받은 경우 즉시 현장에 나가 다음 각 호의 조치를 하여야 한다. 〈개정 2023. 7. 11.〉
1. 스토킹행위의 제지, 향후 스토킹행위의 중단 통보 및 스토킹행위를 지속적 또는 반복적으로 할 경우 처벌 서면경고
2. 스토킹행위자와 피해자등의 분리 및 범죄수사
3. 피해자등에 대한 긴급응급조치 및 잠정조치 요청의 절차 등 안내
4. 스토킹 피해 관련 상담소 또는 보호시설로의 피해자등 인도(피해자등이 동의한 경우만 해당한다)

제4조(긴급응급조치)

① 사법경찰관은 스토킹행위 신고와 관련하여 스토킹행위가 지속적 또는 반복적으로 행하여질 우려가 있고 스토킹범죄의 예방을 위하여 긴급을 요하는 경우 스토킹행위자에게 직권으로 또는 스토킹행위의 상대방이나 그 법정대리인 또는 스토킹행위를 신고한 사람의 요청에 의하여 다음 각 호에 따른 조치를 할 수 있다. 〈개정 2023. 7. 11.〉
1. 스토킹행위의 상대방등이나 그 주거등으로부터 100미터 이내의 접근 금지
2. 스토킹행위의 상대방등에 대한 「전기통신기본법」 제2조제1호의 전기통신을 이용한 접근 금지

② 사법경찰관은 제1항에 따른 조치(이하 "긴급응급조치"라 한다)를 하였을 때에는 즉시 스토킹행위의 요지, 긴급응급조치가 필요한 사유, 긴급응급조치의 내용 등이 포함된 긴급응급조치결정서를 작성하여야 한다.

제18조(스토킹범죄)

① 스토킹범죄를 저지른 사람은 3년 이하의 징역 또는 3천만원 이하

의 벌금에 처한다.

② 흉기 또는 그 밖의 위험한 물건을 휴대하거나 이용하여 스토킹범죄를 저지른 사람은 5년 이하의 징역 또는 5천만원 이하의 벌금에 처한다.

③ 삭제 〈2023. 7. 11.〉

〈정보통신망이용촉진및정보보호등에 관한 법률〉

제44조의7(불법정보의 유통금지 등)

① 누구든지 정보통신망을 통하여 다음 각 호의 어느 하나에 해당하는 정보를 유통하여서는 아니 된다.

   1. 음란한 부호·문언·음향·화상 또는 영상을 배포·판매·임대하거나 공공연하게 전시하는 내용의 정보

   2. 사람을 비방할 목적으로 공공연하게 사실이나 거짓의 사실을 드러내어 타인의 명예를 훼손하는 내용의 정보

   <u>3. 공포심이나 불안감을 유발하는 부호·문언·음향·화상 또는 영상을 반복적으로 상대방에게 도달하도록 하는 내용의 정보</u>

   4.~9. 이하 생략

②항~④항 이하 생략

제74조(벌칙)

① 다음 각 호의 어느 하나에 해당하는 자는 1년 이하의 징역 또는 1천만 원 이하의 벌금에 처한다.

   1.~2. 생략

   <u>3. 제44조의7 제1항 제3호를 위반하여 공포심이나 불안감을 유발하는 부호·문언·음향·화상 또는 영상을 반복적으로 상대방에게 도달하게 한 자</u>

   4.~7. 이하 생략

② 제1항 제3호의 죄는 피해자가 구체적으로 밝힌 의사에 반하여 공소를 제기할 수 없다.